변화를 기회로 만드는 **AI력 力**

AI력

AI가 일자리를 빼앗는다고요?
일자리는 진화할 뿐 사라지지 않습니다

"AI가 내 일자리를 빼앗을까 봐 무서워요."

"챗GPT 때문에 우리 같은 사람들은 설 자리가 없어질 것 같아요."

"인공지능이 발달하면 결국 사람은 필요 없어지는 거 아닌가요?"

이런 걱정, 혹시 여러분도 해 본 적 있나요? 연일 쏟아지는 뉴스들을 보면 당연히 들게 되는 고민입니다. 국제통화기금(IMF)은 2024년 분석을 통해 "전 세계 일자리의 40%가 AI의 영향을 받을 것"이라 경고했고, 세계경제포럼(WEF) 역시 2025년 미래일자리보고서(Future of Jobs Report)에서 "2030년까지 기존 일자리 9200만 개가 사라질 것"으로 전망했으니까요.

숫자만 놓고 보면 불안해지지 않는 게 오히려 이상해 보입니다. 하지만 사실 인류는 이미 이런 거대한 공포를 여러 차례 통과해 왔습니다.

1811년 영국에서는 노동자들이 망치를 들고 방직기계를 부쉈습니다. 이른바 "기계가 인간의 노동을 완전히 대체할 것"이라는 두려움에서 비롯된 '러다이트 운동'이었죠. 이러한 두려움은 산업 현장에만 머물지 않았습니다. 그로부터 30년 뒤인 19세기 파리에서도 비슷한 대전환의 파도가 몰려왔습니다.

화가들을 절망에 빠뜨린 혁명적 발명품

1839년, 사진기가 발명되었습니다. 그동안 초상화를 그리며 생계를 유지하던 화가들에게는 그야말로 청천벽력 같은 소식이었죠. 기계가 사람의 손보다 훨씬 더 완벽하게 현실을 복제할 수 있게 되었으니까요.

당시 프랑스 화가들의 심정을 한번 상상해 보세요. 수년간 정교한 기법을 익히고 연습했는데, 이제 기계 한 대가 자신들보다 더 빠르고 정확한 결과물을 만들어 내는 상황이 된 겁니다. 그러자 화가들 사이에서는 근본적인 질문이 터져 나왔습니다.

"내 전문성이 이제는 무용지물이 된 건 아닐까?"

"앞으로 화가라는 직업 자체가 사라지는 건 아닐까?"

현재 우리가 AI를 보며 느끼는 불안과 정확히 같은 온도의 감정이었습니다.

위기에서 찾은 새로운 가능성

하지만 일부 화가들은 다른 질문을 던졌습니다.

"사진이 결코 담아낼 수 없는 것은 무엇일까?"

바로 거기서 그들은 돌파구를 찾았습니다. 사진은 찰나의 순간을 정확히 포착할 수는 있지만, 시시각각 변하는 빛의 색채나 그 순간 화가가 느끼는 주관적인 인상까지 다 담아낼 수 없었거든요.

클로드 모네와 그의 동료들은 화실을 박차고 야외로 나갔습니다. 마침 튜브 물감이 발명되어 가능해진 변화였지요. 그전까지는 돼지 오줌보 등에 물감을 담아 다녀야 했지만, 이제는 간편하게 야외에서 그림을 그릴 수 있게 된 겁니다.

그들은 전통적인 작법을 완전히 뒤엎었습니다. 밝은 빛을 표현하기 위해 색을 미리 섞지 않고, 순수한 색채를 짧고 빠른 붓 터치로 캔버스에 직접 찍어 발랐죠. 멀리서 보았을 때 관객의 눈에서 색들이 자연스럽게 섞이도록 만든 겁니다.

그러나 1874년, 모네가 안개 낀 항구의 해돋이를 그린 작품을 전시했을 때 비평가들의 반응은 혹독했습니다.

"이건 그림도 아니고 그저 스케치 같은 인상일 뿐이다. 차라리 벽지 무늬가 이것보다 더 완성도가 높겠다."

당시 신문에는 "임산부가 이 전시를 보면 충격을 받아 유산할 수 있으니 관람을 금지해야 한다."는 조롱 섞인 만평까지 실릴 정도였습니다.

기술이 가져온 진짜 변화

러다이트 운동이 일어난 지 200여 년, 그리고 인상주의가 등장한 지 150년이 흐른 지금, 세상은 어떻게 변했을까요?

우선, 당시의 우려와 달리 기계는 인간의 일자리를 뺏지 않았습니다. 오히려 인류 역사상 가장 풍요로운 시대를 열었죠. 산업혁명 이후 전 세계 인구는 8배 증가했고, 평균 수명은 2배 늘어났으며, 1인당 소득은 10배 이상 증가했습니다.

화가들은 어떨까요? 사진기 때문에 멸종했나요? 아닙니다. 조롱의 언어였던 '인상주의'는 오히려 위대한 미술 사조의 대명사가 되었습니다. 그들이 개척한 방식은 현대 미술의 근간이 되었고, 덕분에 예술의 영역은 비약적으로 확장되었습니다. 인상주의를 시작으로 야수파, 입체파, 추상화에 이르기까지…… 사진이 할 수 없는 새로운 표현 방식들이 찬란하게 꽃피웠습니다.

이처럼 ‘일자리’는 사라지지 않았습니다. 다만 그 역할과 중심이 이동했을 뿐입니다. 농업에서 제조업으로, 제조업에서 서비스업으로 진화하면서 말이죠.

앞서 언급한 세계경제포럼의 보고서를 조금 더 자세히 들여다볼까요? 보고서는 “2030년까지 AI와 기타 정보처리 기술이 기업의 86%를 혁신하여 전 세계적으로 1억 7000만 개의 새로운 일자리가 창출될 것”이라며, 결과적으로는 약 7800만 개의 일자리가 증가할 것으로 예상하고 있습니다.

여기서 우리가 주목해야 할 핵심은 분명합니다. 기존의 익숙한 일자리는 없어지고, 새로운 일자리가 증가한다는 사실입니다.

이제는 새로운 선택의 시간

여러분은 최근 뉴스를 보면서 마음이 무거워진 적이 없나요? 우리나라 대표 기업들도 예전만큼의 실적을 내지 못하고 있고, 중소기업들은 생존마저 위협받고 있습니다. 특히 중국의 무서운 성장을 보면서 “우리는 어떻게 경쟁해야 하지?”라는 고민이 깊어지고 있지요.

하지만 바로 이런 상황에서 AI가 우리에게 새로운 돌파구를 제공하고 있습니다.

단순히 ‘더 열심히 일하는 것’만으로는 중국의 규모를 따라잡을 수 없습니다. 하지만 AI와 함께 ‘지금까지 없던 새로운 가치’를 만들어 낸다면 어떨까요? 규모의 경쟁이 아닌 창의성의 경쟁에서는 우리에게도 충분한 승산이 있습니다.

더 중요한 것은 **AI가 누구나 새로운 가치를 창출할 수 있는 시대를 만들고 있다는 점입니다.** 과거에는 대기업이나 전문가만 할 수 있었던 일들을 이제는 개인도 AI와 함께할 수 있게 되었죠. 동네 카페 사장님도 마케팅 전문가 없이 창의적인 홍보 전략을 만들 수 있고, 엔지니어링팀 없이도 기술 솔루션을 프로토타입으로 구현할 수 있는 시대가 온 것입니다.

26년간 삼성, LG, 현대 등 국내 주요 기업들의 혁신 컨설팅과 혁신 과제를 수행해 온 제가, 이제는 개인도 AI와 함께 새로운 기회를 만들어 낼 수 있는 시대가 왔다고 확신합니다. 저 자신도 이전에는 여러 명이 해야만 했던 기술 문제 해결 프로젝트를 혼자서도 잘 해내는 모습을 보고 놀라고 있습니다.

AI력이란 무엇인가?

이제 창의성은 '타고난 재능'이 아닌, '활용할 수 있는 도구'가 되었습니다. 특별한 재능이나 천재성이 없어도, 복잡한 이론을 몰라도 괜찮습니다. 중요한 점은 변화에 적응하는 것이 아니라 변화를 주도하는 것입니다.

그렇다면 AI 시대에 변화를 주도하려면 무엇이 필요할까요? 바로 'AI력'입니다.

AI력(力)은 단순히 AI를 사용하는 능력이 아닙니다. AI와 협업하여 인간의 역량을 증폭시켜 성과를 만들어 내는 힘입니다.

수식으로 표현하면 이렇습니다.

AI력 = 인간의 역량 × AI의 확장력

생각해 보세요. 당신의 창의력이 AI를 만나면 10배로 확장됩니다. 당신의 분석력이 AI를 만나면 전문가 수준이 됩니다. 당신의 학습 속도가 AI를 만나면 기하급수적으로 빨라집니다. 이것이 바로 AI력입니다.

AI 시대에 가장 중요한 능력은 '협업적 지능(Collaborative Intelligence)'입니다. 이는 인간과 AI의 고유한 강점을 활용하여 시너지를 창출하는 능력을 말합니다. 인간은 창의성, 공감, 직관을 제공하고, AI는 데이터 처리, 정밀도, 일관성에서 뛰어난 능력을 보입니다. AI력이 높은 사람은 이 둘을 조화롭게 결합하여 혼자서는 불가능했던 결과를 만들어 냅니다.

AI력의 5가지 원천

그렇다면 AI력은 어디에서 나올까요? 세계경제포럼의 2025년 미래 일자리보고서에서 제시한 2030년 핵심 역량을 AI 협업 관점에서 해석하면, AI력의 원천은 다음 5가지 역량에서 나옵니다.

1. 회복탄력성(Resilience&Flexibility): 변화를 기회로 바꾸는 힘

변화의 충격에 굴복하지 않고 빠르게 회복하는 능력입니다. AI 시대의 빠른 변화 속에서 유연하게 적응하고, 변화를 기회로 전환하는 마인드가 중요합니다. AI가 가져오는 변화를 두려워하지 않고, 오히려 그 변화 속에서 새로운 기회를 발견하는 사람이 되어야 합니다. 다행히 이러한 변화 적응과 기회 발견도 AI와 함께라면 훨씬 쉽게 할 수 있습니다.

2. AI 문해력(AI Literacy): AI와 대화하는 기술

AI와 효과적으로 소통하기 위해 자신의 요구와 질문을 명확하게 전달하는 능력, AI가 생성한 결과의 의미와 맥락을 제대로 이해하는 능력이 필요합니다. 이것은 마치 영어를 배우는 것과 같습니다. 영어를 못하면 영어권 사람들과 협업할 수 없듯이, AI 문해력이 없으면 AI와 협업할 수 없습니다.

3. 분석력(Analytical Thinking): 문제의 본질을 꿰뚫는 눈

복잡한 정보를 체계적으로 분석하고 핵심 인사이트를 도출하는 능력입니다. 더 중요한 것은 AI가 산출한 결과물을 비판적으로 검토하고 정확성을 검증하여, 신뢰할 수 있는 결과물로 만드는 능력입니다. AI는 강력한 도구이지만, 그 결과물의 품질을 책임지는 것은 여전히 인간의 몫입니다.

4. 창의력(Creative Thinking): AI와 함께 만드는 새로운 가치

기존 방식을 넘어선 창의적 아이디어로 새로운 솔루션을 만드는 능력입니다. AI가 제시한 수많은 아이디어와 관점들을 바탕으로 한 단계 더 나아가 창의적으로 사고하는 것이 핵심입니다. AI는 사고의 망원경과 같습니다. 우리가 보지 못하던 새로운 가능성을 보여 주고, 우리의 생각을 확장시켜 줍니다.

5. 끊임없는 학습력(Active Learning): 호기심으로 시도하며 계속 배우는 힘

AI의 변화 속도에 맞춰 새로운 기능을 학습하고 실무에 적용하는 능력입니다. 다행히 이 능력은 책을 펴고 공부를 한다고 생기는 것이 아닙니다. 오히려 그보다 더 쉽습니다. 호기심을 갖고 두려움 없이 AI를 시도하다 보면 자연히 터득되는 능력이니까요. AI와의 대화는 틀려도 괜찮습니다. 궁금증을 갖고 여러 가지 시도를 할 때 비로소 알게 되기 때문입니다.

이 5가지 역량이 바로 AI력의 원천입니다. 이 원천들이 AI와 만나면 폭발적으로 증폭됩니다. 마치 작은 불씨가 바람을 만나 큰 불길이 되듯이 말입니다.

두어에서 이노베이터로의 대전환

AI 기술이 급속도로 발전하면서, 단순히 지시를 받아서 실행하는 '두어(Doer)'의 역할은 빠르게 AI로 대체되고 있습니다. 엑셀 작업, 보고서 작성, 데이터 분석, 심지어 동영상 생성까지…… 불과 몇 년 전만 해도 사람이 해야 했던 일들이 이제는 AI가 더 빠르고 정확하게 처리하고 있습니다.

그렇다면 어떤 사람들이 살아남을까요? 바로 주체적 사고로 AI를 활용하여 가치를 만들어 내는 능력을 가진 사람들입니다. 이러한 일을 하는 사람이 바로 '이노베이터(Innovator)'입니다.

이 책은 당신을 단순한 생존자가 아닌 새로운 가치를 만들어 내는 사람으로 만들어 줄 것입니다. AI와 협업하여 기존에 없던 새로운 해결책을 만들고, '두어'에서 '이노베이터'로 진화하는 구체적인 방법을 알려 드리겠습니다.

200년 전 러다이트들은 기계를 부수며 변화를 거부했지만, 역사는 그들을 기억하지 않습니다. 대신 기계와 함께 새로운 가치를 만들어 낸 사람들이 새로운 시대를 열었죠.

선택은 이제 당신의 몫입니다. AI와 함께 변화를 만들어 가는 밸류 크리에이터(Value Creator)가 될 것인가, 아니면 변화에 휩쓸리는 러다이트로 남을 것인가?

이 책은 단순한 AI 사용법 매뉴얼이 아닙니다. AI 시대에 살아남는 것을 넘어서, AI와 함께 새로운 기회를 창출하는 실전 가이드입니다. 제가 직접 개발한 GPTs 도구들과 함께라면, 복잡한 이론을 배우지 않아도 놀라운 새로운 아이디어들을 만들어 낼 수 있습니다.

이 책의 5개 파트는 바로 AI력의 5가지 원천을 하나씩 키워 나가는 여정입니다. 각 파트를 거치면서 여러분의 역량은 AI와 만나 증폭될 것이고, 책을 다 읽을 때쯤이면 여러분은 진정한 AI력을 갖춘 밸류 크리에이터가 되어 있을 것입니다.

이제, AI와 함께 더 쉽고 재미있게 새로운 가치를 만들어 가며, 위기를 기회로 바꾸는 여정을 시작해 볼까요?

차례

PART 1
회복탄력성

변화를 기회로 바꾸는 힘

성공의 첫 번째 비결은 능력이 아니라 마음가짐입니다

"챗GPT가 나온 지 불과 3년인데 벌써 이런 일이?"

요즘 기업 현장에서는 이런 일들이 벌어지고 있습니다. 짧은 신제품 홍보 영상을 만들어야 하는데, 예산도 부족하고 시간도 촉박했습니다. 그런데 신입 사원 김 대리가 이렇게 말했습니다.

"제가 한번 만들어 볼게요. 1시간만 주세요."

"1시간 안에 영상을? 기획안도 없는데?"

김 대리는 AI 도구들을 활용해서 정말로 1시간 만에 훌륭한 홍보 영상을 만들어 냈습니다. 기획, 스크립트 작성, 이미지 생성, 내레이션, 편집까지 모든 과정을 AI와 협업으로 해낸 것이었죠.

팀장은 당황했습니다. "우리가 지금까지 3~4일 걸려서 하던 일을, 신입이 1시간에?"

당황스러울 정도로 빨라진 AI의 진화

이제는 다음과 같은 일들이 일상이 되고 있습니다.

- **동영상 제작**: 소라(Sora)나 비오(Veo) 같은 AI 도구와 텍스트 몇 줄이면 몇 분 내에 사용할 만한 수준의 동영상이 완성됩니다. 과거에는 촬영팀, 편집팀이 며칠에 걸쳐 해야 했던 일이죠.

- **시장조사와 분석**: 예전에는 며칠에 걸쳐 자료를 수집하고 분석해야 했던 업무를 퍼플렉시티(Perplexity)나 챗GPT가 10분 만에 해치웁니다. 더 놀라운 건 분석의 질이 웬만한 전문가보다 뛰어나다는 점입니다.

- **콘텐츠 제작**: 노트북LM(NotebookLM)은 방대한 자료를 바탕으로 대화하듯 설명하는 팟캐스트와 동영상 형태를 자동으로 생성해 줍니다. 사람보다 더 체계적이고 이해하기 쉬우며 흥미롭게 설명합니다.

- **업무 자동화**: AI 에이전트들은 이제 단순한 답변을 넘어 복잡한 업무를 스스로 처리합니다. 여행 계획을 세우고, 항공편과 호텔을 비교 검토한 후, 실제 예약까지 진행하는 AI들이 속속 등장하고 있습니다.

우리에게 남은 선택: 걱정 vs 활용

이런 변화 앞에서 사람들의 반응은 크게 두 갈래로 나뉩니다.

- **첫 번째 반응: 걱정과 불안**

"내 업무가 AI로 대체되면 어떡하지?"

"이런 속도라면 몇 년 후에는 사람이 설 자리가 있을까?"

"AI를 못 쓰는 나는 뒤처지는 건 아닐까?"

- **두 번째 반응: 기회로 인식**

"이 도구를 어떻게 활용해서 내 능력을 확장할까?"

"AI가 루틴한 일을 해 주면 나는 더 창의적인 일에 집중할 수 있겠네?"

"경쟁자들보다 먼저 AI를 잘 활용하면 엄청난 경쟁 우위가 되겠어!"

이제, 어떤 반응을 선택하느냐가 당신의 미래를 결정합니다.

회복탄력성이 AI력의 첫 번째 원천인 이유

회복탄력성은 단순히 '어려움을 견디는 힘'이 아닙니다. **변화의 충격을 흡수하고, 빠르게 회복하며, 나아가 그 변화를 성장의 기회로 전환하는 능력**입니다.

AI 시대에 성공하는 사람들을 보면 한 가지 공통점이 있습니다. 바로 마음가짐입니다. 그들은 불가능해 보이는 과제 앞에서 당황하거나 포기하지 않습니다. 대신 'AI와 함께라면 할 수 있을 것'이라는 자신감을 가지고 도전하죠.

과거의 회복탄력성이 '어려움을 견뎌 내는 힘'이었다면, AI 시대의 회복탄력성은 '변화를 내 편으로 만드는 힘'입니다.

- 새로운 AI 도구가 나와도 두려워하지 않고 시도해 보는 용기
- 실패해도 '다른 방법이 있을 것'이라는 긍정적 사고
- 기존 방식에 안주하지 않고 계속 학습하려는 의지

회복탄력성이 나머지 4가지 역량의 기반이 되는 이유

회복탄력성이 AI력의 첫 번째 원천인 것은 우연이 아닙니다.

생각해 보세요. 새로운 것을 배우거나 어려운 문제를 해결할 때, 처음부터 술술 풀리는 경우가 얼마나 될까요? 대부분은 시행착오를 겪고, 막히고, 때로는 실패하기도 하죠. 이런 과정에서 포기하지 않고 계속 도전할 수 있는 힘이 바로 회복탄력성입니다.

회복탄력성이 없다면:
- 처음에 잘 안 되면 "난 안 돼."라며 포기하게 됩니다.
- 실패를 두려워해서 새로운 시도를 하지 않게 됩니다.
- 변화하는 상황에 적응하지 못하고 기존 방식에만 매달리게 됩니다.

회복탄력성이 있다면:
- "안 되면 다른 방법을 찾아보자."는 마음가짐을 유지할 수 있습니다.
- 실패를 학습의 기회로 받아들이며 계속 성장할 수 있습니다.
- 변화를 두려워하지 않고 적극적으로 활용할 수 있습니다.

결국 회복탄력성은 **모든 역량 개발의 전제조건**입니다. AI 문해력, 분

석력, 창의력, 학습력 등 어떤 역량을 기르든 처음에는 서툴고 어색할 수밖에 없기 때문이죠. 이때 포기하지 않고 계속 시도할 수 있는 마음가짐이 있어야 진짜 실력을 쌓을 수 있습니다.

AI와 함께라면 더 빠르게 성장할 수 있습니다

여기서 정말 흥미로운 사실이 하나 있습니다. **AI와 함께라면 나머지 4가지 역량을 훨씬 빠르게 향상시킬 수 있다**는 점입니다.

과거에는 새로운 역량을 기르기 위해 긴 시간과 많은 비용이 필요했습니다. 책을 읽고, 강의를 듣고, 혼자 연습하고, 막히면 누군가에게 물어보고…… 이런 과정이 몇 달, 몇 년씩 걸렸죠.

하지만 AI와 함께라면 완전히 다릅니다.

- **AI 문해력**: AI와 직접 대화하며 실시간으로 더 나은 소통 방법을 배울 수 있습니다.
- **분석력**: 복잡한 문제를 AI와 함께 분석하며 사고 과정 자체를 체득할 수 있습니다.
- **창의력**: AI가 제시하는 다양한 관점과 아이디어를 통해 사고의 폭을 확장할 수 있습니다.
- **학습력**: 24시간 언제든 질문하고 맞춤형 설명을 들으며 가속화된 학습이 가능합니다.

마치 개인 전담 코치가 옆에 있는 것과 같죠. AI는 지치지 않고, 판단하지 않으며, 무엇이든 반복해서 설명해 줍니다.

그래서 회복탄력성만 있다면, 즉 새로운 시도를 두려워하지 않고 실패해도 다시 도전하는 마음가짐만 있다면, AI의 도움으로 다른 역량들을 기하급수적으로 빠르게 발달시킬 수 있습니다.

이 파트에서 다룰 내용들

1장 'AI 시대, 살아남기 vs 기회 만들기'에서는 지금 전 세계에서 일어나고 있는 놀라운 변화들을 더 자세히 살펴봅니다. 개인의 능력이 어떻게 폭발적으로 확장되고 있는지, 새로운 직업들이 어떻게 탄생하고 있는지, 그리고 기존의 직업 경계가 어떻게 무너지고 있는지를 구체적인 사례를 통해 확인해 보겠습니다.

2장 'AI가 바꾸는 창의성의 게임 룰'에서는 더욱 근본적인 변화를 다룹니다. 창의성이 천재들의 전유물에서 모두가 활용할 수 있는 도구로 변했다는 놀라운 사실을 확인합니다. 1세대 천재들의 시대에서 4세대 AI 협업의 시대로 진화해 온 창의성의 진화 트렌드를 살펴보고, 여러분 안에 숨어 있는 창의적 잠재력을 어떻게 AI와 함께 깨울 수 있는지 알아보겠습니다.

당신의 선택이 미래를 결정합니다

이 파트를 통해 여러분은 AI 시대의 변화 앞에서 한발 뒤로 물러서는 대신, 한발 앞으로 나아갈 수 있는 마음가짐을 갖게 될 것입니다.

변화를 두려워하는 대신 활용하고, 위기를 걱정하는 대신 기회로 전환하며, 뒤처질까 봐 불안해하는 대신 앞서 나가는 사람이 되는 여정이 바로 지금 시작됩니다.

변화를 기회로 바꾸는 힘, 그것이 바로 AI력의 첫 번째 원천입니다.

1장

AI 시대, 살아남기 vs 기회 만들기

1. AI가 가져올 변화

2025년 초, 한국의 한 중소기업 사장이 놀라운 경험을 했습니다. 그는 생성형 AI 도구들과 함께 단 3시간 만에 새로운 제품 아이디어를 구상하고, 시장조사를 마치고, 심지어 투자 제안서까지 완성했습니다. 예전 같으면 마케팅팀, 기획팀, 디자인팀이 함께 달라붙어도 몇 주는 걸렸을 일이었죠.

"정말 신기했어요. AI가 제 아이디어를 더 구체화해 주고, 미처 생각하지 못한 부분들을 짚어 주더군요. 마치 가장 뛰어난 컨설턴트를 24시간 대기시켜 놓은 것 같았습니다."

이것은 지금 한국뿐만 아니라 전 세계에서 일어나고 있는 변화의 한 단면입니다.

개인의 능력이 폭발적으로 확장되고 있습니다

미국 실리콘밸리의 한 스타트업 창업자는 혼자서 AI의 도움을 받아 앱 개발부터 마케팅, 고객 서비스까지 모든 것을 해내고 있습니다. 예전 같으면 열 명이 필요했을 일을 혼자 하고 있는 것이죠.

일본의 한 디자이너는 생성형 AI를 활용해 하루에 수십 개의 로고 시안을 만들어 내며, 전 세계 고객들과 일합니다. 언어 장벽은 AI 번역기가 해결해 주니까요.

그리고 국내의 한 1인 기업가는 AI 도구들을 조합해 온라인 교육 콘텐츠를 제작하고, 영상 편집과 마케팅까지 모두 혼자 해내며 월 수천만 원의 수익을 올리고 있답니다.

새로운 직업들이 매일 탄생하고 있습니다

- **AI 프롬프트 엔지니어**: AI와 대화하는 전문가
- **AI 트레이너**: AI를 특정 업무에 맞게 훈련시키는 전문가
- **AI 윤리 컨설턴트**: AI를 활용하는 데 윤리적 가이드라인을 제시하는 전문가
- **디지털 휴먼 디자이너**: 가상 인물을 만들고 관리하는 전문가

이런 직업들은 5년 전에는 존재하지도 않았습니다.

경계가 사라지고 있습니다

가장 흥미로운 변화는 기존 직업의 경계가 무너지고 있다는 점입니다. 프로그래머가 아닌 사람도 AI의 도움으로 앱을 만들고 있습니다.

디자인을 전공하지 않은 사람도 전문가 수준의 그래픽을 제작하고 있습니다. 마케팅을 모르던 소상공인도 AI와 함께 효과적인 광고 캠페인을 만들고 있습니다. 글쓰기가 어려웠던 엔지니어도 AI의 도움으로 훌륭한 기술 문서를 작성하고 있습니다.

더 이상 "나는 기술을 몰라서 안 돼." "나는 창의력이 없어서 안 돼."라는 변명이 통하지 않는 시대가 된 것입니다.

두어(Doer)에서 이노베이터(Innovator)로의 대전환

가장 중요한 변화는 우리의 **역할이 근본적으로 바뀌고 있다**는 점입니다.

- **과거의 일하는 방식**(Doer):
  - 주어진 업무를 정확히 수행
  - 매뉴얼대로 반복 작업
  - 상사의 지시를 충실히 이행
  - 전문 분야 내에서만 활동

- **새로운 일하는 방식**(Innovator):
  - 문제를 정의하고 해결책을 창조
  - AI와 협업하여 새로운 가치 창출
  - 여러 분야를 넘나들며 통합적으로 사고
  - 끊임없는 학습과 적응을 통한 진화

예를 들어, 과거의 회계사는 장부를 정리하고 세금을 계산하는 것이 주 업무였습니다. 하지만 이제는 AI가 이런 반복 업무를 처리하는 동안, 회계사는 기업의 재무 전략을 수립하고, 경영진에게 인사이트를 제공하는 전략가 역할로 진화하고 있습니다.

결국 지금 우리가 하는 일들은 어떻게 될까요? 일하는 방식의 대전환이 일어나, 지시를 받아 일하는 업무는 점점 AI로 대체될 것이며, 사람들의 일은 AI를 활용해 가치를 창조하는 일로 변화될 것입니다.

우리나라만의 특별한 기회

우리나라는 이런 변화에 특히 유리한 조건을 가지고 있습니다.

첫째, **높은 교육 수준과 빠른 학습 능력**입니다. 새로운 AI 도구가 나오면 우리나라 사람들은 세계에서 가장 빠르게 습득하고 활용합니다.

둘째, **강력한 IT 인프라**입니다. 전 세계 최고 수준의 인터넷 속도와 모바일 환경을 가지고 있어서 AI 서비스를 제약 없이 활용할 수 있습니다.

셋째, **창의적 콘텐츠 제작 역량**입니다. K-pop, K-드라마, 웹툰 등으로 입증된 우리의 창의력이 AI와 만나면 더욱 강력해집니다.

넷째, **빠른 시장 반응 속도**입니다. 새로운 트렌드가 나타나면 빠르게 확산되고 정착되는 우리 시장의 특성이 AI 시대에는 큰 장점이 됩니다.

변화의 속도가 더욱 빨라지고 있다

지금 일어나고 있는 변화는 과거와는 차원이 다릅니다.

산업혁명 때는 증기기관이 도입되는 데 수십 년이 걸렸습니다. 컴퓨터와 인터넷이 보급되는 데도 10~20년이 걸렸죠. 하지만 챗GPT는 출시 2개월 만에 월간 활성 사용자 수 1억 명을 돌파했습니다. 역사상 가장 빠른 확산 속도입니다.

더 놀라운 것은 AI 기술 자체의 발전 속도입니다. 6개월마다 새로운 버전이 나오고, 그때마다 성능이 기하급수적으로 향상됩니다. GPT-3에서 GPT-4로, 그리고 GPT-5까지 계속 발전하고 있고, 그 변화의 속도와 폭이 점점 커지고 있습니다. 그동안 챗GPT에 가려 주목받지 못했던 구글의 제미나이(Gemini)도 빠른 속도로 발전해 제미나이 3 Pro를 출시하며 챗GPT의 독주를 위협하고 있습니다.

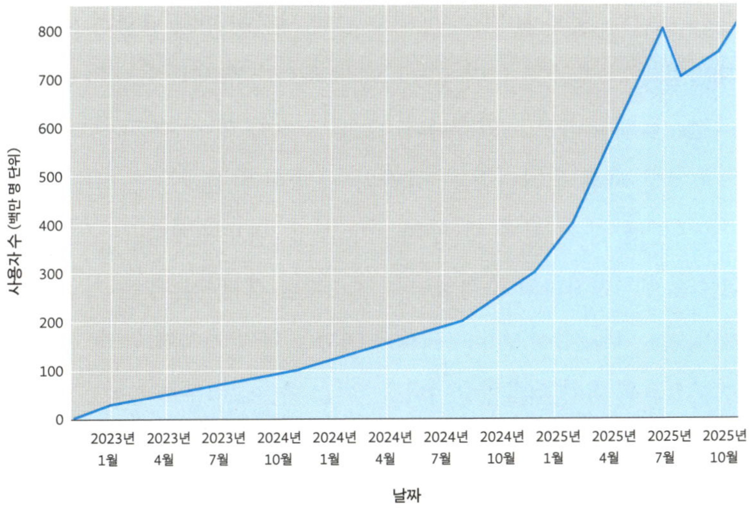

챗GPT 주간 활성 사용자 수 성장 추이(2022~2025)

위 그래프는 챗GPT의 출시 이후 주간 활성 사용자 수가 어떻게 성장해 왔는지를 보여 준다. 2022년 11월 100만 명에서 시작해 2025년 12월 현재 약 8억 명 이상일 것으로 추정된다.

이러한 발전상은 기회의 창이 빠르게 열렸다가 닫힌다는 것을 의미합니다. 지금 AI와 함께 새로운 역량을 개발하는 사람과 그렇지 않은 사람 사이의 격차는 시간이 갈수록 더 벌어질 것입니다.

2. 대한민국의 위기: 추격자에서 추격당하는 자로

"우리 회사가 이대로 괜찮을까요?"

"젊은 직원들은 계속 이직하고, 새로운 아이디어는 잘 안 나오고……."

"중국 기업들의 성장 속도를 보면 가슴이 답답합니다."

최근 기업의 임원들과 대화를 나누다 보면, 이런 고민의 목소리를 자주 듣게 됩니다. 불과 10년 전만 해도 세계 시장을 향해 당당히 도전장을 내밀던 우리 기업들이, 이제는 뒤에서 빠르게 추격해 오는 경쟁자들을 걱정스럽게 바라보고 있습니다.

1960년대 이후 우리나라는 '한강의 기적'이라 불리는 놀라운 경제 성장을 이뤘습니다. 전자 제품, 자동차, 조선, 반도체까지……. 우리는 선진국을 벤치마킹하고 추격하면서 세계적인 경쟁력을 갖춘 기업들을 만들어 냈습니다. 삼성전자는 애플과 어깨를 나란히 하게 되었고, 현대차는 도요타를 바짝 뒤쫓았습니다.

하지만 지금 우리의 모습은 어떤가요?

글로벌 시장에서 우리 기업들의 입지는 점점 좁아지고 있습니다. 스마트폰 시장에서는 중국의 샤오미, 오포(OPPO), 비보(VIVO)가 빠르게 성장하고 있습니다. 전기차 시장에서는 BYD가 테슬라를 바짝 추격하고 있고요. 배터리, 디스플레이 같은 핵심 부품 시장에서도 중국 기업들의 기술력이 우리를 위협하고 있죠.

더 심각한 것은 중소기업들의 상황입니다. 한때 국내 중소기업들은 대기업의 든든한 협력사로서 함께 성장했습니다. 하지만 이제는 중국과 동남아 기업들의 가격 경쟁력을 따라잡지 못해 힘겨운 싸움을 하고 있습니다.

이런 변화는 우리 개인의 삶에도 직접적인 영향을 미칩니다. 회사의 실적이 악화되면 고용은 불안해지고, 임금 상승도 기대하기 어려워지지요. 청년들은 좋은 일자리를 찾기가 갈수록 힘들어지고 있다고 호소하고 있고요.

달라진 산업 지형도 위에서 우리는 이제 어떤 새로운 생존 전략을 세워야 될까요?

중국의 부상과 우리의 선택

"중국은 여전히 저품질 제품을 만드는 나라야."
"가격은 싸지만 품질은 우리가 훨씬 좋아."
"중국 기업들은 혁신능력이 부족해."
불과 몇 년 전까지만 해도 우리는 이렇게 생각했습니다. 하지만 현실은 어떤가요?

화웨이의 스마트폰은 이제 프리미엄 시장에서도 인정받고 있습니다. DJI는 드론 시장의 절대 강자가 되었고, 알리바바와 텐센트는 디지털 혁신을 주도하고 있습니다. 샤오미는 단순한 스마트폰 제조사를 넘어 혁신적인 스마트홈 생태계를 만들어 가면서 전기차, 반도체 설계로 사업을 확장하고 있습니다.

특히 신산업 분야에서 중국의 성장은 더욱 무섭습니다. 전기차, 배터리, 태양광 등 미래 산업에서 중국 기업들은 이미 세계 시장을 선도하고 있습니다. 2023년 4분기 중국의 BYD는 처음으로 테슬라를 제치고 전 세계 전기차 판매 1위를 기록했습니다. 그 뒤 2024년에는 분기별로 순위가 바뀌는 시소게임을 벌이다가, 2025년에는 모든 분기에서 테슬라를 상회하는 흐름을 보이는 상황입니다.

샤오미 전기차 SU7

SU7은 2024년 3월 출시 직후 24시간 안에 8만 8898건 주문을 기록하며 폭발적인 인기를 보였다. 출시 2년 차인 2025년에도 누적 판매 25만 대에 육박하며 중국 전기차 시장에서 입지를 굳혔다.

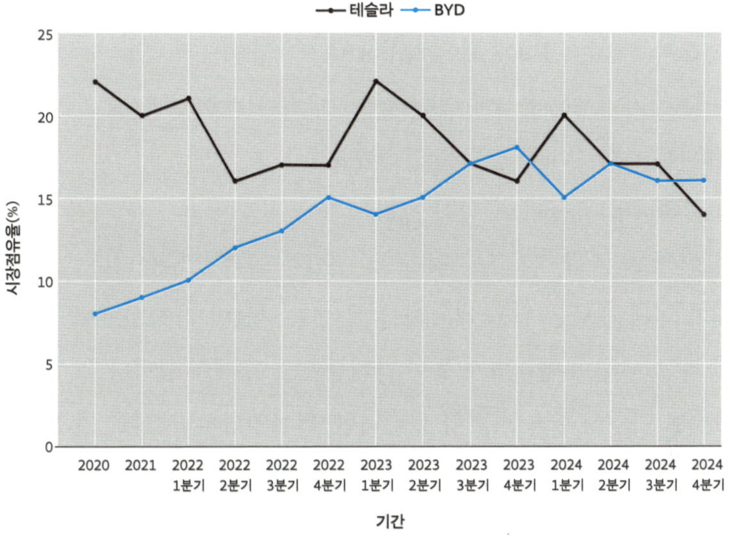

어떻게 이런 변화가 가능했을까요?

첫째, 중국은 더 이상 '저임금'만으로 승부하지 않습니다. 오히려 첨단 기술 개발에 엄청난 투자를 하고 있죠. AI, 빅데이터, 로봇 등 4차 산업혁명의 핵심 분야에서 미국과 어깨를 나란히 하고 있습니다.

둘째, 14억 명의 거대한 내수 시장이 혁신의 실험장이 되어 주고 있습니다. 새로운 제품과 서비스를 빠르게 시도하고, 개선하고, 확장할 수 있는 환경이 갖춰진 거죠.

셋째, 정부의 전폭적인 지원과 과감한 투자가 이뤄지고 있습니다. '중국제조 2025', '신인프라 정책' 등을 통해 미래 산업에 대한 집중적인 육성이 이뤄지는 상황이죠.

3. 혁신 없이는 생존도 없다

"그래서 우리는 어떻게 해야 하나요?"

"이대로 가다가는 중국에 완전히 추월당하는 건 아닐까요?"

"위기를 기회로 바꿀 방법은 없을까요?"

답은 하나입니다. 바로 '혁신'이죠.

더 이상 '빠른 추격자(Fast Follower)' 전략은 통하지 않습니다. 이제는 우리가 먼저 새로운 길을 개척해야 합니다. 남들이 가지 않은 길을 찾아야 하고, 남들이 생각하지 못한 가치를 만들어 내야 합니다.

하지만 여기서 중요한 점이 있습니다. 혁신이란 꼭 세상을 뒤흔드는 큰 발명이나 거창한 변화만을 의미하지는 않는다는 겁니다. 우리가 매일 하는 일에서 조금 더 나은 방법을 찾는 것, 고객의 불편을 해소하는 작은 아이디어를 떠올리는 것, 이런 것들이 모두 혁신의 시작입니다.

특히 우리에게는 새로운 기회가 찾아왔습니다. 바로 챗GPT로 대표되는 생성형 AI의 등장입니다.

단순히 '더 열심히 일하는 것'이나 '생산성을 올리는 것'만으로는 중국의 규모를 따라잡을 수 없습니다. 하지만 AI와 함께 '지금까지 없던 새로운 가치'를 만들어 낸다면 어떨까요? 규모의 경쟁이 아닌 창의성의 경쟁에서는 우리에게도 충분한 승산이 있습니다.

AI는 우리의 창의력을 증폭시키고, 혁신의 속도를 가속화할 수 있는 강력한 도구입니다. 이제 혁신은 더 이상 특별한 천재나 전문가만의 영역이 아닙니다. AI와의 협업을 통해 우리 모두가 혁신가가 될 수 있는 시대가 왔습니다.

이제 창의성은 '타고난 재능'이 아닌, '활용할 수 있는 도구'가 되었습

니다. 작은 아이디어 하나가 회사를 살리고, 산업의 판도를 바꿀 수 있습니다. 여러분도 이제 변화의 주역이 되어 보시겠습니까? AI라는 든든한 파트너와 함께라면, 생각보다 훨씬 쉽고 재미있게 혁신을 만들어 낼 수 있습니다.

4. 혁신, 제대로 알고 시작하자

"혁신이 중요하다는 건 알겠는데, 도대체 어디서부터 시작해야 할지 모르겠어요."

"우리 회사는 혁신을 강조하지만, 실제로는 그저 '열심히 일하기'만 반복하고 있어요."

"혁신이라고 하면 뭔가 거창한 것 같아서 부담스러워요."

많은 분들이 이런 고민을 하고 계실 겁니다. 혁신이라는 단어는 우리에게 너무 부담스럽게 느껴지곤 합니다. 하지만 혁신을 제대로 이해하면, 생각보다 훨씬 친근하게 다가갈 수 있습니다.

혁신의 진짜 의미

혁신이란 무엇일까요? 애플의 아이폰이나 테슬라의 전기차처럼 세상을 뒤흔드는 제품만이 혁신일까요? 그렇지 않습니다.

혁신의 본질은 '새로운 가치 창출'입니다. 고객이 미처 깨닫지 못한 불편함을 해결하거나, 기존보다 더 나은 방식을 찾아내는 것, 이 모든 것이 혁신입니다.

예를 들면 다음과 같습니다.

- 배달 앱: 전화 주문의 불편함을 해결
- 무선 이어폰: 케이블 꼬임 문제를 해결
- 온라인 뱅킹: 은행 방문 없이 금융 서비스 이용

이처럼 혁신은 우리 주변에서 쉽게 찾아볼 수 있습니다.

기업 생존의 부등식

기업 경영에 있어서 정말 중요한 법칙이 있습니다. 바로 서울대 윤석철 명예교수님의 이론인 '기업 생존의 부등식'입니다.

제품이나 서비스 원가 〈 제품이나 서비스 가격 〈 고객이 느끼는 가치

이 간단한 부등식이 기업의 생존을 결정합니다. 제품이나 서비스의 원가는 가격보다 낮아야 하며, 기업은 고객이 지불하는 비용보다 더 큰 가치를 제공해야 살아남을 수 있다는 것이죠.

이 부등식의 첫 번째 부분(원가 〈 가격)은 직관적으로 이해하기 쉽습니다. 기업이 생산하는 데 드는 비용이 판매 가격보다 높다면, 팔면 팔수록 손해를 보게 되니까요. 이는 당연히 기업의 생존을 위협하게 됩니다.

하지만 더 중요한 것은 두 번째 부분(가격 〈 고객이 느끼는 가치)입니다. 고객은 자신이 지불하는 비용보다 더 큰 가치를 얻을 수 있다고 느낄 때만 제품이나 서비스를 구매합니다. 예를 들어, 사람들이 100만 원이 넘는 스마트폰을 구매하는 것은 그 제품을 통해 얻을 수 있는 가치가 가격을 웃돈다고 판단하기 때문입니다. 반대로 고객이 느끼는 가치보다 가격이 높다면, 그 제품은 시장에서 외면받을 수밖에 없습니다.

그런데 문제는 경쟁이 심화될수록 이 부등식을 만족시키기가 점점 어려워진다는 점입니다. 특히 중국 기업들이 품질은 비슷하면서 가격은 더 저렴한 제품을 내놓으면서, 많은 기업이 위기를 맞고 있습니다.

이런 상황에서 살아남으려면 어떻게 해야 할까요? 답은 명확합니다. 바로 '새로운 가치'를 만들어 내는 것입니다.

기업 생존의 부등식

원가	가격	고객 가치
제품이나 서비스를 만들기 위해 투입되는 모든 비용	고객이 실제로 지불하는 금액	고객이 제품/서비스로부터 얻는다고 느끼는 총 가치
• 재료비 • 인건비 • 간접비	원가보다 높아야 기업이 수익을 낼 수 있음	가격보다 높아야 고객이 구매함

핵심 인사이트
중국과의 가격 경쟁에서 살아남으려면, 단순히 원가를 줄이는 것이 아니라
'고객이 느끼는 가치'를 극대화하는 혁신이 필요합니다.
이것이 바로 AI와 함께 창의적 가치를 창출해야 하는 이유입니다!

혁신의 두 바퀴: 생산성과 창의성

혁신은 자전거와 같습니다. 자전거가 앞으로 나아가기 위해서는 두 개의 바퀴가 필요하듯, 기업의 혁신도 두 가지 핵심 요소가 필요합니다.

- **첫 번째 바퀴: 생산성 향상(더 효율적으로)**
  — 비용 절감
  — 프로세스 최적화
  — 품질 향상
  — 시간 단축

- **두 번째 바퀴: 창의적 가치 창출(더 새롭게)**
  — 신제품 개발
  — 새로운 비즈니스 모델
  — 차별화된 서비스
  — 고객 가치 혁신

이 두 바퀴는 마치 자전거 페달을 밟을 때처럼 번갈아 가며 움직입니다. 한쪽만 강조하면 기업은 앞으로 나아갈 수 없습니다. 생산성만 강조하면 경쟁사와의 차별화가 어렵고, 창의성만 강조하면 수익성이 악화될 수 있기 때문입니다.

기업이 지속적으로 발전하기 위해서는 이 두 바퀴가 끊임없이 움직여야 합니다.

그런데 여기서 흥미로운 점이 있습니다. 기업은 이 두 축을 중심으로 타원형 궤도를 그리며 지속적으로 발전해 나간다는 점입니다.

타원형 궤도의 의미

타원은 두 개의 초점(Focus)을 가지고 있습니다. 기업 혁신의 타원에서 이 두 초점이 바로 '창의성'과 '생산성'입니다.

- **창의성 Focus**: 새로운 가치를 만들어 내는 힘
- **생산성 Focus**: 더 효율적으로 일하는 힘

그럼 왜 타원형일까요? 직선이나 원이 아닌 타원형인 이유가 있습니다. 기업은 시기에 따라 한쪽에 더 집중할 때가 있기 때문이지요.

- **창의성에 가까운 시기**: 새로운 시장 개척, 혁신적인 제품 개발할 때
- **생산성에 가까운 시기**: 시장 경쟁이 치열해져 효율성을 높여야 할 때

하지만 중요한 것은 어느 한쪽만 추구해서는 안 된다는 점입니다.

- **창의성만 강조**: 아이디어는 좋지만 수익성이 떨어져 지속 가능하지 않음
- **생산성만 강조**: 효율적이지만 경쟁사와 차별화되지 않아 가격 경쟁에 휘말림

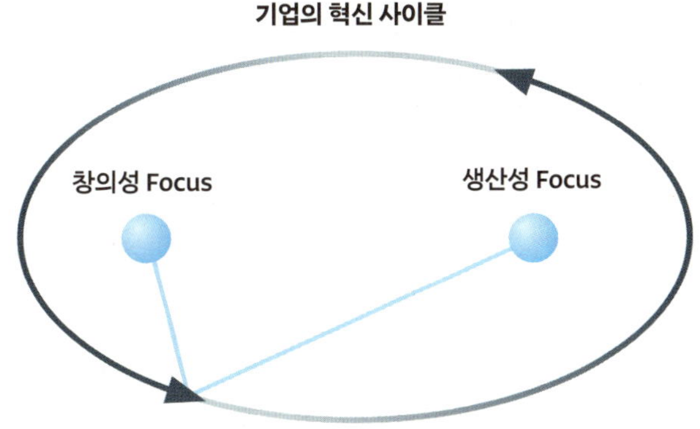

기업의 혁신은 타원형 궤도를 따라 계속 돌게 되는데 어떤 시점에는 창의성이 강조되다가, 어떤 시점에는 생산성이 더 강조된다. 하지만 창의성과 생산성은 항상 함께 추구되는 '혁신의 포커스'다.

진정한 혁신은 이 두 축 사이를 끊임없이 순환하면서 일어납니다. 마치 행성이 태양 주위를 도는 것처럼, 기업은 창의성과 생산성이라는 두 축을 중심으로 계속 움직여야 합니다.

생산성 향상으로 확보한 자원을 창의적 가치 창출에 투자하고 새로운 가치 창출로 얻은 경쟁력을 바탕으로 다시 생산성을 높이는, 이러한 선순환이 바로 지속 가능한 혁신의 사이클입니다.

생산성 향상과 창의적 가치 창출 활동 비교

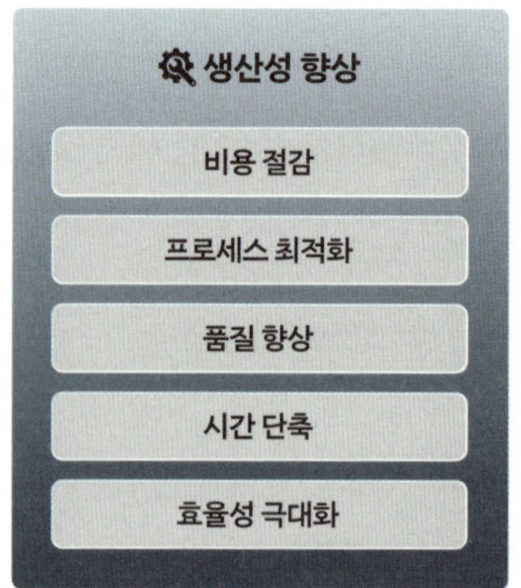

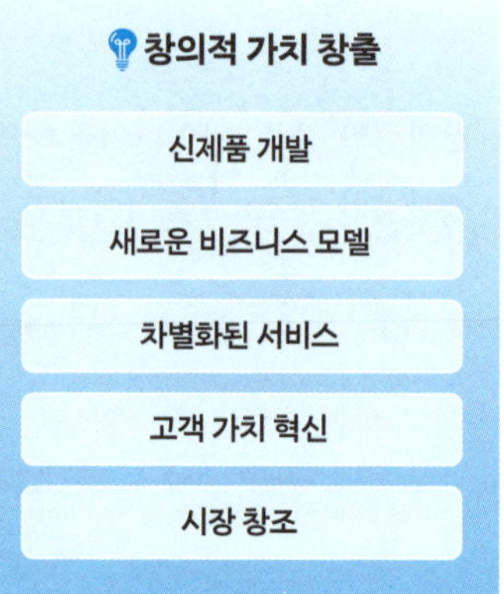

AI와 함께, 창의성이 경쟁력이 됩니다

하지만 지금은 어떤가요? 생산성 경쟁에서는 더 이상 중국을 이길 수 없습니다. 그들의 규모와 효율성을 따라잡기란 불가능에 가깝죠.

우리에게 필요한 것은 '창의성'에 기반한 새로운 가치 창출입니다. 남들이 생각하지 못한 새로운 제품을 만들거나 고객의 숨은 니즈를 발견하거나 새로운 비즈니스 모델을 창출해야 합니다.

다행히도 우리에게는 강력한 조력자가 생겼습니다. 챗GPT와 같은 생성형 AI의 등장으로, 이제 우리는 더 쉽고 빠르게 창의적인 아이디어를 만들어 낼 수 있게 되었습니다.

여러분도 한번 생각해 보세요. 여러분의 일상과 업무 속에서 어떤 불편함과 문제들이 있습니까? 그리고 그것들을 해결할 새로운 방법은 무엇일까요? AI와 함께라면, 여러분도 충분히 가치를 창출하는 밸류 크리에이터(Value Creator)가 될 수 있습니다.

그렇다면 구체적으로 어떻게 가치 창출의 기회를 발견할 수 있을까요? 시장과 기술의 변화 속에서 숨어 있는 기회를 체계적으로 찾아내는 방법이 있습니다. 또한 고객이 말로는 표현하지 못하지만 마음속 깊이 원하는 진짜 니즈를 읽어 내는 방법도 있죠.

이 책의 6장 '가치 창출 기회 발견'에서는 바로 이런 내용을 다룹니다. 평범한 자전거에서 12개의 새로운 사업 기회를 발견한 사례부터, 고객의 숨겨진 욕구를 파악하여 새로운 제품 콘셉트로 발전시킨 과정까지 구체적으로 보여 드립니다.

물론 지금 당장 그 방법들을 모두 이해할 필요는 없습니다. 먼저 AI와 효과적으로 대화하는 법을 익히고(파트 2), 문제를 분석하는 사고방식을 갖춘 후(파트 3)에 만나면 훨씬 더 효과적으로 활용할 수 있을 테니까요. 그때 가서 이 책에서 제공하는 전문화된 GPTs를 직접 사용해 보면, 여러분의 업무와 일상에서도 얼마든지 새로운 기회를 발견할 수 있다는 걸 확인하게 될 겁니다.

자, 이제 변화를 기회로 바꾸는 첫걸음을 내디뎌 볼까요?

2장

AI가 바꾸는 창의성의 게임 룰

1. 천재들의 전유물에서 모두의 도구로

"난 창의적인 사람이 아니에요."

"아이디어 회의만 하면 늘 멍해져요."

"스티브 잡스나 일론 머스크 같은 천재들이나 하는 거죠."

창의성에 대해 이야기를 나누다 보면, 많은 사람이 이런 반응을 보입니다. 마치 창의성이 태어날 때부터 타고난 특별한 재능인 것처럼 여기는 거죠.

하지만 이제 이런 생각은 버려도 좋습니다.

이를 이해하기 위해, 창의성이 어떻게 진화해 왔는지 한번 살펴보고 넘어가겠습니다.

1세대: 천재들의 시대 (1900년대 이전)

- 레오나르도 다빈치, 에디슨 같은 천재들의 직관과 영감이 중심

- '창의성은 타고나는 것'이라는 인식이 지배적
- 소수의 천재들이 세상을 바꾸는 혁신을 주도함

2세대: 브레인스토밍의 시대 (1950~1980년대)

- '집단의 지혜'가 주목받기 시작
- 브레인스토밍, 6가지 사고모자(6 Thinking Hats) 같은 협력적 도구 등장
- 심리학에 기반을 두고 창의성을 연구함

3세대: 방법론의 시대 (1990~2010년대)

- TRIZ(창의적 문제 해결 이론), 디자인씽킹 등 체계적 방법론 등장
- 창의성을 단계별로 학습하고 실천하는 구조화된 접근법
- '창의성은 배울 수 있는 스킬'이라는 인식이 생김

4세대: AI 협업의 시대 (2020년대~)

- 챗GPT로 대표되는 생성형 AI 등장
- 인간의 창의성과 AI의 능력이 결합
- '창의성은 누구나 활용할 수 있는 도구'가 됨

창의성의 패러다임 변화

특히 지금의 4세대 창의성 시대는 이전 세대와 완전히 다른 특징을 보입니다. AI라는 강력한 협업 도구의 등장으로, 창의성은 더 이상 '선천적 재능'이나 '전문가의 영역'이 아닌, '누구나 활용할 수 있는 도구'가 되었습니다.

스티브 잡스는 "창의성이란 그저 여러 점들을 연결하는 것"이라고 했습니다. 기존에 있던 것들을 새롭게 조합하고 재해석하는 것이 곧 창의성이란 뜻이죠. 그리고 이제 AI는 우리가 상상할 수 있는 것보다 훨씬 더 많은 '점들'을 연결할 수 있게 해 줍니다.

예를 들어 보겠습니다. 새 제품에 대한 아이디어가 필요할 때 AI에게 현재 트렌드와 기술의 조합을 요청합니다. 광고 카피가 필요할 때 AI와 함께 다양한 표현과 관점을 탐색합니다. 문제 해결이 필요할 때 AI를 통해 다른 산업의 해결 사례를 참고하지요. 이전에는 수많은 자료를 찾아보고, 전문가들의 조언을 구하고, 긴 시간 고민해야 했던 일들을 이제는 AI와의 대화를 통해 빠르게 진행할 수 있게 된 것입니다.

2. 구글링을 넘어선 AI 협업의 시대

"예전에는 모르는 게 있으면 무조건 구글링이었죠."

"근데 요즘은 뭔가 필요하면 일단 AI한테 물어봐요."

"확실히 검색보다 대화하는 게 더 편하더라고요."

여러분은 어떤가요? 아마 많은 분이 비슷한 경험을 하고 있을 겁니다. 구글 검색이 정보 찾기의 혁명을 가져왔다면, AI는 '생각하기'의 혁명을 가져오고 있습니다.

그럼, 구글링과 AI의 가장 큰 차이는 무엇일까요?

먼저, '대화형 사고의 확장'입니다. 구글에서는 키워드 중심의 단방향 검색을 해야 한다면, AI에서는 맥락을 이해하는 쌍방향 대화가 이뤄집니다. '정보의 재구성' 면에서는 어떨까요? 구글이 기존 정보 나열이

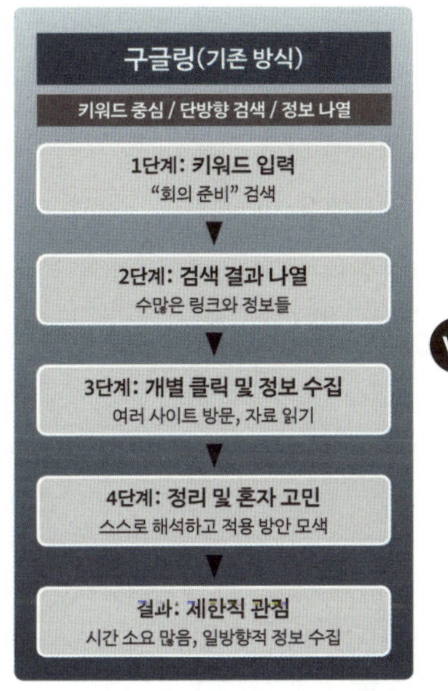
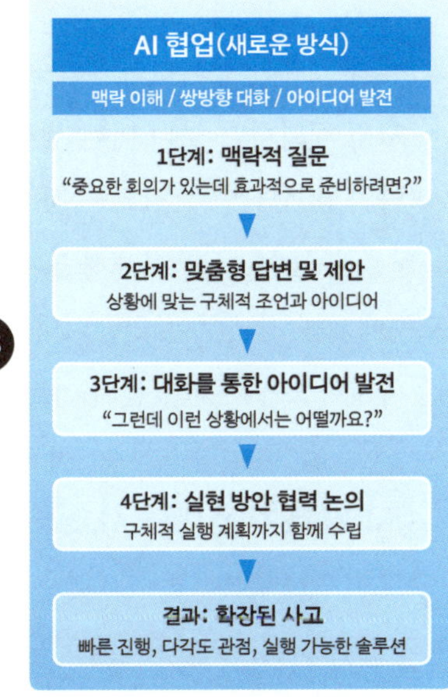

라면, AI는 맞춤형 정보를 재구성하고 통합합니다. 결국 아이디어를 발전시키려면 구글은 검색 결과를 보고 스스로 생각을 해야 하지만, AI는 대화를 통해 아이디어를 점진적으로 발전시킬 수 있습니다.

특히 AI는 우리의 생각을 확장하고 발전시키는 '사고의 파트너' 역할을 합니다. 혼자서 아이디어를 도출해야 하는 경우를 예로 들어 보면, 과거에는 구글에서 검색하여 찾은 자료를 읽고 정리하며 혼자 고민했지만, 현재는 AI와 대화하며 아이디어를 전개하고, 다양한 관점을 탐색하며 아이디어를 발전시켜 실현 방안을 함께 논의합니다.

3. 당신도 모르는 당신의 숨겨진 창의력

"제가 그동안 창의력이 부족하다고 생각했는데……."

"AI와 대화하다 보니 이런 생각도 할 수 있구나 싶어요."

"마치 제 생각이 확장되는 것 같은 느낌이에요."

많은 분들이 AI를 사용하면서 이런 경험을 하게 됩니다. 사실 우리 모두에게는 창의성이 있습니다. 다만 그동안 그것을 끌어내고 발전시킬 적절한 도구가 없었을 뿐이죠.

우리가 미처 몰랐던 사고의 한계

평소 우리가 어떤 문제에 부딪혔을 때를 떠올려 보세요. 머릿속에서는 어떤 일이 일어날까요?

대부분의 경우, 우리는 자신의 경험 범위 안에서 답을 찾으려고 합니다. 이전에 비슷한 문제를 어떻게 해결했는지, 주변 사람들은 어떻게 하는지, 우리가 아는 상식적인 방법은 무엇인지를 먼저 떠올리죠. 마치 작은 방 안에서 답을 찾는 것과 같습니다.

예를 들어, 회사에서 직원들의 업무 효율성을 높이고 싶다면 어떤 생각들이 떠오르나요?

"인센티브를 주면 어떨까?"

"교육을 더 시키면 될 것 같은데?"

"업무 프로세스를 정리해 보자."

물론 이런 생각들도 좋습니다. 하지만 여기에는 한계가 있습니다. 우리가 이미 알고 있는 것, 경험해 본 것의 범위를 벗어나기 어렵다는 것이죠.

AI라는 사고의 망원경이 보여 주는 세상

AI는 마치 망원경이나 현미경과 같습니다. 망원경이 우리에게 보이지 않던 우주를 보여 주고, 현미경이 미시 세계의 놀라운 모습을 드러내듯이, AI는 우리의 생각을 확장하고 새로운 가능성을 보여 줍니다.

같은 업무 효율성 문제를 AI와 함께 고민해 본다면 어떨까요?

"회사 직원들의 업무 효율성을 높이고 싶습니다. 어떤 방법이 있을까요?"

그러면 AI는 당신이 생각지도 못한 다양한 관점들을 제시할 것입니다.

- **다른 산업의 사례**: "핀란드의 한 회사는 주 4일 근무제를 도입해서 오히려 생산성이 20% 향상되었어요."
- **자연에서 영감 얻기**: "개미 군집의 효율성을 연구한 결과, 작은 팀으로 나누고 자율성을 부여했을 때 전체 성과가 좋아진다고 합니다."
- **심리학적 접근**: "몰입 이론에 따르면, 적절한 도전 과제와 즉각적인 피드백이 있을 때 사람들의 성과가 극대화됩니다."
- **최신 기술 활용**: "일본의 어떤 회사는 AI로 개인별 최적 업무 시간을 분석해서 맞춤형 스케줄을 제공하고 있어요."

어떻습니까? 여러분의 사고 영역이 갑자기 몇 배로 확장되는 느낌이 들지 않나요?

스티브 잡스가 말한 '점 연결하기'의 진화

스티브 잡스는 "창의성이란 그저 여러 점들을 연결하는 것"이라고

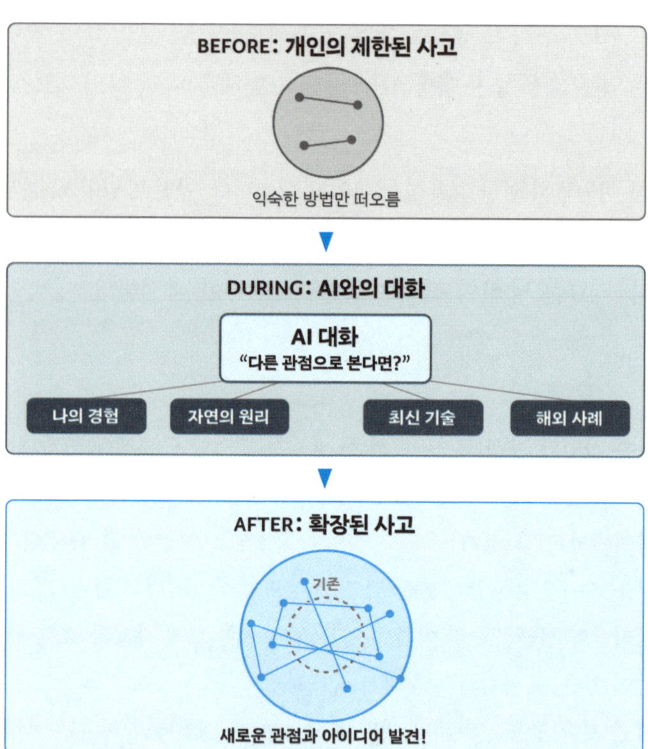

AI는 내가 알지 못했던, 다른 산업 사례, 자연의 원리, 최신 기술 등으로부터
새로운 점을 제공해 주며 나의 사고를 확장시킨다.

했습니다. 기존에 있던 것들을 새롭게 조합하고 재해석해야 한다는 얘기죠. 그럼 여기서 중요한 점은 '얼마나 많은 점들을 알고 있느냐.'가 되지 않을까요?

과거에는 우리가 직접 경험하거나 공부한 것들만이 우리가 연결할 수 있는 '점'이었습니다. 책을 많이 읽고, 여행을 많이 하고, 다양한 사람들을 만나야만 더 많은 점들을 얻을 수 있었죠.

하지만 이제는 다릅니다. AI는 인류가 축적한 거의 모든 지식과 경험을 바탕으로, 우리가 상상할 수 있는 것보다 훨씬 더 많은 '점들'을 제시해 줍니다. 그리고 그 점들 사이에 있는 의외의 연결 고리들을 발견하도록 도와줍니다.

사고 확장의 실제 과정

이 과정이 어떻게 일어나는지 구체적으로 살펴볼까요?

1단계: 문제 제시

당신이 AI에게 고민을 털어놓습니다. "우리 동네 카페 매출이 계속 떨어지고 있어요."

2단계: AI의 다각도 분석

AI는 즉시 여러 관점에서 접근합니다.

- 소비 트렌드 변화 분석
- 성공한 카페들의 전략
- 지역 특성을 고려한 접근

- 고객 행동 패턴 연구 결과
- 해외 카페 산업의 혁신 사례

3단계: 예상치 못한 연결 고리 발견

"요즘 젊은 층에서는 '제3의 공간' 개념이 중요해지고 있어요. 집도 직장도 아닌, 자신만의 시간을 보낼 수 있는 공간이죠. 일본의 한 카페는 1인 고객을 위한 '혼카페' 개념을 도입해 큰 성공을 거뒀습니다."

4단계: 개인화된 솔루션 도출

이러한 다양한 정보와 관점들이 당신의 구체적인 상황과 만나면서, 이전에는 생각하지 못했던 창의적인 해결책이 떠오릅니다.

이런 과정을 통해 우리는 단순히 정보를 얻는 것을 넘어서, 완전히 새로운 관점으로 문제를 바라볼 수 있게 됩니다. 마치 작은 방에서 갑자기 넓은 광장으로 나온 것 같은 느낌이죠.

중요한 것은 이 과정에서 나온 아이디어들의 진짜 주인공은 바로 여러분이라는 점입니다. AI는 단지 여러분의 생각을 끌어내고 확장하는 도구일 뿐이죠. 여러분의 경험, 직감, 가치관이 AI가 제시한 다양한 가능성과 만나면서 진정으로 의미 있는 새로운 가치가 탄생하게 됩니다.

당신의 숨겨진 창의력을 깨우는 간단한 실험

이제 여러분도 직접 체험해 볼 시간입니다. 다음 단계를 한번 따라해 보세요.

1. 평소 관심 있던 주제나 해결하고 싶은 문제를 하나 선택하세요.

2. 챗GPT에게 이렇게 질문해 보세요.

"이 문제를 다른 산업에서는 어떻게 해결했을까요?"

"자연에서 영감을 얻을 수 있는 해결책은 무엇일까요?"

"전혀 다른 관점으로 이 문제를 바라본다면 어떨까요?"

3. AI의 답변을 보면서 떠오르는 생각들을 자유롭게 메모하세요.

4. AI와 대화하며 그 생각들을 더 발전시켜 보세요.

놀라운 사실은, 이 과정에서 나온 아이디어들이 여러분 안에 이미 있었다는 것입니다. AI는 단지 그것을 끌어내고 확장하는 역할을 했을 뿐이죠.

새로운 시대의 창의성

이제 우리는 새로운 시대의 창의성을 이야기해야 합니다. 더 이상 '천재성'이나 '영감'을 기다릴 필요가 없습니다. AI라는 강력한 도구를 활용하면, 누구나 자신의 창의성을 키우고 발휘할 수 있습니다.

중요한 것은 AI를 '경쟁자'가 아닌 '협력자'로 바라보는 것입니다. AI의 강점(방대한 데이터 처리, 다양한 연결 고리 제시)과 인간의 강점(맥락 이해, 의미 부여, 감성적 판단)이 만날 때, 우리는 이전에는 상상하지 못했던 창의적 결과물을 만들어 낼 수 있습니다.

여러분도 이제 새로운 여정을 시작해 보세요. AI와 함께라면, 여러분의 창의성은 생각보다 훨씬 더 크고 강력할 것입니다. 그 작은 방에서 나와 넓은 세상을 탐험할 준비가 되었나요?

실천하기

1. 오늘 하루 동안 맞닥뜨린 작은 문제들을 메모해 보세요.
2. 그중 하나를 선택해 AI와 대화를 시작해 보세요.
3. 처음에는 서투르고 어색할 수 있습니다. 하지만 걱정하지 마세요.
4. 대화를 거듭할수록 여러분만의 창의적 문제 해결 방식이 만들어질 것입니다.

그런데 여기서 한 가지 중요한 점이 있습니다. 4세대 창의성이 지향하는 것은 단순한 '아이디어 도출'이 아닙니다. 아이디어 자체보다는 실질적 해결책을 도출하는 데 중점을 두지요. 구체적인 방법론과 도구를 포함해서요. 우리는 이것을 '크리에이티브 인텔리전스(Creative Intelligence)'라고 부릅니다. AI와 인간의 협력을 통해 창의적 문제 해결

크리에이티브 씽킹과 크리에이티브 인텔리전스 비교

항목	크리에이티브 씽킹	크리에이티브 인텔리전스
정의	독창적인 아이디어나 새로운 해결책을 찾기 위한 사고 과정	AI와 인간의 협력을 통해 창의적 문제 해결과 전략적 사고를 발전시키는 프로그램 및 접근 방식
목적	새로운 아이디어를 발산하고 기존 문제를 새롭게 해결하려 함	창의적 해결책뿐 아니라 실질적 문제 해결, 성과 창출과 비즈니스 전략 수립까지 포함
적용 범위	예술, 디자인, 문제 해결 등 남과 다른 새로운 발상이 필요한 분야	비즈니스 전략, 논리적 문제 해결, 창의적 솔루션 등 다양한 분야에서 활용
결과물	독창적인 아이디어와 해결 방안	실행 가능한 구체적 솔루션과 전략적 방향성
주요 도구 및 방법론	과제 수행을 위한 방법론 부재 브레인스토밍, 마인드맵, 스캠퍼(SCAMPER) 등 창의적 발상 도구 활용	구체적인 방법론과 도구가 존재 생성형 AI, 데이터 분석, 협업 도구, TRIZ 등 다양한 창의성 및 문제 해결 도구 활용

과 전략적 사고를 발전시키는 프로그램 및 접근 방식을 의미하지요.

그럼, 크리에이티브 인텔리전스는 무엇이 다를까요?

기존의 크리에이티브 씽킹(Creative Thinking)은 브레인스토밍으로 다양한 아이디어를 도출합니다. 참신하고 독특한 생각 위주로, 아이디어 자체에 초점을 맞추죠. 실현 가능성은 나중에 고려하고요.

하지만 크리에이티브 인텔리전스는 실제 문제 해결을 위한 솔루션을 도출합니다. AI와의 협업을 통해 실현 가능한 대안을 탐색하고, 아이디어의 검증과 구체화에 중점을 두죠. 실행 계획까지 고려한 통합적 접근이라고 할 수 있습니다.

예를 들어 보면 이렇습니다.

크리에이티브 씽킹

"택배 상자를 재활용하는 새로운 방법은? 화분으로 만들면 어떨까?
장난감으로 만들면 재미있을 것 같아!"

크리에이티브 인텔리전스

택배 상자 재활용률을 높이려면?

- 현재 재활용률과 장애 요인 분석
- 성공적인 재활용 사례 조사
- 소비자 행동 패턴 연구
- 실현 가능한 솔루션 도출
- 파일럿 테스트 계획 수립

크리에이티브 인텔리전스는 AI와 함께 문제의 본질을 파악하고, 실
현 가능한 해결책을 찾아가는 체계적인 접근을 의미합니다. 단순히 참
신한 아이디어를 내는 것이 아니라, 그것을 현실의 솔루션으로 만들어
내는 것이죠.

다음 장에서는 AI와 효과적으로 협업하여 크리에이티브 인텔리전스
를 발휘하는 구체적인 방법들을 살펴보도록 하겠습니다.

PART 2

AI 문해력

AI Literacy:

AI와 대화하는 기술

AI 시대의 새로운 대화법을 배울 시간입니다

"챗GPT에게 '마케팅 전략 짜 줘.' 했는데 너무 뻔한 답만 나와요."

"클로드(Claude)한테 물어봤는데 제가 원하는 게 아니었어요."

"AI 도구가 이렇게 많은데, 언제 뭘 써야 할지 모르겠어요."

이런 고민, 혹시 여러분도 해 보았을까요? AI와의 대화가 생각보다 쉽지 않다는 것을 경험하신 분들이 많을 겁니다. 분명 똑똑한 AI인데 왜 내가 원하는 답은 주지 않을까요?

문제는 AI가 아니라 대화 방식입니다

많은 사람이 AI를 **검색엔진이나 일반 소프트웨어처럼** 사용합니다. 명령을 내리고 결과를 받는 일방적인 방식으로 말이죠. 하지만 AI는 **대화형 도구**입니다.

- 기존 소프트웨어: 명령→실행→결과 (끝)

- AI와의 대화: 질문→답변→피드백→개선된 답변→더 나은 결과

AI와 제대로 소통하려면 새로운 대화 방식을 익혀야 합니다. 상황을 설명하고, 구체적으로 요청하고, 결과를 보고 개선점을 제시하는 '진짜 대화'를 해야 하지요.

상황별로 최고의 AI 파트너를 선택하는 법

세상에는 이제 정말 많은 AI 도구들이 있습니다. 챗GPT, 제미나이, 클로드, 퍼플렉시티(Perplexity), 노트북LM(NotebookLM), 젠스파크(Genspark)…… 각각 언제 쓰면 좋을까요?

마치 요리할 때 상황에 맞는 도구를 선택하는 것과 비슷합니다. 모든 요리를 칼 하나로 할 수는 없듯이, 모든 업무를 하나의 AI로 처리하기는 어렵습니다. 각 AI마다 특별히 잘하는 영역이 있거든요.

높은 수준의 AI 활용 성과를 만들기 위해서는 언제 어떤 AI를 선택할지, 그리고 여러 AI를 어떻게 조합해서 쓸지 아는 능력이 필수적입니다. 같은 과제라도 적절한 AI를 선택하느냐에 따라 결과의 질과 속도가 완전히 달라지기 때문이죠.

대화가 만드는 마법 같은 결과들

AI와의 대화는 단순히 정보를 얻는 것을 넘어서 '진짜 협업'이 가능합니다. 예를 들어, 스마트워치 마케팅 카피를 만든다고 해 보죠.

① **1차 시도(일반적 결과)**

> <u>프롬프트</u>: "스마트워치 카피 써 줘."

> AI 답변: "혁신적인 스마트워치로 당신의 일상을 바꿔 보세요."

② **대화를 통한 발전(개선된 결과)**

> <u>프롬프트</u>: "좀 더 감정적으로 어필할 수 있을까? 바쁜 직장인의 스트레스를 덜어 주는 느낌으로."

> AI 답변: "회사에서 집까지, 당신의 건강을 지켜 주는 작은 동반자"

③ **더 깊은 대화(완성된 결과)**

> <u>프롬프트</u>: "실제 사용자 후기를 반영해서 더 구체적으로 만들어 줘."

> AI 답변: "'2시간째 앉아 있음' 알림 보고 깜짝! 이제 자주 움직이고 스트레칭을 해요. 어깨 결림 많이 나아졌어요."

이것이 바로 '대화형 AI의 힘'입니다. 한 번의 질문으로 끝내는 것이 아니라, 계속 개선해 나가며 원하는 결과에 도달하는 것이죠.

AI 문해력은 다른 역량들을 가속화시킵니다.

'**학습력**'이 다양한 AI를 빠르게 배우는 능력과 AI를 활용해 새로운 분야 지식을 빠르게 습득하는 능력이라면, '**분석력**'은 AI와 복잡한 문제를 분석하고 그 결과를 해석하는 능력입니다. 그리고 '**창의력**'은 AI와 창의적 아이디어를 빠르게 도출하는 능력이지요. AI 문해력은 나머지 모든 역량의 멀티플라이어(증폭기) 역할을 합니다. AI 문해력이 있으면 혼자서는 몇 주 걸릴 일을 며칠 만에, 몇 달 걸릴 프로젝트를 몇 주 만에 완성할 수 있습니다.

3장 '챗GPT 제대로 알고 쓰기'에서는 AI와 대화하는 기본기부터 탄탄히 익혀 보겠습니다. AI의 진짜 능력을 끌어내는 대화법과 효과적인 소통 기술을 배워 보겠습니다.

4장 'AI 파트너 선택과 활용'에서는 5가지 주요 AI 도구들의 특징과 활용법을 비교 분석합니다. 각 AI의 강점을 이해하고 상황에 맞게 선택하는 방법, 그리고 여러 AI를 조합해서 쓰는 전략을 살펴보겠습니다.

AI 문해력을 기르는 3가지 핵심 원칙

① **맥락을 충분히 제공하라**: AI에게 상황, 목표, 제약 조건을 자세히 알려 주세요.

② **대화를 포기하지 말라**: 첫 번째 답변에 만족하지 말고 계속 개선을 요청하세요.

③ **적재적소에 활용하라**: 각 AI의 강점을 이해하고 상황에 맞게 선택하세요.

새로운 시대의 필수 역량을 향해

이 파트를 마치면 여러분은 AI를 단순한 도구가 아닌 진짜 업무 파트너로 활용할 수 있게 될 것입니다.

AI와 제대로 대화할 수 있는 사람과 그렇지 못한 사람 사이의 격차는 점점 더 벌어지고 있습니다. 같은 시간을 투입해도 결과물의 질과 속도에서 엄청난 차이가 나기 때문이죠.

AI와 대화하는 기술을 익혀서, 여러분의 업무 역량을 곧바로 한 단계 끌어올려 보기를 바랍니다.

3장

챗GPT 제대로 알고 쓰기

1. 기본기부터 탄탄히

"챗GPT야, 내 일을 도와줘!"

"좋은 아이디어 좀 생각해 봐!"

"이 문서 요약해 줘!"

2023년 초, 회사에서 챗GPT를 처음 도입했을 때 김 대리의 이야기입니다. 모든 직원이 챗GPT 계정을 받았고, 김 대리도 기대에 부풀어 있었죠. 하지만 막상 사용해 보니 기대와 달랐습니다. "마케팅 전략 짜 줘." 하니 일반적인 답변만 나왔고, "보고서 써 줘." 하니 엉뚱한 내용이 나왔습니다. 몇 번 시도해 보다가 김 대리는 포기하고 말았습니다.

"역시 AI는 아직 멀었어. 그냥 내가 하는 게 낫겠다."

하지만 옆자리 박 과장의 상황은 달랐습니다. 같은 챗GPT를 사용하는데도 놀라운 결과물들을 계속 만들어 내고 있었죠. 보고서 초안부터 창의적인 아이디어까지, 마치 개인 비서가 생긴 것처럼 업무 효율이 눈에 띠게 향상되었습니다.

두 사람의 차이는 무엇이었을까요? 바로 챗GPT를 '제대로' 이해하고 사용하는 방법을 알고 있느냐의 차이였습니다.

초보자를 위한 챗GPT 핵심 이해

챗GPT를 효과적으로 사용하기 위해서는 먼저 이것이 어떤 도구인지 정확히 이해해야 합니다.

챗GPT는 '확률적 언어 모델'입니다

챗GPT는 검색엔진이 아닙니다. 구글처럼 정보를 찾아서 보여 주는 것이 아니라, 학습한 패턴을 바탕으로 '가장 적절해 보이는' 답변을 생성합니다. 마치 사람이 경험과 지식을 바탕으로 답변하는 것과 비슷하죠. 일반 소프트웨어는 프로그램된 절차대로 일을 처리하여 항상 동일한 결과를 만들어 내지만, 챗GPT는 때에 따라서 다른 답변을 주기도 합니다. 확률이라는 것은 상황에 따라, 시기에 따라 작은 질문 차이에 따라서도 변화될 수 있기 때문입니다. 정확한 정보를 찾는 입장에서는 믿을 수 없는 답변이라고 생각할 수도 있지만, 다양한 정보나, 다양한 아이디어를 수집하는 입장에서는 그러한 변화가 도움이 됩니다.

검색엔진	챗GPT
정확한 정보 검색	창의적인 답변 생성
최신 정보 제공	맥락 이해 및 대화
출처 명확	아이디어 제시

챗GPT는 '대화형 AI'입니다

가장 중요한 특징은 대화를 통해 점점 더 나은 결과를 만들어 낸다는 점입니다. 한 번의 질문으로 완벽한 답을 기대하기보다는, 여러 번의 상호작용을 통해 원하는 결과에 도달한다고 생각해야 합니다.

일반 소프트웨어	챗GPT
명령→실행→결과 한 번에 정확한 결과 기대	질문→답변→피드백→개선된 답변 대화를 통한 점진적 개선

챗GPT의 3가지 핵심 능력

1. 이해 능력(Understanding)

- **복잡한 맥락 파악**: "우리 회사는 창업 3년 차 AI 기반 고객 응대 시스템 구축 서비스를 하는 스타트업인데, 지금까지 B2B 솔루션만 하다가 B2C로 확장하려고 해. 그런데 자금 여유가 많지 않아서 기존 기술을 최대한 활용해야 하고, 투자 유치를 해야 해. 이런 상황에서 어떻게 사업계획서를 써야 할까?"
- **언어의 뉘앙스 인식**: "정중하되 강력한 거절 메일 작성"
- **다층적 의미 해석**: "고객이 '제품은 괜찮은데 좀 더 생각해 볼게요.'라고 했는데, 목소리 톤이 아쉬워 보였고 가격 얘기할 때 표정이 어두워졌어. 이 상황을 어떻게 해석해야 할까?"

2. 생성 능력(Generation)

- **창의적 콘텐츠 작성**: 친환경 텀블러 브랜드 론칭 카피 작성. "매일

마시는 커피 한 잔이 지구를 바꿉니다. 당신의 작은 선택이 만드는 큰 변화, 함께 시작해요."→환경 가치 + 개인의 참여 의식 + 따뜻한 공감대 형성

- **다양한 형식의 문서 생성**: 회의록, 기획서, 이메일 등 업무 문서
- **아이디어 브레인스토밍**: "주택가 소규모 카페가 대형 프랜차이즈와 경쟁하면서 매출을 늘릴 수 있는 차별화 방안 10가지를 지역 특성과 고객층을 고려해서 제시해 줘."

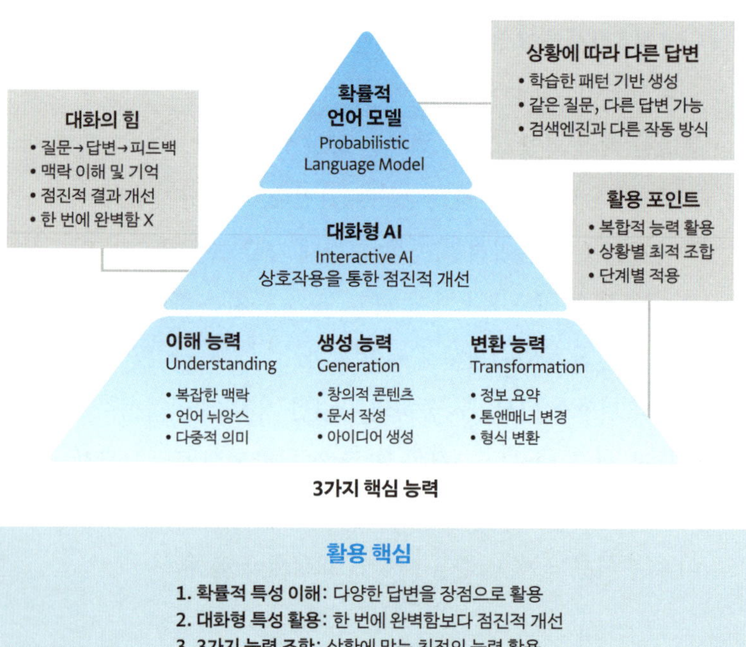

3. 변환 능력(Transformation)

- **정보 요약 및 정리**: 20페이지 분량의 시장조사 보고서를 경영진 보고용 3줄 핵심 요약으로 변환
- **톤앤매너 변경**: 딱딱한 공문을 친근한 안내문으로 변환
- **형식 변환**: 긴 글을 체크리스트로, 표를 문장으로 변환

실수하기 쉬운 5가지와 해결 방법

첫 번째 실수: "AI가 알아서 다 해 줄 거야."

실수 사례

김 대리: "마케팅 전략 짜 줘."

프롬프트:

마케팅 전략 짜 줘.

ChatGPT의 주요 답변:

마케팅 전략은 귀하의 **비즈니스 종류, 타깃 고객층, 경쟁 상황, 예산, 목표**(인지도, 매출, 리드 생성 등)에 따라 달라집니다. 먼저 기본적인 틀을 보여 드릴 테니, 이후 귀하의 상황에 맞게 구체화해 드릴 수 있습니다.

다음 질문:

전략을 귀하의 상황에 맞게 맞춤 제작해 드리려면, 아래 정보를 알려 주세요.

1. **제품/서비스가 무엇인지**
2. **타깃 고객은 누구인지**
3. **예산 규모**(월 광고비 등)
4. **광고나 마케팅 경험이 있는지**
5. **특별히 초점을 두고 싶은 부분**(브랜딩, 매출, SNS 등)

1. **현상**: 일반적이고 뻔한 답변만 나옴

2. **Why?**: 구체적인 맥락 정보가 없어서

3. **발견**: 챗GPT는 상황을 모르면 일반론만 제시할 수밖에 없다.

4. **해결 방향**: 구체적인 상황과 조건을 상세히 제공

5. **해결책**: 맥락 정보+명확한 요청→맞춤형 답변

개선된 접근

박 과장의 구체적인 접근법은 다음과 같습니다.

프롬프트:

저희는 중소기업용 회계 소프트웨어를 개발하는 스타트업입니다.

현재 상황:

- 주요 고객: 직원 5~50명 규모의 제조 업체
- 월 매출: 3000만 원
- 기존 마케팅 채널: 온라인 광고, 영업 사원 직접 방문
- 목표: 올해 매출 2배 증가

이런 상황에서 효과적인 마케팅 전략을 제안해 주세요.
특히 비용 대비 효과가 높은 방법들을 중심으로 부탁드립니다.

ChatGPT의 주요 답변:

중소기업 제조 업체(직원 5~50명)를 주요 고객으로 한 회계 소프트웨어 스타트업이 월 매출 3천만 원에서 연내 매출 2배 성장을 이루기 위해, 특히 비용 대비 효과가 높은 마케팅 전략을 다음과 같이 제안드립니다.

1. 콘텐츠 마케팅 & SEO최적화

- 산업 특화 블로그 포스팅

  제조업 회계·재무 관리 노하우, 세무·결산 프로세스 개선 사례 등을 정기 발행

  타깃 키워드(예: "중소 제조업 회계 관리", "제조업 세무 간소화")로 네이버·구글

  검색 상위 노출 유도

- 사례 연구(Case Study) 제작

  비용 대비 효과: 초기 투자(글 작성. 디자인)는 크지 않으나, 장기적으로 검색 유

  입과 리드 전환을 꾸준히 창출

2. 타깃 광고 캠페인

3. 파트너십 & 채널 마케팅

4. 웨비나 & 온라인 세미나

5. 추천 & 고객 성공 사례……

실행 우선순위 & 예산 배분 제안

1. 콘텐츠·SEO(20%)

2. 검색 광고(25%)

3. 파트너십·채널(15%)……

위 전략을 분기별로 모니터링하며 KPI(신규 리드 수, MQL→SQL 전환율, CPA 등)를 설정·
관리하면, 연내 매출 2배 달성 가능성을 높일 수 있습니다. 추가로 궁금하신 부분이나
구체적인 계획 수립이 필요하면 언제든 말씀해 주세요!

핵심 교훈

챗GPT에게 일을 맡길 때는 상황을 친구에게 설명하듯 자세히 알려
주어야 합니다.

챗GPT 활용성 비교

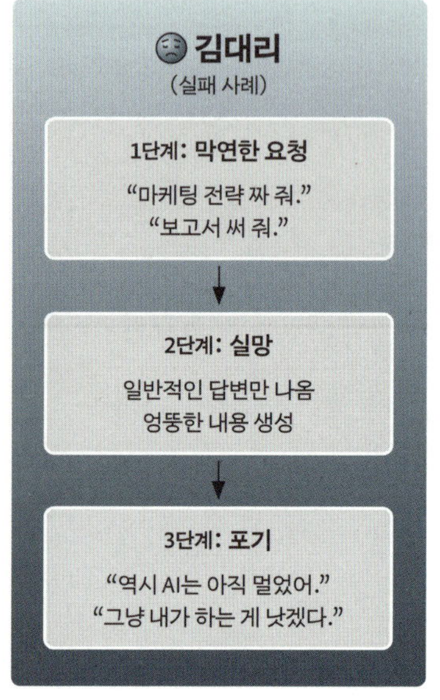 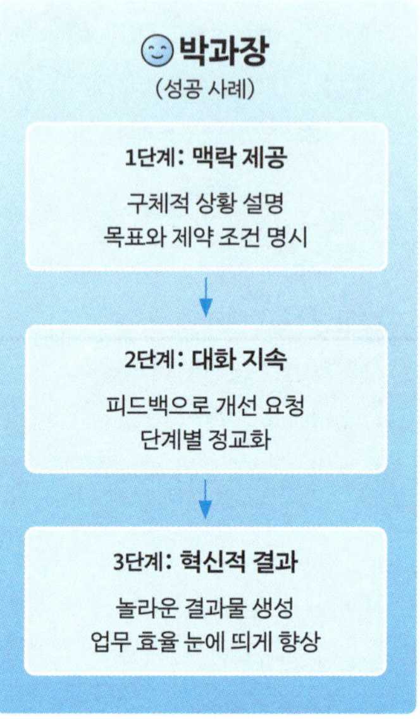

두 번째 실수: "한 번에 완벽한 답을 얻으려고 해."

실수 사례

프롬프트:

우리 회사 신제품 출시를 위한 완벽한 통합 마케팅 계획서를 작성해 줘.
시장 분석, 타깃 설정, 포지셔닝, 4P 전략, 예산 배분, 실행 일정, 성과 측정 지표까지
모든 것이 포함된 걸로 30페이지 분량으로.

ChatGPT의 주요 답변:

신제품 출시 통합 마케팅 계획서(30페이지 구성 예시)

   1. 개요 및 목적(1p)

   2. 제품 소개(1p)

   3. 시장 환경 분석(4p)

      3.1 산업 트렌드

> 3.2 경쟁사 분석
>
> 3.3 고객 니즈 및 문제점 분석
>
> 3.4 기회와 위협 요약……
>
> 다음 질문:
>
> **신제품이 어떤 제품인지, 예산 규모, 출시 시기, 대상 고객, 현재 브랜드 인지도 수준** 등
> 몇 가지 추가 정보를 알려 주시면 바로 보고서 형태로 제작해 드릴 수 있습니다.

이런 요청은 챗GPT도 당황스럽습니다. 너무 방대하고 각 부분마다 필요한 정보가 다르기 때문이죠. 무언가 자료를 작성해서 줄 수는 있지만 지금 당장 출시할 신제품 마케팅에 실질적으로 도움이 되는 유용한 보고서가 되기는 어렵습니다.

문제 분석

1. **현상**: 내용이 피상적이고 실용성이 떨어지는 답변
2. **Why?**: 한 번에 너무 많은 것을 요청해서
3. **발견**: 복잡한 작업은 단계별로 나누어야 효과적
4. **해결 방향**: 큰 작업을 작은 단위로 분해하기
5. **해결책**: 단계별 접근 + 각 단계별 피드백

개선된 접근

1단계 프롬프트:

신제품 마케팅 계획서의 핵심 구성 요소가 무엇인지 알려 줘.

2단계 프롬프트:

우리 제품은 '스마트 공기청정기'야. 기존 제품 대비 차별점은

AI 기반 자동 최적화 기능이고, 타깃은 30~40대 맞벌이 부부야.
이런 제품의 타깃 고객 분석을 구체적으로 작성해 줘.

3단계 프롬프트:
방금 분석한 타깃 고객을 바탕으로 경쟁사 분석을 해 보자.
주요 경쟁사는 삼성, LG, 샤오미인데, 우리 제품의 차별화 포인트를 어떻게
포지셔닝하면 좋을까?

4단계 프롬프트:
이제 구체적인 마케팅 믹스 전략을 짜 보자……,

활용 팁

— 전체 프로젝트를 5~7개 단계로 나누기

— 각 단계별로 구체적인 피드백 제공

— 이전 단계 결과를 다음 단계 입력으로 활용

세 번째 실수: "AI가 내 업무 환경을 다 알 거야."

실수 사례

"이번 프로젝트 계획서 써 줘."

"우리 팀 회의록 정리해 줘."

"클라이언트한테 보낼 이메일 작성해 줘."

챗GPT는 어떤 프로젝트인지, 어떤 회의였는지, 누가 클라이언트인
지 전혀 모릅니다.

문제 분석

1. **현상:** 엉뚱하거나 너무 일반적인 결과물

2. **Why?**: 필요한 맥락 정보가 전혀 제공되지 않아서

3. **발견**: AI는 우리의 업무 환경을 모른다.

4. **해결 방향**: 상황 설명을 충분히 제공하기

5. **해결책**: 5W1H + 제약 조건 + 원하는 결과물 형태

개선된 접근

프로젝트 계획서 작성

프롬프트:

IT 기획팀에서 새로운 CRM 시스템 도입 프로젝트 계획서를 작성해야 합니다.

프로젝트 배경
- 현재 엑셀과 이메일로 고객 관리 중
- 고객 정보 중복, 누락 문제 심각
- 영업팀에서 효율성 개선 강력 요구

프로젝트 조건
- 기간: 6개월(2024년 7월~12월)
- 예산: 5억 원
- 팀 구성: 기획자 2명, 개발자 4명, 디자이너 1명
- 목표: 기존 대비 업무 효율 30% 향상

회사 특성
- 중견 제조 업체(직원 200명)
- 월 거래 고객 약 500개사
- 보수적 기업 문화(변화 저항 예상)

이런 조건에 맞는 상세한 프로젝트 계획서를 작성해 주세요.

네 번째 실수: "첫 번째 답변이 마음에 안 들면 포기해."

많은 사람들이 첫 번째 답변이 만족스럽지 않으면 그냥 포기합니다.
하지만 챗GPT와의 대화는 마라톤과 같습니다.

개선된 접근 - 대화를 이어 가는 방법

(1차 시도)

프롬프트:
30대 직장인 남성을 타깃으로 한 스마트워치 홍보 카피를 써 줘.

ChatGPT:
"성과를 관리하는 스마트한 파트너"
"당신의 커리어와 함께 뛰는 워치"

(2차 개선)

프롬프트:
너무 일반적이야. 좀 더 구체적이고 감정적으로 어필할 수 있게 써 줘.
실제 상황을 넣어서.

ChatGPT:
"어린 아들과의 주말, 폰은 서랍에 넣고……,"
주말 오후, 놀이터에서 아들이 소리쳤다.
"아빠, 나 봐 봐!"
폰은 멀리 두고,
스마트워치로 알림만 슬쩍 확인하고 미소 지었다.
방해는 줄이고, 집중은 높인다.
일과 가족 사이, 나의 선택은 손목에 있다.

[브랜드명], 스마트한 아빠를 위한 스마트워치.

(3차 개선)

프롬프트:
좋아졌는데, 더 간결하고 임팩트 있게 만들어 줘.
그리고 행동을 유도하는 문구도 넣어 줘.

ChatGPT:
"아빠, 나 봐 봐!"
주말, 알림은 손목으로, 눈은 아이에게
스마트워치 하나로 가족과의 시간에 집중
진짜 중요한 것에 몰입하는 기술
☞ 지금, 당신의 시간을 가족에게 선물하세요.

대화 개선 전략

- **더 구체적으로 요청할 때:** "좀 더 구체적으로 설명해 줄 수 있어?" "실제 사례를 들어서 설명해 줘." "숫자나 데이터를 포함해서 써 줘." "단계별로 자세히 알려 줘."
- **방향을 바꾸고 싶을 때:** "아니야, 내가 원하는 건 이런 게 아니야." "다른 관점에서 접근해 봐." "좀 더 창의적으로 생각해 줘." "반대로 생각해 보면 어떨까?"
- **톤이나 스타일을 조정할 때:** "좀 더 친근한 말투로 써 줘." "전문적이고 격식 있게 작성해 줘." "유머러스하게 표현해 봐." "감정적으로 어필할 수 있게 써 줘."
- **추가 조건을 제시할 때:** "이런 조건도 고려해 줘." "이 부분은 빼고 써 줘." "길이를 반으로 줄여 줘." "형식을 표로 만들어 줘."

챗GPT도 한계가 있습니다. 이를 이해하고 적절히 활용해야 합니다.

챗GPT가 잘하는 것

- **창작과 생성:** 아이디어 브레인스토밍, 텍스트 작성 및 편집(보고서, 이메일, 기획서 등), 창의적 콘텐츠 제작(카피, 슬로건, 스토리 등), 다양한 관점 제시

챗GPT 활용 5가지 실수와 해결 플로우

✕ 실수	? Why 분석	✔ 해결책
실수 1: 맥락 없는 요청 "마케팅 전략 짜 줘." "보고서 써 줘." → 일반적이고 뻔한 답변	**Why?** 구체적인 맥락 정보가 없어서 챗GPT는 상황을 모르면 일반론만 제시할 수밖에 없음	**구체적 상황 제공** 배경, 목표, 제약 조건 상세 설명 친구에게 설명하듯 자세히 → 맞춤형 답변 획득
실수 2: 완벽함 추구 "완벽한 30페이지 계획서를 모든 것이 포함된 걸로." → 피상적이고 실용성 떨어짐	**Why?** 한 번에 너무 많은 것을 요청 복잡한 작업은 단계별로 나누어야 효과적	**단계별 접근** 큰 작업을 5~7개로 분해 각 단계별 피드백 제공 → 점진적 개선
실수 3: 환경 가정 "이번 프로젝트 계획서 써 줘." "우리 팀 회의록 정리해 줘." → 엉뚱하고 일반적인 결과	**Why?** 필요한 맥락 정보 전혀 없음 AI는 우리의 업무 환경을 전혀 모름	**5W1H + 상세 맥락** 누가, 언제, 어디서, 무엇을, 왜, 어떻게 + 제약 조건 → 실무 적용 가능한 결과
실수 4: 첫 답변 포기 첫 번째 답변이 만족스럽지 않으면 그냥 포기 → 잠재력 활용 못 함	**Why?** 챗GPT와의 대화는 마라톤 한 번에 완벽한 답을 기대하면 안 됨	**대화 지속** 구체적 피드백 제공 "더 구체적으로." "다른 관점." → 점진적 품질 향상
실수 5: 만능 기대 "챗GPT는 뭐든 다 해 줄 거야." 최신 정보, 정확한 계산 등 → 부정확한 결과, 실망	**Why?** 챗GPT도 한계가 있음 실시간 정보, 정밀 계산, 개인 판단 영역은 제한적	**한계 인식 + 적절 활용** 창의적 파트너로 활용 중요 결정은 별도 검증 → 최적 효과 달성

- **분석과 정리**: 정보 요약 및 정리, 데이터 해석 및 패턴 분석, 장단점 비교 분석, 구조화된 사고 지원
- **학습과 교육**: 복잡한 개념 쉽게 설명, 학습 계획 수립, 문제 해결 과정 안내, 피드백 제공

챗GPT가 못 하거나 주의해야 할 것

- **실시간 정보**: 최신 뉴스나 주가 정보, 실시간 날씨나 교통 정보, 최근 업데이트된 법규나 정책
- **정확한 계산**: 복잡한 수학 계산, 정밀한 통계 분석, 재무 계산(별도 검증 필요)
- **개인적 판단**: 의료 진단이나 처방, 법적 자문, 투자 결정, 개인적 갈등 해결
- **사실 확인**: 역사적 사실(때로 잘못된 정보 제공), 인용문이나 출처(확인 필요), 구체적 통계나 수치(검증 필요)

2. 효과적인 소통의 기술

자연스러운 대화로 더 나은 결과 얻기

마치 동료와 대화하듯이

챗GPT를 검색엔진처럼 사용하지 말고, 똑똑한 동료와 대화한다고 생각해 보세요.

 검색엔진 스타일

"마케팅 전략 종류"

"프레젠테이션 구성 요소"

"회의 진행 방법"

"엑셀 함수 사용법"

 대화 스타일

"우리 팀이 새로운 마케팅 전략을 세우려고 하는데, 어떤 방향으로 접근하면 좋을까? 예산은 한정적이고 빠른 성과를 내야 하는 상황이야."

"다음 주에 중요한 프레젠테이션이 있어. CEO한테 신규 사업 제안을 해야 하는데, 어떻게 구성하면 청중의 관심을 끌고 설득력 있게 만들 수 있을까?"

"우리 팀 회의가 항상 비효율적이야. 시간도 오래 걸리고 결론도 명확하지 않고…… 어떻게 하면 더 생산적으로 만들 수 있을까?"

이런 대화 스타일의 장점은 다음과 같습니다. 맥락이 풍부한 답변을 얻을 수 있고, 상황에 맞는 맞춤형 조언을 받을 수 있습니다. 또 후속 질문으로 깊이 있는 논의가 가능하며, 실제 적용 가능한 구체적 방안 도출할 수 있습니다.

상황 설명의 기술

그럼, 챗GPT에게 상황을 효과적으로 설명하는 방법을 알아보겠습니다.

기본 정보 제공 템플릿은 배경 상황(어떤 상황인지), 현재 문제(무엇이 문제인지), 제약 조건(한계나 조건은 무엇인지), 목표(무엇을 달성하고 싶은지), 추가 정보(기타 중요한 맥락) 등으로 구성됩니다. 실제 적용 사례를 살펴보면 이해가 더욱 쉬울 것입니다.

사례 1 팀 관리 고민

"팀장으로서 고민이 있어서 조언을 구하고 싶어."

배경 상황:
— 새로 팀장이 된 지 3개월째
— 10명 규모의 마케팅팀 담당
— 팀원들 대부분이 나보다 연차가 높음

현재 문제:
— 팀 회의 때 의견 개진이 잘 안 됨
— 새로운 아이디어 제안해도 반응이 미지근함
— 전반적으로 팀 분위기가 경직되어 있음

제약 조건:
— 기존 팀원들을 함부로 교체할 수 없음
— 급진적 변화보다는 점진적 개선이 필요
— 성과는 유지하면서 분위기를 개선해야 함

목표:
— 팀원들과 소통이 원활한 분위기 만들기
— 창의적 아이디어가 자유롭게 나올 수 있는 환경 조성

이런 상황에서 어떻게 접근하면 좋을까?

효과적인 상황 설명의 요소

5층: 추가 정보(Additional Info)

기타 중요한 맥락
- 특별한 고려 사항
- 원하는 결과물 형태

4층: 목표(Objective)

달성하고 싶은 것
- 구체적인 성과 목표
- 언제까지 달성할지
- 성공 기준
- 우선순위

3층: 제약 조건(Constraints)

한계나 조건들 명시
- 예산, 시간, 인력 제한
- 기술적 제약 사항
- 정책이나 규정
- 피해야 할 것들

2층: 현재 문제(Problem)

무엇이 문제인지 명확히
- 구체적인 문제 상황
- 문제로 인한 영향
- 왜 해결이 시급한지
- 현재 시도한 방법들

1층: 배경 상황(Background)

한계나 조건들 명시
- 회사/팀/프로젝트 소개
- 현재 상황과 환경
- 관련된 사람들
- 지금까지의 경과

사례 2 업무 프로세스 개선

"업무 효율성 향상 상담받고 싶어."

배경 상황:
- 중소기업 기획팀 3년 차 직원
- 주로 신제품 기획과 시장조사 업무 담당
- 최근 업무량이 급격히 증가

현재 문제:
— 하루 종일 회의에 쫓겨서 실무할 시간 부족
— 여러 프로젝트를 동시에 진행하다 보니 집중력 떨어짐
— 야근이 일상화되어 번아웃 위험

제약 조건:
— 업무량 자체를 줄이기는 어려운 상황
— 추가 인력 채용도 당분간 힘듦
— 기존 성과 수준은 유지해야 함

목표:
— 같은 시간에 더 많은 일을 효율적으로 처리
— 야근 없이도 업무를 완료할 수 있는 시스템 구축
— 업무 스트레스 줄이면서 성과는 유지

어떤 방법들을 시도해 볼 수 있을까?

맥락 제공으로 AI 이해시키기

효과적인 맥락 제공 방법은 다음과 같습니다.

첫째, 역할과 상황 설정

"당신은 10년 경력의 HR 전문가입니다.
중소기업에서 인사팀장으로 근무하고 있고,
직원 면접과 교육 프로그램 설계를 담당합니다."

둘째, 구체적 배경 정보

"우리 회사는 IT 서비스 업체로 직원 50명 규모입니다.

평균 연령 32세, 대부분 20~30대 개발자들이고,

최근 2년간 급속 성장하면서 조직 문화 정립이 필요한 상황입니다."

셋째, 현재 상황과 문제점

"신입 사원 적응 기간이 평균 6개월로 길어지고 있습니다."

"부서 간 소통 부족으로 프로젝트 지연이 빈발합니다."

"성과 평가 기준이 모호해서 직원들 불만이 증가하고 있습니다."

챗GPT 프롬프트 작성 체크리스트
질문하기 전 반드시 확인할 6가지

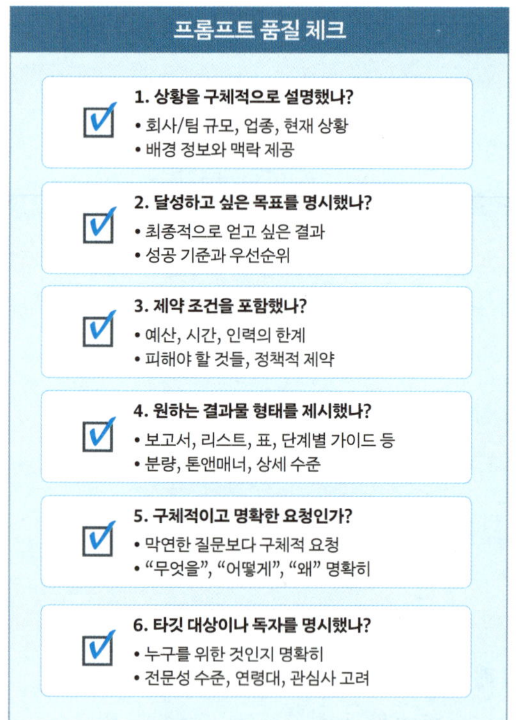

넷째, 목표와 제약 조건

"신입 사원 적응 기간을 3개월로 단축해야 합니다."(목표)

"추가 예산 없이 기존 자원을 활용해야 합니다."(제약 조건)

"당장 적용 가능한 실용적 방안이 필요합니다."(우선순위)

대화를 이어 가며 결과 개선하기

점진적 개선 전략

챗GPT와의 대화는 한 번에 끝나는 것이 아니라, 여러 번의 상호작용을 통해 점점 더 나은 결과물을 만들어 가는 과정입니다.

(1단계: 기본 요청)

프롬프트:
우리 회사 신입사원 교육 프로그램을 기획해 줘.

ChatGPT:
일반적인 교육 프로그램 개요 제시

- 회사 소개
- 업무 교육
- 멘토링 프로그램
- 평가 및 피드백

(2단계: 구체화 요청)

프롬프트:
좋은데, 좀 더 구체적으로 해 줄 수 있어?
우리는 IT 개발 회사이고, 신입 개발자 대상이야.
기간은 2주 집중 교육으로 계획하고 있어.

ChatGPT:

IT 개발 회사 특성을 반영한 구체적 프로그램
- 1주 차: 회사 문화, 개발 환경 설정, 코딩 컨벤션
- 2주 차: 실제 프로젝트 참여, 코드 리뷰, 팀 협업

(3단계: 세부 사항 요청)

프롬프트:

1주 차 프로그램을 일일 스케줄로 더 자세히 만들어 줘.

하루 6시간씩, 이론과 실습 비율은 3:7로 하고 싶어.

ChatGPT:

일일 상세 스케줄 제시

Day 1
    09:00~10:30 회사 소개 및 문화 (이론)
    10:45~12:00 개발 환경 설정 (실습)
    13:00~15:00 Cursor 사용법 (실습)
    15:15~16:30 코딩 컨벤션 학습 (이론+실습)

(4단계: 개선 및 조정)

프롬프트:

좋아! 그런데 Cursor 사용법은 이미 알고 있다고 가정하고,

대신 우리 회사 특화 도구들(사내 API, 배포 시스템) 교육을 넣어 줘.

ChatGPT:

수정된 스케줄 제시

피드백 제공 방법

1. 구체적 피드백

✗ "이거 별로야."

○ "첫 번째와 세 번째 아이디어는 좋은데, 두 번째는 우리 상황에 맞지 않아."

○ "예산이 너무 많이 들어가거든. 비용을 절반으로 줄일 수 있는 대안이 있을까?"

2. 방향성 제시

✕ "다시 써 줘."

○ "좀 더 실용적인 관점에서 접근해 줘. 이론보다는 당장 적용할 수 있는 실무 중심의 방법들로 다시 정리해 줘."

○ "예산이 너무 많이 들어가거든. 비용을 절반으로 줄일 수 있는 대안이 있을까?"

3. 부분적 수정 요청

✕ "전체를 바꿔 줘."

○ "전체적으로는 좋은데, 3번 항목만 다른 방식으로 접근해 줘."

○ "좀 더 창의적이고 참신한 아이디어로."

심화 질문 기법

1. "왜?"를 활용한 깊이 있는 탐구

- 1차: "이 전략이 효과적인 이유가 뭐야?"

- 2차: "그럼 그 요인들 중에서 우리가 가장 집중해야 할 부분은?"

- 3차: "그 부분을 실제로 실행하려면 어떤 단계를 거쳐야 해?"

2. '만약에'를 활용한 시나리오 분석

- "만약에 예산이 절반으로 줄어든다면?"
- "만약에 기간이 2배로 늘어난다면?"
- "만약에 경쟁사가 같은 전략을 쓴다면?"
- "만약에 목표 고객층이 바뀐다면?"

3. '어떻게'를 활용한 실행 방안

- "이 아이디어를 실제로 어떻게 실행할 수 있어?"
- "어떤 순서로 진행하면 좋을까?"
- "어떤 지표로 성과를 측정할 수 있어?"
- "어떤 위험 요소들을 고려해야 해?"

마무리: 대화가 만드는 성과 창출의 힘

앞서 김 대리와 박 과장의 이야기로 시작했던 우리의 여정을 되돌아보면, 두 사람의 차이는 기술적 능력이 아니었습니다. 차이는 바로 '대화하는 방식'에 있었죠.

박 과장이 놀라운 결과를 만들어 낼 수 있었던 것은 챗GPT를 단순한 도구가 아닌 '생각하는 동반자'로 대했기 때문입니다. 그는 상황을 자세히 설명하고, 구체적으로 질문하고, 대화를 통해 점진적으로 개선해 나갔습니다.

왜 대화가 성과 창출의 열쇠인가?

1. 새로운 관점의 발견

챗GPT와의 대화는 우리가 미처 생각하지 못한 관점을 제시합니다. 앞서 박 과장이 단순히 '마케팅 전략'을 요청한 것이 아니라 구체적인 상황을 설명했을 때 맞춤형 해결책을 얻었듯이, 대화를 통해 문제를 새로운 각도에서 바라볼 수 있습니다.

2. 아이디어의 확장과 발전

혼자서는 3~4개의 아이디어밖에 떠올리지 못했을 일도, 챗GPT와 대화하며 브레인스토밍하면 수십 개의 창의적 아이디어로 확장됩니다. 그리고 그 아이디어들을 현실적으로 다듬어 나갈 수 있죠.

3. 실행 가능한 방안으로의 구체화

막연한 아이디어를 단계별 실행 계획으로 발전시키는 과정에서 챗GPT는 훌륭한 상담 파트너가 됩니다. "어떻게 실행할까?"부터 "어떤 위험이 있을까?"까지, 다각도로 검토할 수 있습니다.

성과 창출을 위한 챗GPT 대화 5가지 핵심 원칙

우리가 지금까지 살펴본 모든 내용을 다음 5가지 원칙으로 정리할 수 있습니다.

1. 맥락을 충분히 제공하라

- 상황, 제약 조건, 목표를 구체적으로 설명하기
- '친구에게 설명하듯' 자세히 알려 주기

2. 대화를 포기하지 말라

- 첫 번째 답변에 만족하지 않기
- 피드백을 통한 지속적 개선 요청
- "왜?", "어떻게?", "만약에?"로 깊이 파고들기

3. 구체적으로 요청하라

- 막연한 질문보다는 명확한 요청
- 원하는 결과물의 형태와 수준 명시
- 단계별로 나누어 접근

4. AI의 한계를 이해하라

- 창의적 파트너로 활용하되 맹신하지 않기
- 중요한 의사 결정은 최종 검증 거치기
- 사실 확인이 필요한 내용은 별도 검토

5. 지속적으로 학습하라

- 새로운 활용법 계속 시도해 보기
- 다른 사용자들의 성공 사례 벤치마킹
- 업무에 맞는 최적의 대화 패턴 찾기

실천해 볼 것들

1. 이번 주 도전 과제

- 현재 진행 중인 업무 하나를 챗GPT와 함께 분석해 보기

- 평소 어려워했던 문제를 구체화해서 질문해 보기
- 한 가지 주제로 최소 3번 이상 대화를 이어 가며 개선해 보기

2. 다음 달 목표
- 팀원들과 챗GPT 활용 노하우 공유하기
- 반복적인 업무를 효율화할 수 있는 대화 패턴 개발하기
- 창의적 프로젝트에서 챗GPT를 브레인스토밍 파트너로 활용하기

새로운 협업의 시대

챗GPT와의 대화는 단순히 업무를 효율화하는 것을 넘어, **사고방식 자체를 확장**시킵니다. 우리가 혼자서는 미처 발견하지 못했을 연결 고리를 찾아 주고, 다양한 관점에서 문제를 바라볼 수 있게 도와줍니다.

중요한 것은 챗GPT를 '만능 해결사'로 보는 것이 아니라, **'생각을 함께 발전시켜 나가는 동반자'**로 여기는 것입니다. 마치 좋은 동료와 브레인스토밍할 때처럼, 서로의 아이디어를 주고받으며 더 나은 결과를 만들어 나가는 것이죠.

앞서 스마트워치 카피 사례에서도 살펴보았듯이, 처음에는 일반적인 결과였지만 대화를 통해 점점 더 구체적이고 감정적으로 어필하는 카피로 발전시킬 수 있었습니다. 이것이 바로 챗GPT와의 대화를 통해 얻을 수 있는 성과 창출의 과정입니다.

결국 가치 창출(Value Creation)은 좋은 질문에서 시작됩니다. 그리고 챗GPT는 우리가 더 좋은 질문을 던지고, 더 깊이 생각하고, 더 창의적으로 문제를 해결할 수 있도록 도와주는 최고의 대화 상대입니다.

4장

AI 파트너 선택과 활용

1. 6가지 AI 도구의 핵심 기능과 활용법

"유료 회원 가입을 하려면 어떤 AI를 써야 할까요?"

이것은 제가 기업 현장에서 가장 많이 받는 질문 중 하나입니다. "챗GPT가 유명하니까 챗GPT만 쓰면 되나요? 아니면 요즘 제미나이가 더 좋다고 하던데 거기 가입할까요?" 하고 묻는 것이죠.

그 답은 간단합니다. "목적에 따라 다르다."는 것입니다.

마치 요리를 할 때 칼, 도마, 프라이팬, 오븐을 상황에 맞게 선택하듯이, AI 도구들도 각각의 고유한 특성과 장점이 있습니다. 프로젝트를 진행할 때도 마찬가지입니다. 아이디어를 발굴할 때와 시장을 조사할 때, 문서를 분석할 때와 프로토타입을 만들 때 필요한 AI는 모두 다르죠.

친환경 포장재를 개발하는 프로젝트에서 6명의 팀원들이 각자 다른 AI를 사용해 같은 과제를 수행했습니다. 그 결과는 정말 놀라웠죠.

김 대리는 챗GPT로 최신 포장재 시장 분석을 시도했지만, 2023년 이후 정보가 부족해 부정확한 시장 규모를 제시했습니다. 반면 박 과장은 퍼플렉시티(Perplexity)로 같은 분석을 했는데, 2024년 최신 통계까지 포함한 정확한 데이터를 얻었죠.

한편 이 팀장은 복잡한 특허 문서 100여 페이지를 챗GPT에 입력해 분석을 요청했지만, 핵심 기술 내용이 누락된 요약을 받았습니다. 같은 문서를 노트북LM(NotebookLM)으로 분석한 최 연구원은 특허의 핵심 기술과 권리 범위까지 정확히 파악할 수 있었습니다. 새롭게 합류한 장 대리는 제미나이(Gemini)를 활용해 복잡한 화학 공정 최적화 문제를 단계별로 분해하며 해결책을 제시했으며, 이를 알기 쉽게 시각화하여 설명해 줬습니다.

가장 흥미로운 것은 정 대리의 경우였습니다. 젠스파크(Genspark)를 활용해 시장조사부터 제품 콘셉트, 프로토타입 디자인, 사업 계획서까지 하루 만에 완성했습니다. 다른 팀원들이 일주일 걸릴 일을 말이죠.

이 사례가 보여 주는 바는 명확합니다. 같은 능력을 가진 사람이라도 어떤 AI 도구를 선택하느냐에 따라 결과물의 질과 효율성이 완전히 달라진다는 것이죠.

문제 해결의 동반자들, 6가지 AI 캐릭터

현재 가장 많이 사용하고 있는 6가지 AI 도구를 저는 다음과 같이 부릅니다. 각각이 마치 서로 다른 전문가처럼 고유한 능력을 가지고 있기 때문입니다.

- 챗GPT(ChatGPT) – "만능 도구"
- 제미나이(Gemini) – "멀티모달(multimodal) 전문가"
- 클로드(Claude) – "글쓰기 마스터"
- 퍼플렉시티(Perplexity) – "실시간 검색 전문가"
- 노트북LM(NotebookLM) – "소스 기반 분석 전문"
- 젠스파크(Genspark) – "슈퍼 에이전트"

이제 각각의 특성을 자세히 살펴보겠습니다. 특성에 대한 정보는 2025년 11월을 기준으로 작성되었으며, 그중에서도 특히 무료 사용 범위는 수시로 변경되기 때문에 시점에 따라 차이가 있을 수 있습니다.

챗GPT: 문제 해결의 든든한 만능 파트너

ChatGPT
"만능 도구"

챗GPT를 저는 '육각형 AI'라고 부릅니다. 육각형이라는 것은 특정 분야에서 월등하지는 않지만, 모든 영역에서 준수한 성능을 보여 준다는 의미입니다. 마치 종합격투기 선수처럼 말이죠.

핵심 기능과 특징

글쓰기부터 코딩, 이미지 생성, 음성 대화, 데이터 분석까지 정말 다양한 작업을 한 번에 처리할 수 있습니다. 프로젝트에서 이런 다재다능함은 엄청난 장점입니다. 아이디어 발굴부터 시작해서 프로토타입 제작, 발표 자료 준비까지 하나의 도구로 연결해서 진행할 수 있거든요.

특히 주목할 만한 기능들은 다음과 같습니다.

1. **고급 추론 모델**: "Thinking"이라는 표현처럼, 질문에 바로 답하는 것이 아니라 스스로 생각하고 탐구하며 구체적인 방법과 단계를 계획하여 결과물을 제시합니다. 복잡한 문제를 해결할 때 이 기능은 정말 탐정처럼 체계적으로 접근해 줍니다.

2. **딥 리서치 기능**: 이 기능은 단순한 검색을 넘어서 여러 소스를 체계적으로 조사하고, 서로 다른 관점을 비교 분석하여 종합적인 리서치 보고서를 만들어 줍니다. 마치 전문 리서처가 며칠에 걸쳐서 할 일을 몇 시간 만에 완료하죠.

3. **커스텀 GPTs 제작**: 이것이야말로 챗GPT의 진짜 핵심 포인트입니다. 문제 해결 활동의 목적에 맞도록 여러분만의 전문 AI 어시스턴트를 만들 수 있습니다. 앞으로 이 도서에서 소개할 '신제품, 신사업 기회 발굴 전문가 GPT', '기술 문제 해결 전문가 GPT' 같은 식으로 특정 목적에 최적화된 AI를 제작해 팀원들과 공유할 수 있습니다.

4. **태스크(Task) 자동화 기능**: 특정 시간에 맞춰 시장 동향 요약, 경쟁사 모니터링, 기술 트렌드 알림 등을 자동으로 제공하도록 설정할 수 있습니다. 프로젝트 매니저에게는 정말 유용한 기능이죠.

프로젝트 활동에서의 활용

- **초기 아이디어 발굴**: 다각도 브레인스토밍과 아이디어 확장
- **심층 리서치**: 딥 리서치로 종합적인 시장/기술 분석
- **맞춤형 AI 제작**: 프로젝트별 전문 GPTs 개발
- **프로토타입 제작**: 코딩, 이미지 생성, 웹사이트 제작

- **팀 협업**: 클라우드 연동으로 자료 통합 분석
- **루틴 자동화**: 정기적인 모니터링과 보고서 생성

단점

- 무료 버전의 심각한 제약(5시간당 10~15개 메시지)
- 가끔 발생하는 환각 현상(Hallucination)으로 사실 확인 필요
- 너무 많은 기능으로 인한 복잡성
- 최신 정보 한계

무료 사용 범위

- **GPT-5 계열 메시지**: 5시간 윈도우 동안 약 10~15개 메시지
- **GPT-4o mini**: 제한된 사용(GPT-5 한도 초과 시 자동 전환)
- **DALL-E 이미지 생성**: 하루 2~3장
- **파일 업로드**: 24시간 동안 최대 3개
- **딥 리서치 기능**: 월 5회만 사용 가능
- **커스텀 GPTs**: 제작 불가(유료 전용), 사용은 일부 가능
- **음성 대화**: 제한된 시간과 빈도

제미나이: 멀티모달 추론 전문가

구글의 제미나이는 2025년 제미나이 3 Pro의 출시로 챗GPT와 어깨를 나란히 하는 강력한 AI로 성장했습니다. 제미나이도 모든 영역에서

준수한 성능을 보이며, 특히 복잡한 문제 해결과 추론, 멀티모달 처리에서 뛰어난 성능을 보입니다.

핵심 기능과 특징

제미나이의 가장 큰 특징은 '생각하는 깊이'입니다. 단순히 정보를 조합하는 수준을 넘어서 문제의 본질을 파악하고 체계적으로 해결책을 제시합니다.

1. **딥 씽크(Deep Think) 추론 능력**: 제미나이 3 Pro의 딥 씽크 기능은 복잡한 문제를 여러 단계로 나누어 분석하는 데 강점이 있습니다. 이 모드를 사용하면 질문을 하위 요소로 분해하고, 각 단계의 논리를 검토하면서 답변을 구성합니다.

이러한 과정 덕분에 다양한 관점을 포함한 구조적인 분석 결과를 비교적 짧은 시간 안에 얻을 수 있습니다.

2. **네이티브 멀티모달 처리**: 처음 설계 및 학습 단계부터 여러 모달, 즉 서로 다른 정보 형태를 함께 처리하도록 만들어졌기 때문에, 텍스트, 이미지, 오디오, 비디오 등 다양한 정보를 입력해도 하나의 맥락으로 통합해 이해하는 능력이 다른 AI들보다 뛰어납니다. 특히 100만 토큰의 거대한 콘텍스트 윈도우 덕분에 용량이 큰 PDF 문서나 긴 동영상도 한 번에 분석할 수 있습니다. 45분짜리 제품 발표 영상을 통째로 업로드하면 핵심 기술, 마케팅 포인트까지 체계적으로 분석해 줍니다.

3. **구글 생태계와의 광범위한 통합**: 지메일(Gmail), 구글 독스(Google Docs), 드라이브(Drive)와 연동되어 기존 작업 환경에서 자연스럽게 활용할 수 있습니다. 구글 드라이브에 있는 지난 프로젝트 자료들을 참조해서 새로운 아이디어를 제안하거나, 지메일의 고객 피드백을 분석해

서 제품 개선 방향을 제시하는 식으로 활용할 수 있습니다. 또한 생성된 결과를 구글 슬라이드(Google Slides), 시트(Sheets), 독스로 원클릭으로 내보낼 수 있는 기능을 제공하여, 쉽게 문서화를 할 수 있습니다.

4. **스마트폰 비서**: 스마트폰에서 '맥락 인지형 비서' 역할을 통해 일상생활에서 편리함을 제공합니다. 하나의 대화창에서 지메일 요약, 캘린더 일정 정리, 구글 지도 기반 장소 추천까지 연결해서 처리할 수 있습니다. 예를 들어 "이번 주 고객 문의 메일 요약하고, 내일 회의 일정 확인해서, 회의 후 갈 만한 조용한 카페 추천해 줘."라고 하면 지메일→캘린더→지도 정보를 종합해서 통합적인 답변을 제공합니다. 앱을 오가며 따로 검색할 필요가 없어 이동 중에도 효율적인 업무 처리가 가능합니다. 구글 지도, 구글 항공권, 구글 호텔과도 연동되어 여행지에서 활용하기에 아주 편리합니다.

프로젝트 활동에서의 활용

- **복잡한 문제 분석**: 다층적 인과관계 분석과 체계적 문제 해결
- **심층 리서치**: 딥 리서치로 종합적인 시장/기술 분석
- **대용량 데이터 분석**: 수백 페이지 문서나 긴 영상의 종합 분석
- **프로토타입 제작**: 코딩, 이미지 생성, 웹사이트 제작
- **시각화**: 시각적 설명을 위한 인포그래픽 제작
- **슬라이드**: 보고나 발표용 PPT 슬라이드 제작

단점

- 창의적 글쓰기와 스토리텔링에서 상대적으로 약함
- 가끔 발생하는 환각 현상으로 사실 확인 필요

- 100만 토큰의 큰 콘텍스트 윈도우를 제공하지만, 실제 성능에서는 전체 범위를 모두 파악하지 못하는 경우가 있음. 대규모 문서 분석에서 주의 필요
- 무료 모드에서 최신 정보 탐색 깊이가 부족함

무료 사용 범위

- **Pro/Thinking 모델**: 기본 액세스(Basic Access)로 일일한도가 자주 변동
- **Fast 모델**: 일반적인 접근 가능
- **이미지 생성(Pro)**: 고품질 이미지 생성 하루 3장
- **이미지 생성(Nano Banana)**: 하루 100개
- **딥 리서치 기능**: 월 5회만 사용 가능
- **커스텀(Gems)**: 제작 및 사용 가능
- **콘텍스트 윈도우**: 32K토큰으로 대폭 축소

클로드: 프로젝트의 글쓰기 마스터

Claude
"글쓰기 마스터"

클로드의 글쓰기 능력은 정말 독보적입니다. 많은 전문가들이 클로드를 글쓰기 전용 AI로 활용할 정도로 자연스럽고 논리적인 글을 써 줍니다. 하지만 클로드의 진가는 단순한 글쓰기를 넘어선 곳에 있습니다.

핵심 기능과 특징

1. **탁월한 텍스트 품질**: 단순히 문법이 정확한 글을 쓰는 것이 아님

니다. 사람이 쓴 것처럼 자연스럽고, 논리적 흐름이 뛰어나며, 독자의 입장을 고려한 완성도 높은 글을 작성합니다. 프로젝트에서 아이디어를 문서화하거나 제안서를 작성할 때 이런 능력은 정말 소중합니다.

2. 뛰어난 코딩 및 시각화 능력: 많은 개발자가 챗GPT 대신 클로드를 선택하는 이유입니다. 코드의 가독성이 뛰어나고, 최적화된 알고리즘을 제시합니다. 특히 데이터 시각화에서 클로드의 능력은 탁월합니다. 파일을 기반으로 표, 차트, 그래프를 생성할 뿐만 아니라, 데이터의 의미까지 해석해서 제시합니다.

3. 도식과 플로우차트 전문가: 클로드의 숨겨진 보석 같은 능력입니다. 복잡한 프로세스나 개념을 체계적인 도식으로 변환하는 능력이 뛰어납니다. 아이디어의 구조를 시각화하거나, 비즈니스 프로세스를 정리할 때 정말 유용하죠. 보고서나 발표 자료에 시각화된 도식을 넣으면 사람들의 이해 정도와 그 문서의 품질을 배가시킬 수 있습니다.

4. PPT 슬라이드 제작의 달인: 클로드는 내용을 분석해서 슬라이드 구조를 잡고, 각 슬라이드의 핵심 메시지를 명확히 정리해 줍니다. 프로젝트 결과 발표를 준비할 때 클로드만큼 도움이 되는 AI는 없습니다. 슬라이드를 작성할 내용만 제공하면, 알아서 구성해 줍니다. PPT 슬라이드를 만들어 주는 AI 도구들은 많지만, 실제 사용할 수 있는 입장에서 저는 클로드가 가장 유용하다고 판단합니다. 프롬프트로 슬라이드 디자인 가이드를 상세하게 지시하면, 확대해도 해상도가 유지되는 벡터 그래픽 형식인 SVG로 결과물을 받아, 보고서 수준으로 바로 활용할 수 있습니다.

5. 문서 분석과 프로젝트 기능: 방대한 문서나 데이터를 분석하여 핵심 내용을 파악하고 정리하는 능력도 뛰어납니다. 특히 여러분이 원하

는 특정 스타일로 글을 작성해 주는 기능은 프로젝트의 일관성 유지에 큰 도움이 됩니다.

프로젝트 활동에서의 활용

- **전문적인 제안서 작성**: 아이디어를 설득력 있는 문서로 변환
- **연구 보고서 정리**: 복잡한 자료를 체계적으로 정리
- **프로세스 시각화**: 프로세스를 도식으로 표현
- **발표 자료 제작**: PPT 슬라이드와 발표 대본 작성
- **코드 개발**: 프로토타입 개발과 데이터 분석 프로그램 작성
- **방대한 자료 분석**: 여러 문서의 핵심 내용 추출 및 종합

단점

- 유료 버전에서도 하나의 채팅당 사용 한도 제한
- 웹 검색 기능이 있으나 검색 특화 도구에 비해 정확성·범위 제한적
- 이미지 생성 기능 부재
- 대화가 길어지면 새 채팅을 시작할 필요가 있음
- 최신 정보 업데이트가 상대적으로 느림

무료 사용 범위

- **일일 메시지 제한**: 구체적 수치 비공개(수요에 따라 변동)
- **매일 아침 할당량 리셋**: 24시간 주기로 초기화
- **파일 업로드**: 제한적 지원
- **웹 검색**: 제한적 기능
- **클로드 소넷(Claude Sonnet) 모델 사용 가능**: 고급 기능 일부 제공

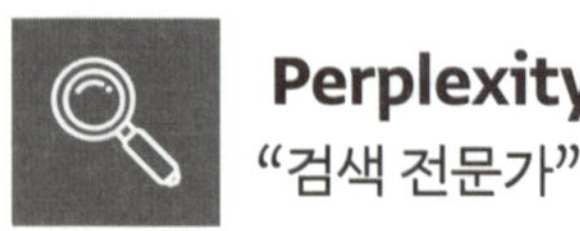

Perplexity
"검색 전문가"

퍼플렉시티는 '검색 전문가'입니다. 하지만 단순한 검색이 아닙니다. 실시간으로 웹을 검색하고, 신뢰할 수 있는 출처를 찾아 정확한 정보를 제공하는 '검색의 진화형'이죠.

핵심 기능과 특징

1. 실시간 웹 검색과 정확한 출처 표기: 프로젝트에서 가장 중요한 것 중 하나가 '최신 정보'입니다. 기술 트렌드, 시장 동향, 경쟁사 분석 등은 모두 실시간 정보가 필요하죠. 퍼플렉시티는 이런 최신 정보를 빠르고 정확하게 찾아 주며, 모든 정보에 명확한 출처를 표기해 줍니다.

2. 다양한 파운데이션(Foundation) 모델 선택: 이것이 퍼플렉시티의 숨겨진 강점입니다. 클로드, 챗GPT, 제미나이 등 여러 AI 모델 중에서 선택해서 사용할 수 있습니다. 질문의 성격에 따라 가장 적합한 모델을 선택할 수 있어(아이디어 도출은 챗GPT, 최신 정보는 퍼플렉시티 자체 모델, 이미지와 같은 멀티모달 입력이 많을 때는 제미나이, 논리 전개가 많은 보고서 글쓰기는 클로드 등) 마치 여러 전문가의 의견을 골라 들을 수 있는 것과 같습니다.

3. 특정 분야별 전문 검색: 학술 논문(Academic), 뉴스, 유튜브, 레딧 등 특정 소스에 집중해서 검색할 수 있습니다. 프로젝트에서 기술 논문을 찾거나, 시장 반응을 살펴보거나, 최신 뉴스를 모니터링할 때 이런 기능은 정말 유용합니다.

4. **신뢰할 수 있는 출처 우선**: 단순히 많은 정보를 찾는 것이 아니라, 신뢰도 높은 소스를 우선으로 정보를 수집합니다. 그 결과 프로젝트에서 잘못된 정보로 인한 리스크를 크게 줄일 수 있습니다. 물론 퍼플렉시티가 제공하는 정보에 '환각 현상'이 100퍼센트 없는 것은 아니지만, 출처를 제공해 주기 때문에 쉽게 확인이 가능합니다.

5. **쉽게 사용하는 딥 리서치 기능**: 퍼플렉시티의 최신 기능인 딥 리서치(Deep Research)는 정말 정보 탐색에 많은 도움을 줍니다. 2~4분 동안 수십 번의 검색을 수행하고 수백 개의 소스를 읽어 종합적인 보고서를 자동 생성합니다. 챗GPT나 제미나이의 딥 리서치와 경쟁하는 강력한 기능으로, 사람이 몇 시간 걸릴 연구를 몇 분 만에 완료해 줍니다.

6. **대화형으로 깊이 있는 탐색**: 한 번의 검색으로 끝나는 것이 아니라, 후속 질문을 통해 정보를 점점 더 깊이 파고들 수 있습니다. 마치 숙련된 리서처와 대화하는 것 같은 경험을 제공합니다.

프로젝트 활동에서의 활용

- **실시간 시장조사**: 최신 시장 동향과 규모, 성장률 분석
- **딥 리서치 보고서**: 딥 리서치로 종합적인 시장/기술/경쟁사 분석 보고서 자동 생성
- **기술 트렌드 파악**: 새로운 기술과 특허 정보 실시간 모니터링
- **경쟁 분석**: 실시간 경쟁사 정보와 전략 분석
- **학술 연구**: 최신 논문과 연구 동향 파악
- **소비자 반응 조사**: 소셜 미디어와 온라인 커뮤니티 반응 분석
- **규제 환경 파악**: 정부 정책과 규제 변화 모니터링
- **다양한 AI 모델 활용**: 질문 성격에 따라 최적의 AI 모델 선택

단점

- 검색과 정보 수집에 특화되어 창의적 작업에는 제한적
- 무료 버전의 검색 횟수와 기능 제약
- 복잡한 분석이나 문서 작성 능력은 상대적으로 부족
- 한국어 정보보다는 영어 정보에 더 최적화
- 정보 종합과 분석보다는 검색에 집중

무료 사용 범위

- **무제한 퀵 서치**(Quick Search): 기본 AI 모델을 사용한 빠른 검색
- **하루 3~5회 프로 서치**(Pro Search)
- **하루 3~5회 딥 리서치**(Deep Research): 종합적인 리서치 보고서 생성
- **하루 3개 파일 업로드**: 문서 분석 기능 제한적 제공
- **기본 AI 모델만 선택 가능**: 파운데이션 모델 선택권 없음
- **분야별 전문 검색 제한**: 학술 논문, 뉴스 등 일부 제한

노트북LM: 자료 소스 기반 분석 전문

NotebookLM
"소스 기반 분석"

노트북LM은 구글에서 개발한 독특한 AI 도구입니다. 제공된 소스 내에서만 응답한다는 특징을 가지고 있어 '소스 기반 분석 전문'이라고 부릅니다. 이는 단점처럼 보이지만, 프로젝트에서는 오히려 강력한 장점이 됩니다.

핵심 기능과 특징

1. 다양하고 방대한 소스 입력: 노트북LM의 진짜 강점은 여기에 있습니다. PDF, 워드 문서, 텍스트 파일은 물론이고, 웹사이트 링크, 유튜브 링크, 구글 드라이브 문서까지 정말 다양한 형태의 소스를 받아들입니다. 더 놀라운 것은 최대 50개의 소스를 동시에 업로드할 수 있다는 점입니다.

프로젝트를 진행하다 보면 특허 문서, 시장조사 보고서, 기술 논문, 경쟁사 분석 자료 등 수십 개의 문서를 동시에 검토해야 하는 경우가 많습니다. 노트북LM은 이 모든 자료를 한 번에 분석해서 통합적인 인사이트를 제공합니다. 꼭 통합적인 인사이트가 필요하지 않더라도, 언어에 상관없이 논문 한 편, 특허 한 건을 업로드하고 내가 필요한 정보를 물어서 추출하면, 논문과 특허 전체를 읽는 시간과 수고를 덜고, 원하는 기술 정보를 매우 효과적으로 얻을 수 있습니다.

2. 소스 기반 정확한 답변: 여러분이 직접 제공한 문서 안에서만 정보를 추출하고 답변하기 때문에 정보의 정확성이 매우 높습니다. 환각 현상을 거의 걱정하지 않아도 되지요. 프로젝트에서 잘못된 정보로 인한 리스크를 크게 줄여 줍니다.

3. 종합 보고서 자동 생성: 수많은 소스를 바탕으로 체계적인 보고서를 자동 생성해 줍니다. 시장 분석, 기술 동향, 경쟁사 비교 등을 종합한 리포트를 만들어 주는데, 이는 프로젝트의 초기 조사 단계에서 정말 유용합니다.

4. 다양한 학습 자료 생성: 제공된 소스 내용을 기반으로 마인드맵, 학습 가이드, 브리핑 문서, 예상 문제, 퀴즈 등을 자동으로 생성해 줍니다. 복잡한 기술이나 시장 정보를 팀원들과 공유할 때 정말 효과적입

니다.

 5. 오디오와 동영상 콘텐츠 제작: 이건 정말 놀라운 기능입니다. 딱딱한 기술 문서나 시장조사 보고서를 입력하면, 기획과 구성을 거쳐 사람의 대화처럼 자연스러운 팟캐스트와 동영상을 생성해 줍니다. 복잡한 새로운 아이디어나 기술적 내용을 이해하고 싶을 때나 팀원 등 다른 사람에게 쉽게 설명할 때 정말 유용하죠.

 6. 인포그래픽과 슬라이드 자동 생성: 업로드한 문서를 바탕으로 시각적인 인포그래픽과 프레젠테이션 슬라이드를 자동으로 생성해 주는 기능이 추가되었습니다. 복잡한 데이터나 연구 결과를 한눈에 이해할 수 있는 차트, 다이어그램, 타임라인 형태로 변환해 줘서 정말 유용합니다. 예를 들어 논문 하나를 입력하면, 논문에서 다루는 문제, 해결한 기술, 주요 연구 결과 및 성능 등을 한 장의 시각화 자료로 만들어 줍니다. 더 놀라운 건 이런 시각 자료들을 포함한 완전한 프레젠테이션 슬라이드까지 제작해 준다는 것입니다. 프로젝트에서 상사나 투자자에게 브리핑할 때 복잡한 기술 내용이나 시장 분석 결과를 직관적으로 전달할 수 있어 정말 강력한 도구가 되었습니다.

 7. 팀 공유 기능: 노트북LM의 노트북은 팀원들과 공유할 수 있어서 조직의 '살아 있는 지식 창고' 역할을 할 수 있습니다. 프로젝트에서 수집한 시장조사 자료, 기술 논문, 특허 분석, 고객 인터뷰 결과 등을 하나의 노트북에 모아 두고 팀원들이 언제든 접근해서 질문하고 답변을 받을 수 있어요. 특히 신입 팀원이나 중간에 합류한 사람들이 프로젝트 배경을 빠르게 파악하는 데 정말 유용합니다. 마치 프로젝트 전체 히스토리를 알고 있는 베테랑 동료가 하나 생긴 것 같은 느낌입니다.

프로젝트 활동에서의 활용

- **종합적 자료 분석**: 수십 개 문서를 동시에 분석하여 통합 인사이트 도출
- **특허 및 기술 분석**: 특허 문서, 기술 보고서의 심층 분석
- **시장조사 통합**: 여러 시장조사 자료를 종합한 리포트 생성
- **학습 자료 제작**: 복잡한 내용을 이해하기 쉬운 형태로 변환
- **팟캐스트와 동영상 제작**: 딱딱한 텍스트를 듣기 좋은 오디오와 동영상으로 변환
- **번역 및 현지화**: 해외 자료의 번역과 이해
- **정보 왜곡 방지**: 외부 정보 혼입 없는 정확한 분석

단점

- 제공된 소스 외의 정보 활용 불가
- 실시간 정보나 최신 동향 파악 제한
- 창의적 아이디어 생성보다는 분석에 특화
- 생성된 슬라이드가 PDF 파일이라 수정이 어려움
- 소스 품질에 따른 결과물 품질 의존성

무료 사용 범위

- **100개 노트북 생성**: 개인 사용자에게 충분한 수량
- **노트북당 50개 소스**: 다양한 형태의 자료 통합 분석
- **하루 50개 채팅 쿼리**: 기본적인 질의응답 가능
- **하루 3개 오디오 생성**: 팟캐스트 제작 기능
- **각 노트북당 500,000단어 또는 200MB**: 방대한 문서 처리 가능

Genspark
"슈퍼 에이전트"

젠스파크는 단순한 AI 도구를 넘어선 '종합 이노베이션 플랫폼'입니다. '슈퍼 에이전트' 기능으로 유명하며, 프로젝트의 전 과정을 지원하는 다양한 기능들을 갖추고 있습니다.

핵심 기능과 특징

1. 슈퍼 에이전트-종합 프로젝트 수행: 마치 TF팀처럼 여러 전문가의 역할을 AI가 수행하며, 복잡한 프로젝트를 기획부터 실행, 디자인, 보고서 작성까지 전 과정을 자동화합니다. 신제품 프로모션 캠페인과 같은 복잡한 과제를 기획부터 보고서 작성, PPT 슬라이드 작성, 비주얼 콘텐츠 개발, 랜딩 페이지 작성, 프로모션 캠페인 실행 계획 수립까지 전체 프로세스를 자동으로 처리합니다.

실제로 한 기업에서 사용한 사례를 보면, 사람이 며칠 걸릴 작업을 단 15분 만에 기획하고 실행할 정도로 놀라운 효율성을 보여 줍니다.

2. 멀티모달 콘텐츠 생성: 텍스트는 물론 이미지, 웹페이지, 프레젠테이션, 마케팅 자료까지 다양한 형태의 콘텐츠를 생성합니다. 새로운 아이디어를 구체적인 결과물로 변환할 때 정말 강력한 도구입니다.

3. 실시간 웹 리서치와 분석: 인터넷 검색을 통해 최신 정보를 수집하고, 이를 바탕으로 시장 분석, 경쟁사 조사, 트렌드 파악 등을 수행합니다. 퍼플렉시티의 검색 능력과 챗GPT의 분석 능력을 결합한 것 같은 경험을 제공하지요. 이러한 분석은 문서를 만드는 것뿐 아니라, 통

계적인 데이터 생성과 시각화를 통해 통계 분석 보고서나 대시보드를 만들 수도 있습니다. 즉 웹 크롤링과 데이터 분석 전문가 역할을 모두 수행해 줍니다

4. **코드 개발과 웹사이트 제작**: 간단한 프로토타입부터 본격적인 웹사이트까지 실제로 개발해 줍니다. HTML, CSS, 자바스크립트 (JavaScript)는 물론이고 복잡한 기능을 가진 웹 애플리케이션까지 제작 가능합니다.

5. **팀 협업 지원**: 여러 사람이 동시에 프로젝트에 참여할 수 있도록 하는 협업 기능도 제공합니다. 대규모 프로젝트에서 팀워크를 극대화 할 수 있습니다.

프로젝트 활동에서의 활용

- **종합 프로젝트 관리**: 아이디어부터 실행까지 전체 과정 완전 자동화
- **사업 기획**: 시장조사부터 전략 수립, 샘플 디자인까지 통합 제공
- **제품 개발**: 요구되는 제품의 기능이나 목적, 제약 사항 등을 제시 하면, 스스로 제품 개발을 위한 일련의 과정을 진행
- **프로토타입 제작**: 웹사이트, 앱, 마케팅 자료 등 실제 결과물 생성
- **시장 분석**: 실시간 데이터 기반 종합적 시장 분석
- **경쟁사 분석**: 다각도 경쟁 환경 분석과 포지셔닝 전략
- **투자 제안서**: 완전한 사업 계획서와 투자 제안서 작성
- **브랜딩**: 로고, 브랜드 아이덴티티, 마케팅 전략까지 통합 제공

단점

- 크레딧 방식으로 대량 사용자에게는 비용 부담

- 작업 중 사용자와 협업할 여지가 없이 작업을 완수함
- 복잡한 기능으로 인한 초보자 진입 장벽 있음

무료 사용 범위

- **하루 200 크레딧 제공**: 매일 초기화되는 사용량
- **무제한 기본 검색**: 제한된 AI 에이전트 접근
- **기본 AI 모델 접근**: 표준 기능 이용
- **PPT 슬라이드 생성**: 생성은 가능하나 다운로드 안 됨
- **이미지 생성 가능**

신사업/신제품 기획 프로세스별 최적 AI 도구 매칭

캐릭터	직업	전문 분야	성격/특징	언제 부를까?
ChatGPT 만능 도구	멀티플레이어 축구선수	• 아이디어 발굴 • 커스텀 GPTs • 종합 업무	• 균형 잡힌 성능 • 학습 능력 우수 • 적응력 높음	• 뭘 할지 모르겠을 때 • 다양한 작업 동시에 • 첫 시작점
Gemini 멀티모달 추론	멀티모달 추론 전문가/깊은 사고	• 복잡한 문제 분석 • 대용량 데이터 처리 • 구글 생태계 통합	• 깊은 추론 능력 • 100만 토큰 처리 • 모든 형태 데이터	• 복잡한 추론 필요할 때 • 대용량 영상/문서 • 구글 서비스 연동
Claude 글쓰기 마스터	작가/편집자 문학가	• 제안서 작성 • PPT 슬라이드 • 코딩/시각화	• 꼼꼼하고 정확 • 자연스러운 문체 • 논리적 구조	• 중요한 문서 작성 • 발표 자료 제작 • 프로다운 결과물
Perplexity 검색 전문가	탐정/리서처 셜록 홈즈	• 시장조사 • 최신 동향 • 딥 리서치	• 철저하고 신중 • 출처 명확 • 실시간 정보	• 정보가 필요할 때 • 시장 분석 필요할 때 • 사실 확인할 때
NotebookLM 소스 분석	도서관 사서 아카이비스트	• 문서 분석 • 자료 정리 • 팟캐스트 제작	• 매우 정확 • 체계적 정리 • 환각 현상 없음	• 복잡한 자료 분석 • 정확성이 중요할 때 • 무료로 시작할 때
Genspark 슈퍼 에이전트	프로젝트 매니저 CEO	• 종합 솔루션 • 프로젝트 관리 • 완전 자동화	• 리더십 있음 • 완벽주의 • 효율성 극대화	• 대형 프로젝트 • 시간이 부족할 때 • 예산에 여유가 있을 때

이제 실제 프로젝트 활동에서 어떤 AI를 선택해야 하는지 구체적으로 정리해 보겠습니다. 신제품이나 신사업 개발 프로젝트는 보통 여러 단계로 나뉘는데, 단계별 최적의 도구가 다릅니다.

프로젝트 단계별 최적 도구 조합

1단계: 초기 아이디어 발굴과 기회 탐색

[주요 도구: **챗GPT + 제미나이**]

- **챗GPT**: 다양한 관점의 브레인스토밍, 커스텀 GPTs로 전문화된 아이디어 생성
- **제미나이**: 브레인스토밍 파트너, 기술과 사회, 경제 트렌드 고려 기회 탐색

2단계: 시장과 기술 심층 조사와 기획

[주요 도구: **챗GPT, 제미나이, 퍼플렉시티 + 노트북LM + 클로드**]

- **챗GPT, 제미나이, 퍼플렉시티**: 딥 리서치로 종합적인 시장/기술 트렌드 보고서 자동 생성
- **노트북LM**: 수집한 다양한 자료의 통합 분석
- **클로드**: 조사 결과의 체계적 문서화, 연구 개발 기획

3단계: 솔루션 개발과 프로토타이핑

[주요 도구: **퍼플렉시티, 노트북LM + 챗GPT, 제미나이 + 클로드 + 젠스파크**]

- **퍼플렉시티, 노트북LM**: 솔루션 개발을 위한 기술 조사 및 연구
- **챗GPT, 제미나이**: 문제 해결, 요구 사항 명세서 작성, 기본 프로토타입 제작
- **클로드**: 코딩과 시각화, 프로세스 설계
- **젠스파크**: 복합적인 솔루션의 완전 자동화 개발

4단계: 문서화와 발표

[주요 도구: **클로드** + **챗GPT**, **제미나이** + **젠스파크**]

- **클로드, 제미나이**: 제안서, 보고서, PPT 슬라이드 작성
- **챗GPT, 제미나이**: 보고서, 비주얼 콘텐츠
- **젠스파크**: 통합 솔루션

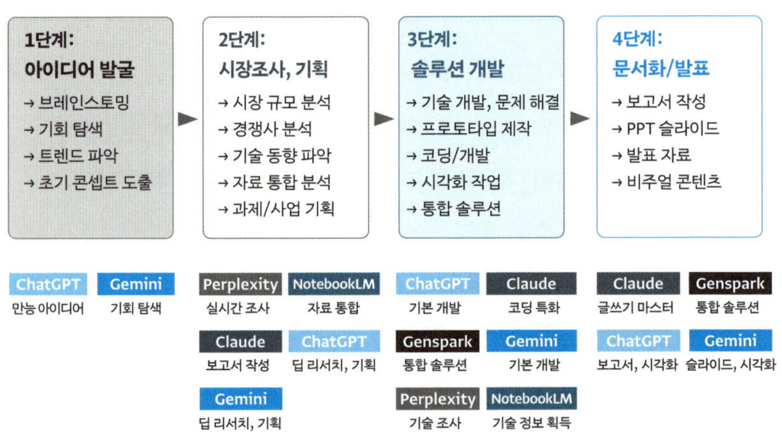

AI 도구별 전문 분야와 성격

성공하는 AI 선택의 3가지 원칙

첫째, 목적 중심 선택

화려한 기능보다는 현재 프로젝트의 핵심 니즈에 맞는 도구를 선택하세요. 시장조사가 핵심이면 퍼플렉시티, 문서 작업이 많으면 클로드에 집중하는 것이 현명합니다.

둘째, 단계적 확장

처음부터 모든 도구를 구입하지 마세요. 무료 도구로 시작해서 필요에 따라 하나씩 추가하는 것이 효율적입니다.

셋째, 조합의 시너지

하나의 완벽한 도구보다는 여러 도구의 강점을 조합하는 것이 더 강력합니다. 노트북LM으로 분석하고, 퍼플렉시티로 최신 정보를 보완하여 클로드로 문서화하는 식의 연계 활용이 핵심입니다.

기억하세요. 가장 비싼 도구가 항상 최선은 아닙니다. 여러분의 프로젝트 특성과 예산, 그리고 팀의 역량을 종합적으로 고려해 가장 적합한 조합을 선택하는 것이 성공의 열쇠입니다.

다음으로는 이런 AI 도구들을 프로젝트 활동의 각 단계별로 어떻게 구체적으로 활용하는지 실전 가이드를 제공하겠습니다. 각 도구의 특성을 이해했으니, 이제 실무에서 어떻게 조합해서 시너지를 만들어 내는지가 진짜 관건이겠죠?

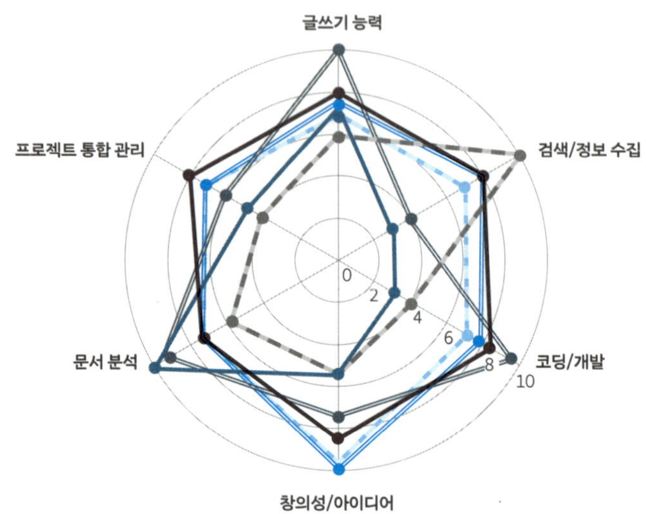

AI 도구별 특성

- **ChatGPT** – 모든 영역 균형
- **Gemini** – 모든 영역 균형
- **Claude** – 텍스트/코딩 특화
- **Perplexity** – 실시간 정보 수집
- **NotebookLM** – 소스 기반 분석
- **Genspark** – 종합 프로젝트 관리

평가 기준(10점 만점)

- 글쓰기 능력: 자연스럽고 논리적인 텍스트 생성
- 검색/정보 수집: 실시간 정보 탐색 및 수집
- 코딩/개발: 프로그래밍 및 기술 구현
- 창의성/아이디어: 혁신적 아이디어 생성
- 문서 분석: 복잡한 자료의 분석과 요약
- 프로젝트 통합 관리: 전체 프로세스 관리

Gemini 특징

- 멀티모달 강점(이미지, 동영상, 오디오)

2. 신제품 개발 기획 프로젝트 실전 활용 사례

지금부터의 사례는 실전 예제의 교육적 목적을 위해 구성되었습니다. 실제 제품 개발 사례에 기반하지만 업체나 제품의 정확한 정보보다는, 설정된 상황을 통해 신제품의 기획 단계별 여러 가지 AI 도구 활용의 효과를 명확히 보여 드리는 데 중점을 두었습니다.

따라서 일부 세부 사항이나 기술적 내용에서 실제와 다른 부분이 있을 수 있지만, 실제 업무와 AI 협업의 가치를 전달하기 위한 교육적 의도임을 양해해 주시기 바랍니다.

7일간의 AI 협업 여정: 친환경 가구 개발 프로젝트

"김태현 대리, 급한 프로젝트가 생겼어요."

월요일 오전 9시, 갓 출근한 김태현 대리에게 박 과장이 다가왔습니다. 그린퍼니처에 입사한 지 3년째, 혁신팀에서 일하고 있지만 이렇게 막막한 프로젝트는 처음이었습니다.

"이번 주 금요일까지 전시 폐기물로 만드는 친환경 가구 개발 계획을 만들어 주세요. 사업성 검토부터 기술적 해결 방안까지 전부요."

7일. 평소 같았으면 몇 달은 걸릴 일을 일주일 만에 해내야 한다니……. 하지만 태현 대리에게는 특별한 무기가 있었습니다. 바로 AI 도구들이었죠.

Day 1 문제의 발견: 챗GPT와의 만남

"뭐부터 시작해야 할까?"

태현 대리는 머리가 복잡합니다. 전시 폐기물로 가구를 만든다고? 어디서부터 접근해야 할지 막막했습니다.

이럴 때는 챗GPT의 체계적 사고가 필요했습니다. 특히 복잡한 문제를 구조화하는 데 탁월한 GPT-5.2 Thinking 모델의 고급 추론 기능을 활용하기로 했습니다.

태현의 프롬프트:

전시 폐기물을 활용한 친환경 업사이클링 가구 개발 프로젝트를 맡았습니다.

초기 아이디어이기 때문에 시장, 사업 및 기술적인 타당성을 검토해야 합니다.

재활용 목재 보드는 강도가 낮고, 수분에 취약한 문제가 있어서 이 문제를 기술적으로

해결할 방안이 있는지도 검토되어야 합니다.

7일 내에 사업성 검토와 기술적 해결 방안을 포함한 기획안을 만들어야 합니다.

기획안 완성을 위해 해야 할 일을 체계적으로 분석하고 단계별 접근법을 제시해 주세요.

다음 형식으로 답변해 주세요.

1. 기획안 작성을 위한 업무 구조화(트리 형태): 기술적 문제, 시장 문제, 사업적 문제
   로 나누어 구조화해 주세요.

ChatGPT의 체계적 분석:

1. 기획안 작성을 위한 업무 구조화(트리 형태)

기획안 작성
├── 기술적 문제
│   ├── 전시 폐기물 재활용 목재 보드의 특성 분석
│   ├── 보완 기술 조사
│   └── 가공 가능성 및 제품화 테스트 시나리오 설계
│
├── 시장 문제
│   ├── 유사 업사이클링 가구 시장조사
│   ├── ESG/친환경 트렌드 분석
│   └── 수요 가능성 및 잠재 고객 반응 예측
│
└── 사업적 문제
    ├── 수익 모델 검토
    ├── 원가 구조 및 수익성 분석
    └── 파트너십/협력 방안

2. 7일 로드맵(할 일 & 추천 AI 도구)

날짜	주요 할 일	최적 AI 도구
Day 1	과제 범위·목표 정의·기존 업사이클 가구 사례·트렌드 수집	챗GPT
Day 2	시장 규모·고객 세그먼트·경쟁사 분석	퍼플렉시티
Day 3	기술 조사	퍼플렉시티
Day 4	자료 통합 분석	노트북LM
Day 5~6	보고서 작성	클로드 + 챗GPT
Day 7	최종 검토·보완·발표용 요약본·슬라이드 스크립트 작성	클로드

업사이클링 가구 사례 수집

태현 대리는 챗GPT의 딥 리서치 기능을 활용하여 업사이클링 가구에 대한 사례를 먼저 수집해 보기로 했습니다. 이번에는 GPT-5.2 Thinking 모델의 고급 추론 기능에 딥 리서치 도구를 활용하여 조사 보고서를 요청했습니다.

태현의 프롬프트:

역할: 딥 리서치 분석가로 행동해 주세요.

저는 전시 부스나 인테리어 철거 현장에서 발생하는 합판 폐목재를 활용하여 재활용 목재 보드 가구를 만드는 지속 가능한 업사이클링 가구 개발 프로젝트를 진행 중입니다.

다음 정보를 조사해 주세요.

폐목재를 활용해 가구를 성공적으로 제작·판매한 기업 또는 제품 사례

국내외 친환경 또는 업사이클링 가구 시장의 주요 트렌드

업사이클링 재활용 목재 보드 가구를 만들고 사용할 때의 기술적·환경적 문제점

각 항목에 대해 간단한 요약과 함께 출처(URL)도 제시해 주세요.

조사할 때 영문 검색도 함께 수행해 주세요.

ChatGPT가 산출한 보고서

폐합판 업사이클링 가구 사례, 최근 트렌드 및 문제점 조사

1. 폐합판/폐목재 활용 가구 성공 사례

- **피트 하인 이크(Piet Hein Eek)** – 네덜란드 디자이너로 1990년대부터 폐목재를 모아 테이블, 의자 등을 제작한 스크랩우드(Scrapwood) 가구 시리즈로 유명합니다. 각기 다른 색상·질감의 버려진 나무 조각을 조합한 독특한 디자인으로 지속가능성과 미적 가치를 결합해 세계적 호평을 받았습니다 [1] . 이는 업사이클링 가구의 가능성을 처음으로 상업적으로 입증한 사례로 평가됩니다.

- **초프밸류(ChopValue)** – 캐나다에서 시작된 글로벌 스타트업으로, 사용 후 버려지는 대나무 나무젓가락을 수거해 고성능 보드로 압축 성형한 뒤 가구와 인테리어 소품을 만드는 기업입니다. 2025년 기준 약 2억 개의 나무젓가락을 재활용하여 책상, 선반 등 탄소 네거티브 가구를 생산했으며, 이로 약 9,736톤의 CO2 배출을 절감했습니다 [2] . 이들은 재활용된 젓가락을 고온 살균·항균 처리하고 수성수지로 코팅해 위생 문제를 해결했으며, 이렇게 얻은 재료는 경도와 내구성이 단풍나무나 참나무 이상으로 뛰어난 것으로 알려졌습니다 [3] [4] .

- **Rooi Design – Furniture Pavilion S 프로젝트** – 남아프리카공화국의 Rooi Design and Research가 2019년 중국 상하이 가구박람회에서 선보인 업사이클링 건축/가구 사례입니다. 전시 부스 건축에 **합판 821장**을 사용한 파빌리온을 지은 후, 행사 종료 시 이 표준 합판들을 모두 해체하여 **410세트의 테이블과 의자**로 재가공했습니다 [5] . 전시용 구조물을 폐기하지 않고 **48시간 내 가구로 전환**하여 지역 사회(농촌 마을)에 기증한 이 사례는 전시 폐목재의 순환 이용 모델로 주목받았습니다 [6] [5] .

- **문화로 놀이짱** – 2010년 설립된 국내 사회적 기업으로, 마포구를 거점으로 **전시 세트장, 공연 무대, 건물 철거 현장** 등에서 버려지는 **목재**와 폐가구를 수거하여 새 가구로 제작·판매하고 있습니다 [7] . 지역 주민들과 함께하는 목공 워크숍을 통해 업사이클링을 실천하고 있으며, 가구 수리 서비스도 제공합니다. 이들은 버려진 병원 가구, 콘서트 세트 목재 등 다양한 자원을 활용해 스토리가 담긴 제품을 만들고 있는데, 이러한 노력은 **국내 폐목재 재활용률이 2011년 기준 3%에 불과**하고 나머지 97%는 소각되는 현실에 대한 문제의식에서 출발했습니다 [8] . 문화로 놀이짱은 낮은 목재 재활용률을 높이고 지속 가능한 소비문화를 확산한 국내 사례로 평가받습니

- **놀라운 결과:** 챗GPT가 생성한 상세 보고서에는 주요 트렌드, 해외 성공 사례부터 국내 시장 기회까지 체계적으로 정리되어 있었습니다. 특히 네덜란드의 피트 헤인 에이크(Piet Hein Eek), 캐나다의 찹밸류(ChopValue) 같은 성공 기업들의 구체적인 전략까지 파악할 수 있었죠. 그리고 기술적·환경적 문제점까지 기술되어 프로젝트의 방향을 잡는 데 많은 도움이 되었습니다. 출처도 함께 표시되어 내용의 신뢰성 확인도 쉽게 할 수 있었습니다.

업사이클링 가구 개발 브레인스토밍

챗GPT가 만든 보고서를 바탕으로, 태현 대리는 더 구체적인 사업 아이디어를 얻기 위해 특별한 방법을 시도했습니다.

챗GPT가 생성해 준 보고서를 첨부 파일로 업로드한 후, 업사이클링 가구 개발의 방향을 설정할 수 있는 브레인스토밍을 실시했습니다. 브레인스토밍 방법은 3명의 담당자들이 회의하는 형식으로 진행했고, 회의 결과 보고서를 요청했습니다.

> 1. 제품 개발 방향
>
>   소형·중형 모듈형 가구 중심, 재활용 목재 보드 활용 시 실내용 및 저하중 제품 한정
>
> 2. 목표 시장 및 고객
>
>   B2B 납품(스타트업, 공유 공간) → 공공 기관 조달 → 일반 소비자
>
> 3. 차별화 요소
>
>   친환경 인증, 설계 방식, 스토리텔링, ESG+마케팅
>
> 4. 비즈니스 모델
>
>   B2B 납품 중심, 온라인 DIY 키트 병행

- **AI 브레인스토밍의 장점**: 다양한 관점의 의견을 동시에 얻을 수 있고, 편견 없는 아이디어 도출이 가능합니다.

첫날의 성과

"와, 이렇게 체계적으로 접근하면 되는구나!"

챗GPT의 도움으로 태현 대리는 막막했던 프로젝트를 명확한 단계로 나눌 수 있었으며, 개략적인 사업 방향, 제품 개발에 있어서 예상 문제점과 극복해야 할 과제들을 파악할 수 있었습니다. 특히 고급 추론 기능이 복잡한 문제를 여러 관점에서 분석해 주어서 놓칠 수 있었던 중요한 요소들까지 파악할 수 있었죠.

더 중요한 것은 앞으로 6일간의 명확한 로드맵이 생겼다는 것입니다. 이제 어떤 AI 도구를 언제 어떻게 활용할지 계획이 서 있었습니다.

Day 2~3 시장을 읽다: 퍼플렉시티의 눈

"시장과 기술은 어떻게 변화하고 있는가?"

이튿째 아침, 태현 대리는 시장조사를 시작했습니다. 하지만 챗GPT는 최신 정보가 제한적이었죠. 이럴 때 필요한 것이 바로 실시간 검색의 전문가, 퍼플렉시티였습니다.

시연 1: 실시간 시장조사(친환경 가구 시장 동향)

태현의 프롬프트:

2025년 친환경 가구 시장 동향을 분석해 주세요.
특히 다음 사항에 대해 최신 정보를 제공해 주세요.
- 시장 규모와 성장률
- 주요 트렌드(업사이클링, 순환경제)
- 소비자 니즈 변화
- 규제 환경 변화

퍼플렉시티가 조사한 94개 출처를 조사하여 보고서 작성

시장 규모와 성장률

2025년 글로벌 친환경 가구 시장은 지속적인 성장세를 보이며 새로운 전환점을 맞고 있습니다. 글로벌 시장 규모는 2024년 595억 달러에서 2033년까지 1350억 달러로 확대될 것으로 전망되며, 이는 연평균 성장률 9.5%에 해당하는 견고한 성장세입니다.

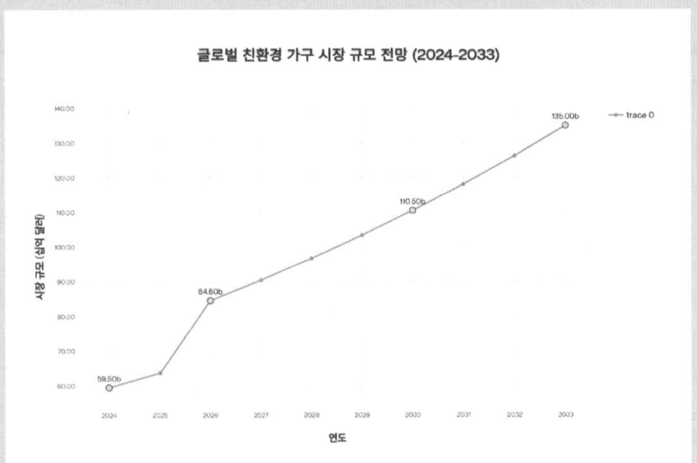

이러한 성장은 소비자들이 구매 결정에서 환경 의식을 점차 우선시하는 경향과 밀접한 관련이 있습니다.

국내 시장에서도 괄목할 만한 성장이 예상됩니다. 한국의 지속 가능한 사무실 가구 시장은 2024년 8억 4800만 달러에서 2035년까지 16억 8400만 달러로 성장할 것으로 예상되며, 2025년부터 2035년까지 약 6.44%의 연평균 성장률을 기록할 전망입니다.

주요 트렌드

업사이클링 가구는 2025년 인테리어 및 가구 시장의 핵심 트렌드로 부상하고 있습니다. **순환경제** 개념이 가구 시장에 본격 도입되면서, 제품 수명 주기 전체에서 재료의 재사용 및 재활용하는 접근법이 확산되고 있습니다.

소비자 니즈 변화

규제 환경 변화……

시연 2: 실시간 시장조사(폐목재를 활용한 업사이클링 가구 시장)

태현의 프롬프트:

폐목재를 활용하여 만드는 업사이클링 가구 시장의 플레이어와 성공 사례만 조사해 줘. 또 전시, 박람회, 팝업스토어 폐기물로 발생되는 합판을 수거하여 업사이클링한 가구 메이커가 있는지 찾아 줘.

115개 출처를 조사하여 보고서 작성

Perplexity 제출 보고서

폐목재를 활용한 업사이클링 가구 시장의 주요 플레이어와 성공 사례

국내 폐목재 업사이클링 가구 메이커들

주요 기업 현황

1. 문화로놀이짱: 폐목재를 활용해 새로운 가구로 탄생시키는 사회적 기업

2. 레인트리: 폐목재, 특히 서랍을 새롭게 디자인하여 가구와 소품 제작

3. 열린사회: 나왕 소재의 장의자 업사이클링

해외 목재 업사이클링 가구 선도기업들

1. 피트 헤인 에이크-네덜란드

2. 어반 우즈-미국

전시. 박람회 합판 폐기물 업사이클링 사례

성공 요인 분석

출처: 연합뉴스, 개별 회사 홈페이지, 유튜브 등

시연 3: 업사이클링된 재활용 목재 보드 기계적 특성 개선 연구

폐목재를 활용한 재활용 목재 보드 개발에 있어서 가장 문제가 되는 기계적 특성과 수분에 대한 저항성 저하 문제를 해결하는 기술 정보 수집을 위해 퍼플렉시티의 딥 리서치 기능을 이용했으며, 검색 소스를 결정할 때는 학술 논문을 검색 대상으로 하는 '학문 모드'로 설정했습니다.

태현의 프롬프트:

천연섬유 복합 재료를 활용한 재활용 목재 보드 기계적 특성과 흡습성 개선에 관한 기술을 조사해 주세요.

검색 범위:

— 천연섬유 활용 연구

— 친환경 바인더 기술, 수분 저항성 개선 기술

— 특수 표면 처리를 통한 수분 차단

단기 적용을 위한 기술이므로 효과성, 경제성, 친환경성, 폐목재를 활용한 업사이클링 재활용 목재 보드 제조 공정에서 적용할 예정이니 그 측면도 고려해서 평가한 후 최적화된 통합 솔루션을 제시해 주세요.

134개의 도서, 논문 등 관련 연구분야 출처를 조사하여 보고서 작성

Perplexity 보고서

최적화된 천연섬유-업사이클링 재활용 목재 보드 통합 솔루션

핵심 요약

폐목재 재활용 목재 보드에

① 천연섬유(5~15wt%)를 보강하면 강도가 40~70% 향상

② 시트르산 기반 친환경 접착제를 적용하면 강도와 내수성 향상

③ 저온 분체도장 특수 표면 처리를 입히면 수분 저항성 55% 개선

공정이 단순하고 모든 원료가 재생 가능·VOC 무배출이므로 **단기 상업 적용이 가능한 최적 방안**으로 평가된다.

출처: Kenaf Fiber 도서, BioResources 논문, Springer Nature Link 논문

"와! 이런 정보들이 실시간으로 나온다고?"

퍼플렉시티를 통해 태현 대리는 놀라운 발견을 했습니다. 친환경 가구 시장이 예상보다 훨씬 빠르게 성장하고 있었고, 특히 전시 폐기물을 활용한 업사이클링은 아직 경쟁자가 많지 않은 블루오션이었습니다.

더 중요한 것은 기술적으로도 충분히 실현 가능한 해결책들이 이미 연구되고 있다는 점이었습니다. 천연섬유 보강 기술, 친환경 접착제, 분체 도장 특수 표면 처리 기술 등은 당장 적용할 수 있는 현실적인 기술들이었으며, 퍼플렉시티는 검색을 통한 정보 전달뿐 아니라, 기술에 대한 평가와 업사이클링 재활용 목재 보드 제조를 위한 통합 솔루션까지 제공하고 있었습니다.

이제 태현 대리는 '구체적인 기술 자료를 더 깊이 분석해 보자.'고 생각했습니다.

Day 4 자료의 바다에서 진주 찾기: 노트북LM의 마법

"논문 15편…… 언제 다 읽지?"

목요일 아침, 태현 대리의 책상에는 산더미 같은 자료가 쌓여 있었습니다. 퍼플렉시티로 찾은 논문들…… 이 모든 걸 언제 다 분석하고, 또 팀원들에게는 어떻게 설명해야 할까요?

이럴 때 필요한 것이 바로 노트북LM의 마법이었습니다. 소스 기반 분석의 전문가답게, 정확하고 체계적인 분석을 제공할 뿐만 아니라 놀랄 만한 오디오와 동영상 기능까지 갖추고 있었죠.

업사이클링 재활용 목재 보드의 성능 개선을 위해 퍼플렉시티가 제출해 준 보고서에서 인용된 주요 논문 15개의 링크를 아래의 창에 소스로 추가한 후 채팅창에 원하는 정보를 요청하면, 노트북LM은 업로드된 소스를 바탕으로 정보를 요약하여 제공해 줍니다.

노트북LM은 PDF 문서 파일은 물론, 다음과 같이 오디오 파일, 웹사이트 링크, 유튜브 링크, 텍스트 등 다양한 소스를 한꺼번에 50개까지 업로드한 후 그것들을 바탕으로 정보를 요약, 추출, 분석, 가공할 수 있습니다.

업로드한 자료 예시(전공 도서와 논문)

1. https://www.taylorfrancis.com/books/9781498753432/chapte
   rs/10.1201/9781351050944-2

Chapter

Kenaf Fiber

Structure and Properties

By A.H. Juliana, H.A. Aisyah, M.T. Paridah, C.C.Y. Adrian, S.H.
Lee

Book   Kenaf Fibers and Composites

Edition	1st Edition
First Published	2018
Imprint	CRC Press
Pages	14
eBook ISBN	9781351050944

2. https://bioresources.cnr.ncsu.edu/resources/application-of-electrostatic-powder-coating-on-wood-composite-panels-using-a-cooling-method-part-1-investigation-of-water-intake-abrasion-scratch-resistance-and-adhesion-strength/

NC STATE UNIVERSITY BioResources

About the Journal ▾   Authors & Reviewers ▾   Articles ▾   Features ▾   How to Self-Register

Application of electrostatic powder coating on wood composite panels using a cooling method. Part 1: Investigation of water intake, abrasion, scratch resistance, and adhesion strength

Akkus, M., Akbulut, T., and Candan, Z. (2019). "Application of electrostatic powder coating on wood composite panels using a cooling method. Part 1: Investigation of water intake, abrasion, scratch resistance, and adhesion strength," *BioRes.* 14(4), 9557-9574.

Abstract

Powder coating is environmentally friendly and safe in terms of human health and is used especially on home appliances and in the automotive sector. Because of these advantages, recent studies have expanded work on the application of powder coating on non-conductive surfaces. Within the scope of this research, low temperature curing (120 °C to 130 °C) was applied on wood-based composite panels of medium-density fiberboard (MDF), particleboard, and plywood to facilitate conductivity. Epoxy, polyester, and hybrid (epoxy-polyester) types of powder paint and water-based liquid paint (control group) were applied to the surface of materials. Panels coated with the powder coatings were compared to the panels coated with the water-soluble acrylic resin coating. The prepared samples were analyzed for performance properties. The best results for thickness swelling, water absorption, adhesive strength, abrasion, and scratch resistance were found for the plywood coated with water-based liquid paint, MDF coated with polyester-based powder paint, plywood coated with hybrid powder paint, particleboard coated with hybrid powder paint, and plywood coated with epoxy powder paint, respectively.

태현의 프롬프트:

업사이클링 재활용 목재 보드의 성능 향상을 위한 가장 최적의 개선안을 제시해 주세요. 항목은 천연섬유 보강, 친환경 바이오 접착제, 저온 특수 표면 처리를 포함하여 기술해 주세요.

NotebookLM의 답변:

🌿 천연섬유 보강 최적안
- 바나나 섬유: 12% 투입 시 강도 25% 향상, 농업 폐기물 활용으로 경제적
- 대마 섬유: 15% 투입 시 강도 70% 향상, 친환경성 우수

⚒ 친환경 접착제 최적안
- 시트르산-글리세롤 혼합: 유해 물질 완전 제거하면서 기존 대비 10% 저렴

- 수분 저항성: 기존 대비 60% 이상 개선

- 표면 처리 최적안
  - 폴리에스터 파우더 코팅: 수분 흡수율 40~55% 감소
  - 저온 공정: 에너지 38% 절약으로 친환경성 확보

시연 2: 오디오 브리핑 생성

복잡한 기술 내용을 팀원들에게 쉽게 설명하기 위해, 태현 대리는 노트북LM의 오디오 생성 기능을 활용했습니다.

팟캐스트 오디오는 프롬프트 없이도 오디오 오버뷰 대화에서 생성 버튼을 누르면 생성된다.

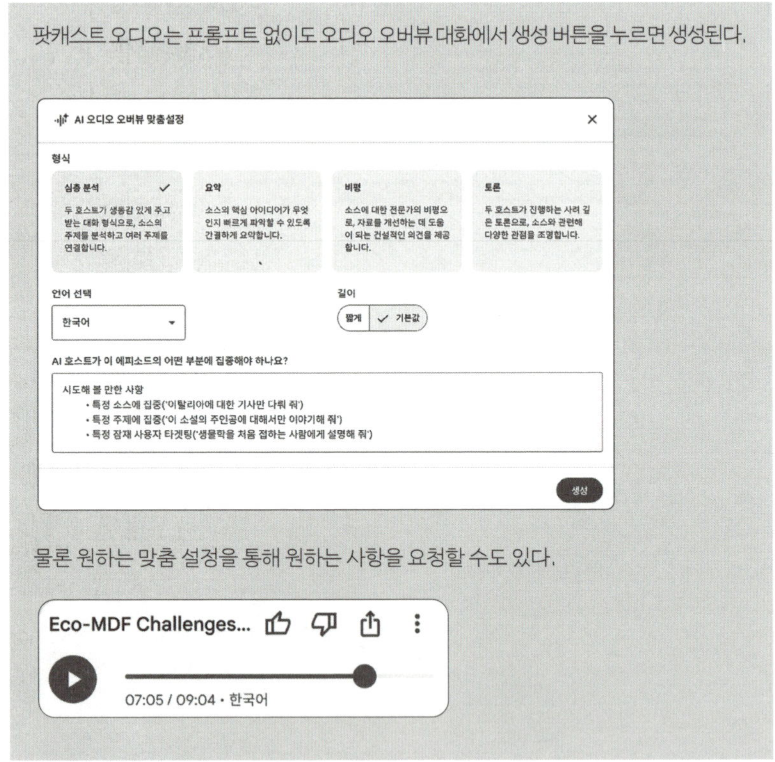

물론 원하는 맞춤 설정을 통해 원하는 사항을 요청할 수도 있다.

하루의 마법

"이제 복잡한 기술도 팀원들이 쉽게 이해할 수 있겠다!"

노트북LM의 도움으로 태현 대리는 방대한 자료의 바다에서 진주 같은 인사이트들을 찾아낼 수 있었습니다. 특히 오디오 브리핑과 동영상 기능은 정말 놀랄 만한 것이었죠. 딱딱한 기술 문서가 마치 전문가들의 대화처럼 자연스럽게 변환되어, 팀원들도 쉽게 이해하게 되었습니다.

더 중요한 것은 모든 정보가 실제 업로드한 소스에 기반하고 있어서 정확성을 신뢰할 수 있다는 점이었습니다. 이제 기술적 해결 방안이 명확해졌으니, 이를 설득력 있는 문서로 정리할 차례였습니다.

Day 5~6 완벽한 보고서 만들기: 클로드의 펜

"이제 결과를 정리해서 설득력 있는 제안서를 만들어야 하는데……."

금요일과 토요일, 태현 대리에게는 지금까지의 성과를 하나의 완성된 제안서로 만드는 중요한 과제가 남아 있었습니다. 기술적 분석은 끝났지만, 이를 경영진이 이해할 수 있는 전문적인 문서로 변환해야 했죠.

이럴 때 필요한 것이 바로 글쓰기 마스터 클로드의 능력이었습니다. 단순히 문서를 작성하는 것을 넘어서, 복잡한 내용을 체계적으로 시각화하고 설득력 있는 스토리로 구성하는 것까지 가능했으니까요.

시연 1: 기술 분석 보고서 작성

태현의 프롬프트:
업사이클링 재활용 목재 보드 성능 개선 기술 분석 보고서
첨부된 두 가지 기술 분석 자료를 바탕으로 회사 임원에게 제출할 기술 분석 보고서를 작성하려고 합니다.
보고서 목차를 제안해 주세요.

Claude의 주요 답변:
제목: 전시 폐기물 업사이클링 재활용 목재 보드 성능 개선 기술 분석 보고서
Executive Summary
1. 프로젝트 배경 및 기회 분석: 시장 환경 변화, 사업 기회의 본질
2. 기술적 문제 정의 및 현황 분석: 업사이클링 재활용 목재 보드의 근본적 문제, 문제의 본질 분석, 기존 해결책의 한계
3. 핵심 기술 솔루션 분석: 천연섬유 보강 기술, 친환경 접착제 기술, 저온 특수 표면 처리 기술
4. 통합 솔루션 및 예상 성능: 최적 기술 조합, 성능 예측 결과
5. 경제성 및 실현 가능성 분석: 경제성 분석, 단계별 도입 로드맵, 리스크 요인 및 대응 방안
6. 결론 및 권고 사항: 핵심 결론, 권고 사항, 기대 효과
부록

태현의 프롬프트:
목차대로 작성하면 되는데,
요구 사항:
　— 전문적이면서도 이해하기 쉽게

— 표와 도식 적극 활용

— 구체적인 수치와 근거 제시

— A4 10페이지 분량

— 투자 결정에 도움이 되는 수준

각 섹션은 명확히 구분하고, 핵심 포인트는 굵게 표시해 주세요.

Claude가 작성한 기술 분석 보고서:

전시폐기물 업사이클링 MDF 성능개선 기술분석 보고서

📋 Executive Summary

핵심 결론

즉시 적용 가능한 3가지 검증된 기술의 통합 적용으로 MDF 성능을 획기적으로 개선할 수 있습니다.

성능 지표	현재 MDF	개선 후	향상률
굽힘강도(MOR)	18 MPa	29 MPa	+61%
탄성계수(MOE)	1,500 MPa	2,550 MPa	+70%
내부결합강도	0.45 MPa	0.75 MPa	+67%
수분저항성	16% 팽윤	6% 팽윤	-62%

투자 권고사항

- **즉시 추진 권장**: 기술적 검증 완료, 경제적 타당성 확보
- **투자 규모**: 파일럿 단계 5억원, 양산 전환 15억원
- **투자회수**: 2년 내 손익분기점 달성 예상
- **시장 기회**: 연간 300억원 규모 친환경 가구 시장 진입

시연 2: PPT 프레젠테이션 제작

마지막으로 경영진 발표를 위한 완성도 높은 프레젠테이션이 필요했습니다.

그동안 챗GPT, 퍼플렉시티로 만든 시장조사 보고서와 브레인스토밍 결과, 기술 분석 보고서를 업로드한 후 발표용 PPT 슬라이드 보고서 작성을 요청했습니다.

태현의 프롬프트:

첨부한 보고서를 바탕으로 경영진 발표용 PPT 슬라이드를 작성해 주세요.

제목: "전시 폐목재를 활용한 친환경 업사이클링 가구 사업 기획 보고서"

발표 조건:

— 시간: 15분 발표 + 5분 질의응답

— 대상: CEO, CTO, CFO 등 임원진

— 목적: 프로젝트 승인 및 예산 확보

슬라이드 구성:

1. 표지(1슬라이드)

2. 프로젝트 개요 및 목적(2슬라이드)

3. 시장 기회 분석(3슬라이드)

4. 기술적 해결 방안(5슬라이드)

5. 사업성 검토(2슬라이드)

6. 향후 계획 및 요청 사항(2슬라이드)

각 슬라이드마다:

— 명확한 제목, 핵심 메시지(3~5개 핵심 항목)

— 시각적 요소(표, 차트, 다이어그램)

실제 PPT에서 바로 사용할 수 있는 형태로 작성해 주세요.

슬라이드가 완성된 후 발표 스크립트 작성도 요청했습니다.

각 슬라이드에 대해 1~2분 정도의 발표 스크립트도 작성해 주세요.

Claude의 PPT 슬라이드 산출물과 발표 스크립트

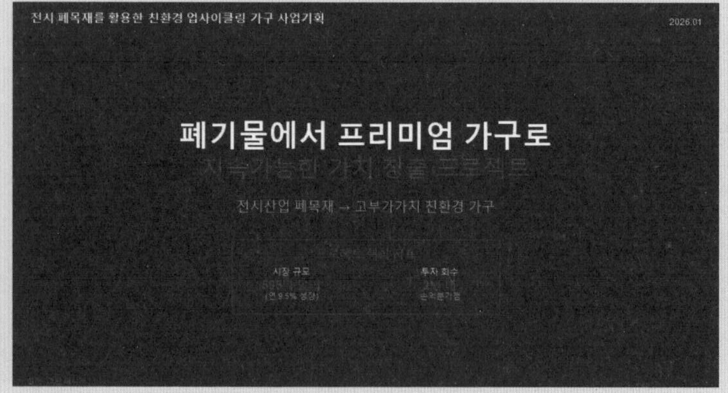

슬라이드 1: 표지

[30초]

안녕하십니까. 오늘 저희가 제안드릴 프로젝트는 '폐기물에서 프리미엄 가구로'라는 혁신적인 비전을 실현하는 사업입니다.

연간 15만 톤의 전시 폐목재를 고부가가치 친환경 가구로 전환하여, 환경 보호와 수익 창출을 동시에 달성할 수 있는 지속 가능한 비즈니스 모델을 제안드립니다.

글로벌 친환경 가구 시장이 연 9.5% 성장하는 가운데, 우리가 선점할 수 있는 절호의 기회를 소개해 드리겠습니다.

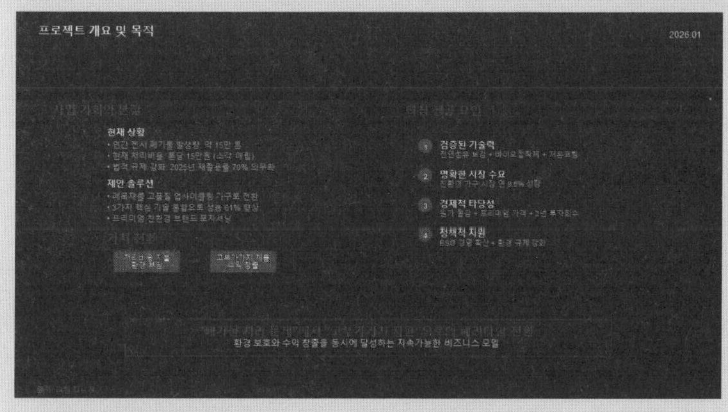

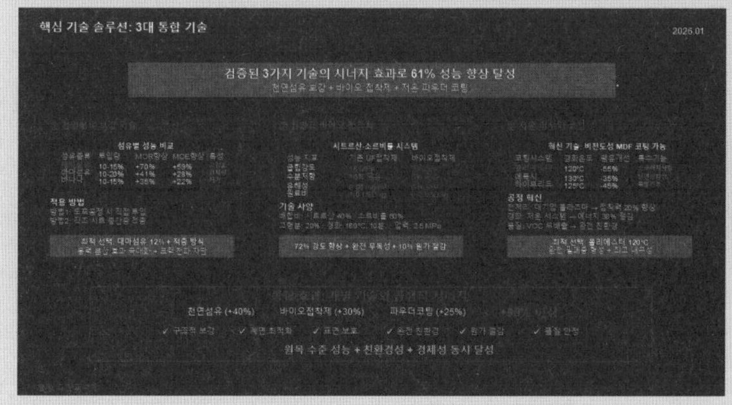

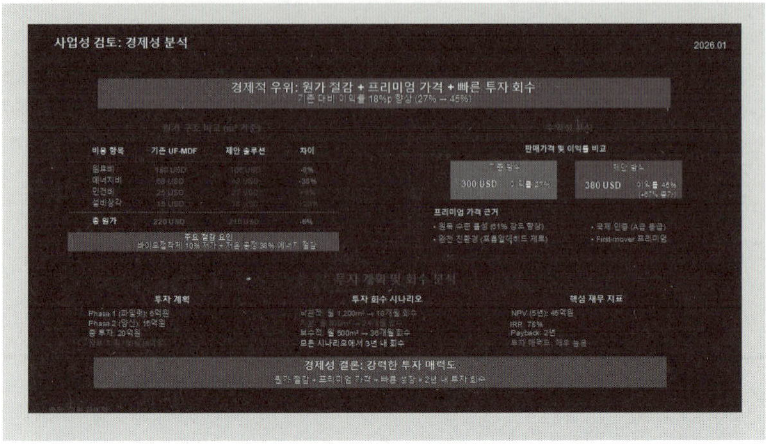

이틀간의 완성

"이런 수준의 보고서면 임원진도 납득하겠는걸?"

클로드의 도움으로 태현 대리는 지금까지의 모든 성과를 완벽한 문서로 정리할 수 있었습니다. 단순히 글 잘 쓰는 것을 넘어서, 복잡한 기술 내용을 체계적으로 구조화하고, 시각적으로 이해하기 쉽게 표현하며, 설득력 있는 스토리로 구성하는 클로드의 능력은 정말 놀라웠습니다.

특히 차트와 표를 활용한 시각화는 복잡한 자료를 한눈에 이해할 수 있게 해 주었고, PPT 슬라이드는 15분 발표에 딱 맞는 완성도를 보여 주었습니다.

이제 마지막 날, 혹시 모를 변수에 대비한 최종 준비가 남아 있었습니다.

"마지막 날인데 갑자기 비즈니스 모델까지 만들어 오라고?"

일요일 아침, 태현 대리의 핸드폰이 울렸습니다. 박 과장의 급한 목소리가 들려왔죠.

"태현 씨, 죄송한데 CEO께서 내일 발표에 비즈니스 모델과 마케팅 캠페인 패키지까지 포함하래요. 그리고 투자자 설명용 웹사이트도 간단히 만들 수 있을까요?"

평소 같았으면 "불가능합니다."라고 답했을 태현 대리였지만, 이제는 다른 무기가 있었습니다. 바로 젠스파크의 슈퍼 에이전트 기능이었죠.

시연: 15분의 브랜딩과 마케팅 캠페인 패키지 제작

이미 작성한 사업 기획 보고서를 첨부하여 젠스파크에게 브랜딩과 마케팅 캠페인 패키지 제작을 요청했습니다.

태현의 프롬프트:

첨부한 친환경 업사이클링 가구 사업 기획안을 바탕으로 완전한 브랜딩 및 마케팅 캠페인 패키지를 만들어 주세요.

포함 내용:

1. 브랜드명 및 슬로건
2. 로고 디자인(설명 및 시안)
3. 브랜드 아이덴티티(컬러, 폰트, 톤 앤 매너)
4. 마케팅 콘텐츠: 제품 마케팅 포스터 1종, SNS 콘텐츠 1종, 이메일 마케팅 템플릿 1종
5. 제품 소개 웹사이트 랜딩 페이지를 투자자 대상 설명에 바로 사용할 수 있는 수준으로 제작해 주세요.

Genspark의 주요 산출물:

1. 브랜드명 및 슬로건

브랜드명: RENOVA(리노바)

- 의미: Renewal(재생) + Innovation(혁신)의 합성어
- 특징: 발음이 쉽고 기억하기 쉬우며, 글로벌 시장에서도 사용 가능
- 브랜드 포지셔닝: 혁신적인 친환경 기술로 폐기물을 프리미엄 가구로 재탄생시키는 브랜드

슬로건: "자원에 가치를, 환경에 미래를"

- 영문: "Adding Value to Resources, Future to Environment"
- 핵심 메시지: 폐기물 자원 재활용과 환경 보호라는 두 가지 핵심 가치 전달

---

2. 로고 디자인

---

3. 브랜드 아이덴티티

4. 마케팅 콘텐츠

제품 마케팅 포스터

SNS콘텐츠(인스타그램)

투자자 대상 설명용 웹사이트 랜딩 페이지

웹사이트 URL: https://vlycouql.gensparkspace.com/

마지막 날의 기적

"15분 만에 이런 퀄리티가 나온다고? 이게 AI의 진짜 파워구나!"

젠스파크의 슈퍼 에이전트 기능은 정말 놀라웠습니다. 마치 여러 전문가가 동시에 일하는 것처럼, 시장조사부터 브랜딩, 웹사이트 제작까지 모든 것을 통합적으로 처리했습니다.

프레젠테이션 D-Day

"7일 전과는 완전히 다른 사람이 된 기분이다."

월요일 오전 10시, 임원 회의실.

태현 대리는 스크린 앞에 서서 지난 7일간의 성과를 발표했습니다. 챗GPT로 체계화한 문제 분석, 퍼플렉시티로 수집한 최신 시장 정보, 노트북LM으로 분석한 기술 솔루션, 클로드로 완성한 전문 보고서, 그리고 젠스파크로 구현한 마케팅 패키지까지…….

"놀랍습니다. 이런 수준의 기획안을 7일 만에 만들어 내다니……."

CEO의 감탄이 회의실에 울려 퍼졌습니다.

"특히 기술적 해결 방안이 매우 구체적이고 실현 가능성이 높네요. 시장 분석도 최신 자료로 잘 뒷받침되어 있고, 비즈니스 모델도 완성도가 높습니다."

CTO도 고개를 끄덕였습니다.

"프로젝트 승인합니다. 예산 50억 원 배정하고, 전담 TF팀 구성해서 바로 시작하세요."

7일간의 여정이 주는 교훈

발표를 마치고 사무실로 돌아온 태현 대리는 지난 일주일을 되돌아봤습니다.

Day 1 챗GPT: 막막했던 문제를 체계적으로 구조화하고, 명확한 로드맵을 세울 수 있었습니다. 고급 추론 기능과 딥 리서치 기능 그리고

AI와 함께 한 브레인스토밍은 복잡한 신제품 개발 프로젝트의 든든한 출발점이 되어 주었죠.

Day 2~3 **퍼플렉시티**: 실시간 시장 정보와 최신 기술 동향을 파악할 수 있었습니다. 특히 딥 리서치 기능은 사람이 며칠 걸릴 조사를 몇 분 만에 완성해 주었습니다.

Day 4 **노트북LM**: 방대한 자료를 정확하게 분석하고, 팟캐스트로 쉽게 공유할 수 있었습니다. 소스 기반 분석의 정확성은 정말 신뢰할 만했죠.

Day 5~6 **클로드**: 기술적 내용을 전문적인 문서로 완성하고, 시각화까지 할 수 있었습니다. 글쓰기와 프레젠테이션 제작에서는 정말 독보적이었습니다.

Day 7 **젠스파크**: 마지막 날의 기적을 만들어 냈습니다. 종합적인 비즈니스 모델부터 브랜딩, 웹사이트까지 모든 것을 통합적으로 구현했습니다.

진정한 혁신은 도구가 아닌 사용법에 있다

"AI가 이렇게 강력한 도구였다니……."

태현 대리는 깨달았습니다. 중요한 것은 최신 AI를 쓰는 것이 아니라, **언제 어떤 AI를 어떻게 활용하느냐**였습니다. 복잡한 문제 구조화가 필요할 때는 챗GPT, 최신 정보 수집이 필요할 때는 퍼플렉시티, 정확한 자료 분석이 필요할 때는 노트북LM, 전문적인 문서화가 필요할 때는 클로드, 종합적인 실행이 필요할 때는 젠스파크를 활용했습니다. 각각의 AI가 가진 고유한 강점을 이해하고, 프로젝트의 각 단계에 맞춰 적절히 조합해서 사용할 때 진정한 시너지가 발생했습니다.

AI 시대의 새로운 업무 방식

이제 태현 대리에게는 AI와 함께 일하는 새로운 업무 방식이 생겼습니다.

1. 전체적인 설계는 챗GPT와 함께

- 문제 구조화와 로드맵 설정
- 브레인스토밍으로 아이디어 도출

2. 최신 정보는 퍼플렉시티로 확보

- 실시간 시장 동향 파악
- 경쟁사 모니터링과 기술 트렌드 추적

3. 깊이 있는 분석은 노트북LM에게

- 방대한 자료의 정확한 분석
- 복잡한 내용의 쉬운 공유

4. 완성도 높은 결과물은 클로드로

- 전문적인 문서 작성과 시각화
- 설득력 있는 프레젠테이션 제작

5. 통합적인 실행은 젠스파크와

- 정보 검색 및 종합적인 비즈니스 개발, 프레젠테이션
- 마케팅 프로모션 패키지 개발, 웹사이트 개발

미래를 향한 새로운 시작

프로젝트 승인을 받은 태현 대리는 이제 진짜 가치 창출의 여정을 시작할 준비가 되었습니다. 7일간의 AI 협업 경험은 단순히 하나의 프로젝트를 완성한 것을 넘어서, 앞으로의 모든 이노베이션 활동에 활용할 수 있는 새로운 방법론을 터득한 것이었습니다.

"이제 어떤 프로젝트가 와도 자신 있다."

AI라는 강력한 파트너들과 함께라면, 가치 창출은 더 이상 몇몇 천재들의 전유물이 아닙니다. 올바른 질문을 던지고, 적절한 도구를 선택하며, 체계적으로 접근할 수 있는 사람이라면 누구나 이노베이터가 될 수 있습니다.

바로 지금, 여러분의 변화 여정도 시작될 수 있습니다.

"가치 창출은 혼자 하는 것이 아니다.
AI와 함께라면, 우리 모두가 이노베이터가 될 수 있다."

PART 3

분석력

문제의 본질을 꿰뚫는 눈

표면 너머 숨겨진 진실을 찾는 능력

"우리 회사 제품의 품질 문제를 해결하기 위한 아이디어 회의를 시작하겠습니다. 자유롭게 의견을 내주세요."

팀장의 말이 끝나자 회의실은 잠시 정적이 흘렀습니다. 누군가 조심스레 "품질 검사를 강화하면 어떨까요?"라고 말하자, 다른 팀원들도 "교육을 강화하자." "매뉴얼을 보완하자." 같은 비슷한 제안들을 하기 시작했습니다.

이런 광경, 한 번쯤 경험해 보지 않았나요?

여기서 문제는 해결책이 뻔하다는 게 아니라, 정작 진짜 문제가 무엇인지 파악하지 못했다는 점입니다.

AI 시대에 우리에게 더욱 중요해진 분석력

AI에게 점점 더 중요하고 많은 일을 처리하게 할수록, 사용자에게 더욱 중요해진 능력이 있습니다. 바로 분석력입니다. **'무엇이 진짜 문제**

인가?'를 찾아내는 능력입니다.

AI는 우리가 던진 질문에 대해서는 놀라운 답변을 줍니다. 하지만 **어떤 질문을 던져야 하는지는 여전히 인간이 결정해야 합니다.** 피상적인 질문을 던지면 피상적인 답변이 돌아오고, 본질적인 질문을 던지면 본질적인 해결책이 돌아옵니다.

실제로 문제가 복잡할수록 AI는 한계를 보입니다. 고려해야 할 요소가 많고, 원인이 복잡하게 얽혀 있고, 제약 조건이 있을수록 AI는 그 본질을 찾아 해결안을 만드는 것을 어려워합니다.

분석력이 있는 사람과 없는 사람의 차이는 AI 시대에 더욱 극명하게 드러납니다.

왜 똑똑한 사람들도 잘못된 문제를 풀까?

많은 사람들이 문제 해결에 실패하는 이유는 능력이 부족해서가 아닙니다. **처음부터 잘못된 문제를 풀고 있기 때문**입니다.

예를 들어, 매출이 떨어진 카페 사장이 '홍보를 더 많이 해야겠다.'고 생각하는 상황이라면 어떨까요? 실제로는 단골손님들이 왜 발걸음을 끊었는지가 진짜 문제일 수도 있는데요. 아무리 새 손님을 유치해도 기존 손님들이 계속 떠난다면 밑 빠진 독에 물 붓기가 되겠죠.

이런 일은 왜 일어날까요?

우리는 보통 **눈에 보이는 현상에 먼저 반응**합니다. 매출 감소라는 결과를 보고 '매출을 늘려야겠다.'고 생각하지, '왜 매출이 줄었을까?'를 깊이 파고들지는 않죠. 하지만 진짜 해결책은 항상 **'왜?'** 뒤에 숨어 있습니다.

하지만 또 한 가지 중요한 분석력이 있습니다. **AI가 제공하는 답변을 그대로 받아들이지 않고 비판적으로 검토하는 능력**입니다. AI는 놀라운 도구이지만 완벽하지 않기에 다음과 같은 검토 능력이 필요합니다.

첫째, 사실 확인이 필요합니다. AI가 제시한 데이터나 사례가 정말 정확한지 검증해야 합니다. 때로는 그럴듯해 보이지만 잘못된 정보를 제공하기도 하거든요.

둘째, 논리적 일관성을 점검해야 합니다. AI의 분석 과정에 논리적 비약이나 모순은 없는지 살펴봐야 합니다. "이 결론이 앞의 근거들로부터 정말 도출될 수 있는가?"를 물어보세요.

셋째, 빠진 부분을 찾아야 합니다. AI가 놓친 중요한 관점이나 변수는 없는지 확인해야 합니다. "다른 가능성은 없을까? 고려하지 않은 요인은 없을까?"를 생각해 보세요.

넷째, 구체화가 필요한 부분을 파악해야 합니다. AI의 답변이 너무 추상적이거나 일반적일 때는 "구체적으로 어떻게 실행할 것인가?"를 더 깊이 물어봐야 합니다.

이런 비판적 분석 능력이 있어야 AI를 진짜 업무 파트너로 활용할 수 있습니다. AI를 맹신하는 사람과 AI를 비판적으로 활용하는 사람이 얻는 결과물의 품질은 하늘과 땅 차이입니다.

AI와 함께하는 분석력의 진화

과거에는 분석력을 기르려면 수많은 데이터를 직접 수집하고, 복잡한 분석 도구를 배우고, 오랜 경험을 쌓아야 했습니다. 하지만 AI와 함께라면 분석력의 범위와 깊이가 폭발적으로 확장됩니다.

- **패턴 발견**: AI가 방대한 데이터에서 숨겨진 패턴을 찾아 줍니다.
- **다각도 분석**: 여러 관점에서 문제를 바라보도록 도와줍니다.
- **가설 검증**: 빠르게 여러 가설을 세우고 검증할 수 있습니다.
- **원인 추적**: 복잡한 인과관계를 체계적으로 정리해 줍니다.

그리고 AI와 함께 이러한 과정들을 반복하다 보면 과거보다 훨씬 빠른 속도로 자신의 내재된 분석력도 함께 향상시킬 수 있습니다.

이 파트에서 다룰 내용들

5장 '문제와 가치 창출'에서는 문제를 바라보는 관점부터 바꿔 보겠습니다. 문제를 방해물이 아닌 기회로 보는 법, 그리고 진짜 가치를 창출하는 해결책이 어떻게 만들어지는지 살펴보겠습니다.

6장 '가치 창출 기회 발견'에서는 시장과 고객 속에 숨어 있는 기회를 발견하는 방법을 배웁니다. JTBD(Jobs To Be Done) 분석법과 AI를 활용한 체계적인 기회 발굴 방법을 실습해 보겠습니다.

7장 '문제의 본질 찾기'에서는 가장 핵심적인 기술을 익힙니다. 겉으로 드러난 현상 너머의 진짜 원인을 찾는 방법, 그리고 AI와 함께 Cause-Effect Chain(인과관계 사슬) 분석을 하는 구체적인 방법을 배우겠습니다.

분석력을 기르는 3가지 핵심 원칙

1. **현상과 본질을 구분하라**: 눈에 보이는 것이 전부가 아닙니다.
2. **"왜?"를 3번 이상 물어보라**: 표면적 원인에 만족하지 마세요.
3. **AI의 답변을 비판적으로 검토하라**: 맹신하지 말고 사실과 논리를

확인하세요.

본질을 꿰뚫는 눈을 갖추자

이 파트를 마치면 여러분은 복잡한 문제 상황에서도 핵심을 정확히 파악하고, AI와 함께 체계적인 분석을 수행할 수 있게 될 것입니다. 표면적인 해결책에 만족하지 않고, 진짜 문제를 찾아 근본적인 해결책을 만들어 내는 능력을 키워 보세요.

5장

문제와 가치 창출

1. 가치를 만드는 방법

"아, 택시가 안 잡히네…… 언제 올지도 모르겠고."

2010년대 초반, 비 오는 날이면 누구나 겪었던 고민입니다. 길에서 손을 들고 서서 택시를 기다리는 불편함, 언제 올지 모르는 불안감. 카카오택시는 바로 이 문제에서 시작되었습니다. '왜 택시를 잡는 게 이렇게 어려워야 할까?' 이 단순한 의문이 지금은 일상이 된 택시 앱 서비스를 만들어 냈습니다.

"골프가 치고 싶은데 골프장은 너무 비싸고, 가는 데 시간도 오래 걸리고……."

이것은 실로 많은 직장인들의 고민이었습니다. 그런데 누군가는 생각했습니다. '실내에서도 골프를 즐길 수 있다면?' 스크린 골프는 이 불가능해 보이던 아이디어에서 출발했습니다. 야외에서만 가능했던 골프를 실내로 가져와 완전히 새로운 레저 문화를 만들어 냈죠. 그리고 지금은 전국에 6000개가 넘는 스크린 골프장이 있을 정도로 거대한 시장이 되었습니다.

이 두 사례에서 공통점을 발견할 수 있나요?

모두 사람들이 겪고 있던 일상의 불편함에서 시작되었습니다. 그리고 그 불편함을 전혀 다른 방식으로 해결했습니다. 결과적으로는 새로운 시장과 문화를 창조해 냈죠.

문제 해결이 가치를 만든다

"세상에는 많은 문제가 있어요. 그리고 그 문제마다 해결할 가치가 있죠."

실리콘밸리의 유명한 벤처캐피털리스트 폴 그레이엄의 말입니다. 폴 그레이엄은 와이 콤비네이터(Y Combinator)의 공동 창립자이자 컴퓨터 과학자, 작가로서 스타트업 생태계에서 큰 영향을 미친 인물입니다. 그의 철학은 문제 해결을 중심으로 한 창업 아이디어 발굴에 초점이 맞춰져 있습니다.

이 말은 폴 그레이엄의 핵심 철학을 잘 보여 줍니다. 그는 스타트업 아이디어를 찾는 가장 좋은 방법은 "문제를 찾고 이를 해결하는 것"이라고 강조합니다. 특히 자신이 겪고 있는 문제를 해결하는 데 집중하라고 조언합니다.

이처럼 모든 획기적인 제품이나 서비스는 어떤 문제를 해결하면서 시작되는데, 그 과정을 도식화하면 다음과 같습니다.

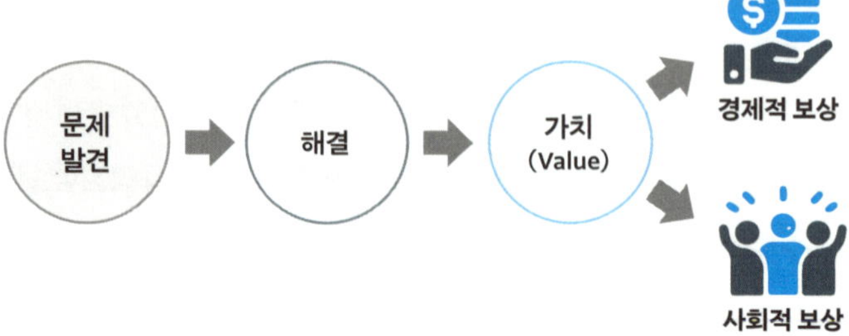

문제를 해결하면 가치를 만들어 낼 수 있다.

마치 의사가 환자의 병을 진단하고(문제 발견), 적절한 치료법을 찾아(문제 해결), 건강을 회복시켜 주고(가치 창출), 그 대가로 진료비를 받는 것(보상)과 같은 과정입니다.

2. 문제에 대한 오해

"아, 또 문제가 생겼네……."

"문제는 항상 발생하는 거야, 어쩔 수 없어."

직장에서 흔히 듣는 이야기입니다. 대부분의 사람들이 '문제'라는 단어를 들으면 부정적으로 받아들입니다. 하지만 잠깐, 정말 문제는 항상 나쁜 것일까요?

소니의 워크맨은 1979년 7월 1일에 출시된 획기적인 휴대용 카세트 플레이어입니다. 소니의 공동 창업자 이부카 마사루는 한 가지 '문제'를 발견했습니다.

"비행기 여행 중에 음악을 듣고 싶은데 방법이 없을까?"

당시 카세트 레코더는 너무 크고 무거워 휴대가 불편했습니다. 이 '문제'에서 시작된 것이 바로 워크맨입니다. 워크맨의 등장은 사람들이 언제 어디서나 음악을 즐길 수 있는 문화를 형성하는 데 큰 기여를 했습니다. 이는 현대의 휴대용 음악 감상 기기의 발전에도 큰 영향을 미쳤지요.

스티브 잡스는 "왜 컴퓨터는 이렇게 어려워야 하지?"라는 문제를 아주 다르게 풀었습니다. 그가 만든 매킨토시는 기존의 해결 방식과 완전히 달랐습니다. 매킨토시는 그래픽 사용자 인터페이스(GUI)를 성공적으로 대중화한 개인용 컴퓨터인데, 이것이 변화의 시작이었습니다. 만약 매킨토시가 GUI를 도입하지 않았다면, 사용자는 여전히 명령어 기반 인터페이스인 도스(DOS)와 같은 시스템을 사용해야 했을 것입니다.

도스 입력 화면과 매킨토시의 GUI

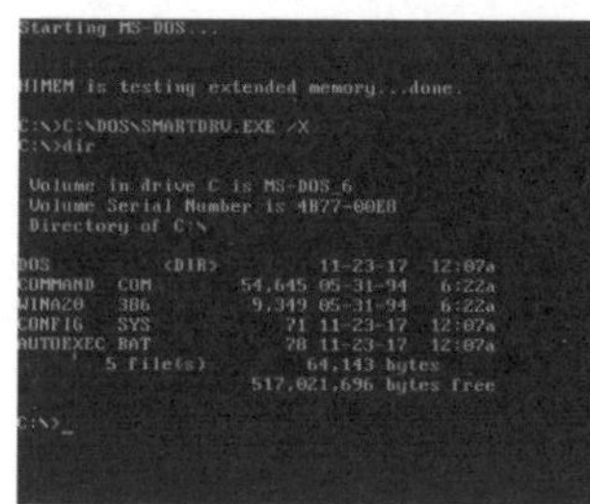

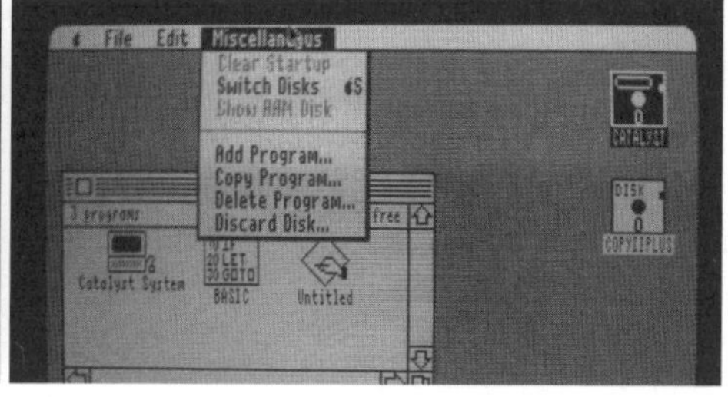

혁신의 관점에서 보면, 문제는 기회입니다. 가치 창출의 출발점이죠. 최근 한국의 성공적인 스타트업들을 보면 이런 관점이 잘 드러납니다.

배달의민족은 '전단지를 보고 전화 주문하는 불편함'이라는 문제를 발견했습니다. 이를 해결하기 위해 앱으로 쉽게 음식을 주문하고 결제할 수 있는 서비스를 만들었고, 지금은 월 1억 건이 넘는 주문이 이루어지고 있습니다.

토스는 '복잡한 공인인증서와 보안카드' 문제에 도전했습니다. "왜 돈을 보내는 게 이렇게 어려워야 하지?"라는 의문에서 시작해, 이제는 2000만 명이 넘는 사용자가 쓰는 금융 서비스가 되었습니다.

당근마켓은 중고 거래의 불신과 불안함이라는 문제를 '동네 기반 서비스'라는 독특한 방식으로 해결했습니다. 그 결과 1800만 명의 사용자가 신뢰할 수 있는 거래를 하고 있습니다.

획기적인 제품과 서비스를 만들어서 성공하고 싶다면, 먼저 주변에서 사람들이 겪는 문제를 발견해 보세요. 그것이 가치 창출의 첫걸음이 되어 줄 것입니다.

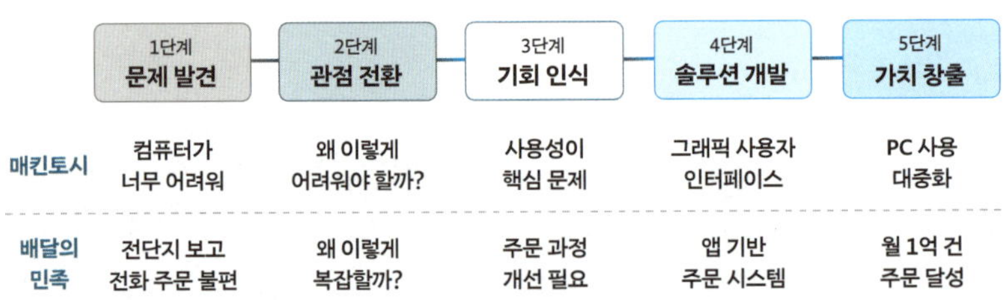

"선생님, 이렇게 풀어도 되나요? 제 답은 조금 다른데요."

"안 돼요. 정답과 달라서 점수를 줄 수 없어요."

학창 시절, 한 번쯤 들어봤을 이야기입니다. 학교에서는 모든 학생이 같은 방식으로 문제를 풀어야 했고, 정해진 답이 있었습니다. 틀리면 감점이었고, 다르게 생각하면 오답이었습니다.

하지만 실제 세상은 다릅니다.

- 정답이란 없습니다. 더 나은 답이 있을 뿐이죠.
- 다른 사람과 다르게 풀어야 차별화가 됩니다.
- 실패해도 다시 도전할 수 있습니다.
- 다른 사람과 협력해서 풀어야 더 훌륭한 결과를 만들 수 있습니다.

이처럼 학교와 세상에서의 문제 해결 방식은 완전히 다릅니다. 우리는 학창 시절 12년 이상을 '정해진 정답'을 빨리 찾는 훈련을 받아 왔습니다. 하지만 실제 세상에서는 이런 방식이 통하지 않습니다.

따라서 세상의 문제를 해결하기 위해서는 새로운 문제 해결 방법을 배우고 연습해야 합니다. 고민을 통해 문제 핵심을 파악할 줄 알아야 하며, 다양한 가능성을 추구하여 남들과 다른 해결책을 찾아야 합니다. 이는 단순한 지식의 습득이 아닌, 사고방식의 근본적인 전환을 의미합니다. 실패를 두려워하지 않고 도전하는 자세, 다양한 관점의 수용, 지속적인 학습과 개선의 의지가 필요합니다.

구분	학교	사회
정답의 개념	하나의 정해진 정답	더 나은 답들이 존재
해결 방법	정해진 풀이법	다양한 접근법
차별화 필요성	모두 같은 방식	다르게 풀어야 차별화
실패에 대한 관점	감점과 오답	재도전의 기회
협력의 중요성	개인별 독립 해결	협업으로 더 나은 결과

세상의 문제를 잘 해결하기 위해서는 새로운 접근과 사고방식이 필요합니다.

3. 창의적인 해결안은 어떻게 만들어지나

"우리 회사 제품의 품질 문제를 해결하기 위한 아이디어 회의를 시작하겠습니다. 자유롭게 의견을 내 주세요."

팀장의 말이 끝나자 회의실은 잠시 정적이 흘렀습니다. 누군가 조심스레 "품질 검사를 강화하면 어떨까요?"라고 말하자, 다른 팀원들도 "교육을 강화하자." "매뉴얼을 보완하자." 같은 비슷한 제안들을 하기 시작했습니다.

이런 광경, 한 번쯤 경험해 보지 않았나요? 왜 우리는 새롭고 창의적인 해결책을 만들어 내지 못하는 걸까요? 창의적 해결책이 나오지 않는 대표적인 이유로 다음 3가지를 꼽을 수 있습니다.

1. "빨리 답을 내야 해!"

우리는 문제를 보자마자 즉시 해결하려고 합니다. 마치 학창 시절 시험 문제를 풀 때처럼요. 하지만 실제 문제는 시험 문제처럼 바로 답을 낼 수 없는 경우가 많습니다.

2. "이건 원래 이런 거야……."

특정한 방식에 너무 익숙해져서 다른 관점에서 보지 못합니다. 이러한 고정관념은 새로운 해결책을 발견하는 데 큰 장애물이 됩니다.

3. "그냥 생각나는 대로 해 보자!"

체계적인 방법 없이 즉흥적으로 아이디어를 내다 보니, 결국 피상적인 해결책만 나오게 됩니다. 효과적인 문제 해결에는 구조화된 접근법이 필요합니다.

두 가지 생각하기 방식의 조화

통상 아이디어 회의에서는 '브레인스토밍'을 많이 활용합니다. 브레인스토밍은 대표적인 '발산적 사고법'입니다. 하지만 창의적인 해결책을 만들어 내려면 두 가지 다른 방식의 생각이 필요합니다. 바로 '발산적 사고'와 '수렴적 사고'입니다.

'발산적 사고'는 가능한 많은 아이디어와 대안을 자유롭게 탐색하는 것입니다. 마치 백화점에서 여러 매장을 둘러보듯 다양한 가능성을 열어 두고 생각하는 것이죠. 반면 '수렴적 사고'는 문제를 잘 분석하여 핵심 원인을 찾고, 여러 대안 중에서 실현 가능하고 효과적인 것을 선택

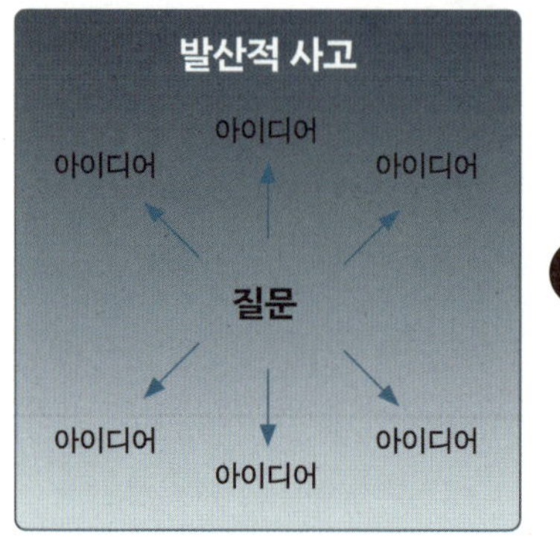

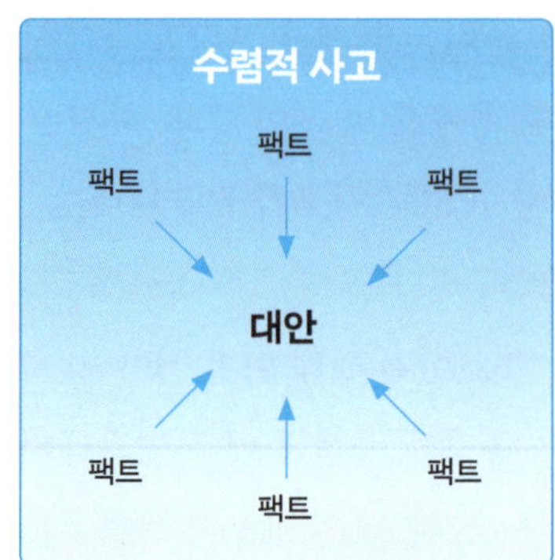

하여 구체화하는 것입니다.

문제 해결을 위해서는 이 두 가지 사고방식을 적절한 순서로 활용해야 합니다.

창의적 문제 해결의 단계

효과적인 문제 해결을 위해서는 다음 단계를 거칩니다.

1단계: 문제 파악하기(수렴적 사고)

• 문제의 본질을 정확히 파악합니다.

• "왜?"라는 질문을 통해 표면적 현상 이면의 원인을 탐색합니다.

• 핵심 이슈와 제약 조건을 명확히 합니다.

사례 애플의 스티브 잡스는 "사람들이 왜 MP3 플레이어를 사용하지 않을까?"라는 문제를 탐색할 때, 단순히 "더 작은 기기를 만들자."가 아니라 "음악을 관리하고 구매하는 전체 경험이 복잡하다."라는 본질적 문제를 발견했습니다. 이는 단순한 MP3 플레이어가 아닌 아이튠스(iTunes)와 연계된 아이팟(iPod)이라는 혁신적 솔루션으로 이어졌습니다.

2단계: 아이디어 모으기(발산적 사고)

- 다양한 해결 방안을 자유롭게 탐색합니다.
- 판단을 유보하고 가능한 많은 아이디어를 생성합니다.
- 평소에는 생각하지 못했던 독특한 관점을 탐색합니다.

사례　창의적 디자인 회사인 아이디오(IDEO)의 쇼핑 카트 재설계 프로젝트에서는 "아이들이 카트에 타면 어떻게 될까?" "식품이 섞이면 어떻게 될까?" "한 손으로 조작하려면 어떻게 해야 될까?" 등 다양한 관점에서 150개 이상의 아이디어를 수집했습니다. 이렇게 폭넓은 발산을 통해 기존에 없던 획기적인 쇼핑 카트를 개발할 수 있었습니다.

3단계: 해결책 다듬기(수렴적 사고)

- 제안된 아이디어들을 현실적인 관점에서 검토하고 구체화합니다.
- 실현 가능성, 효과성, 비용을 고려해 최적의 해결책을 선택합니다.
- 세부 실행 계획을 수립합니다.

사례　테슬라의 전기차 개발 과정에서 일론 머스크는 기존 전기차의 주행거리, 성능, A/S 인프라 등 여러 제약 조건을 철저히 분석했습니다. 수많은 배터리 기술 중에서 당시 가장 실현 가능성이 높은 리튬이온 배터리를 선택하고, 배터리 관리 시스템을 최적화하는 데 집중함으로써 실제로 작동하는 전기차를 시장에 내놓을 수 있었습니다.

많은 사람이 이러한 과정을 거치지 않고, 문제를 보자마자 발산적 사고를 통해 즉각적으로 아이디어를 내려고 하기 때문에 핵심에 접근하지 못한 피상적인 아이디어만 도출하게 됩니다. 따라서 창의적인 해결책도 만들어 내지 못하게 되지요.

효과적인 문제 해결을 위해서는 각 단계에 맞는 사고방식을 의식적으로 활용하는 것이 중요합니다. 문제의 본질을 먼저 파악하고, 다양한 관점에서 아이디어를 탐색한 후, 최종적으로 실행 가능한 해결책으로 다듬는 과정을 체계적으로 거쳐야 합니다.

체계적인 문제 해결을 위한 단계적 접근법

1단계	2단계	3단계
문제 파악하기 (수렴적 사고)	**아이디어 모으기** (발산적 사고)	**해결책 다듬기** (수렴적 사고)
문제의 본질 파악	다양한 대안 탐색	아이디어 검토
"Why?" 질문하기	판단 유보하기	최적 해결책 선택
핵심 이슈 명확화	독특한 관점 탐색	실행 계획 수립

아이디어만으로는 부족해: 실행 가능한 솔루션의 중요성

단계적 문제 해결 과정을 통해 우리는 다양한 창의적 아이디어를 얻을 수 있습니다. 그러나 현대 비즈니스 환경에서 진정으로 필요한 것은 단순한 아이디어가 아니라 '실행 가능한 솔루션'입니다. 챗GPT와 같은 AI 도구를 활용하면 어떤 문제에 대해서도 수십 개의 아이디어를 쉽게 얻을 수 있게 되었습니다. 하지만 그중 하나라도 실제 문제 해결에 도움이 되지 않는다면, 그 아이디어들은 큰 의미가 없습니다.

아이디어와 솔루션의 차이는 명확합니다. 아이디어는 단순한 생각이나 개념에 불과하지만, 솔루션은 실현 가능한 해결책입니다. 아이디어는 '이렇게 하면 어떨까?'라는 제안이지만, 솔루션은 '이렇게 하면 된다.'라는 답입니다. 아이디어는 많으면 많을수록 좋지만, 솔루션은 하나라도 제대로 된 것이 더 가치가 있습니다.

따라서 진정한 변화 창출을 위해서는 단순히 많은 아이디어를 생성하는 것이 아니라, 그 아이디어를 실현 가능한 솔루션으로 발전시키는

문제 해결 접근법 비교

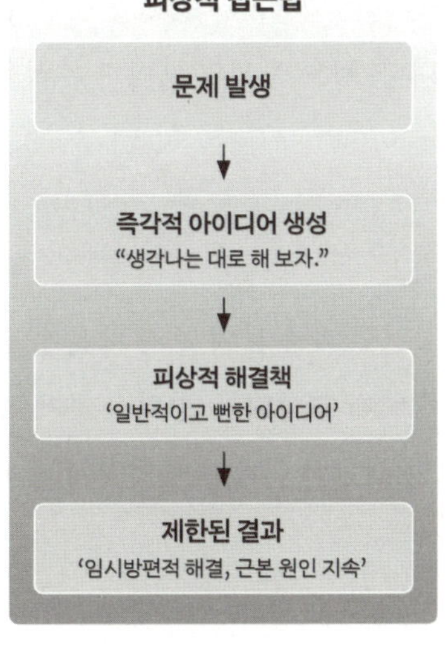

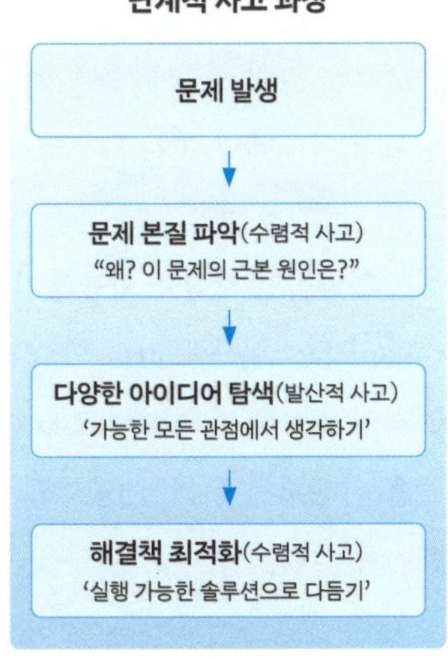

체계적인 사고 방법이 필요합니다. 즉, 어떠한 상황에서 어떻게 생각해야 하는지 안내해 줄 방법이 필요합니다.

낯선 곳을 여행할 때 그곳을 잘 아는 가이드가 있으면 더욱 효율적으로 여행을 즐길 수 있는 것처럼, 창의적 사고 방법들은 우리의 생각을 더 효과적으로 이끌어 주는 가이드 역할을 합니다.

"왜 내 챗GPT는 그저 그런 답변만 할까?"

일반적으로 챗GPT에 질문하면 평범하고 일반적인 답변만 얻게 되는 경우가 많습니다. 이는 다음과 같은 이유 때문입니다.

1. 질문이 단편적이기 때문

"이런 문제가 있는데 어떻게 해결하면 좋을까요?"와 같은 단순한 질문으로는 깊이 있는 답을 얻기 어렵습니다. AI도 문제의 맥락과 본질을 정확히 이해해야 좋은 답변을 줄 수 있습니다.

2. 일반적인 지식을 학습했기 때문

챗GPT는 질문에 따라 학습된 일반적인 결과를 보여 주기 때문에 단편적인 질문에는 피상적인 답변을 할 수밖에 없습니다. 창의적 문제 해결을 위해서는 우리가 정확히 풀어야 할 핵심적 과제가 무엇인지 제시해야 합니다.

3. 사고 방법을 가르치지 않았기 때문

챗GPT에 구체적인 사고 방법을 제시하고 그에 따라 생각하도록 만들면 훨씬 더 나은 결과를 얻을 수 있습니다. 이는 단계적으로 생각하는 사고의 사슬(Chain of Thought), 즉 CoT를 적용한 추론 모델이 그렇지 않은 인공지능 모델에 비해 더 좋은 답변을 만들어 내는 원리와 같습니다.

챗GPT를 활용한 효과적인 문제 해결 예시

같은 문제에 대해 다른 접근법으로 챗GPT에 물어보면 결과가 크게 달라집니다.

일반적인 질문:

"회사 제품 품질 문제를 개선할 방법이 있을까요?"

챗GPT의 일반적인 답변:

1. 품질 관리 프로세스 강화

2. 직원 교육 프로그램 확대

3. 고객 피드백 시스템 구축

4. 품질 표준 향상

5. 정기적인 품질 감사 실시

개선된 질문:

"우리 회사의 제품에서 불량률이 5%에서 10%로 증가했습니다. 품질 관리 방법이나 인력에는 변화가 없었으며, 최근 생산 라인 속도를 20% 높였고, 새로운 원자재 공급 업체로 변경했습니다. 이 상황에서 품질 문제의 근본 원인을 파악하고 해결하기 위한 단계적 접근법을 알려 주세요."

챗GPT의 개선된 답변:

1. 문제 본질 파악
   - 생산 라인 속도 증가와 불량률 사이의 상관관계 분석
   - 새 원자재와 기존 원자재의 품질 차이 측정
   - 불량 유형별 분류 및 원인 추적

2. 해결 방향 설정
   - 원자재 품질 이슈라면→공급 업체 평가, 품질 기준 재정립
   - 생산 속도 이슈라면→최적 생산 속도 재조정
   - 프로세스 이슈라면→병목 구간 식별 및 개선

3. 실행 계획 수립
   - 단기적 해결책: 품질 검수 강화 지점 지정
   - 중기적 해결책: 생산 라인 재구성 계획
   - 장기적 해결책: 공급망 다변화 전략

이처럼 문제의 맥락과 구체적인 정보를 제공하고, 단계적 사고를 유도하면 훨씬 실용적이고 맞춤화된 해결책을 얻을 수 있습니다.

이제 다음 장부터는 AI와 함께 더 나은 해결책을 도출하기 위한 구체적인 사고 방법들과 챗GPT 활용 방법을 더 자세히 소개하겠습니다. 이러한 방법들을 통해 여러분은 더 창의적이고 효과적인 솔루션을 개발할 수 있게 될 것입니다.

이번 장에서 우리는 문제와 가치 창출의 관계에 대해 살펴보았는데, 그 핵심 교훈을 정리하면 다음과 같습니다.

1. 문제는 기회다

모든 변화와 가치 창출은 문제 해결에서 시작됩니다. 소니의 워크맨, 애플의 매킨토시, 테슬라의 전기차, 배달의민족, 토스, 당근마켓 등 성공적인 혁신 사례들은 모두 특정 문제를 새로운 방식으로 해결했기 때문에 큰 가치를 창출할 수 있었습니다.

2. 체계적 접근이 중요하다

창의적 문제 해결에는 수렴적 사고(문제 파악, 해결책 다듬기)와 발산적 사고(아이디어 모으기)가 모두 필요합니다. 각 단계에 맞는 사고방식을 의식적으로 활용할 때 가장 효과적인 결과를 얻을 수 있습니다.

3. 아이디어보다 솔루션

아이디어는 시작점일 뿐입니다. 진정한 가치는 실행 가능한 솔루션에서 나옵니다. 단순히 많은 아이디어를 생성하는 것이 아니라, 그것을 실제로 작동하는 해결책으로 발전시키는 과정이 필요합니다.

4. AI 활용의 핵심

챗GPT와 같은 AI 도구는 문제 해결 과정에서 강력한 조력자가 될 수 있습니다. 그러나 단순한 질문으로는 피상적인 답변만 얻게 됩니다.

문제의 맥락과 본질을 명확히 제시하고, 단계적 사고를 유도할 때 AI로
부터 더 가치 있는 통찰을 얻을 수 있습니다.

세상은 끊임없이 새로운 문제를 만들어 내고 있습니다. 이러한 문제
들을 효과적으로 해결하는 능력이 바로 개인과 조직이 가치를 창출하
고 성장하는 핵심 역량입니다. 다음 장에서는 이러한 문제 해결 능력
을 더욱 강화할 수 있는 구체적인 사고 기법과 도구들을 소개해 보겠습
니다.

6장

가치 창출 기회 발견

"기회는 준비된 자에게 온다."는 말이 있습니다. 하지만 정말 그럴까요? 사실 기회는 늘 우리 주변에 있었습니다. 다만 우리가 그것을 '기회'로 인식하지 못했을 뿐이죠. 삼성전자의 갤럭시, 현대차의 제네시스, 카카오톡…… 이 모든 성공 사례들은 처음부터 명확한 '기회'로 보였을까요?

아마 그렇지 않았을 겁니다. 누군가는 "스마트폰 시장에 삼성이 끼어들 여지가 있을까?"라고 의심했고, "한국 차가 고급 차 시장에서 성공할 수 있을까?"라고 고개를 저었을 테니까요. 하지만 이들은 남들이 보지 못한 기회를 발견했고, 그 기회를 현실로 만들어 냈습니다.

그렇다면 기회는 어떻게 발견할 수 있을까요? 혹시 천재적인 직감이나 운에만 기대야 할까요? 다행히도 그렇지 않습니다. 기회 발견에는 체계적인 방법이 있으며, AI의 도움을 받으면 누구나 숨겨진 기회를 찾아낼 수 있습니다.

실제로 한 기업이 전문화된 AI 도구를 활용해서 자전거 관련 신사업 기회를 발굴한 사례가 있습니다. 단순한 '자전거'라는 키워드에서 시작해서 12개의 사업 아이디어를 발견했고, 그중 하나인 '스크린 자전거 하이킹'은 실제 사업화를 위한 당위성 보고서 작성과 특허 출원까지 진행되었습니다.

이번 장에서는 이런 사례를 바탕으로 다음 두 가지 관점에서 기회를 발견하는 방법을 알아보겠습니다.

첫째, 시장과 기술의 변화에서 기회를 찾는 방법
둘째, 고객의 마음 깊숙한 곳에 숨어 있는 니즈를 발견하는 방법

각각의 방법마다 전문화된 GPTs가 여러분의 든든한 파트너가 되어 줄 것입니다.

1. 시장, 기술 트렌드에서 기회 찾기

기회를 발견하는 것은 단순히 '좋은 아이디어'를 떠올리는 것과는 다릅니다. 시장의 변화, 기술의 발전, 소비자 트렌드의 흐름을 종합적으로 분석해서 실현 가능한 비즈니스 기회를 체계적으로 도출하는 과정이죠. 하지만 이런 복잡한 분석을 혼자서 하기는 쉽지 않습니다.

바로 이런 문제를 해결하기 위해 개발된 것이 **기회 발굴 GPTs**입니다. 이 도구는 단순한 아이디어 생성기가 아닙니다. 사회·경제·기술 트렌드를 분석하여 신제품, 신사업, 인접 시장, 틈새시장 기회를 체계적으로 발굴하는 AI 기반 전략 분석 도구입니다.

1. 기회 중심의 분석 구조

일반적인 챗GPT가 "트렌드가 뭐가 있나요?"라고 물어보았을 때 단순한 트렌드 목록만 나열한다면, 기회 발굴 GPTs는 **제품·서비스와 트렌드의 접점**을 발견합니다. 그리고 이를 기반으로 실질적인 비즈니스 기회를 20개 이상 구체적으로 제안합니다. 각각의 기회는 서술형으로 구체화되며, 실행 시나리오, 타깃 고객, 시장성, 구현 난이도까지 종합적으로 분석해 줍니다.

2. 최신 트렌드 기반 분석

기회 발굴 GPTs에는 **2026~2031년 한국 시장 중심**의 사회·경제·기술·정책 변화 분석이 내장되어 있습니다. 인구 구조 변화, AI 확산, 소비 패턴 양극화, 실버경제, 친환경 전환, ESG, 스타트업 생태계 등 핵심 흐름과의 연결점을 정교하게 포착합니다. 즉, 일반적인 글로벌 트렌드가 아닌 우리나라 시장에 특화된 분석을 제공합니다.

3. 4가지 분류로 기회 정리

기회 발굴 GPTs가 제안하는 기회는 다음과 같이 체계적으로 분류됩니다.

- **신제품 아이디어**: 기존 제품의 획기적인 개선
- **신사업 확장 방향**: 새로운 사업 영역으로의 확장
- **인접 시장 진입 가능성**: 관련 시장으로의 진출 기회
- **틈새시장(니치 마켓) 기회**: 특화된 소규모 시장 발굴

사용자는 각 기회에 대한 실행 가능성, 시장 크기, 전략적 적합성을 종합 고려할 수 있습니다.

4. 기회 평가 및 우선순위 제시

가장 강력한 기능 중 하나는 정량적 평가입니다. 각 기회는 **시장 크기와 구현 난이도** 기준으로 10점 만점 평가를 받아 우선순위가 정렬되며, **상위 3개 추천 아이템**이 자동 제안됩니다. 이를 통해 '어떤 기회부터 시작할까?'라는 고민을 해결할 수 있습니다.

5. 보고서 자동 생성 기능

아이디어만 제공하고 끝나는 것이 아닙니다. 사용자가 선택한 기회에 대해 즉시 활용 가능한 보고서를 자동 생성합니다.

- **사업당위성 보고서(최소 5페이지)**: 시장 분석, 경쟁 분석, 수익 모델, 진입 전략 등
- **기술 구현 가능성 보고서(최소 3페이지)**: 기술 요건, 리스크, 타임라인 등

이 보고서들은 투자 유치, 내부 기획 보고, 전략 회의 등에서 바로 활용할 수 있습니다.

기회 발굴 GPTs 사용법: 간단하면서도 강력한 프로세스

단계별 사용법

1단계: 관심 제품 또는 서비스 입력

- 예시: "자전거", "반려동물용 헬스케어 서비스", "스마트홈 가전"

(참고: 산업 카테고리 입력은 선택 사항입니다. 더 정확한 분석을 원할 경우에만 추가로 입력하면 됩니다.)

2단계: 기회 발굴 GPTs 자동 분석 결과 확인

- 관련 트렌드 키워드 추출
- 트렌드와 연결된 신규 비즈니스 기회 20개 + 제안
- 각 기회의 실행 시나리오, 시장성, 타깃, 기술 요건 분석
- 우선순위 평가표 및 Top 3 추천
- 선택 시 상세 보고서 제공

기회 발굴 GPTs가 해결하는 현실적 문제들

혹시 이런 고민을 해 본 적 있나요? "우리 제품을 확장시킬 새로운 시장이 있을까?" "현재 트렌드와 맞물린 신제품 아이디어가 뭘까?" "지금 창업하면 기회가 있는 틈새시장은?" "시장 흐름에 맞춰 피벗하려는데 방향성이 안 잡힌다……."

기회 발굴 GPTs는 이런 질문에 대해 **데이터 기반의 구조화된 답변**을 제공합니다. 단순 영감 제공을 넘어, **실행 계획 수립**에 필요한 논리적 기반과 실현 가능성을 갖춘 분석을 지원하지요.

자전거에서 12개의 새로운 사업 기회를 발견하다

이제 기회 발굴 GPTs가 실제로 어떻게 작동하는지 구체적인 사례를 통해 보여 드리겠습니다. 2024년, '자전거'라는 전통적인 제품에서 새로운 사업 기회를 찾아보았습니다.

언뜻 보면 자전거는 이미 성숙한 시장처럼 보입니다. 수백 년의 역사를 가진 제품이고, 전 세계적으로 수많은 업체들이 경쟁하고 있으니까요. 하지만 그들은 다른 접근을 시도했습니다. 기회 발굴 GPTs를 활용해서 체계적으로 기회를 탐색한 것입니다.

기회 발굴 GPTs 입력

프롬프트:
자전거와 관련된 신시장, 신제품 그리고 니치 마켓이나 인접시장 기회를 찾아 주세요.

***

ChatGPT의 주요 답변:
신시장 및 신제품 기회

1. 전기 자전거(E-bike) 및 교체형 배터리 시장
내용: 경량화된 교체형 배터리를 지원하는 전기 자전거
시장성: 6.5점 | 구현 난이도: 9.0점

2. 스마트 자전거 플랫폼
내용: IoT 기능 기반의 실시간 데이터 추적 시스템
시장성: 7.0점 | 구현 난이도: 8.5점

3. 모듈형 자전거
내용: 용도에 따라 부품을 교체할 수 있는 모듈형 자전거
시장성: 5.5점 | 구현 난이도: 8.0점

4. 커스텀 자전거
내용: 사용자의 체형, 목적에 맞춘 맞춤형 자전거 제작 서비스
시장성: 5.0점 | 구현 난이도: 7.5점

5. 디지털 훈련 자전거

내용: AR/VR을 활용한 실내 자전거 훈련 시스템

시장성: 7.5점 | 구현 난이도: 8.5점

니치 마켓 및 인접 시장 기회

6. 고령자를 위한 자전거

내용: 안정성을 높이고 자동 균형 조정 기능이 포함된 자전거

시장성: 6.0점 | 구현 난이도: 7.5점

7. 수소 연료 자전거

내용: 수소 연료 셀을 활용한 자전거

시장성: 8.5점 | 구현 난이도: 8.0점

8. 스마트 헬멧 및 안전 용품

9. 자전거 공유 및 구독 서비스

10. 농업용 전동 자전거

11. 친환경 자전거

12. 지역 관광 맞춤 자전거

그런데 여기서 흥미로운 일이 일어났습니다. 기획팀이 기회 발굴 GPTs가 제안한 두 개의 기회를 보면서 갑자기 번뜩하는 아이디어를 떠올린 것이었죠.

두 기회의 조합에서 나온 새로운 발상

'디지털 훈련 자전거' + '고령자를 위한 자전거' = ?

팀은 이 두 기회를 분석하면서 중요한 인사이트를 발견했습니다.

'스크린 자전거 하이킹'의 탄생

고령자들은 근력을 키우고 건강을 유지하려는 강한 동기가 있지만, 야외 사고에 대한 부상 염려와 날씨 제약이라는 큰 문제에 직면해 있었습니다.

이때 팀은 "실내에서 안전하게 자전거를 타며 이 문제들을 해결할 순 없을까?"라는 질문을 던졌고, 단순히 실내 자전거에 머물지 않고 요즘 유행하는 스크린 골프의 개념을 도입하기로 했습니다. 이것이 바로 '스크린 자전거 하이킹'이라는 창의적 발상의 시작이었습니다.

이 콘셉트의 핵심은 대형 스크린에 실제 하이킹 경로를 구현하여 혼자 또는 여러 명이 함께 가상 하이킹을 체험하는 것이었습니다. 이는 단순한 운동을 넘어 스크린 골프처럼 사람들과 모여 함께 즐기는 소셜 액티비티이자 하나의 놀이로 진화한 형태라고 할 수 있었죠.

기존 디지털 자전거와의 핵심 차별점

팀이 발견한 가장 중요한 차별화 포인트는 다음과 같았습니다.

헬스클럽 자전거

가상라이딩 앱(즈위프트)

- **기존 디지털 훈련 자전거**(헬스클럽, 즈위프트)

  —목적: 운동, 피트니스, 체력 향상

  —사용 환경: 개인 운동 중심

  —분위기: 진지하고 집중적인 트레이닝

- **스크린 자전거 하이킹**

  —목적: 놀이, 여가, 사회적 활동

  —사용 환경: 그룹 활동 중심 (2~6명)

  —분위기: 재미있고 편안한 모임

이 아이디어의 핵심은 결국 이것이었습니다. "이건 운동이 아니라 놀이야. 스크린 골프를 치는 사람들이 골프 실력 향상을 위해 가는 게 아니라 친구들과 즐겁게 시간을 보내려고 가는 것처럼 말이지."

비오(Veo)가 생성한 스크린자전거 플레이 장면

기회 발굴 GPTs의 체계적 분석과 검증

아이디어가 나온 후, 팀은 다시 기회 발굴 GPTs에게 이 아이디어를 검증받았습니다.

기회 발굴 GPTs의 종합 분석 결과:

1. 아이디어의 핵심 개념

- 실제 경로 선택: 사용자가 전 세계 하이킹 코스를 선택하면, 스크린에 실제 경로를 360도 촬영한 영상 또는 AR/VR 그래픽이 구현
- 단체 플레이: 여러 대의 자전거가 네트워크로 연결되어 같은 경로를 공유하며 함께 경쟁하거나 협력
- 게임화: 거리, 속도, 칼로리 소모 등 데이터를 기반으로 점수 및 리더보드 제공
- 디지털 통합: 운동 데이터 분석 및 공유를 통해 사용자에게 지속적인 동기 부여

사업당위성 보고서의 핵심 내용

기회 발굴 GPTs가 이어서 생성한 사업당위성 보고서에는 설득력 있는 근거들이 담겨 있었습니다.

1. 시장 배경 및 성장 가능성

1) 인구 변화와 운동 필요성 증가

- 고령 인구의 급속한 증가
  - UN 통계에 따르면 2050년까지 전 세계 인구의 22%가 60세 이상일 전망
  - 한국은 2025년 초고령사회 진입으로 고령층 대상 헬스케어 시장 급성장
  - 고령층은 근력 약화, 심혈관 질환, 골다공증 등 예방을 위해 꾸준한 운동 필요성 인식
- 현대인의 운동 부족 문제

— WHO 통계: 전 세계 성인의 27.5%가 신체 활동 부족 상태

— 도시화와 디지털화된 생활 패턴으로 운동량 지속 감소

— 코로나19 이후 실내 운동 및 비대면 활동에 대한 수요 급증

2) 기존 자전거 시장의 한계와 기회

- 실외 자전거의 근본적 제약

— 날씨와 계절의 영향(비, 눈, 극한 온도)

— 도로 안전 문제(교통사고 위험, 고령층 접근성 낮음)

— 지리적 제약(도심 공간 부족, 산악 지대 접근성)

- 기존 실내 자전거의 한계

— 혼자 하는 운동으로 지속성 부족

— 단조로운 사용자 경험(수치 위주의 인터페이스)

— 사회적 요소 결여(함께 즐기는 재미 부족)

2. 시장 규모와 성장 전망

- 글로벌 피트니스 시장

— 2025년 피트니스 기기 시장 규모: 약 140억 달러

— 연평균 성장률: 8.5%(2025~2029)

— VR/AR 기반 몰입형 스포츠 장비 수요 급증

- 실버 산업 시장

— 2030년까지 1조 달러 규모 성장 전망

— 고령층 대상 안전한 운동 솔루션 시장 확대

— 건강 데이터 관리 기능 포함 제품 선호도 증가

- 스크린 스포츠 시장 참조

— 국내 스크린 골프 시장: 연 1조 원 규모

— 전국 스크린 골프장: 약 1만 개 매장

— 동일 비즈니스 모델의 자전거 적용 시 높은 성공 가능성

3. 차별화 전략과 경쟁 우위

- 3면 대형 스크린을 통한 몰입형 경험

— 앞면과 양측면 스크린으로 몰입감 제공

— 실제 하이킹과 유사한 현실감 극대화

— 단체 참여자 모두가 동일한 환경 공유

- 소셜 피트니스의 새로운 패러다임

— 운동이 아닌 '놀이' 개념으로 접근

— 가족, 친구, 동호회 모임 활성화

— 정기 모임과 이벤트를 통한 커뮤니티 구축

- 동적 시뮬레이션 기술

— 자전거 위치의 실시간 앞뒤 움직임 반영

— 오르막/내리막에 따른 거치대 각도 조절

— 속도에 따른 바람 효과 및 진동 구현

4. 수익 모델과 시장 진입 전략

- B2B 중심의 수익 모델

— 피트니스 센터, 스포츠 카페, 커뮤니티센터에 시설 설치

— 장비 판매 + 월 라이센스 + 콘텐츠 구독 수익

— 스크린 골프 대비 동일 면적에서 더 높은 수익성(회전율 향상)

- 단계별 시장 진입 전략

— 1단계: 서울/수도권 프리미엄 시설 중심 론칭

— 2단계: 전국 주요 도시 확산

— 3단계: 해외 시장 진출(일본, 동남아시아)

- 콘텐츠 확장 전략

— 국내외 유명 하이킹 코스 라이브러리 구축

— 계절별, 테마별 특별 코스 업데이트

— 사용자 맞춤형 코스 추천 AI 시스템

5. 기술 구현 가능성과 특허 전략

- 핵심 기술 요소

— VR/AR 기반 360도 시뮬레이션 환경

— IoT 센서를 통한 실시간 건강 데이터 수집

— 네트워크 기반 멀티플레이어 시스템

— 자전거 거치대 동적 움직임 제어 시스템

- 특허 출원 현황

— 핵심 메커니즘에 대한 특허 출원 완료

— 자전거 위치 실시간 반영 시스템

— 멀티플레이어 환경에서의 동기화 기술

특허출원 도면

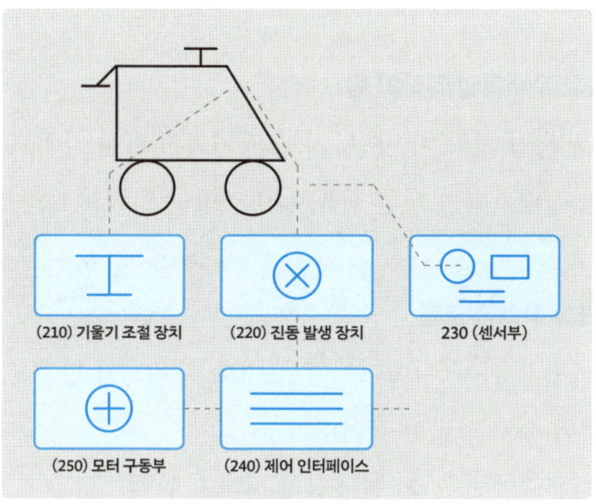

기존 실내 운동용 자전거와 스크린 자전거 하이킹 비교

구분	기존 디지털 자전거 (헬스클럽, 즈위프트)	스크린 자전거 하이킹 (혁신 솔루션)
목적	운동 / 피트니스 체력 향상, 칼로리 소모 개인 건강 관리	놀이 / 여가 활동 친구들과의 즐거운 시간 사회적 모임
환경	개인 중심 혼자서 운동 개별 기록 관리	그룹 활동 중심 2-6명이 함께 실시간 경쟁/협력
분위기	진지한 트레이닝 집중적인 운동 성과 중심	재미있는 모임 편안하고 즐거운 분위기 소통과 웃음
몰입감	개인 스크린 모니터/TV/VR 헤드셋 제한적 시야각	앞과 옆면 대형 스크린 3면 360도 몰입 환경 현실감 극대화
사실감	고정형 자전거 위치 고정 데이터만 변화	동적 움직임 반영 실시간 앞뒤 이동 바람 효과, 진동 구현

※ 혁신 포인트: 운동이 아닌 놀이, 개인이 아닌 그룹, 고정이 아닌 동적 경험

스크린 골프의 성공 모델을 자전거에 적용한 소셜 피트니스의 새로운 패러다임

1. 단순하고 구체적인 입력의 힘

- "새로운 사업 기회"가 아닌 "자전거"처럼 명확한 키워드 사용
- 복잡한 설명보다는 핵심 제품/서비스명만 입력해도 충분

2. AI 결과의 창의적 조합

- AI가 제안한 개별 아이디어를 그대로 사용하지 말고 조합하거나 변경하여 새로운 발상 끌어내기
- 서로 다른 기회들 간의 연결점과 시너지 탐색
- 기존 성공 모델(스크린 골프)과의 연결점 찾기

3. 문제 중심의 사고

- 타깃 고객(고령자)의 구체적 문제점 분석
- 기존 솔루션의 한계와 미충족 니즈 파악
- '운동 vs 놀이'와 같은 근본적 차별화 포인트 발견

4. 체계적 검증과 구체화

- 아이디어 도출 후 반드시 AI를 통한 재검증 과정
- 사업당위성 보고서를 통한 논리적 근거 확보
- 지적재산권 확보를 통한 경쟁 우위 구축

이처럼 전문화된 AI 도구를 제대로 활용하면, 단순해 보이는 키워드에서도 차별적인 사업 기회를 발견할 수 있습니다. 중요한 것은 AI를

정보 검색 도구가 아닌, 창의적 사고를 확장시켜 주는 파트너로 활용하는 것입니다. 그리고 AI가 제안한 개별 아이디어들을 조합하고 발전시켜 완전히 새로운 가치를 창출하는 것입니다.

기회 발굴 GPTs 소개

이름: GEN4 Creativity−기회발굴

🔗 접속 정보
(주)큐엠앤이노베이션 홈페이지의 'GPT 체험하기 페이지'에 접속하면 ChatGPT 사용자의 경우 무료로 체험이 가능합니다.
URL: https://qmeinno.com/gpt-experience

🎯 핵심 기능
- 기회 중심 분석: 제품·서비스와 트렌드 접점 발견해 20개 이상의 구체적 비즈니스 기회 제안
- 최신 트렌드 기반: 2026~2031년 한국 시장 중심의 사회·경제·기술·정책 변화 분석
- 4가지 분류 기회 정리: 신제품/신사업/인접시장/틈새시장

📊 주요 특징
- 기회 평가 및 우선순위 제시: 시장 크기와 구현 난이도 기준 10점 만점 평가 후 상위 3개 추천
- 보고서 자동 생성: 사업당위성 보고서, 기술 구현 가능성 보고서 즉시 생성
- 한국 시장 특화 분석 제공

💼 활용 분야
- 신사업 기회 탐색, 신제품 기회 탐색, 시장 확장 전략 수립

📝 사용법
- 1단계: 제품·서비스와 기본 정보를 간단히 입력
- 2단계: AI가 제시한 20개 이상의 비즈니스 기회 검토

- 3단계: 상위 3개 추천 기회에 대한 상세 보고서 확인

⚡ **활용 팁**
- 회사나 제품의 현재 상황을 구체적으로 제공할수록 유용
- 생성된 기회 목록을 팀 브레인스토밍 자료로 활용

⚠ **주의 사항**
- 트렌드 기반 예측이므로 시장 검증이 필요

2. 고객의 마음을 읽는 방법

진짜 고객의 목소리를 들어본 적 있나요?

"고객이 원하는 걸 만들었는데 왜 안 팔릴까요?"

"고객 설문조사도 하고 인터뷰도 했는데 결과가 예상과 달라요."

"고객이 말하는 것과 실제 행동이 왜 이렇게 다를까요?"

혹시 이런 고민을 해 본 적 있나요? 사실 이런 경험은 너무나 흔합니다. 고객의 마음을 읽는다는 것이 말처럼 쉽지 않기 때문이죠.

고객의 마음을 제대로 읽지 못하면 어떤 일이 벌어질까요? 아무리 뛰어난 기술력과 마케팅 역량을 가져도 시장에서 외면받게 됩니다. 반대로 고객의 진짜 니즈를 정확히 파악한다면, 평범한 아이디어도 시장에서 성공하는 제품이 될 수 있습니다.

헨리 포드와 스티브 잡스가 발견한 진실

자동차를 대중화한 헨리 포드는 이런 유명한 말을 남겼습니다. "만약

고객에게 무엇을 원하느냐고 물어봤다면, 그들은 '더 빠른 말'이라고 답했을 것이다."

이 말이 왜 중요할까요? 사람들이 정말로 원했던 것은 '더 빠른 말'이 아니라 '더 빠르고 편안한 이동'이었기 때문입니다. 하지만 당시 사람들은 자동차라는 개념 자체를 몰랐기 때문에 자신들이 아는 범위 내에서만 답할 수 있었던 거죠.

애플의 스티브 잡스도 이 교훈을 정확히 이해하고 있었습니다. 2007년 아이폰이 나오기 전, 사람들에게 "스마트폰에서 가장 중요한 기능이 뭔가요?"라고 물어봤다면 대부분 "통화 품질", "배터리 지속 시간", "물리적 키보드" 같은 답변을 했을 겁니다.

하지만 잡스는 사람들이 정말로 원하는 것이 "손 안의 작은 컴퓨터"라는 걸 알아챘죠. 그는 "사람들은 자신이 뭘 원하는지 모른다. 그것을 보여 주는 것이 우리의 일"이라고 말했습니다.

이처럼 고객의 진짜 욕구를 파악하는 것은 성공의 출발점입니다. 그렇다면 어떻게 해야 헨리 포드와 스티브 잡스 같은 통찰력을 얻을 수 있을까요?

왜 기존의 시장조사로는 한계가 있을까?

전통적인 시장조사의 문제점을 한번 생각해 보세요. 설문조사나 포커스 그룹 인터뷰는 대부분 "무엇을 원하세요?"라는 직접적인 질문에 의존합니다. 하지만 고객들은 종종 다음과 같은 반응을 보이죠.

1. 자신이 진짜 원하는 것을 정확히 알지 못합니다

- 무의식적인 욕구나 감정적 필요는 말로 표현하기 어려움

- 사회적으로 바람직한 답변을 하려는 경향

2. 기존 솔루션의 틀 안에서만 생각합니다

- 기존 제품이나 기술을 뛰어넘는 대안을 상상하기 어려움
- 현재 경험하고 있는 불편함을 당연하게 받아들임

3. 상황과 맥락을 고려하지 않습니다

- 실제 사용 환경과 설문 환경의 차이
- 감정 상태나 주변 환경의 영향

그래서 '고객이 원한다고 했는데 실제로는 안 팔리는' 제품들이 계속 나오는 겁니다. 정말 필요한 것은 고객이 말하는 것뿐 아니라, 그들의 행동과 맥락을 깊이 있게 분석하여 그 이면의 진짜 동기를 파악하는 것입니다.

고객은 문제를 해결하기 위해 제품을 '고용'한다

다행히 이런 문제를 해결할 수 있는 체계적인 방법이 있습니다. 바로 JTBD(Jobs To Be Done)이라는 프레임워크입니다.

JTBD의 핵심 아이디어는 간단하면서도 획기적입니다. 고객은 제품 자체를 원하는 것이 아니라, 자신이 해야 할 일(Job)을 수행하기 위해 제품을 '고용'한다는 것입니다. 이는 하버드경영대학원의 클레이튼 크리스텐슨 교수가 제시한 이론으로, 그의 저서 *Competing Against Luck*(한국어 서명: 『일의 언어』)에서 성공적인 이노베이션과 소비자 선택의

인과관계를 이해하는 핵심 인식의 틀로 '할 일 이론(Jobs Theory)'을 설명합니다.

드릴과 구멍의 법칙: 잡(Job)의 본질 이해하기

JTBD를 이해하는 가장 좋은 예시가 바로 '드릴과 구멍'입니다. 철물점에서 드릴을 사는 고객에게 "왜 드릴을 사세요?"라고 물어보면 "구멍을 뚫으려고."라고 답할 겁니다. 하지만 "왜 구멍이 필요하세요?"라고 한 번 더 물어보면 "벽에 그림을 걸려고."라는 답이 나오죠. 여기서 중요한 통찰이 나옵니다.

- 고객이 사는 것: 드릴(제품)
- 고객이 원하는 것: 구멍(중간 결과)
- 고객의 진짜 잡(Job): 벽에 그림을 멋지게 걸기(최종 목적)

이 차이를 이해하면 완전히 새로운 기회가 보입니다. 만약 드릴 제조업체가 "더 빠르고 강력한 드릴"만 만드는 데 집중한다면, 경쟁사와의

잡(Job)의 본질 이해하기: 드릴과 구멍의 법칙

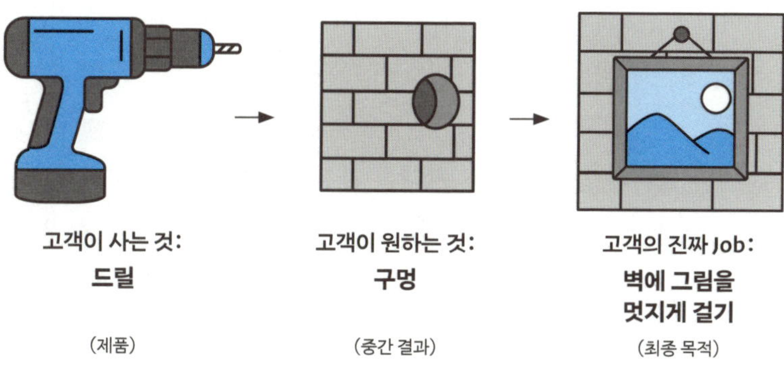

성능 경쟁에만 매몰될 것입니다. 하지만 고객의 진짜 잡(Job)인 '벽에 그림을 멋지게 걸기'에 집중한다면,

- 벽을 손상시키지 않는 무타공 걸이 시스템
- 위치를 정확히 잡아 주는 레이저 가이드
- 구멍 뚫을 때 먼지가 나오지 않는 집진 기능
- 그림 무게에 맞는 최적의 고정 방법 제안

이런 식으로 완전히 다른 차원의 솔루션을 생각할 수 있게 됩니다.

밀크셰이크가 들려준 놀라운 이야기

하버드경영대학원의 클레이튼 크리스텐슨 교수가 대중화한 JTBD 이론은 그 유명한 '밀크셰이크 사례'로 잘 알려져 있습니다.

맥도날드가 밀크셰이크 매출을 늘리려고 했을 때, 처음에는 전통적인 접근을 시도했습니다.

- 맛을 개선하기→초콜릿, 딸기, 바닐라 등 다양한 맛 추가
- 가격을 조정하기→할인 이벤트, 세트 메뉴 구성
- 크기를 다양화하기→라지, 미디엄, 스몰

하지만 효과가 없었습니다. 그래서 완전히 다른 접근을 시도했죠. 고객들이 **언제, 왜** 밀크셰이크를 사는지 직접 관찰해 보기 시작한 것입니다. 그러니 놀라운 사실이 발견되었습니다. 아침 시간대에 밀크셰이크를 사는 고객들의 패턴이 예상과 완전히 달랐던 거죠.

먼저, 관찰된 사실들은 다음과 같았습니다.

- 대부분 혼자 와서 밀크셰이크만 주문
- 차량으로 가져가서 운전하면서 마심
- 출근 시간대에 집중(오전 7~9시)
- 주로 중년 남성 직장인들

그리고 고객과 인터뷰한 결과는 다음과 같았죠.

- "출근길이 너무 지루해서……."
- "아침을 거르고 나왔는데 배가 고프더라고요."
- "커피는 금방 미서 비리는데 이긴 오래 가니까……."
- "한 손으로 마실 수 있어서 운전하기 편해요."

결국 이들의 진짜 잡(Job)은 '출근길 30분 동안 허기를 달래며 지루함을 잊고 싶다.'는 것이었습니다.

맥도날드는 이 인사이트를 바탕으로 획기적인 개선을 했습니다.

- 셰이크를 더 걸쭉하게: 빨리 마셔지지 않아 지루함 해소 시간이 길어짐
- 빨대를 더 굵게: 한 손 조작이 더 편해짐
- 과일 덩어리 추가: 씹는 재미로 더 오랫동안 즐길 수 있음
- 아침 시간 프로모션: 주 고객층 맞춤 마케팅

그 결과 아침 시간대 밀크셰이크 매출이 크게 증가했습니다. 놀라운 점은 이런 개선 사항들이 전통적인 제품 개발 관점에서는 전혀 떠올릴

수 없는 것들이었다는 점입니다. "제품을 어떻게 개선할까?"(전통적 접근)가 아니라 "고객이 왜 이 제품을 고용하는가?"(JTBD 접근)라고 물어야 제대로 된 답을 얻을 수 있습니다.

JTBD의 3가지 차원: 기능적 · 정서적 · 사회적 욕구

JTBD는 고객의 욕구를 3가지 차원에서 동시에 분석합니다. 한 가지 차원만 보면 진짜 기회를 놓칠 수 있기 때문입니다.

1. 기능적 욕구(Functional Job)

실질적인 과제 해결을 위한 욕구입니다. 효율성, 시간 절약, 비용 절감 등 측정 가능한 가치와 관련이 있죠.

밀크셰이크 사례에서는 '장거리 운전 시 한 손으로 배를 채우기'가 기능적 잡(Job)이었습니다. 이런 기능적 욕구는 비교적 파악하기 쉽고, 기존 시장조사에서도 어느 정도 포착할 수 있습니다.

2. 정서적 욕구(Emotional Job)

제품 사용을 통해 느끼고 싶은 감정입니다. 이 부분이 고객들이 직접 말로 표현하기 어려워하는 영역이죠. 예를 들어 다음과 같습니다.

- 친환경차를 타며 느끼는 '뿌듯함'과 '죄책감' 해소
- 고급 브랜드 제품 사용 시 느끼는 '만족감'과 '자신감'
- 수제 제품을 사용할 때의 '특별함'과 '따뜻함'

밀크셰이크 사례에서는 '지루한 출근길을 좀 더 즐겁게 보내고 싶다.'는 감정적 욕구가 숨어 있었습니다.

3. 사회적 욕구(Social Job)

다른 사람에게 보이고 싶은 이미지나 소속감과 관련된 욕구입니다. 사람들이 가장 숨기고 싶어 하는 욕구이기도 하죠. 대표적인 예시는 다음과 같습니다.

- 스타벅스 컵을 들고 다니며 '트렌디함'을 표현하고 싶어 함
- 명품 가방으로 '성공한 사람'임을 어필하고 싶어 함
- 친환경 제품 사용으로 '의식 있는 사람'으로 보이고 싶어 함

중요한 점은 하나의 제품이 이 3가지 욕구를 동시에 충족할 수 있다

JTBD의 3가지 차원: 기능적·정서적·사회적 욕구

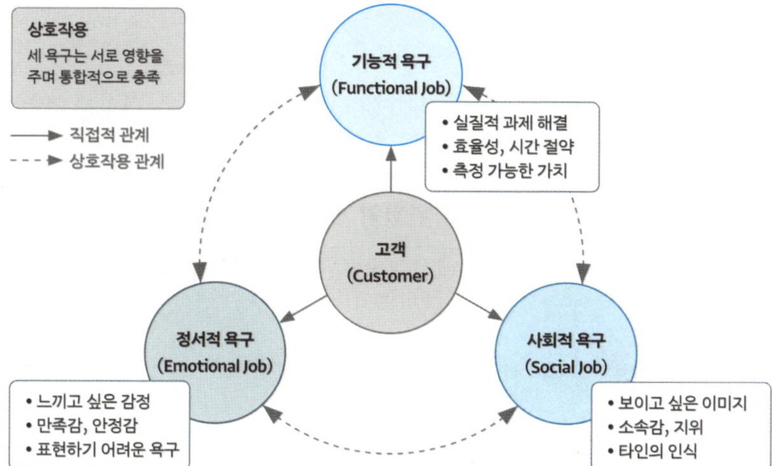

는 것입니다. 그리고 진정한 변화 창출은 이 세 차원을 모두 이해할 때 가능해집니다. 아이폰이 성공한 이유도 바로 이 때문이죠.

- 기능적: 전화, 인터넷, 카메라, MP3 등을 하나로 통합
- 정서적: 직관적이고 아름다운 사용 경험
- 사회적: '앞서가면서 세련된 사람'이라는 이미지

JTBD 분석을 쉽게 만들어 주는 전문 도구

이론적으로는 이해가 되지만, 실제로 JTBD 분석을 직접 하기는 쉽지 않습니다. 체계적인 프레임워크 이해와 숙련된 분석 능력이 필요한데, 시간도 오래 걸리고 비용도 많이 드는 작업이죠.

바로 이런 문제를 해결하는 데 도움을 주기 위해 개발된 것이 **JTBD 분석 GPTs**입니다.

JTBD 분석 GPTs의 특별한 기능들

이 도구는 단순한 아이디어 생성기가 아닙니다. 고객 중심의 제품·서비스 전략 수립을 위한 전문적인 JTBD 분석을 자동으로 생성해 주는 AI 도구입니다.

첫째, 6대 잡(Job) 카테고리를 완전히 반영합니다. 기존 JTBD 이론을 넘어서서 다음 6가지 영역을 체계적으로 분석하지요.

1. **기능적 욕구(Functional Job)**: 핵심 기능과 상황별 세부 요구 사항
2. **감정적 욕구(Emotional Job)**: 제품 사용을 통해 느끼고 싶은 감정
3. **사회적 욕구(Social Job)**: 사회적 이미지와 소속감 관련 욕구

4. **연관 욕구**(Related Job): 메인 기능과 연관된 부가적 요구 사항

5. **사용 과정 욕구**(Consumption Chain Job): 구매-사용-폐기 전 과정의 잡
(Job)

6. **재무적 욕구**(Financial Job): 비용 효율성과 경제적 가치 관련 욕구

둘째, 각 잡(Job)별 심층 분석을 해 줍니다. 단순히 잡 목록만 나열하는 것이 아니라, 각 잡마다 다음 4가지를 상세히 분석합니다.

1. **잡**(Job): 고객이 달성하고자 하는 구체적인 과제

2. **언멧 니즈**(Unmet Needs): 현재 해결되지 않은 불편 사항과 제약

3. **디자이어드 아웃컴즈**(Desired Outcomes): 고객이 바라는 이상적인 결과

4. **디자이어드 프로그레스**(Desired Progress): 미래에 실현되기를 바라는 잠재적 기대

셋째, 표 형식의 시각적 결과를 도출합니다. 복잡한 분석 내용을 명확한 표로 정리하여 회의, 보고서, 전략 문서 등에 바로 활용할 수 있습니다. 팀원들과 공유하고 토론하기에도 최적화되어 있죠.

넷째, 사용법도 놀랍도록 간단합니다. "대상 고객"+"제품/서비스"만 입력하면 전문 컨설턴트 수준의 정교한 JTBD 분석표를 생성해 줍니다.

전동휠체어 분석에서 발견한 놀라운 인사이트들

실제로 이 도구가 어떻게 작동하는지 구체적인 사례를 보여 드리겠습니다. '이동이 불편하신 고령자를 위한 전동휠체어'를 분석한 결과, 정말 흥미로운 발견들이 나왔습니다.

가장 눈에 띄는 발견: 안전에 대한 절실한 욕구

분석 결과에서 가장 눈에 띈 것은 **안전**에 대한 강렬한 욕구였습니다. 특히 "경사로나 울퉁불퉁한 길에서의 위험"에 대한 우려가 모든 잡(Job) 카테고리에서 반복적으로 나타났죠.

기능적 차원에서의 안전 욕구

- "요철, 경사 등에서 위험함"

  →"어디서든 안전하게 주행 가능"하길 원함
- "갑작스러운 오작동 위험"

  →"확실한 제동력과 예측 가능한 안정적 작동"
- "배터리 지속 시간 짧음"

  →"긴 시간 이동 가능"(도중에 멈춰 서는 위험 방지)

정서적 차원에서의 안전 욕구

- "혼자 외출하기 두려움"

  →"든든한 동반자 같은 믿음직함"을 바람
- "장시간 탑승 시 불안감"

  →"편안함과 심리적 안정감"을 원함

이런 패턴을 보면, 고령자들이 단순히 '더 빠른 휠체어'나 '더 저렴한 휠체어'를 원하는 것이 아니라는 걸 알 수 있습니다. 기능적으로는 물리적 안전성을 확보하고 싶어 하고, 정서적으로는 마음의 평안을 얻고 싶어 합니다.

진짜 원하는 것은 '언제 어디서든 안전하고 안심하며 이동할 수 있는 자유'였던 거죠.

예상치 못한 발견: '자립과 존중'에 대한 간절한 바람

안전성과 함께 발견된 또 다른 중요한 인사이트는 고령자들이 전동 휠체어를 단순한 '이동 수단'이 아닌 '존엄성과 자립의 상징'으로 인식한다는 점이었습니다.

자립에 대한 간절한 욕구

- "외출할 때마다 누군가의 도움을 부탁해야 함"

  →"도움 없이 스스로 이동할 수 있는 자립감"

- "가족 스케줄에 맞춰 움직여야 하는 불편"

  →"원하는 시간에 내가 결정해 이동하는 자유"

- "작은 일에도 누군가를 불러야 하는 부담"

  →"일상의 기본 동작을 스스로 해결하는 능력"

존중과 존엄성에 대한 욕구

- "타인의 동정 어린 시선에 노출됨"

  →"보통 사람처럼 자연스럽게 대우받고 싶은 마음"

- "약한 사람으로 보이지 않을까 걱정됨"

  →"능동적이고 결정할 수 있는 어른으로서의 자존감 회복"

사회적 관계에 대한 고민

- "가족이나 주변인에게 번거로움을 끼친다는 미안함"

  →"누구에게도 부담 주지 않고 스스로 해결하는 편안함"

이런 정서적·사회적 욕구들은 설문조사나 일반적인 인터뷰로는 쉽게 포착하기 어려운 것들입니다. 고령자들이 직접 "나는 존중받고 싶다."거나 "자립감을 느끼고 싶다."고 말하지는 않으니까요. 하지만 JTBD 분석을 통해 드러난 이런 숨겨진 욕구야말로 진정한 가치 창출의 출발점이 됩니다.

현실을 확인해 보니: 실제로 심각한 문제였다

JTBD 분석에서 나온 '경사로 안전 문제'가 정말 심각한 현실 문제인지 궁금해서 추가 검색을 해 봤습니다. 그 결과 비장애인으로서는 전혀 생각해 보지 못했던 환경이 전동휠체어를 사용하는 장애인에게는 목숨을 위협할 수 있는 큰 위험이 될 수 있다는 것을 알게 되었습니다.

실제 사고의 심각성

- 전동휠체어 사용자의 **35.5%가 사고 경험**이 있음(소비자원 조사)
- **74%가 "교통사고 날 뻔한" 경험**을 호소(도로교통공단 조사)
- 차도 이용 경험이 45.6%에 달하는 이유가 **"보도 장애·경사·노면 불량 때문"**
- 전동휠체어 사고의 3대 위험 환경은 ①급경사·횡단경사 ②울퉁불퉁 보도블록·턱 ③차도 주행

구체적인 사고 사례들

- 2016년 부산: 전동휠체어 연습하던 70대 경사로에서 넘어져 사망
- 2024년 인천: 90대 남성이 인도 경사로 인해 차도로 나가다 SUV

와 충돌 사망

- 횡단경사의 위험성에 대한 보도 내용

  —"미끄러지고 넘어지고… 장애인 울리는 횡단경사"(MBN종합뉴스 2020. 7. 27.)

도로교통공단 설문조사 결과(2023.4.20.)

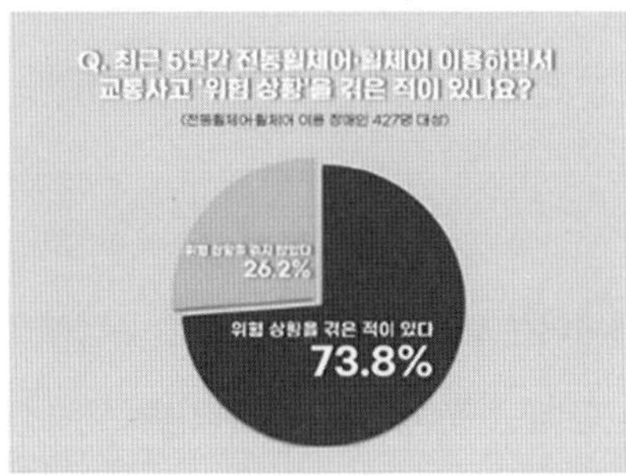

도로교통공단(이사장 이주민)은 전동휠체어 및 휠체어를 이용하는 장애인 4명 중 3명이 교통사고 위험 상황을 겪고 있는 것으로 나타났다고 밝혔다.

도로교통공단이 최근 전동휠체어 및 휠체어 이용 장애인 427명을 대상으로 진행한 설문 조사에 따르면, 전체 응답자의 약 73.8%(315명)가 최근 5년간 실질적인 교통사고 위험을 겪었다고 응답했다.

유경험자 중 위험에 노출되는 빈도를 묻는 질문에는 69.2%(218명)가 월 1회 이상 위험 상황을 겪는다고 밝혔으며, 주 1회 이상 빈번하게 겪는다는 응답자는 10.2%(32명)에 달했다.

<그림1> 최근 5년간 전동휠체어(휠체어) 이용 중 교통사고 위험 경험

— "심각한 문제죠. 저도 몇 번 넘어진 적이 있고 뒹굴면 옆에 도
와줄 사람들이 없으면 일어날 수도 없는 거예요. 차는 달려오
고…… 얼마나 위험하겠어요." (MBC뉴스 2023.06.06.)

이런 데이터를 보니 JTBD 분석 결과가 얼마나 정확했는지 확인할
수 있었습니다. AI가 실제 통계나 사고 데이터를 학습한 것이 아닌데
도, 고객의 숨겨진 욕구를 제대로 포착해 낸 거죠.

기회 발견은 가치 창출의 시작점

JTBD 분석을 통해 고객의 진짜 욕구를 발견하는 것은 차별화된 변
화의 중요한 시작점입니다. 하지만 진정한 차별화된 결과로 만들기 위
해서는 이런 기회를 우리의 서비스나 제품에 구현하는 그다음 과정이
필요합니다.

그러한 체계적인 방법론은 이 책의 7장(문제의 본질 찾기)과 8장(차별
화된 해결책 만들기)에서 자세히 설명하겠습니다. 하지만 이번에는 간단
한 적용 결과를 먼저 보여 드리겠습니다.

JTBD 분석에서 발견한 핵심 문제인 '경사로에서의 안전성 문제'를
해결하기 위한 새로운 아이디어들을 어떻게 도출할 수 있는지 살펴보
겠습니다.

왜 현재의 전동휠체어는 경사면에서 불안정할 수밖에 없을까?

문제 해결의 첫 단계는 문제의 근본 원인을 정확히 파악하는 것입니
다. 전동휠체어가 경사면에서 불안정한 이유를 기술적으로 분석해 보

니 흥미로운 구조적 모순이 발견되었습니다.

원인 1 높은 무게중심의 딜레마

전동휠체어가 경사에서 전복되기 쉬운 가장 근본적인 이유는 **무게중심이 높기 때문**입니다. 물리학적으로 보면, 경사면에서 물체가 전복되지 않으려면 무게중심이 낮아야 합니다.

하지만 여기에 모순이 있습니다.

- 무게중심을 낮추려면→의자를 낮게 만들어야 함
- 고령자 편의를 위해서는→의자가 높아야 승하차가 편함

일반적인 휠체어 설계에서는 이 두 요구 사항을 동시에 만족시키기 어려웠습니다. 그래서 대부분 '승하차 편의성'을 우선시하여 높은 시트를 채택하고, 안정성은 어느 정도 포기하는 방향으로 설계되었죠.

원인 2 소형화와 안정성의 트레이드오프

또 다른 구조적 문제는 **휠베이스(앞바퀴와 뒷바퀴 간 거리)**입니다. 휠베이스가 길수록 안정성은 높아집니다. 하지만 전동휠체어는 실내 이동, 대중교통 승차를 해야 하며, 또 좁은 공간에서 회전도 하기 위해서는 휠베이스가 짧아야 합니다.

이것도 모순적 상황입니다.

- 안정성을 위해서는→휠베이스가 길어야 함
- 실내 사용을 위해서는→휠베이스가 짧아야 함

기존 설계에서는 '실내 사용 편의성'을 우선시하여 휠베이스를 짧게 만들고, 안정성 문제는 '사용자가 조심히 운전하기'에 의존했습니다.

세 번째 문제는 **경사 상황에 대한 대응 방식**입니다. 기존 전동휠체어는 대부분 "경사에서는 천천히 가세요."라는 주의 사항에 의존하는 수동적 안전에 머물러 있었습니다.

하지만 현실적으로는 이러한 문제가 있었습니다.

- 고령자의 반응 속도: 위험 상황 인지와 대응이 늦음
- 복잡한 조작: 급할 때 정확한 조작이 어려움
- 인지적 부담: 운전하면서 경사도까지 계속 신경 써야 함

어떻게 이런 모순들을 해결할 수 있을까?

이런 분석을 바탕으로 기존의 '타협적 설계'가 아닌 '모순 해결형 설계'로 접근해 봤습니다. 각각의 모순에 대해 창의적인 해결안을 도출할 수 있었죠.

해결안 1 **전동 리프팅 시트 시스템**

'높은 승하차 편의성 + 낮은 무게중심'이라는 모순을 해결하는 아이디어입니다. 해결 방향은 무게중심을 낮추면서도 탑승자가 쉽게 승하차할 수 있는 방법을 찾는 것이었습니다.

[작동 원리]

- 의자 전체가 엘리베이터처럼 위아래로 움직입니다.
- 탑승할 땐 시트가 높이 올라와 있어서 앉기 편하고, 주행할 땐 자동으로 내려가서 휠체어가 더 안정적으로 달릴 수 있습니다.

[기술적 구현]

- 전동 액추에이터로 시트 높이를 10~15cm 조절
- 가속도 센서와 연동하여 휠체어가 움직이면 자동으로 시트 하강
- 시동을 끄면 다시 원래 높이로 복귀

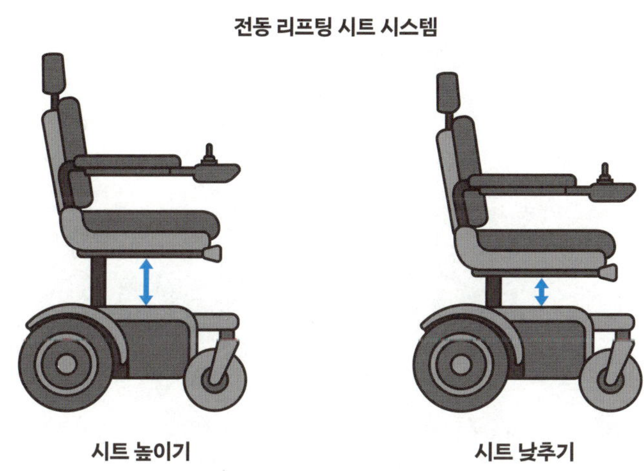

전동 리프팅 시트 시스템

승하차할 때는 의자가 높아 쉽게 오르내릴 수 있고,
주행할 때는 의자가 낮아 무게중심을 낮출 수 있다.

해결안 2 자동 확장형 측면 안정 레그

'긴 휠베이스 안정성 + 콤팩트한 크기'라는 모순을 해결하는 아이디어입니다. 해결 방향은 휠베이스를 늘리지 않으면서도 안정성을 높일 방법을 찾는 것이었습니다.

[작동 원리]

- 평상시엔 바퀴만 있지만, 경사진 곳에 진입하면 기울어지는 쪽 바닥에서 보조다리가 자동으로 튀어나옵니다.

- 이 다리가 땅을 딛고 휠체어가 옆으로 넘어지지 않게 버텨 줍니다.
- 평지로 돌아오면 다시 자동으로 수납됩니다.

[기술적 구현]

- 자이로센서가 경사각과 기울어짐을 실시간 감지
- 기계식 다리(레그)가 자동으로 전개되어 접지면 확대
- 스프링과 댐퍼로 충격 흡수 및 부드러운 작동

쇼트트랙 코너링

자동 확장형 측면 안정 레그

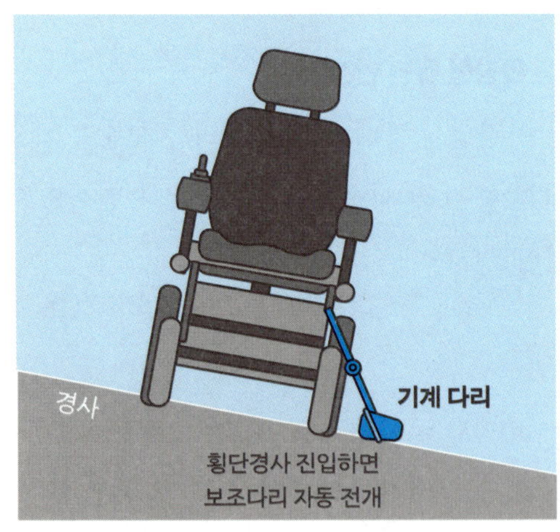

자동 확장형 측면 안정 레그는 드론이 착륙할 때 다리가 내려오는 구조에서 착안했습니다. 항공 분야에서는 이미 상용화된 기술이지만, 휠체어에는 새로운 아이디어죠. 이것은 쇼트트랙 선수들이 코너를 돌 때 바닥에 손을 짚는 동작과 매우 유사한 원리입니다.

해결안 3 경사 감지 자동 감속 시스템

사용자의 조작 없이도, 경사에서 속도를 줄이는 방법을 찾는 것입니다. 즉 경사로에서 자동으로 속도가 줄어드는 것입니다.

[작동 원리]

- 내리막길에 들어서면 휠체어가 자동으로 속도를 줄여 줍니다.
- 사용자가 조작하지 않아도 자동으로 속도를 안전 범위로 유지합니다.
- 위험한 상황에서는 자동 브레이크까지 작동합니다.

경사 감지 자동 감속 시스템

[기능 구성]

- 자이로센서 + GPS + 속도제어기의 통합 시스템
- 예: 평지 6km/h, 5도 경사 4km/h, 10도 이상에선 2km/h로 자동 제한
- 경사 감지 시 경고음과 함께 자동 정지

사용자 입장에서는 '내리막에서도 위험하지 않게 자동 브레이크가 걸리는 느낌'을 받게 됩니다. 마치 자동차의 ABS나 ESP 같은 안전 기

전동휠체어 안전성 개선: 비포 vs 애프터

BEFORE (기존 문제점)

문제 1: 높은 무게중심의 딜레마
- 승하차 편의 ↔ 안정성 모순
- 높은 시트 ↔ 편리하지만 불안정
- 경사에서 전복 위험 증가
- → 타협적 설계: 편의성 우선, 안전성 포기

문제 2: 소형화와 안정성의 트레이드오프
- 실내 사용 + 안정성 모순
- 콤팩트 = 회전 편리하지만 불안정
- 경사에서 균형 유지 어려움
- → 타협적 설계: 편의성 우선, 안전성 포기

문제 3: 수동적 안전 vs 능동적 안전
- "경사에서 천천히 가세요." 주의 사항에만 의존
- 고령자의 느린 반응 속도
- 복잡한 조작, 인지적 부담 증가
- → 사용자 "조심히 운전"에 의존하는 수동적 안전

AFTER (혁신 해결책)

해결안 1: 전동 리프팅 시트 시스템
- 모순 해결: 편의성 + 안정성 동시 달성
- 승차 시: 높은 위치로 자동 상승
- 주행 시: 낮은 위치로 자동 하강
- → 무게중심 최적화로 안전성 극대화

해결안 2: 자동 확장형 측면 안정 레그
- 모순 해결: 콤팩트 + 안정성 동시 달성
- 평지: 콤팩트한 크기 유지
- 경사: 자동으로 안정 레그 전개
- → 상황에 따른 적응형 안정성 확보

해결안 3: 경사 감지 자동 감속 시스템
- 능동적 안전: AI가 위험 상황 자동 감지 및 대응
- 경사각에 따른 자동 속도 조절
- → 사용자 조작 없이도 안전 자동 보장

※ 혁신의 핵심: 모순 해결을 통한 통합적 솔루션

기존: 편의성 vs 안전성 중 하나를 포기하는 타협적 설계

혁신: 편의성과 안전성을 동시에 달성하는 모순 해결형 설계

능처럼 말이죠. 이는 기존에 있는 전기자전거의 다운힐 감속 시스템이나 세그웨이(Segway)의 속도 자동 조절 기술을 응용한 것입니다.

해결책의 진짜 가치는 여기에 있습니다

이런 해결책들은 단순히 '더 안전한 휠체어'를 만드는 수준을 넘어섭니다. JTBD 분석에서 발견한 고령자들의 진짜 욕구인 '자립감', '존중받고 싶은 마음', '가족에게 부담 주지 않고 싶은 마음'까지 동시에 해결하는 통합적 솔루션이 된 것이죠.

- **자립감 증진**: 안전 기능이 강화되면 보호자 동반 없이도 혼자 외출할 수 있는 자신감이 생깁니다.
- **존중받는 느낌**: "조심히 타세요."라는 당부를 듣지 않아도 되고, 스스로 안전하게 이동할 수 있는 '똑똑한 교통수단'을 사용한다는 자부심을 느낄 수 있습니다.
- **가족 부담 경감**: 가족들도 '혹시 사고 나지 않을까' 걱정하지 않아도 되므로, 고령자와 가족 모두가 마음 편히 지낼 수 있습니다.
- **새로운 시장 창출**: 기존에는 '위험해서 포기했던' 고령자들도 안심하고 사용할 수 있게 되므로, 완전히 새로운 고객층을 만들어 낼 수 있습니다.

만약 처음부터 '휠체어를 개선하세요.'라는 과제를 받았다면 아마 '더 빠르게', '더 가볍게', '더 저렴하게' 같은 뻔한 방향으로 갔을 겁니다. 하지만 JTBD 분석을 통해 고객의 진짜 마음을 들여다보니, 완전히 새로운 가치 창출의 방향을 발견할 수 있었습니다.

이처럼 전문화된 AI 도구를 활용하면, 복잡한 JTBD 이론을 깊이 공부하지 않아도 고객의 진짜 욕구를 체계적으로 분석할 수 있습니다.

중요한 것은 AI가 제공한 분석 결과를 어떻게 창의적으로 해석하고 활용하느냐입니다. AI는 데이터와 패턴을 바탕으로 고객의 숨겨진 욕구를 찾아 주고, 인간은 그 인사이트를 바탕으로 창의적인 해결책을 만들어 내는 것이죠.

앞으로는 '고객이 뭘 원하는지 모르겠다.'는 고민보다는 '고객이 원하는 걸 어떻게 새로운 기술로 구현할까?'에 더 많은 시간을 쓸 수 있게 될 것입니다.

JTBD(Jobs To Be Done) 분석 GPTs 소개

이름: GEN4 Creativity-JTBD분석

🔗 **접속 정보**

(주)큐엠앤이노베이션 홈페이지의 'GPT 체험하기 페이지'에 접속하면 ChatGPT 사용자의 경우 무료로 체험이 가능합니다.
URL: https://qmeinno.com/gpt-experience

🎯 **핵심 기능**

- 6대 Job 카테고리 완전 반영: Functional, Emotional, Social, Related, Consumption Chain, Financial Job 체계적 분석
- 각 Job별 심층 분석: Job, Unmet Needs, Desired Outcomes, Deeds 등 4가지 관점에서 상세 분석
- 표 형식의 시각적 결과: 회의, 보고서, 전략 문서 바로 활용

📊 주요 특징

- 고객 중심의 제품·서비스 전략 수립 전문
- 전문 컨설턴트 수준의 정교한 JTBD 분석표 자동 생성
- "대상 고객" + "제품/서비스"만 입력하면 완성

💼 활용 분야

- 신제품 개발, 고객 니즈 분석, 마케팅 전략 수립

📝 사용법

- 1단계: 대상 고객과 제품/서비스를 구체적으로 입력
- 2단계: AI가 생성한 6대 Job 카테고리별 분석 결과 검토
- 3단계: 필요시 특정 Job에 대한 추가 분석 요청

⚡ 활용 팁

- 고객 세그먼트를 구체적으로 정의할수록 정확한 분석 가능
- 생성된 표를 팀원들과 공유하여 토론 자료로 활용

⚠️ 주의 사항

- 도출 및 선정된 고객 니즈에 대해 별도 조사를 통해 객관적인 검증 필요

7장

문제의 본질 찾기

1. 겉으로 드러난 현상 너머 들여다보기

"엘리베이터가 너무 느려요!"

"이렇게 느린 엘리베이터를 어떻게 타요."

"매일 아침 이 엘리베이터 때문에 출근이 힘들어요."

1950년대, 미국의 엘리베이터 기업 오티스는 곤혹스러운 상황에 처했습니다. 전국 각지의 고층 빌딩에 설치한 엘리베이터에 대해 "속도가 너무 느리다."는 불만이 빗발쳤기 때문입니다. 하지만 당시 기술로는 엘리베이터의 속도를 더 높일 수 없었습니다.

오티스의 엔지니어들이 머리를 싸매고 고민하던 그때, 의외의 부서에서 해결책이 나왔습니다.

"엘리베이터 안에 거울을 설치하면 어떨까요?"

엘리베이터 관리 부서의 이 단순한 제안은 놀라운 효과를 가져왔습니다. 거울이 설치된 후, 엘리베이터 속도에 대한 불만이 거의 사라진 것입니다. 심지어 실제 이동 속도는 전혀 변하지 않았는데도 말이죠. 이 작은 아이디어는 지금까지도 이어져, 현대의 모든 엘리베이터에는 거울이나 반사되는 마감재가 기본으로 설치되어 있습니다.

왜 거울이 해답이었을까?

이 흥미로운 일화에서 우리는 중요한 교훈을 발견할 수 있습니다. 사람들이 "엘리베이터가 느리다."고 했을 때, 그들이 정말로 원했던 것은 무엇이었을까요?

생각의 과정을 따라가 봅시다.

① 현상: 엘리베이터가 느리다.
② Why?: 왜 느리다고 하는 걸까?
③ 발견: 사람들은 실제 속도가 아니라 '지루함'을 느끼고 있었다!
④ 해결 방향: 엘리베이터를 탔을 때 지루함을 해소할 수 있는 방법은?
⑤ 해결책: 거울 설치→사람들이 자신의 모습을 보며 시간을 보내게 됨

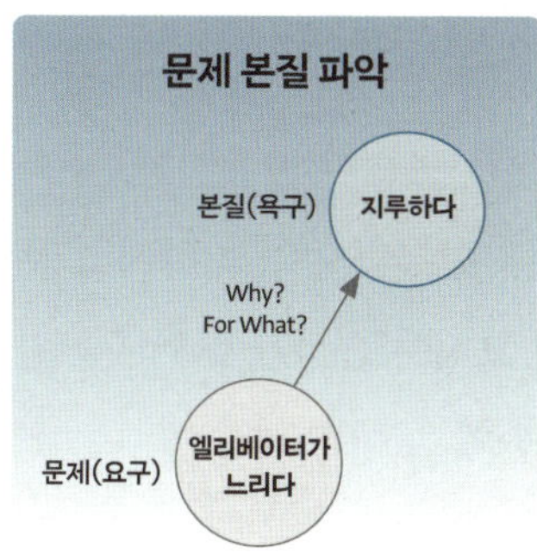

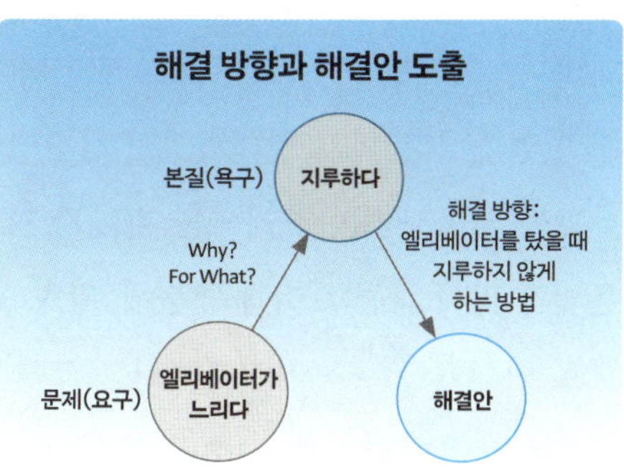

여기서 가장 중요한 포인트는 바로 '지루함'의 발견입니다. 문제의 본질이 '속도'가 아닌 '지루함'이었다는 점을 깨달았기에 문제를 해결할 수 있었습니다. 문제의 본질을 이해해야 해결 방향을 정할 수 있습니다. 여기서 해결 방향은 '엘리베이터를 탔을 때 지루하지 않게 하는 방법'을 찾는 것입니다. 그러면 거울 이외에도 여러 가지 아이디어를 쉽게 생각해 낼 수 있습니다.

어떤 것이 있을까요? 한번 생각해 보시죠.

정주영 회장의 '푸른 묘지' 이야기

또 하나의 멋진 일화를 들려드리겠습니다.

1952년 12월, 한국전쟁의 한복판. 부산의 유엔군 묘지에 갑작스러운 손님이 찾아온다는 소식이 전해졌습니다. 바로 미국의 차기 대통령 아이젠하워였죠. 미8군 사령부는 발칵 뒤집혔습니다. 한겨울의 황량한 묘지로 대통령 당선인을 모실 수는 없었기 때문입니다.

"어떻게든 푸른 잔디를 입혀야 합니다!"

하지만 모두가 불가능하다고 고개를 저었습니다. 한겨울에 푸른 잔디라니, 말도 안 되는 요구였죠. 그러나 그렇게 생각하지 않는 한 사람이 있었습니다. 바로 현대건설의 정주영 회장이었습니다.

그는 낙동강변의 보리싹을 파다가 묘지에 심었습니다. 겨울에도 푸른빛을 잃지 않는 보리싹 덕분에, 황량했던 묘지는 순식간에 푸른 공원으로 변신했습니다. 아이젠하워는 크게 감동했고, 이후 미군 공사는 현대건설의 독차지가 되었다고 합니다.

나중에 누군가 정주영 회장에게 물었습니다.

"어떻게 그런 기발한 생각을 하셨나요?"

그의 대답은 문제 해결의 진수를 보여 줍니다.

"그 사람들이 원한 건 '푸른 잔디'가 아니야. 그들이 원한 건 '푸른빛'이었지. 그래서 내가 거기에 맞춰준 거야."

① 현상: 한겨울에 잔디를 입혀야 한다.

② Why? 왜 잔디를 입혀 달라고 할까?

③ 발견: 원하는 것은 잔디가 아니라 묘지를 푸르게 하여 행사를 잘 마치게 하겠다는 것

④ 해결 방향: 겨울에 묘지를 푸르게 할 수 있는 방법은?

⑤ 해결책: 겨울에 푸른 '보리싹'을 심음→묘지를 푸르게 함

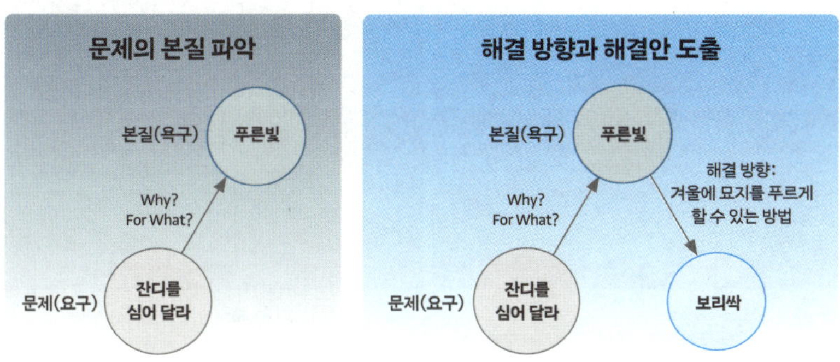

홈바의 지지막대, 꼭 있어야 할까?

또 한 가지 창의적인 아이디어로 제품을 개선한 사례를 알려 드리겠습니다.(출처: 『생각의 창의성 TRIZ』, 김효준 지음, 지혜, 2004.)

2000년대 초반, 삼성전자 냉장고개발팀에 흥미로운 프로젝트가 주

어졌습니다. 양문형 냉장고의 홈바 원가를 절감하는 일이었죠. 당시 홈
바에는 무거운 물체를 올리더라도 견딜 수 있도록 냉장고 본체와 홈바
를 연결해 주는 스테인리스스틸로 만든 지지막대가 있었습니다. 지지
막대는 홈바의 문이 닫힐 때는 접히고 열릴 때는 펴져야 하기 때문에,
삼성전자 냉장고의 홈바에는 지지막대가 양쪽에 각각 2개씩, 총 4개나
들어갔습니다. 하지만 경쟁사는 냉장고 본체에 홈을 파서 지지막대가
위아래로 움직일 수 있게 만들었기 때문에, 양쪽에 1개씩, 총 2개만 들
어가도 열리고 닫히는 데 문제가 없도록 설계되었습니다. 따라서 삼성
전자 냉장고 홈바는 경쟁사에 비해 원가도 높고 디자인도 좋지 않았기
때문에 대안이 필요했습니다.

삼성전자의 홈바 구조

경쟁사의 홈바 구조

"이 지지막대 원가를 어떻게 하면 줄일 수 있을까?" 이 문제에 평범
한 엔지니어들은 이렇게 접근했을 겁니다.

"지지막대 두께를 1mm 정도 줄여 볼까요?"
"다른 종류의 스테인리스를 써 보는 건 어떨까요?"
"중국 공급 업체를 새로 찾아보면 어떨까요?"

　이런 접근들은 모두 '지지막대'라는 부품을 그대로 둔 채 원가를 낮추려는 시도입니다. 조금의 원가 절감은 가능하겠지만, 획기적인 변화를 기대하기는 어렵죠.

　바로 그때, 삼성전자에서 근무하던 러시아의 TRIZ 전문가가 전혀 다른 질문을 던졌습니다.

"잠깐, 이 지지막대는 왜 필요한 건가요?"
"홈바 도어에 무거운 물체를 올려도 넘어가지 않도록 지탱해 주는 역할입니다."
"그럼…… 지지막대 없이도 그 기능을 할 수 있는 방법은 없을까요?"

　그는 '지지막대'라는 부품에 집중하지 않았습니다. 대신 '무게를 지탱'한다는 기능에 주목했죠. 그리고 놀라운 제안을 했습니다.

"홈바 도어 자체를 냉장고 안쪽으로 길게 만들면 어떨까요? 도어가 열릴 때 그 길어진 부분이 냉장고 내부 선반에 닿으면서 자연스럽게 지지될 수 있지 않을까요?"

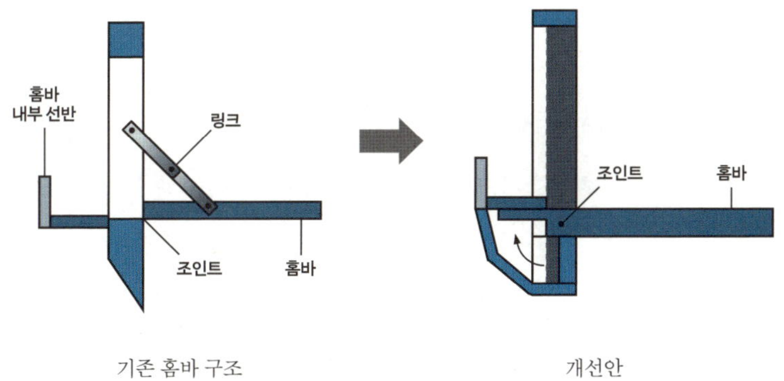

기존 홈바 구조　　　　　　　　개선안

개발팀은 이 아이디어에 깊은 인상을 받았습니다. 지지막대라는 부품을 완전히 없애고, 도어 자체의 구조를 변경하여 지렛대 뒤쪽의 턱에 의해 더 이상 홈바가 젖혀지지 않도록 한 것이었습니다. 다들 기존 부품을 어떻게 해서 원가를 줄일 생각을 하고 있었는데, 러시아 TRIZ 전문가는 기능을 다른 방식으로 구현하는 접근법을 쓴 것이죠.

결과는 어땠을까요? 대성공이었습니다. 새로운 설계로 인해 비싼 지지막대가 완전히 사라져서 원가도 절감했을 뿐만 아니라 더 안정적인 지지력을 제공했고, 디자인도 더 깔끔해졌습니다.

개선안 적용 후 홈바 구조　　　　　　냉장고에 부착된 광고

이 사례가 우리에게 주는 교훈은 명확합니다.

문제의 본질은 '부품' 자체가 아니라 그것이 수행하는 '기능'에 있다는 것입니다. 기존 부품이나 구조에 매몰되지 않고, 그것이 수행하는 기능의 관점에서 문제를 바라볼 때 진정한 차별화된 문제 해결이 가능해집니다.

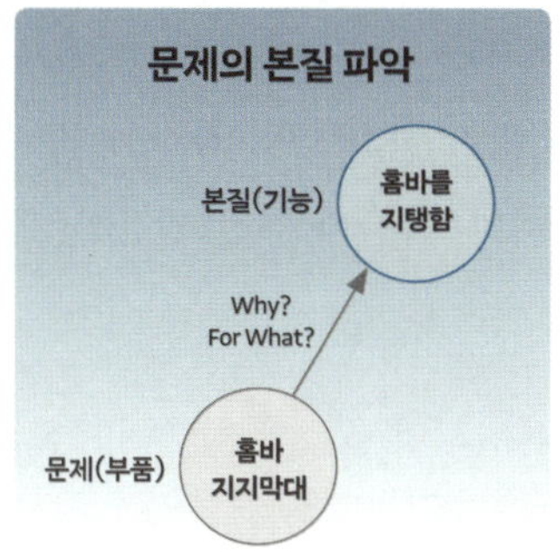

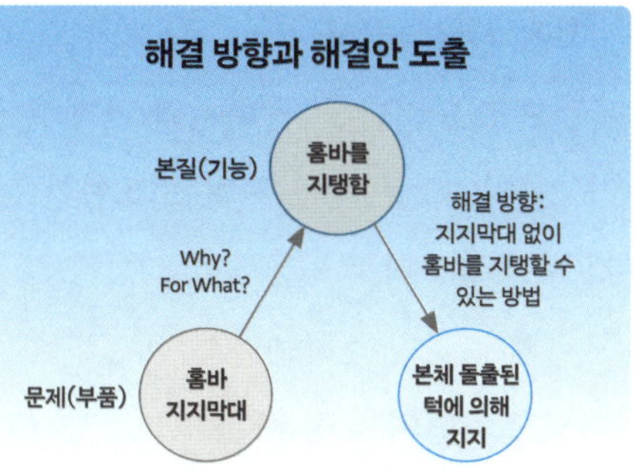

- 일반적 접근: 부품 중심 → 원가 절감에 한계
- 창의적 접근: 기능 중심 → 차별화된 해결책 도출

이것이 바로 문제의 본실을 찾는다는 것의 의미입니다. 현재 손재하는 것들의 겉모습이 아니라, 그것들이 수행하는 근본적인 기능이나 목적을 찾아내는 것. 그리고 그 기능과 목적을 달성할 수 있는 새로운 방법을 찾을 때, 우리는 진정한 차별화된 해결책을 발견할 수 있습니다.

문제의 본질을 찾는 방법

이 두 일화에서 우리는 문제 해결의 핵심을 발견할 수 있습니다.

1. 문제의 본질 파악하기

"Why?" 또는 "For What?"이라는 질문을 던지는 것으로 시작합니다. 문제의 본질은 크게 3가지 측면에서 찾을 수 있습니다.

첫째, 사람의 욕구

겉으로 드러난 요구 너머의 진짜 욕구를 찾는 것입니다. 여기서 요구라고 하는 것은 욕구를 말로 표현한 것입니다. 다음과 같은 질문을 던져 보면 됩니다.

- 왜 그것을 원하는가?
- 그 이면의 감정은?

둘째, 해결의 목적

일을 수행하거나 문제를 해결하려고 할 때는 그 목적을 파악합니다. 다음과 같은 질문을 던져 보면 됩니다.

- 왜 이 문제를 해결하려고 하는가?
- 최종적으로 이루고자 하는 것은 무엇인가?

셋째, 필요한 기능

제품과 기술의 문제에서 부품이나 제품은 어떤 기능을 구현하기 위해서 존재하는 것입니다. 따라서 부품이나 제품 자체보다 그것으로 수행하려고 하는 기능을 먼저 생각해 보는 것입니다.

- 이 부품의 기능은 무엇인가?
- 어떤 기능을 구현하려고 하는가?

	고객 니즈	업무	기술 분야
문제	사람의 요구	업무와 일	제품이나 부품
본질	마음속의 욕구	그 일을 하려는 목적	구현하려는 기능

2. 해결 방향 설정하기

발견한 본질적 목적을 달성할 수 있는 다양한 방향을 탐색합니다.

3. 해결 방향에 맞춰 아이디어 도출하기

정해진 방향에서 구체적인 해결책을 생각합니다.

사례에 적용해 보는 GPT 활용 방법

자, 이제 생활 주변의 사례를 통해 챗GPT를 어떻게 활용하면 좋을지 실험해 보겠습니다. 같은 문제에 대해 다른 방식으로 접근해 보고, 그 결과를 비교해 볼까요?

접근 방식 1: 직접적인 해결책 요청

프롬프트:

대학교 축제의 참여율이 매년 줄어들고 있어요. 이를 해결할 수 있는 아이디어가 있을까요?

ChatGPT의 주요 답변:

1. 학생 주도형 콘텐츠 강화: 공모전 기반 콘텐츠 기획
2. 초대 가수 의존도 낮추고 트렌디한 참여형 무대 구성: 우리들의 무대 프로그램
3. 소셜 미션형 축제 시스템 도입: 스탬프 투어 시스템
4. 이색 체험 부스 도입: 심리 테스트 존
5. 참여 데이터 기반 운영: QR 기반 부스 방문 체크

이런 답변들은 좋은 아이디어일 수는 있지만, 문제의 본질에 대한 고려가 없었기 때문에 축제의 목적에 위배되거나, 참여자 감소의 실제 원

인과는 동떨어진 해결안일 수 있습니다.

접근 방식 2: 문제 본질과 대안 생성 GPTs 활용

프롬프트:

대학교 축제의 참여율이 매년 줄어들고 있어요. 이를 해결할 수 있는 아이디어가 있을까요?

ChatGPT의 주요 답변:

1단계: 문제 본질 정의

말씀하신 '대학교 축제 참여율 감소'는 겉으로 드러난 현상입니다.

하지만 진짜 해결을 위해선 이 현상의 이면에 있는 본질적인 원인과 욕구, 목적을 먼저 밝혀야 합니다. 그리고 본질을 파악하기 위한 몇 가지 질문을 합니다.

예를 들어 "축제의 주요 목적은 무엇인가요?" "어느 집단의 참여율이 줄어들고 있나요?" 등의 질문입니다.

답변을 하고 나면, 그 답변을 바탕으로 문제 본질을 정의합니다.

겉으로 드러난 현상:

대학교 축제의 전체 참여율이 매년 감소하고 있음. 특히, 방문자 수가 줄어드는 현상이 뚜렷함

근본 원인(문제의 본질):

   1. 학생들의 실제 관심사와 무관한 프로그램 구성

      → 학생들의 라이프스타일과 트렌드를 반영하지 못하고 있음

   2. 타 학교와 유사한 틀에 박힌 구성

      → 차별성 부족, 기대감 하락

   3. 학생 간 유대라는 본래 목적과의 괴리

      → 공동체 경험보다는 '이벤트 소비'에 그치는 경우 많음

🎯 **핵심 목적 재정의:**

학생들이 주체적으로 즐기고 참여하고 싶은 축제를 만드는 것, 이를 통해 학생 간 유대감 회복 및 학교 문화 활성화 달성이 정리된 '문제의 본질'과 '핵심 목적'이 맞는지 확인

프롬프트:
맞습니다.

ChatGPT의 주요 답변:
2단계: 문제 해결 방향 도출
핵심 목적:
"학생들이 주체적으로 즐기고 참여하고 싶은 축제를 만들어, 학생 간 유대감을 회복하는 것"이었습니다.
이 목적을 달성하기 위한 방향성을 아래와 같이 제안드립니다.

해결 방향 제안:
1. 참여자 중심 설계
2. 트렌드 반영과 관심사 기반 기획
3. 축제의 차별화와 정체성 부여
4. 학생 참여를 유도하는 인센티브 시스템 도입

위의 해결 방향 중 어떤 방향이 문제 해결에 적합해 보이나요?

프롬프트:
1. 참여자 중심 설계
2. 트렌드 반영과 관심사 기반 기획

ChatGPT의 주요 답변:
3단계: 해결 방향별 창의적 대안 제시
1. 참여자 중심 설계
   A. 축제 콘텐츠 공모 + 실시간 투표 시스템 운영
   B. DIY부스 존: 내가 만든 부스
   C. 누구나 무대: 열린 공연 + 관객 평가제
2. 트렌드 반영과 관심사 기반 기획
   A. 인스타블 장터와 Z세대 부스
   B. MBTI별 챌린지 존
   C. 밈 기반 부스: 짤로 말해요

피드백을 주시면, 해당 아이디어를 더 구체화하거나 기획서 수준 정리도 도와드릴 수 있습니다.

접근 방식 2의 특징과 장점

1. **단계적 접근**: 문제의 본질부터 시작하여 각 단계마다 사용자 확인을 거쳐 체계적인 해결안 도출하도록 인스트럭션이 구성되어 있기 때문에 피상적인 질문을 던지더라도 강제적으로 문제 본질에 대해 생각하도록 유도합니다.

2. **사용자 참여**: 단계별 의견 반영하여 방향성 지속적으로 확인했기 때문에 맞춤형 해결안이 도출되었습니다.

3. **포괄적 해결안**: 문제의 본질을 포함한 다양한 관점의 해결 방향과 아이디어를 도출했으며, 실현 가능한 대안들을 제시했습니다.

이처럼 전문화된 GPTs를 활용하면 문제의 본질부터 체계적으로 접근하여, 더 효과적이고 창의적인 해결책을 도출할 수 있습니다.

문제 본질과 대안 생성 GPTs 소개

이름: GEN4 Creativity-문제본질과 대안생성

🔗 접속 정보

(주)큐엠앤이노베이션 홈페이지의 'GPT 체험하기 페이지'에 접속하면 ChatGPT 사용자의 경우 무료로 체험이 가능합니다.
URL: https://qmeinno.com/gpt-experience

🎯 핵심 기능

- 4단계 체계적 접근: 본질 정의→해결 방향 도출 → 구체화 → 대안 제시

- 대화형 문제 해결: 각 단계마다 사용자 확인과 선택 요청
- 본질 중심 사고: "왜?"라는 질문을 통한 심층 분석

📊 주요 특징
- 일반 ChatGPT와 차별화된 체계적 사고 구조
- 표면적 현상이 아닌 본질 탐색
- 사용자 통찰과 AI 제안의 조화로운 결합

💼 활용 분야
- 어떤 문제든 본질을 파악하여 새로운 시각으로 해결안을 도출하고자 할 때

📝 사용법
- 1단계: 문제 입력 – 해결하고자 하는 문제를 자연스럽게 설명
- 2단계: 본질 파악 – AI가 문제의 핵심을 정의하고 확인 요청
- 3단계: 방향 설정 – 여러 해결 방향 중 선택
- 4단계: 내안 도출 – 구체적이고 실행 가능한 해결안 제시

⚡ 활용 팁
- 각 단계에서 잘못된 방향으로 가지 않도록 지속적 점검
- 모호한 부분은 추가 질문으로 명확히 하기

⚠️ 주의 사항
- 생각의 프레임워크를 제공하며, 최종 판단은 사용자의 몫

2. AI와 함께하는 원인 분석

"우리 제품의 불량률이 높아요."

"고객 이탈이 심각합니다."

"제품의 성능이 경쟁사에 비해 떨어집니다."

기업에서 자주 마주치는 이런 문제들을 해결하기 위해 대부분 관리자들은 가장 먼저 '원인'을 찾으려 합니다. **하지만 겉으로 드러난 현상 너머의 진정한 원인을 파악하고, 이를 통해 효과적인 해결책을 도출하는 것은 생각보다 쉽지 않지요.** 앞서 살펴본 사례들처럼, 문제의 본질을 정확히 이해할 때 비로소 창의적인 해결책이 가능해집니다.

원인 분석의 중요성

의사의 진료실에서 벌어지는 일을 살펴보면 원인 분석의 중요성을 명확히 이해할 수 있습니다. 고열, 기침, 몸살, 인후통을 호소하는 환자가 병원을 찾았다고 가정해 봅시다. 이런 증상은 감기, 독감, 코로나19, 심지어 초기 폐렴에서도 나타날 수 있습니다.

일반적인 의사의 진단 과정은 다음과 같습니다.

1. **증상 파악:** "언제부터 증상이 시작되었나요? 열은 얼마나 높았나요? 기침은 어떤 양상인가요?"
2. **가설 설정:** 증상을 바탕으로 여러 가능한 질병(감기, 독감, 코로나19, 폐렴 등)을 후보로 고려
3. **감별 진단:** 추가 질문과 검사를 통해 가능성 높은 질병과 낮은 질병 구분
   —"주변에 비슷한 증상을 보인 사람 있나요?"(전염성 질환 가능성 체크)
   —"코로나19 검사를 해 보겠습니다."
   —"폐 상태를 확인하기 위해 청진을 하겠습니다."
4. **최종 진단:** 증거를 종합하여 가장 가능성 높은 원인 확정
5. **치료 계획:** 진단된 원인에 따른 맞춤형 처방

여기서 주목할 점은, 원인(질병)이 무엇인지에 따라 처방이 완전히 달라진다는 것입니다. 단순 감기로 진단되면 대증 치료와 휴식을 권하지만, 독감으로 진단되면 항바이러스제를, 세균성 폐렴으로 진단되면 항생제를 처방합니다. 코로나19로 진단된다면 격리와 함께 다른 프로토콜이 적용되겠지요.

잘못된 원인 분석은 심각한 결과로 이어질 수 있습니다. 만약 의사가 실제로는 폐렴인 환자를 단순 감기로 오진한다면, 환자의 상태는 악화될 것입니다. 반대로 단순 감기에 불필요하게 항생제를 처방한다면, 항생제 내성과 같은 또 다른 문제를 야기할 수 있습니다.

이러한 의학적 진단의 원리는 비즈니스 문제 해결에도 동일하게 적용됩니다. 정확한 원인 진단 없이는 효과적인 해결책을 찾을 수 없기 때문입니다.

제대로 된 원인 분석은 어떤 단계로 이루어지나?

다음 사례를 통해 비즈니스 환경에서의 원인 분석이 어떻게 이루어지는지 살펴보겠습니다. 글로벌 가전제품 제조 업체 D사는 최근 6개월간 고객 만족도가 급격히 하락하는 문제에 직면했습니다. 이를 해결하기 위해 다음과 같이 체계적 원인 분석 프로세스를 적용해 보았습니다.

1. 문제 명확화

- 북미 지역 스마트 냉장고와 세탁기에 집중된 고객 불만 증가
- 주요 불만: 제품 고장, 수리 지연, 고객 서비스 불만족
- 7개월 전부터 문제 징후 시작

2. 현상 파악과 원인 분석

- 엔지니어링: IoT 기능 추가로 인한 기술적 복잡성 증가
- 서비스팀: 기술자 부족, 부품 공급 지연
- 마케팅: 과도한 기대감을 형성하는 광고
- 고객 서비스: 새 CRM 시스템 적응 문제
- 공급망: 일부 부품 공급 업체 변경, 물류 차질

3. 가설 검증

- 특정 공급 업체 부품 불량률 2배 증가 확인
- 서비스 요청 35% 증가했으나 기술자는 5%만 증가
- 광고와 실제 제품의 기능 사이에 불일치 발견
- 새 CRM 도입 후 통화 처리 시간 20% 증가

4. 시스템적 사고

- 핵심 발견: 부품 품질 저하→서비스 요청 증가→대응 지연→고객 불만 증가라는 악순환 패턴 형성

5. 실행 가능한 해결책

- 단기: 문제 부품 공급 업체 변경, 서비스 인력 증원, CRM 재교육
- 중기: 제품 설계 개선, 원격 진단 시스템 도입
- 장기: 품질·서비스·고객 경험 통합 관리 체계 구축

의사의 진단 과정과 비즈니스 문제 해결 모두에서, 문제의 본질을 파악하기 위한 체계적인 원인 분석은 다음과 같은 단계를 따릅니다.

1. **문제 명확화**: 정확히 어떤 문제인지, 언제부터 시작되었는지, 어떤 패턴
   이 있는지 정의
2. **다양한 관점 탐색**: 여러 이해 관계자의 관점에서 가능한 원인들을 브레
   인스토밍
3. **가설 검증**: 각 가설을 뒷받침하거나 반박할 수 있는 증거 탐색
4. **시스템적 사고**: 개별 원인이 아닌 시스템 전체의 관점에서 원인들 간의
   상호작용 분석
5. **실행 가능한 통찰 도출**: 실제로 조치를 취할 수 있는 형태로 발견한 원
   인 정리

이러한 접근법은 단순히 "왜?"라는 질문을 반복하는 것보다 더 체계적이고 다양한 관점을 포함할 수 있습니다.

원인을 바라보는 관점에 따라 해결책이 달라진다

제품 개발에서 생기는 문제도 마찬가지입니다. '다리미질 도중 옷이 타는 문제'를 해결하기 위한 다리미 개발을 생각해 보겠습니다. 같은 문제에 대해 원인을 어떻게 정의하느냐에 따라 완전히 다른 해결책이 도출됩니다.

엔지니어 A는 이렇게 원인을 정의했습니다. "옷이 타는 것은 다리미가 움직이지 않을 때 옷과 접촉해 있기 때문입니다." 이 원인 정의에 따른 해결책은 무엇일까요? A는 '사용자가 다리미에서 손을 떼면 자동으로 살짝 들어 올려져 옷과의 접촉이 떨어지는 메커니즘'을 개발했습니다.

엔지니어 B는 다른 원인을 보았습니다. "옷이 타는 것은 다리미가 움직이지 않을 때도 계속 열이 발생하기 때문입니다." B의 해결책은 '다리미가 일정 시간 움직이지 않으면 자동으로 전원이 꺼지는 시스템'이었습니다.

엔지니어 C는 또 다른 관점을 제시했습니다. "옷이 타는 것은 사용자가 옷 다리던 것을 잊었기 때문입니다." C는 '다리미가 켜진 상태에서 움직임이 없으면 계속 경고음을 울리는 알람 시스템'을 개발했습니다.

세 엔지니어 모두 같은 문제를 해결하려 했지만, 3가지 원인이 모두 옳은 것이며 원인을 어떻게 정의하느냐에 따라 완전히 다른 솔루션이 탄생했습니다. 더 흥미로운 것은, 이 3가지 솔루션이 모두 유효하다는 점입니다. 요즘 다리미에는 실제로 이런 기능들이 포함되어 있습니다.

원인 분석의 깊이가 해결책의 수준을 결정한다

원인 분석의 깊이는 해결책의 품질과 효과에 직접적인 영향을 미칩니다. 표면적인 원인만 파악하면 일시적인 대증요법에 그치지만, 더 깊은 차원의 원인을 발견할수록 근본적이고 지속 가능한 해결책을 개발할 수 있습니다.

한 소비재 기업의 사례를 살펴보겠습니다. 이 회사는 지방 지역의 시장 점유율 하락 문제에 직면했습니다. 문제 해결을 위한 원인 분석이 단계적으로 진행되었고, 각 단계에서 도출된 해결책의 수준이 크게 달랐습니다.

1단계 원인 분석 "우리 회사의 시장 점유율이 떨어졌다."

  ↳ 도출된 해결책: "마케팅 예산을 늘리고 더 많은 광고를 집행하자."

- 평가: 매우 일반적이고 표면적인 해결책. 어떤 지역에서, 왜, 어떻게 시장 점유율이 하락했는지에 대한 이해가 없음

2단계 원인 분석 "지방에서 시장 점유율이 특히 많이 떨어졌다."

  ↳ 도출된 해결책: "지방 지역 광고를 강화하고 지역 맞춤형 프로모션을 진행하자."

- 평가: 문제가 발생한 지역은 파악했으나, 여전히 근본 원인을 이해하지 못함

3단계 원인 분석 "지방에서 영업력이 떨어졌다."

  ↳ 도출된 해결책: "지방 영업팀에 추가 인력을 배치하고 영업 교육을 강화하자."

- 평가: 조금 더 구체적이지만, 왜 영업력이 떨어졌는지에 대한 이해가 부족함

4단계 원인 분석 "능력 있는 영업 사원이 지방에 가지 않으려고 한다."

  ↳ 도출된 해결책: "지방 근무 인센티브를 높이고 우수 인재를 지방으로 파견하는 순환 근무제를 도입하자."

- 평가: 문제의 핵심에 가까워졌으나, 여전히 근본 원인을 완전히 파악하지 못함

 "지방에서는 영업 효율성이 낮아 수당이 적기 때문에 우수 인재가 가지 않는다."

　　↳ 도출된 해결책: "지방 영업의 구조적 비효율성을 개선하기 위해 영업 프로세스를 재설계하자. 디지털 툴을 도입하여 이동 시간을 줄이고, 지방 특성에 맞는 별도의 수당 체계를 개발하자."

　　• 평가: 문제의 근본 원인을 파악하여 구체적이고 실행 가능한 해결책 도출. 지속 가능한 개선 가능성이 높음

이 사례에서 볼 수 있듯이, 원인 분석이 깊어질수록 해결책은 더 구체적이고 효과적이 됩니다. 1단계에서는 "광고를 더 하자."라는 막연한 제안에 그쳤지만, 5단계에서는 지방 영업의 구조적 문제를 해결하기 위한 체계적 접근법을 도출했습니다.

원인 분석의 근본적 어려움

원인 분석이 어려운 가장 큰 이유는 원인을 명확히 모를 때 잠재적인 원인들이 너무 많다는 점입니다. 특히 본인이 익숙하지 않은 영역에서는 가능한 원인조차 생각해 내기 어렵습니다. 이러한 문제를 잘 보여 주는 사례를 살펴보겠습니다.

사례 1: 삼성전자 갤럭시 노트7 배터리 발화 사건(2016년)

2016년, 삼성전자는 갤럭시 노트7 스마트폰에서 배터리 과열 및 발화 문제가 발생하면서 대규모 리콜 사태를 겪었습니다.

① 소프트웨어 엔지니어들은 **펌웨어 버그**를 의심했습니다.

② 하드웨어 엔지니어들은 **회로 설계 문제**를 지목했습니다.

③ 품질 관리팀은 **배터리 제조사의 품질 문제**를 원인으로 판단했습니다.

그러나 삼성전자가 이후 철저한 분석을 진행한 결과, 원인은 단순하지 않았습니다.

① 일부 배터리는 **설계 문제**로 인해 과도한 압력을 받아 내부 단락이 발생했습니다.

② 교체된 배터리는 제조 공정 중 **절연 문제**로 인해 또 다른 단락 현상이 발생한 것으로 확인되었습니다.

③ 사용자 환경에서 **고속 충전과 고온 환경이 결합되면서 배터리 발화 위험이 증가**한 것이 밝혀졌습니다.

이 사례는 초기 원인 분석이 부정확할 경우, 해결책을 찾는 데 시간이 걸리고 큰 비용이 발생할 수 있음을 보여 줍니다. 삼성전자는 이 문제를 해결하기 위해 배터리 설계 개선, 내부 테스트 강화, 배터리 안정성 검사 도입 등의 조치를 취했지만, 초기 리콜과 신뢰도 손실로 인해 약 63억 달러 이상의 손실을 입었습니다.

사례 2: 영국 NHS의 환자 대기 시간 증가 문제

2019년, 영국의 국민보건서비스(NHS)는 병원의 환자 대기 시간이 급격히 증가하는 문제를 겪었습니다.

① 의료진은 **의사 일정 조정이 비효율적**이라 발생한 문제라고 주장했습니다.

② 접수팀은 **예약 시스템이 비효율적**이라서 환자들의 대기 시간이 길어진다고 보았습니다.

③ 운영팀은 **진료실 부족이 근본적인 원인**이라고 생각했습니다.

그러나 외부 컨설턴트가 데이터를 기반으로 분석한 결과, 이전에는 간과되었던 '**예약 시스템의 구조적 문제**'가 근본적인 원인으로 밝혀졌습니다.

① 기존 예약 시스템에서는 환자가 특정 진료 과목을 선택하면 **가장 빠른 시간대에 자동 배정**되었습니다.

② 환자들이 진료실 위치를 고려하지 않고 예약을 하면서 **진료과 간 이동 시간이 비효율적으로 배치**되었습니다.

③ 이로 인해 **의료진과 환자 모두 불필요한 대기 시간이 증가**했습니다.

결국, 병원은 예약 시스템을 개선하여, 환자의 이동 경로와 절차 간 이동 시간을 고려한 '일정 최적화'를 통해 대기 시간을 크게 단축하는 성과를 거두었습니다.

이러한 사례들에서 알 수 있는 원인 분석의 어려움은 다음과 같습니다.

① 각 전문가는 자신의 전문 분야에서만 원인을 찾으려 하는 경향이 있다.

② 서로 다른 요소의 상호작용으로 인한 복합적 문제는 파악하기 어렵다.

③ 객관적인 데이터 없이는 선입견이나 심리적 편향에 의해 잘못된 결론을 내릴 수 있다.

이러한 한계를 극복하기 위해, TRIZ 컨설팅 회사인 GEN3 파트너스에서는 주어진 문제의 원인과 그 결과의 관계를 전체적으로 시각화할 수 있는 매핑 방법인 'Cause-Effect Chain(인과관계 사슬) 분석' 기법을 개발했습니다. 이 방법은 객관적으로 관찰 가능한 사건들 간의 연결 고리를 찾는 데 중점을 둡니다. "왜?"라는 주관적인 질문을 반복하는 대신, 객관적으로 관찰 가능한 사건들 간의 연결 고리를 시각적으로 매핑하는 접근법이죠. 주요 특징은 다음과 같습니다.

① **사건 중심 접근**: 주관적인 해석보다 '무슨 일이 발생했는가?'에 집중하여 객관적인 관찰 가능한 사건들을 식별합니다.

② **시간 순서 매핑**: 사건들을 시간 순서대로 배열하여 어떤 사건이 다른 사건보다 선행했는지 명확히 합니다.

③ **상관관계와 인과관계 구분**: 단순히 함께 발생한 사건들(상관관계)과 실제로 인과관계가 있는 사건들을 구분합니다.

④ **증거 기반 연결**: 두 사건 사이의 연결을 주장할 때 그 연결을 뒷받침하는 구체적인 증거를 요구합니다.

⑤ **시스템적 시각화**: 복잡한 원인-결과 관계를 시각적으로 나타내 여러 요인들이 어떻게 상호작용 하는지 파악합니다.

이러한 방법은 사람의 주관적 편향을 최소화하면서 복잡한 문제의 진짜 원인을 찾는 데 도움을 줍니다. 더욱이 AI가 데이터를 분석하고 패턴을 발견하는 능력과 결합되면 더 큰 도움을 받을 수 있습니다.

아래 도식은 Cause-Effect Chain 분석의 기본 원리를 잘 보여 줍니다.

이 분석의 핵심 원리는 문제의 표면적 현상에서 시작하여 근본 원인을 찾아가는 과정을 연결하는 것입니다.

이 도식에서는 '종이컵의 물이 샌다.'라는 문제점을 출발점으로 삼고 있습니다. 이 문제의 원인을 거꾸로 추적하면 '접착제 두께 불균일'→'노즐 막힘'→'디스펜서의 부적절한 관리'라는 근본 원인에 도달합니다. 각 단계는 '원인' 관계로 연결되어 있어, 이전 단계가 다음 단계의 원인이 됨을 보여 줍니다.

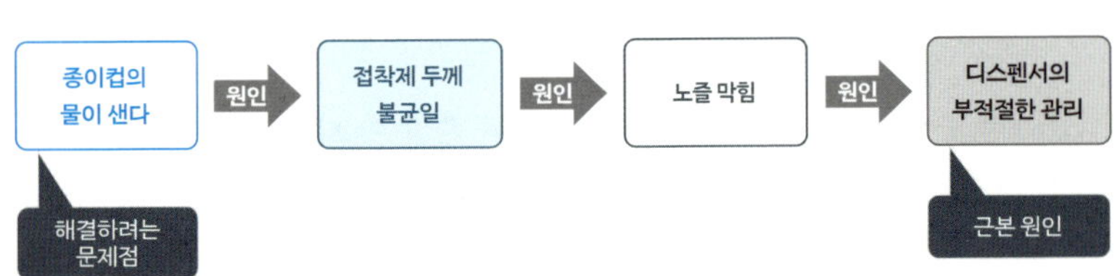

Cause-Effect Chain 분석의 기본 원리는 다음과 같습니다.

① **문제 정의**: 해결하고자 하는 최종 문제를 명확히 정의합니다.(여기서는 '종이컵의 물이 샌다.')

② **원인 연쇄 추적**: 각 문제의 직접적인 원인을 찾아 거슬러 올라갑니다. 이 과정에서 "왜?"라는 질문을 반복하며 원인의 체인을 형성합니다.

③ **근본 원인 식별**: 연쇄의 출발점이 되는 근본 원인을 찾아냅니다.(여기서는 '디스펜서의 부적절한 관리')

④ **시각적 매핑**: 원인과 결과의 관계를 시각적으로 표현하여 복잡한 인과 관계를 한눈에 파악할 수 있게 합니다.

이 접근법의 강점은 표면적 문제(종이컵 누수)에 대응하는 임시방편 해결책이 아니라, 근본 원인(디스펜서 관리)을 해결함으로써 문제의 재발을 방지할 수 있다는 점입니다. 그리고 이 도식은 이러한 인과관계를 시각화하여 복잡한 문제의 구조를 쉽게 이해할 수 있게 해 줍니다.

'Cause-Effect Chain 분석'은 문제의 원인과 결과 관계를 연결하면서 근본 원인을 추구한다는 점에서 통상 이야기하는 '근본 원인 분석'과 다르지 않습니다. 하지만 그 이름에서도 알 수 있듯이 '근본 원인 분석'은 근본 원인을 찾는 데 많이 집중하지만, 'Cause-Effect Chain 분석'은 근본 원인뿐 아니라 해결하려는 문제와 근본 원인 사이의 인과관계 연결 구조, 즉 원인과 결과의 흐름을 중요시하며 그것을 맵핑하여 시각화합니다. 그래서 이름도 'Cause-Effect 분석'이 아니라 'Cause-Effect Chain 분석'이며 이 Chain(연결 고리)을 이해하는 것이 창의적 해결안을 도출하는 데 매우 중요한 역할을 합니다.

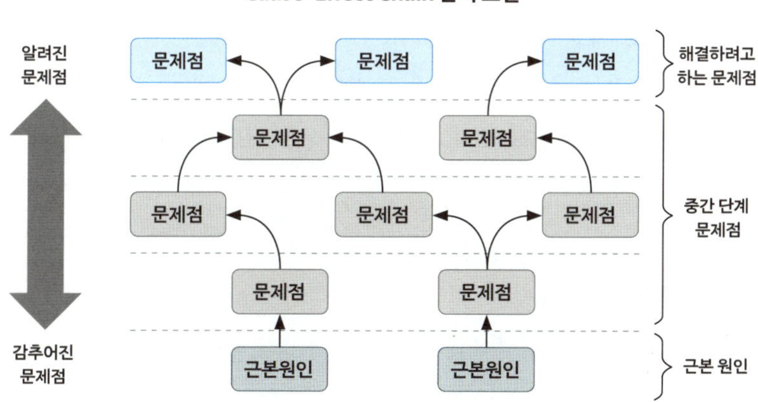

Cause-Effect Chain 분석 모델

생성형 AI인 챗GPT는 원인 분석에 있어 중요한 지원 도구가 될 수 있습니다. 복잡한 문제에 직면했을 때, 생성형 AI는 다양한 관점을 제시하고, 체계적인 질문을 통해 깊이 있는 분석을 유도하며, 인간이 갖기 쉬운 편향을 보완해 줍니다. 또한 패턴 인식 능력을 통해 숨겨진 연결 고리를 발견하고, 다양한 해결책을 탐색하는 데 도움을 줄 수 있습니다. 생성형 AI와 함께하는 원인 분석은 단순히 "왜?"라는 질문을 넘어 문제의 본질을 다각도에서 이해하고 효과적인 해결책을 찾는 여정이 될 수 있습니다.

생성형 AI는 다음과 같은 4가지 방식으로 원인-결과 분석을 지원할 수 있습니다.

1. 다각적 관점 제시

사람은 자신의 경험과 배경지식에 따라 특정 관점에 편향되기 쉽습니다. 생성형 AI는 다양한 전문 분야의 지식을 종합하여 문제를 여러 각도에서 바라볼 수 있도록 도울 수 있지요. 예를 들어, '매출 하락' 문제를 마케팅, 제품 품질, 고객 서비스, 시장 트렌드 등 다양한 관점에서 분석할 수 있습니다.

✕ AI 지원 없는 경우

마케팅 담당자가 '웹사이트 방문자 수가 감소했다.'는 문제를 분석할 때, 자신의 전문 분야에 국한되어 '마케팅 캠페인이 효과적이지 않았다.'는 단일 원인만 고려합니다. 결과적으로 SEO(검색엔진 최적화) 문제나 웹사이트 성능 저하와 같은 기술적 원인을 놓치게 됩니다.

○ AI 지원 받은 경우

같은 문제에 대해 AI는 "웹사이트 방문자 감소의 원인으로 마케팅 전략 외에도 (1) 웹사이트 로딩 속도 저하, (2) 검색엔진 알고리즘 변화, (3) 경쟁사의 새로운 콘텐츠 전략, (4) 시즌별 트래픽 변동 패턴, (5) 소셜 미디어 레퍼럴 감소 등이 있을 수 있습니다."라고 다양한 관점을 제시합니다.

2. 체계적인 질문 가이드

원인 분석 과정에서 적절한 질문은 핵심입니다. 생성형 AI는 사용자가 놓칠 수 있는 중요한 질문들을 체계적으로 제시하여 더 깊은 분석으로 안내할 수 있습니다. "이 현상이 언제부터 시작되었나요?" "어떤 패턴이 있나요?" "어떤 요소들이 변화했나요?" 등의 질문을 통해 분석의 폭과 깊이를 확장합니다.

✕ AI 지원 없는 경우

팀장이 '팀 생산성이 떨어졌다.'는 문제를 빠르게 해결하려고 직관적으로 '팀원들이 게으르다.'라고 결론짓고, 더 많은 업무 할당과 모니터링을 시작합니다. 이는 표면적 증상만 보고 깊이 있는 분석 없이 결론을 내린 경우입니다.

○ AI 지원 받은 경우

AI는 다음과 같은 체계적인 질문으로 더 깊은 분석을 유도합니다.

"생산성 감소가 언제부터 시작되었나요?" "모든 팀원에게 공통적으로 나타나는 현상인가요, 아니면 특정 구성원이나 프로젝트에 한정된 문제인가요?" "최근에 업무 프로세스, 도구, 또는 환경에 변화가 있었나요?" "팀원들이 어떤 어려움을 호소하고 있나요?"

이 질문들을 통해 실제로는 새로 도입된 소프트웨어의 사용성 문제가 팀 생산성 저하의 원인임을 발견할 수 있습니다.

3. 논리적 오류 발견

"왜?"라는 질문을 연속해서 할 때 발생하는 논리적 비약이나 순환 논리를 발견하고 지적할 수 있습니다. 예를 들어, 원인-결과 체인에서 목적론적 설명으로 넘어가는 지점을 식별하는 데 도움을 줄 수 있습니다.

✕ AI 지원 없는 경우

관리자가 '5 Whys' 기법을 적용하면서,

1. 직원 이직률이 높다. 왜?

2. 직원들이 불만족스럽다. 왜?

3. 보상이 충분하지 않다. 왜?

4. 회사가 충분한 급여를 제공하지 않는다. 왜?

5. 회사가 직원들을 충분히 가치 있게 여기지 않는다. ……

이런 분석은 마지막 단계에서 객관적 사실에서 주관적 판단으로 넘어가는 논리적 비약이 있습니다.

⭕ AI 지원 받은 경우

AI는 "4단계와 5단계 사이에 논리적 비약이 있습니다. '회사가 충분한 급여를 제공하지 않는다.'는 사실에서 '회사가 직원들을 가치 있게 여기지 않는다.'라는 주관적 해석으로 넘어갔습니다. 급여 수준이 낮은 데는 회사의 재정 상황, 산업 표준, 지역 경제 조건 등 다른 객관적 요인들이 있을 수 있습니다. 실제 데이터를 통해 급여 수준이 시장 대비 어떤 위치에 있는지, 그리고 급여 외 다른 보상 요소는 어떤지 확인하는 것이 더 객관적인 분석이 될 것입니다."라고 조언합니다.

4. 시각화 및 구조화 지원

복잡한 원인-결과 관계를 구조화된 형태로 정리하여 제시할 수 있습니다. 예를 들어, 인과관계 다이어그램이나 영향 맵의 형태로 시각적 구조를 제안할 수 있습니다.

✕ AI 지원 없는 경우

프로젝트 관리자가 '프로젝트 지연'의 원인을 분석하면서 텍스트로만 여러 요인을 나열합니다. 그 결과, 요인들 간의 관계와 상대적 중요도를 파악하기 어렵고, 핵심 원인과 부차적 원인이 혼합되어 효과적인 해결책을 도출하지 못합니다.

○ AI 지원 받은 경우

AI는 "프로젝트 지연 원인을 더 명확히 이해하기 위해 다음과 같은 인과관계 다이어그램을 구성해 보겠습니다."라고 하며, 주요 원인 카테고리(인력, 프로세스, 외부 요인, 자원)를 중심으로 구조화된 원인-결과 맵을 제시합니다. 이 시각적 구조를 통해 핵심 원인과 그 영향 경로를 더 명확히 파악할 수 있습니다.

이러한 기능들을 통해 생성형 AI는 인간의 문제 해결 능력을 보완하고 확장하여, 더 깊고 통찰력 있는 원인 분석과 효과적인 해결책 도출을 가능하게 합니다.

문제 해결의 진정한 핵심은 단순히 원인을 찾는 것이 아니라, 문제 해결에 도움이 되는 유용한 관점을 발견하는 것입니다. 최근에는 인공지능 기술의 발전으로 이러한 원인 분석 과정에서 AI의 도움을 받을 수 있게 되었습니다. AI는 이러한 다양한 관점을 체계적으로 탐색하는 도구로서 우리의 원인 분석 능력을 한 단계 끌어올릴 수 있습니다.

AI와 함께하는 Cause-Effect Chain 분석

지금까지 살펴본 Cause-Effect Chain 분석은 복잡한 문제의 근본 원인을 체계적으로 파악하는 데 매우 효과적인 방법입니다. 그렇다면 이러한 분석 과정에 AI를 활용할 수는 없을까요? 최근 개발된 원인 분석 GPTs는 바로 이러한 구조적 원인 분석을 지원하는 특화된 AI 도구입니다.

원인 분석을 위한 AI 코치의 등장

일반적인 AI 챗봇과 달리, 원인 분석 GPTs는 문제의 원인을 단계적으로 분석하고 시각화하여 보여 주는 구조적 접근법을 취합니다. 이는 마치 숙련된 컨설턴트가 문제 해결 과정을 안내하는 것과 유사한 경험을 제공합니다.

원인 분석 GPTs의 핵심 특징

1. **구조적 분석**: MECE(Mutually Exclusive, Collectively Exhaustive) 원칙에 따라 가능한 원인을 빠짐없이, 중복 없이 분류합니다.

2. **단계별 심층 분석**: 표면적 원인에서 시작해 점차 더 깊은 근본 원인으로 파고드는 접근법을 사용합니다.

3. **시각적 도식화**: 분석 결과를 머메이드(Mermaid) 다이어그램으로 시각화하여 인과관계의 흐름을 한눈에 파악할 수 있게 합니다.

4. **인터랙티브 가이드**: 사용자와의 대화를 통해 함께 원인을 찾아가는 코칭 방식으로, 사용자의 사고 과정을 자극합니다.

활용 사례: 피자 맛 저하 문제 분석

다음은 한 피자 가게에서 발생한 '피자 맛이 예전보다 떨어졌다.'는 문제를 원인 분석 GPTs가 어떻게 분석했는지 보여 주는 사례입니다.

프롬프트:

피자 가게인데 피자 맛이 처음보다 나빠졌다는 피드백을 받았습니다. 원인 분석을 도와주세요.

GPTs의 주요 답변:

다음은 피자의 맛이 변한 원인일 가능성이 높은 항목들입니다. 각 항목을 설명과 예시와 함께 정리했습니다.

1. 재료 품질 저하
2. 조리 과정 변화
3. 주방 직원 변화
4. 오븐 및 장비 문제
5. 고객의 기대 변화
6. 배달 및 보관 문제

위 6가지 원인 중에서 가장 가능성이 높아 보이는 원인을 선택해 주세요. 선택하면 그 원인에 대해 좀 더 세부적인 분석을 진행하겠습니다.

프롬프트:
주방 직원 변화와 오븐 및 장비 문제일 가능성이 높습니다.

GPTs의 주요 답변:
사용자께서 선택한 원인은 "주방 직원 변화" 및 "오븐 및 장비 문제"입니다.
각 원인에 대해 좀 더 세부적인 원인을 분석하겠습니다.

    1. 주방 직원 변화-세부 원인 분석
- 레시피 숙지 부족
- 조리 실력 차이
- 팀워크 부족
- 교육 부족

    2. 오븐 및 장비 문제-세부 원인 분석
- 오븐 온도 불균형
- 오븐 유지 보수 부족
- 장비 설정 변경
- 장비 노후화

위 세부 원인 중에서 가장 가능성이 높은 원인을 선택해 주세요.
선택하면 해결 방안을 도출하겠습니다!

프롬프트:
조리 실력 차이와 오븐 장비 노후화입니다.

GPTs의 주요 답변:
이제 이를 해결할 수 있는 방안을 도출해 보겠습니다.

    1. 조리 실력 차이 해결 방안
- 직원의 피자 반죽 숙련도 부족 → 기존 직원이 신입 직원에게 실습 교육 진행
- 굽기 실력 부족 → 조리 과정 매뉴얼 제작 및 체크리스트 사용
- 피자의 일관성이 떨어짐 → 매일 샘플 테스트 진행
- 베테랑 직원의 교육 시간이 부족 → 내부 트레이닝 진행

2. 오븐 장비 노후화 해결 방안

- 오븐 온도가 일정하지 않음→유지 보수 점검(온도 센서 확인)
- 오븐 내부 탄 찌꺼기 문제→주기적인 오븐 청소 및 관리
- 오븐 성능 저하→예열 시간 체크 및 온도 조절 시스템 점검
- 장비 교체 필요→신규 장비 도입 검토(임시 대체 가능 여부 확인)

아래는 문제 원인 분석을 시각적으로 정리한 Mermaid 코드입니다.

```
graph TD;
    A [피자 맛이 나빠짐] --> B [주방 직원 변화]
    A   --> C [오븐 및 장비 문제]


    B   --> B1 [조리 실력 차이]
    B1 --> B2 [반죽 숙련도 부족]
    B1 --> B3 [굽기 실력 부족]
    B1 --> B4 [조리 일관성 부족]


    C   --> C1 [오븐 장비 노후화]
    C1 --> C2 [오븐 온도 불균형]
    C1 --> C3 [오븐 내부 찌꺼기 문제]
    C1 --> C4 [오븐 성능 저하]


    B2 --> D1 [기존 직원의 실습 교육]
    B3 --> D2 [조리 과정 매뉴얼 제작]
    B4 --> D3 [일일 샘플 테스트 진행]


    C2 --> E1 [온도 센서 점검]
    C3 --> E2 [주기적인 오븐 청소]
    C4 --> E3 [신규 장비 도입 검토]
```

위 코드를 Mermaid Live Editor에서 실행하면 원인 분석 도식이 시각적으로 나타납니다.

1. Mermaid Live Editor 방문
2. 위 코드 복사 후 입력
3. Preview 버튼 클릭하여 도식 확인

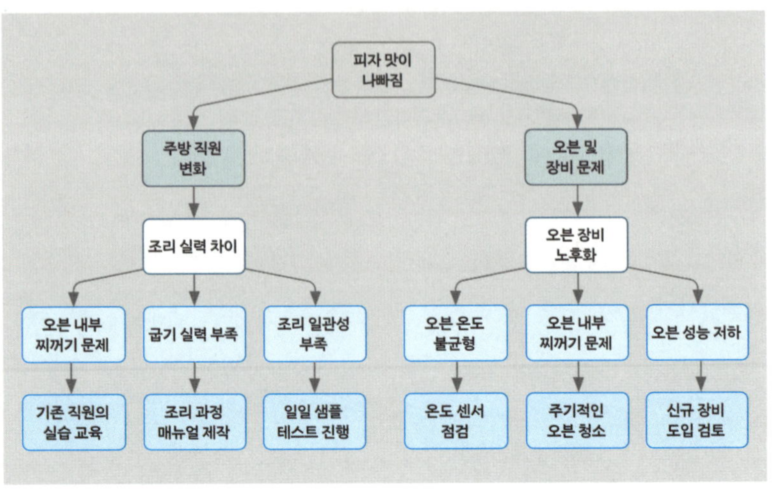

원인 분석의 미래: AI와 인간의 협업

원인 분석 GPTs는 인간의 직관과 AI의 체계적 분석 능력을 결합한 좋은 예입니다. 이러한 도구는 기존의 Cause-Effect Chain 분석을 더욱 효율적으로 수행할 수 있게 해 주며, 다음과 같은 이점을 제공합니다.

① **분석의 효율성:** 짧은 시간 내에 다양한 원인 가설을 검토하고 구조화할 수 있습니다.

② **인적 편향 감소:** AI는 인간이 놓치기 쉬운 원인 카테고리나 연결 고리를 제안할 수 있습니다.

③ **지식 통합:** 다양한 산업과 문제 영역에서의 원인 분석 패턴을 학습하여 적용합니다.

④ **시각적 사고 촉진:** 복잡한 인과관계를 시각화함으로써 팀 내 커뮤니케이션과 이해를 증진합니다.

앞으로 이러한 AI 도구들은 더욱 발전하여, 더 복잡한 문제의 원인 분석과 해결책 도출에 큰 도움을 줄 것으로 기대됩니다. 이는 단순히 기존 방법론을 자동화하는 수준을 넘어, 인간과 AI가 함께 더 나은 문제 해결 접근법을 개발해 나가는 새로운 패러다임의 시작이라고 볼 수 있습니다.

이처럼 AI는 원인 분석의 과정을 보조하는 도구를 넘어, 우리의 사고 방식과 문제 해결 능력을 확장시키는 파트너로 발전하고 있습니다. 다음 장에서는 이러한 확장된 사고 능력을 바탕으로, 창의적인 해결책을 도출하는 방법에 대해 살펴보겠습니다.

원인 분석 GPTs 소개

이름: GEN4 Creativity-원인분석

🔗 접속 정보

(주)큐엠앤이노베이션 홈페이지의 'GPT 체험하기 페이지'에 접속하면 ChatGPT 사용자의 경우 무료로 체험이 가능합니다.
URL: https://qmeinno.com/gpt-experience

🎯 핵심 기능

- 구조적 원인 분석: MECE 원칙에 따른 체계적 원인 분류
- 시각적 다이어그램: 복잡한 인과관계를 Mermaid 코드로 시각화
- 단계별 분석: 표면 현상에서 근본 원인까지 체계적 추적
- 원인 분석 결과로 해결안 도출

📊 주요 특징

- Cause-Effect Chain 분석 전문
- 일반 AI 대비 구조화된 접근법
- 사용자와의 대화형 분석 과정

💼 활용 분야

- 서비스 불만, 프로젝트 지연, 업무 프로세스 등 서비스 및 비기술 분야 문제 원인 파악 및 해결

📝 사용법

- 1단계: 해결하고자 하는 문제 상황을 구체적으로 설명
- 2단계: AI가 제시하는 질문에 단계별로 답변
- 3단계: 생성된 인과관계 다이어그램을 검토하고 수정 요청
- 4단계: 대안 도출 – 구체적이고 실행 가능한 해결안 제시

⚡ 활용 팁

- 문제 설명 시 구체적인 상황과 제약 조건 포함
- 각 단계에서 충분한 검토와 피드백 제공

⚠ 주의 사항

- 생각의 프레임워크를 제공하며, 최종 판단은 사용자의 몫

PART 4
창의력

AI와 함께 만드는
차별화된 해결책

창의성의 게임 룰이 바뀌었습니다

"저는 창의적이지 못해요."

"아이디어가 잘 떠오르지 않아요."

"창의성은 타고나는 것 같은데……."

이런 말, 한 번쯤 해 보지 않았나요? 많은 사람이 창의성을 특별한 재능이라고 생각합니다. 일부 천재들만이 가진 신비로운 능력이라고 말이죠.

하지만 AI 시대에는 창의성의 게임 룰이 완전히 바뀌었습니다.

창의적 문제 해결 방법론을 학습한 AI의 등장

옛날에는 영감에 의존하던 방식에서 벗어나 과학적인 창의적 문제 해결을 위해 TRIZ라는 생각의 방법이 개발되었습니다. 그리고 TRIZ 방법은 어려운 문제를 해결하는 데 아직까지도 큰 효과를 발휘하고 있습니다. 하지만 이 방법은 실제로 활용하려면 상당한 학습 시간과 경험이 필요했지요.

"이론은 배웠는데, 실제 문제에 어떻게 적용하지?"

이것이 많은 사람이 겪었던 어려움이었습니다. 방법론은 알겠는데, 막상 내 문제에 적용하려면 막막했거든요.

그런데 이제는 상황이 완전히 달라졌습니다. 이 책에서는 창의적 문제 해결 방법론들을 미리 학습한 AI를 소개하고 사용하는 방법을 알려드립니다. 그리고 여러분은 바로 사용해 볼 수 있습니다. 여러분의 구체적인 상황에 맞춰 실마리를 바로 제시해 줄 수 있게 된 겁니다.

물론 기본적으로 일반 AI는 창의적인 아이디어를 많이 제시해 줍니다. 하지만 우리가 사용할, 문제의 본질을 이해하고 창의적인 사고 방법을 습득한 AI는 더 차별화된 아이디어를 제시해 줍니다.

해결 방향을 먼저 설정하는 것이 중요합니다

차별화된 해결책을 만들기 위해서는 구체적인 해결안에 앞서 '해결 방향'을 올바르게 설정하는 것이 중요합니다.

많은 사람이 문제를 보자마자 바로 해결책을 떠올리려 하지만, 그럴 경우 문제의 본질을 제대로 파악하지 못한 채 표면적인 증상만 다루게 됩니다.

반면, 올바른 접근은 이렇습니다.

1. 문제의 근본 원인 파악("왜?" 질문을 통한 본질 탐구)
2. 원인에 맞는 해결 방향 설정(어떤 방향으로 해결할 것인가.)
3. 방향에 따른 구체적 해결안 도출(실행 가능한 솔루션들)

AI는 이런 해결 방향 설정 과정에서 놀라운 도움을 줍니다. 다양한 관점에서 문제를 바라보게 하고, 여러 산업의 유사 사례들을 제시하며, 체계적인 분석 틀을 제공하지요.

AI가 사고의 망원경이 되어 주는 시대

앞서 이야기했듯이 AI는 마치 망원경이나 현미경과 같습니다. 망원경이 우리에게 보이지 않던 우주를 보여 주고, 현미경이 미시 세계의 놀라운 모습을 드러내듯이, AI는 우리의 생각을 확장하고 새로운 가능성을 보여 줍니다.

AI는 다른 산업 사례, 자연의 원리, 최신 기술 등으로부터 우리가 기존에는 볼 수 없었던 새로운 '점들'을 제공해 줍니다. 그리고 그 '점들' 사이의 의외의 연결 고리들을 발견하도록 도와주면서 사고를 확장시켜 줍니다. 스티브 잡스가 "창의성이란 그저 여러 점들을 연결하는 것"이라고 말한 것처럼, AI는 우리가 상상할 수 있는 것보다 훨씬 더 많은 '점들'을 제시하고, 그 사이의 연결 고리를 만들도록 도와줍니다.

한계에 부딪혔을 때 AI가 돌파구를 제시합니다

해결안을 도출하다 보면, 한계에 부딪히는 경우가 있습니다. 솔루션이 없어 보인다거나, 막막하다거나, 모순적인 상황이라 이럴 수도 저럴 수도 없어서 포기할 수밖에 없다는 생각이 드는 경우 말이죠.

이럴 때 AI가 우리에게 도움을 줄 수 있습니다. 창의적 문제 해결 방법을 배운 AI라면 더더욱 말입니다. AI는 우리가 생각하지 못한 다양한 관점과 접근법을 제시하며, 막다른 길에서 새로운 돌파구를 찾을 수 있게 도와줍니다.

AI와 함께하면 창의적 사고력도 자연스럽게 향상됩니다

과거에는 TRIZ(창의적 문제 해결이론)를 배우고 창의력을 향상시키기 위해서 오랜 노력과 시간이 필요했습니다. 하지만 AI와 함께 창의적 문제 해결 과정을 반복하다 보면 자연스럽게 창의적 사고 방법을 학습하게 되고, 나의 창의성도 함께 향상됩니다.

AI가 제시하는 다양한 관점과 해결 방법들을 경험하면서, 어느새 여러분도 문제를 바라보는 시각이 넓어지고 창의적 접근법이 몸에 배게 될 것입니다.

이 파트에서 다룰 내용들

8장 '차별화된 해결책 만들기'에서는 문제의 본질에서 해결 방향을 도출하는 체계적인 방법과 기존 솔루션을 창의적으로 활용하는 전략을 배웁니다. '새로운 아이디어보다 검증된 솔루션의 활용'이라는 실용적 접근법을 익혀 보겠습니다.

9장 '모순을 해결하는 혁신의 기술'에서는 AI와 함께 모순 해결 방법을 활용하는 실전 워크숍을 진행합니다. 40가지 발명 원리와 분리의 원리 등을 실제 문제에 적용하면서 모순을 해결하는 아이디어를 도출하는 구체적 과정을 체험해 보겠습니다.

10장 '바로 사용해 보는 실전 예제'에서는 동네 카페 매출 하락 문제와 스마트폰 충전선 단선 문제를 통해 전체 문제 해결 프로세스를 경험해 봅니다. 이론에서 실전으로 이어지는 완전한 여정을 함께하겠습니다.

1. 원인 분석 결과를 활용하여 해결 방향부터 설정하라.

: 문제의 본질을 파악한 후 방향성을 명확히 하세요.

2. 막다른 길에서 포기하지 마라.

: AI와 함께라면 새로운 돌파구를 찾을 수 있습니다.

3. 창의적 문제 해결 방법을 배운 AI를 활용하라.

: 체계적인 방법론을 익힌 AI의 도움을 받으세요.

AI와 함께 창의적 문제 해결 전문가로 성장하기

이 파트를 마치면 여러분은 복잡한 문제 상황에서도 AI와 함께 체계적이고 창의적인 해결책을 만들어 낼 수 있게 될 것입니다.

더 이상 영감을 기다리지 마세요. AI와 함께라면 언제든 창의적 문제 해결을 시작할 수 있습니다.

8장

차별화된 해결책 만들기

노벨 물리학상 수상자 리처드 파인만 교수에 관한 흥미로운 일화가 있습니다. 1965년, 그가 노벨상 수상자로 선정되었을 때의 이야기입니다.

파인만은 형식과 의례를 매우 싫어하는 것으로 유명했습니다. 새벽에 스웨덴 왕립과학학술원에서 수상 소식을 알려 주려고 건 전화에 대고 "그걸 꼭 새벽에 알려야겠소?"라고 귀찮아했다는 일화는 그의 성격을 잘 보여 줍니다. 그는 처음에 노벨상 시상식에 참석하기 위해 스웨덴에 가는 것을 거부했습니다. 복잡한 의전과 형식적인 행사가 매우 귀찮았기 때문이었습니다.

주변 사람들은 다양한 방법으로 그를 설득하려 했습니다.

"국가의 영광을 위해 가야 합니다." "평생에 한 번 있는 영광스러운 행사입니다." "과학계를 대표해서 참석해야 합니다."

그러나 이런 설득은 전혀 효과가 없었습니다. 파인만은 단호하게 거절했죠. 모든 사람이 그를 설득하는 데 실패했을 때, 그의 아내 그웨네스가 한 마디를 건넸습니다.

"그래요, 당신 가지 마세요. 그렇게 되면 노벨상을 거절했다는 이유로 오히려 더 유명해질 거예요. 그러면 기자들이 몰려와서 당신을 훨씬 더 귀찮게 하겠죠."

이 한 마디가 파인만의 마음을 바꿔 놓았습니다. 결국 그는 스웨덴으로 가서 노벨상을 받았습니다.

이 일화가 우리에게 주는 교훈은 무엇일까요? 파인만을 설득하려던 모든 사람들은 그가 왜 시상식에 가기 싫어하는지, 그 진짜 이유(귀찮음을 피하고 싶은 마음)를 정확히 파악하지 못했습니다. 그러나 그의 아내 그웨네스는 정확히 문제의 본질을 이해했고, 그 본질에 맞는 해결책을 제시했습니다. 파인만이 진정으로 원했던 것은 '귀찮음을 피하는 것'이었으며, 그의 아내는 '당신의 행동이 오히려 더 큰 귀찮음을 가져올 것'이라는 사실을 지적함으로써 상황을 해결했습니다.

이처럼 문제 해결의 성패는 종종 문제의 본질을 얼마나 정확히 파악하고, 그에 맞는 적절한 해결 방향을 제시하느냐에 달려 있습니다. 앞서 7장에서 우리는 문제의 본질을 파악하는 방법에 대해 알아보았습니다. 이제 8장에서는 문제의 본질에서 출발하여 차별화된 해결책을 만들어 내는 방법, 특히 올바른 '해결 방향'을 도출하는 방법에 대해 살펴보겠습니다.

1. 진짜 해결해야 할 것은 무엇인가

"나에게 나무를 자르는 데 6시간이 주어진다면, 나는 4시간을 도끼를 가는 데 쓸 것이다."란 명언이 있습니다. 문제 해결에 있어 '준비'와

'본질 파악'의 중요성을 강조한 말이죠. 7장에서 우리는 문제의 본질을 파악하는 방법에 대해 알아보았습니다. 우리는 문제의 근본 원인을 찾기 위해 '5 Whys' 기법을 활용하고, 현상 너머에 있는 진짜 문제를 발견하는 방법을 살펴보았습니다.

그러나 문제의 본질을 파악했다고 해서 그 문제가 자동으로 해결되는 것은 아닙니다. 오히려 이제부터가 진짜 시작입니다. 본질을 알았다면, 이제는 "어떻게 해결할 것인가?"라는 질문에 답해야 합니다. 여기에서는 문제의 본질을 바탕으로 다양한 관점에서 해결책을 모색하는 방법, 특히 올바른 '해결 방향'을 도출하고 '원인-결과' 사슬의 여러 지점에서 개입하여 차별화된 해결책을 찾는 방법에 대해 살펴보겠습니다.

해결 방향(Conceptual Direction)의 중요성

대부분 사람들은 문제를 인식하면 바로 구체적인 해결책을 찾으려고 합니다. 하지만 이런 접근은 종종 실패하거나 효과적이지 않은 해결책으로 이어집니다. 왜 그럴까요? 문제의 본질과 구체적 해결책 사이에는 '해결 방향'이라는 중요한 단계가 있기 때문입니다.

해결 방향이란 무엇인가?

해결 방향은 '이 문제를 해결하기 위해 어떤 방향으로 접근해야 하는가?'에 대한 개념적 프레임워크입니다. 이는 구체적인 해결책(What to do)보다는 해결의 방향성(Which way to go)에 초점을 맞춥니다.

예를 들어, '직원 이직률이 높다.'라는 문제의 본질이 '경력 성장 기회 부족'이라고 파악했다면, 해결 방향은 '직원들에게 더 많은 경력 성장 기회를 제공하는 방법'이 되어야 하고, 구체적 해결책은 사내 멘토링 프로그램 도입, 교육 비용 지원, 승진 체계 개편 등이 될 것입니다.

여기서 해결 방향은 구체적 해결책의 상위 개념으로, 여러 해결책을 아우르는 방향성을 제시합니다.

왜 해결 방향이 중요한가?

첫째, 창의적 해결책 도출의 기반이 됩니다. 올바른 해결 방향은 다양하고 창의적인 해결책을 도출할 수 있는 비옥한 토양을 제공합니다.

둘째, 체계적인 접근이 가능합니다. 해결 방향이 명확하면 무수히 많은 가능성 중에서 효과적인 해결책을 체계적으로 탐색할 수 있습니다.

셋째, 통합적 시각을 제공합니다. 다양한 이해 관계자들이 세부적인 해결책에는 이견이 있더라도, 해결 방향에는 합의할 수 있어 협업을 촉진합니다.

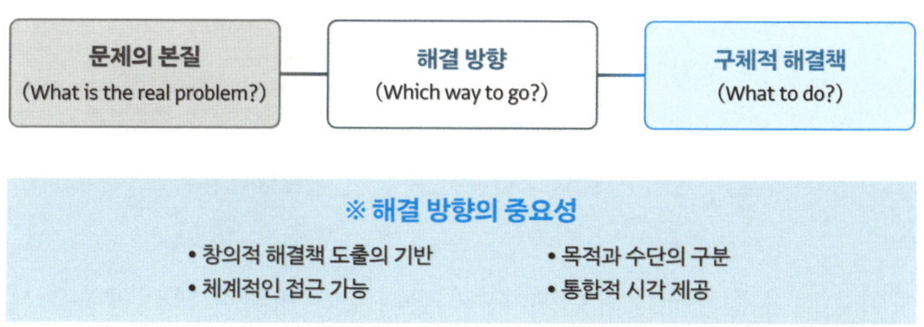

이케아(IKEA)의 조립 문제 사례

가구 회사 이케아는 "조립이 어렵다."는 고객 불만에 오랫동안 시달려 왔습니다. 초기에 이케아는 다음과 같은 접근법을 시도했습니다.

"설명서를 더 자세히 만들자!"
"단계별 이미지를 더 많이 넣자!"
"일관된 시점 유지로 공간적 혼란을 최소화하자!"

그러나 이러한 노력에도 불구하고 문제는 계속되었습니다. 마침내 이케아의 디자인팀은 다른 질문을 던졌습니다.

"왜 사람들이 설명서가 있는데도 조립을 어렵게 느낄까?"

수많은 소비자 테스트와 관찰을 통해, 그들은 핵심 원인을 발견했습니다. 문제는 설명서의 복잡성이 아니라, 부품 구별의 어려움과 조립 방법과 순서의 불명확성이었습니다.

① 현상: 가구 조립이 어렵다.
② Why?: 왜 조립이 어려울까?
③ 발견: 부품 구별이 어렵고 조립 방법과 순서가 불명확함

이 본질적 문제에 대해 이케아는 다음과 같은 명확한 해결 방향을 설정했습니다.

④ **해결 방향: 부품 식별, 조립 방법과 순서를 직관적으로 만드는 법**

이 해결 방향에서 다양한 구체적 해결책이 도출되었습니다.

⑤ 해결책: 부품에 번호 매기기, 나사·볼트 없는 결합 방식 도입, 필요한 도구를 패키지에 포함, 부품 수 대폭 축소

이 사례는 단순히 "설명서를 더 자세히 만들자."라는 표면적 접근이 아니라, '부품 식별과 조립 방법 직관화'라는 본질적 해결 방향을 찾아냄으로써 효과적인 해결책을 도출한 좋은 예입니다.

이케아 서랍장 조립 설명서

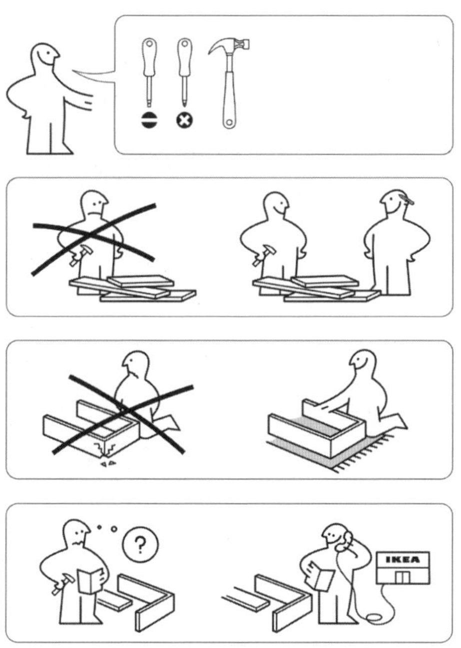

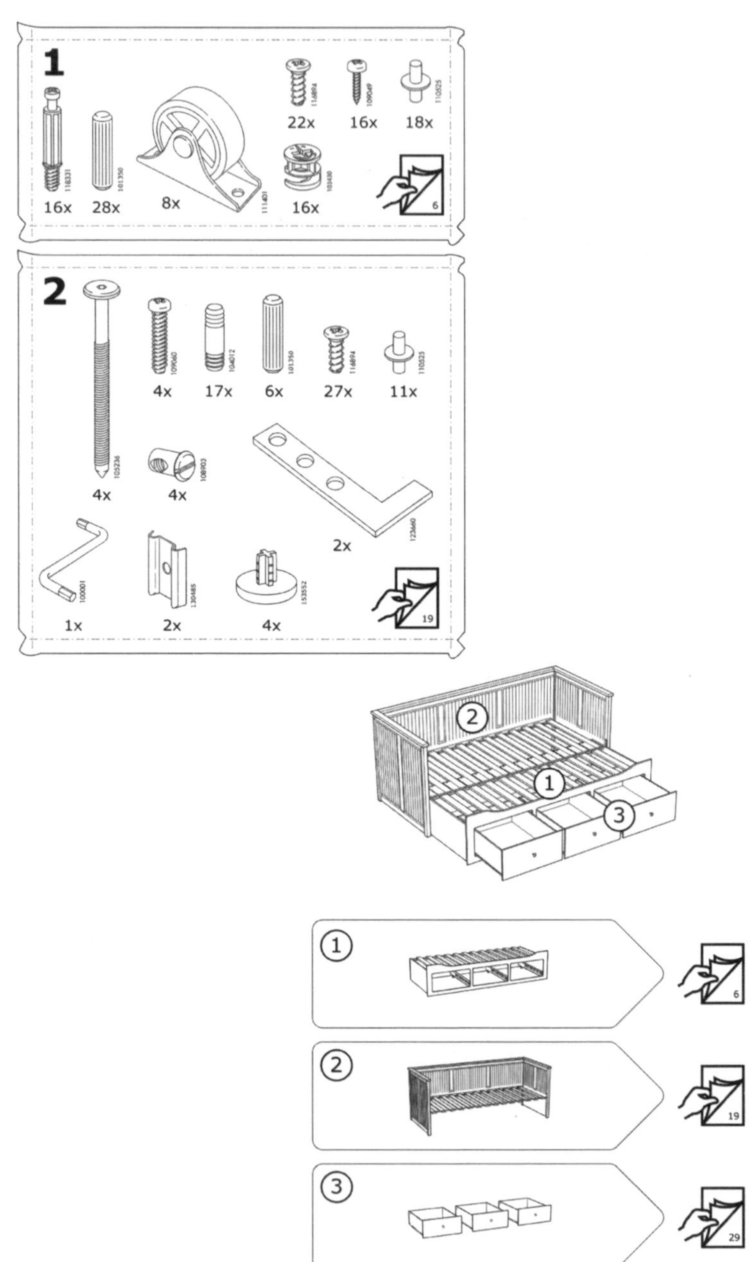

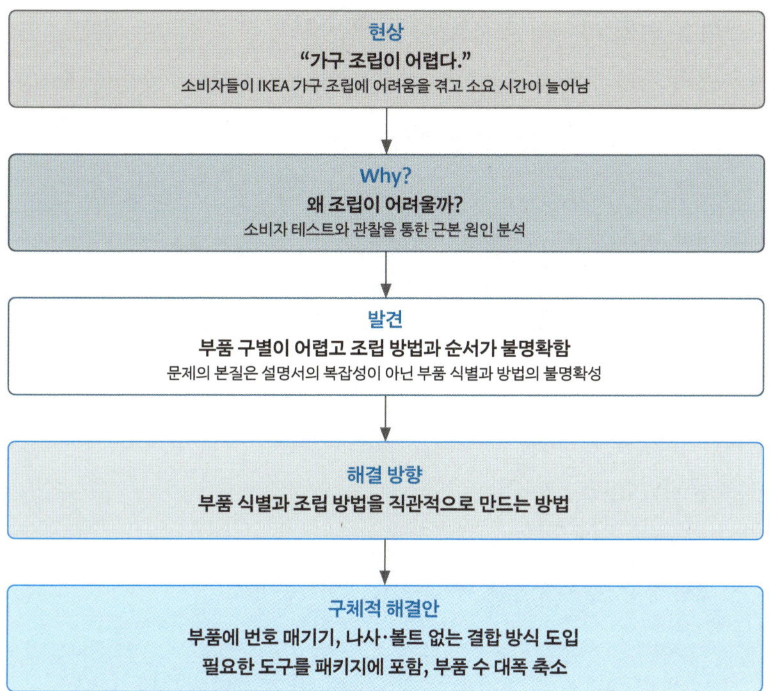

해결 방향 도출 방법

문제의 본질을 파악했다면, 이제 해결 방향을 어떻게 도출할 수 있을까요? 상황에 따라 접근법이 달라질 수 있습니다.

1. 근본 원인 제거 방향: 명확한 사례

때로는 문제의 근본 원인을 파악하는 순간, 해결 방향이 자연스럽게 도출되는 경우가 있습니다. 이는 문제와 해결책이 비교적 직접적으로 연결되어 있을 때 가능합니다.

교통 체증 해결 사례

설명을 위해 하나의 예를 들어 보겠습니다. 한 자치구는 특정 도로 구간에서 심각한 교통 체증 문제가 발생했습니다. 교통 전문가팀이 문제 원인을 파악하기 위해 현장 조사와 데이터 분석을 실시했습니다.

① 현상: 특정 도로 구간의 심각한 교통 체증
② Why?: 왜 출퇴근 시간대 차량이 한 지점에서 극심하게 정체될까?
③ 발견: 4차선 도로가 2차선으로 급격히 줄어드는 병목 구간이 존재

문제의 본질이 '병목 구간'임이 밝혀진 순간, 해결 방향은 자연스럽게 도출되었습니다.

④ **해결 방향: 병목 구간을 제거하거나 완화하는 방법**

이 해결 방향에서 구체적 해결책이 빠르게 결정되었습니다.

⑤ 해결책: 병목 구간을 확장하여 4차선을 유지하는 도로 공사를 진행합니다. → 해당 구간 교통 체증 감소

이 사례는 문제의 본질(병목 구간)이 명확하게 파악되면, 해결 방향이 자연스럽게 도출될 수 있음을 보여 줍니다. 그러나 모든 문제가 이렇게 단순하지는 않습니다.

2. 다양한 관점에서의 해결 방향 탐색: 복합적인 사례

복잡한 문제의 경우, 근본 원인을 파악하더라도 다양한 관점에서 해

결 방향을 탐색해야 할 필요가 있습니다.

넷플릭스 DVD 반납 사례

2000년대 초반, 넷플릭스는 DVD 대여 사업을 운영하면서 중요한 문제에 직면했습니다. 고객들이 DVD를 반납하는 과정에서 디스크가 손상되는 경우가 많았기 때문입니다. 조사 결과, 대부분의 손상은 반납 과정에서 발생했습니다. 우체국 우편물 자동 분류기의 물리적 충격으로 손상되는 것이었죠.

① 현상: DVD가 자주 손상된다.
② Why?: 왜 DVD가 손상될까?
③ 발견: 우편물 자동 분류기 드럼의 물리적 충격

이 문제는 본질이 명확하지만, 해결 방향은 다양한 관점에서 탐색할 필요가 있었습니다.

④ **해결 방향**
 —제품 관점: DVD 자체를 더 내구성 있게 만드는 방법
 —**배송 관점: 분류기의 물리적 충격을 받지 않도록 하는 방법**
 —고객 관점: 고객이 DVD를 더 안전하게 반납할 수 있는 방법은?
 —비즈니스 모델 관점: 물리적 배송 자체를 줄일 수 있는 방법은?

넷플릭스는 '배송 관점'의 해결 방향을 선택했습니다. 자동 분류기를 거치지 않는 루트로 우회할 수 있도록 다른 규격의 DVD 전용 봉투를 개발한 것이죠. 이 해결책으로 손상을 크게 감소시킬 수 있었습니다.

⑤ 해결책: 전용 반납 봉투 개발 → DVD 손상 크게 감소

이 사례는 하나의 본질적 문제에 대해 다양한 관점에서 여러 해결 방향을 탐색하고, 단기 및 장기 전략을 결합하는 것이 효과적일 수 있음을 보여 줍니다.

사슬 끊기: 문제 흐름 분석을 통한 다양한 해결책 도출

지금까지 문제의 근본 원인을 찾고 그것을 직접 해결하는 방법에 대해 살펴보았지만, 실제 현장에서는 근본 원인을 제거하기 어려운 경우가 많습니다. "근본 원인은 놓아 둔 채 미봉책에 불과한……"이란 표현을 자주 들어 보았을 겁니다. 그러나 모든 경우에 근본 원인만 해결해야 한다고 생각하는 것은 오히려 문제 해결의 다양한 기회를 놓치는 결과를 낳을 수 있습니다.

이제 우리는 '진짜 해결해야 할 것'을 찾기 위한 또 다른 강력한 접근법인 '사슬 끊기'에 대해 알아보겠습니다. 이 방법은 문제의 인과관계 사슬(Chain)에서 다양한 지점을 끊어 냄으로써, 근본 원인을 제거하는 것 외에도 효과적인 해결책을 체계적으로 도출하게 해 줍니다.

사슬 끊기의 핵심 원리

'사슬 끊기'는 근본 원인 분석에서 도출된 인과관계 사슬을 활용합니다. 하지만 근본 원인만 집중하지 않고, 인과관계 사슬의 모든 연결 고리에서 해결 가능성을 탐색합니다.

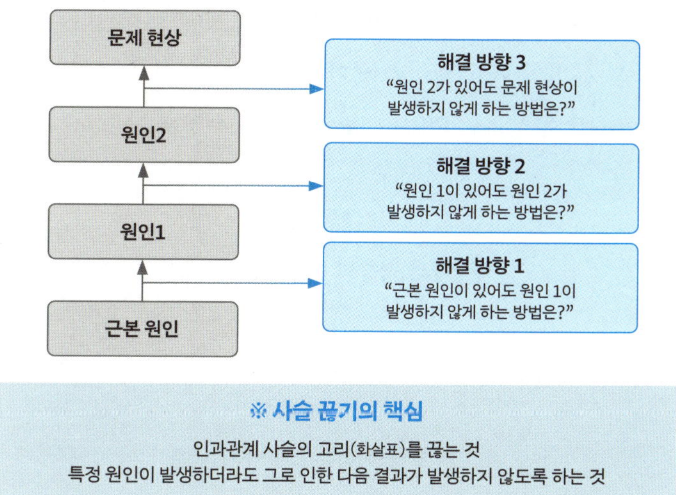

그 원리는 간단합니다.

① 문제와 원인들 간의 인과관계 사슬을 파악한다.

② 사슬의 각 연결 지점에서 "이 원인이 존재하더라도, 다음 결과가 발생하지 않게 하는 방법은 무엇일까?"라고 질문한다.

③ 각 지점에서 도출된 해결 방향을 체계적으로 정리한다.

이 방법의 핵심은 '아래 것은 되고 위에 것은 안 된다.'는 규칙입니다. 즉, 특정 원인이 발생하더라도 그로 인한 다음 결과는 발생하지 않도록 하는 것입니다.

2023년, 한 대학 도서관에서 특이한 문제가 발생했습니다. 리모델링 이후 학생들로부터 "집중이 잘 안 된다." "쉽게 피로해진다." "두통이 생긴다."는 불만이 지속적으로 제기된 것이죠. 도서관 관리팀은 즉시 조사에 착수했고, Cause-Effect Chain 분석을 수행했습니다.

문제

학생들의 집중력 저하와 두통 호소

↑ 원인 1

눈의 피로도 증가

↑ 원인 2

LED 조명의 색온도가 높기 때문

↑ 원인 3

LED 조명으로 교체했기 때문

↑ 원인 4

도서관의 에너지 절감

↑ 근본 원인

대학의 탄소중립 캠퍼스 추진

근본 원인인 '탄소중립 캠퍼스 정책'은 대학의 핵심 가치와 장기 전략에 해당하므로 쉽게 변경하기 어려웠습니다. 이에 관리팀은 사슬 끊기 방법을 적용하여 다양한 해결 방향을 탐색했습니다.

① '탄소중립 캠퍼스 추진'을 유지하면서 '도서관의 에너지 절감'을 하지 않는 방법

─ 도서관 지붕에 태양광 패널 설치하여 자체 전력 생산

─ 다른 시설의 에너지 사용을 더 줄여 도서관은 예외로 인정

② '도서관 에너지 절감'을 하면서도 'LED 조명으로 교체'하지 않는 방법

─ 자연광 유입을 최대화하는 창문 디자인 도입

─ 재생 에너지를 사용하는 다른 조명 기술 적용

③ 'LED 조명으로 교체'하더라도 '색온도가 높게' 하지 않는 방법

─ 에너지 효율이 높으면서도 색온도가 낮은(따뜻한 색) LED 조명으로
교체

─ 조명 밝기 자동 조절 센서 설치로 전체적인 전력 소비 감소

④ 'LED 조명의 색온도가 높'더라도 '눈의 피로도 증가'하지 않게 하는 방법

─ 책상별 개인 조명 설치로 학생들이 원하는 대로 조절 가능

─ 블루라이트 차단 필터 스크린 제공

─ 눈의 피로를 줄이는 독서대 제공

도서관 관리팀은 3번과 4번 해결책을 결합했습니다. 색온도가 낮은 LED 조명으로 교체하고, 각 열람석에 조도 조절이 가능한 개인 조명을 설치한 것입니다. 또한 학생들에게 블루라이트 차단 안경을 무료로 대여해 주는 서비스도 시작했습니다. 결과적으로 탄소중립 정책을 유지하면서도 학생들의 학습 환경을 크게 개선할 수 있었습니다.

이 사례는 근본 원인(탄소중립 정책)을 손대지 않으면서도 인과관계 사슬의 중간 연결 고리를 끊어 효과적인 해결책을 찾을 수 있다는 것을 보여 줍니다.

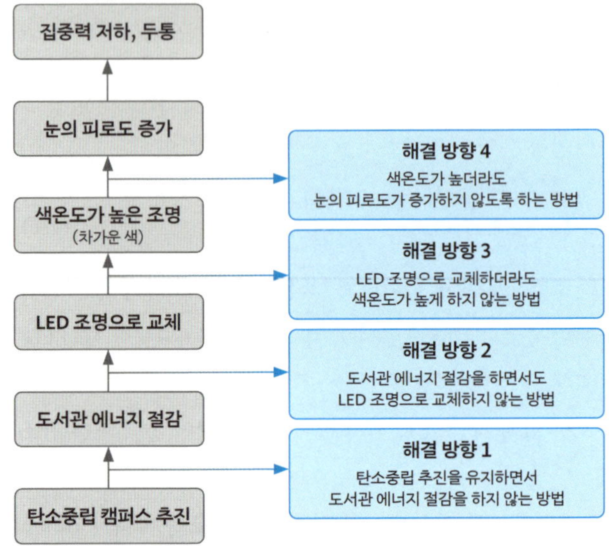

콩나물 재배 용수 문제: 실제 현장의 사슬 끊기 적용

다음은 한국발명진흥회에서 만든 'IP제품혁신매뉴얼'에 수록된 사례로, 진흥회가 주관한 사업에서 실제로 수행된 과제입니다. 콩나물을 대량으로 재배하여 판매하는 한 기업에서 심각한 문제가 발생했습니다. 이 업체는 씻어서 비닐에 담아 판매하는 콩나물로 소비자들의 인기를 얻어 매출이 계속 증가하고 있었습니다. 늘어나는 수요에 대응하기 위해 신규 공장을 증설했는데, 예상했던 생산량의 30%밖에 달성하지 못하는 심각한 상황에 처했지요.

원인을 조사해 보니 공장을 증설한 지역에서 물 공급이 원활하지 않았습니다. 콩나물은 햇빛이 들지 않는 공간에서 재배되며, 지름 2m, 높

이 3m 정도의 원통형 용기 6개에 콩을 담아 기릅니다. 용기 위에 설치된 수주기(물 뿌리는 장치)가 3시간 간격으로 움직이며 일주일 동안 쉬지 않고 물을 뿌려야 하는데, 이 지역은 물이 부족하여 여름철이나 가뭄 때는 공장 가동에 비상이 걸리는 상황이 발생하곤 했습니다. 물 공급이 충분하지 않은 곳에 공장을 설립한 것이 문제의 근본 원인이기는 하지만, 그것을 파악한 것이 현재 문제의 해결책이 될 수는 없는 상황이었습니다.

콩나물 재배에서 물의 핵심 기능 분석

문제 해결을 위해 문제 해결 전문가팀은 먼저 콩나물 재배 과정에서 물이 어떤 기능을 하는지 분석했습니다. 물은 크게 3가지 기능을 수행했습니다.

① **영양 공급 기능**: 콩이 발아하고 성장하는 데 필요한 수분과 영양분을 공

급합니다. 이는 물의 본질적인 역할이지만 콩나물이 흡수하는 물의 양은 전체 물 공급량의 0.1% 정도라고 합니다.

② **냉각 기능**: 콩이 발아하는 과정에서 자연적으로 발생하는 열(발아열)을 제거합니다. 지속적인 물 공급이 없으면 콩나물 재배 용기 내부의 온도가 상승하여 25℃ 이상이 되면 콩나물이 쉽게 부패하게 됩니다. 그래서 물을 뿌려 냉각하는 기능에 공급량의 80%를 사용한다고 합니다.

③ **세척 기능**: 나머지 20%의 물은 콩을 세척하는 데 사용됩니다.

문제 해결 전문가팀은 물 사용량의 대부분이 사실상 냉각 기능을 위한 것이라는 중요한 사실을 발견했습니다. 이러한 분석은 문제 해결의 새로운 방향을 제시했습니다.

이 문제의 Cause-Effect Chain(인과관계)을 분석해 보면 다음과 같습니다.

문제

콩나물 생산량 감소

↑원인 1

콩나물 부패 가속화

↑원인 2

미생물 번식 속도 증가

↑원인 3

발아열 축적

↑원인 4

냉각 부족

↑근본 원인

물 부족

일반적인 접근법에서는 근본 원인인 '물 부족' 문제를 해결하는 데 집중할 것입니다. 예를 들어 '다른 지역에 공장을 이전한다.' 또는 '지하수를 개발한다.'와 같은 해결책이 제시될 수 있습니다. 그러나 이미 큰 투자로 공장을 증설한 상황에서 이러한 해결책은 비용이나 시간 측면에서 현실적이지 않았습니다.

이에 연구팀은 사슬 끊기 방법을 적용하여 다양한 해결 방향을 탐색했습니다.

① 물 부족 상황에서도 냉각을 충분히 할 수 있는 방법

— 물 재사용 시스템 구축

— 물 사용 효율성 극대화 기술 적용

— 대체 냉각 방식 도입

② 냉각이 부족하더라도 발아열이 축적되지 않는 방법

— 열 교환 장치 설치

— 재배실 온도 조절 시스템 개선

— 콩나물 재배 용기의 재질 변경

③ 발아열이 축적되더라도 미생물 번식 속도를 억제하는 방법

— 항균 처리된 재배 환경 구축

— 자외선 살균 장치 설치

— 친환경 살균제 분무 시스템 도입

④ 미생물 번식 속도가 증가하더라도 콩나물 부패를 방지하는 방법

— 내열성 품종 개발

— 부패 저항성이 높은 콩 품종 선택

— 재배 주기 단축

문제 해결 전문가팀은 여러 가능성을 탐색한 후, 물의 두 가지 기능

(영양 공급과 냉각)을 분리해서 해결하는 접근법을 택했습니다. 그들은
영양 공급에는 최소한의 물만 사용하고, 냉각 기능은 다른 방법으로 대
체하는 '공랭식 냉각 시스템'을 도입하기로 결정했습니다.

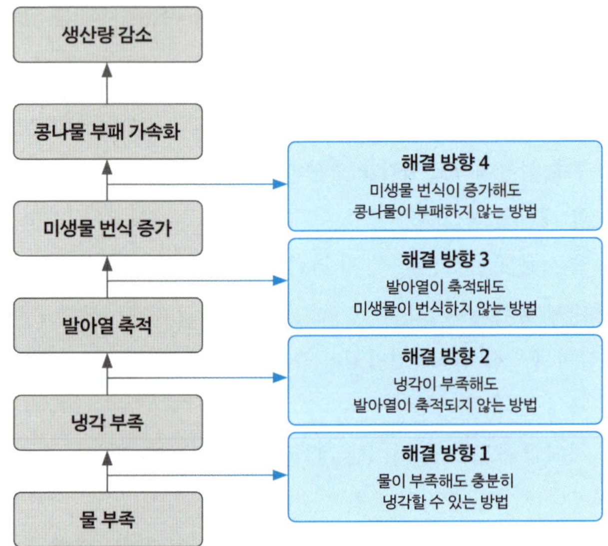

구체적인 구현 방법은 다음과 같았습니다.

① 수주기로 물을 뿌리는 시간을 단축하고, 물 뿌림 이후에 강력한 팬으로
  바람을 불어 넣는 시간을 추가했습니다.
② 바람이 콩나물 재배대를 통과하면서 두 가지 효과가 발생했습니다.
  —콩나물에 남아 있는 수분이 증발하면서 기화열에 의한 추가 냉각
  효과
  —발아 과정에서 발생하는 열이 효과적으로 제거됨

③ 물 사용량은 줄였지만, 냉각 효과는 오히려 증가했습니다.

특히 주목할 점은 '물에 의한 냉각'과 '공기에 의한 냉각'의 원리적 차이를 활용한 것입니다. 물이 증발할 때 발생하는 기화열은 단순히 물로 식히는 것보다 훨씬 효율적인 냉각 효과를 제공합니다. 피부에 물을 바르고 바람을 불어 주면 더욱 차갑게 느끼는 것과 같은 원리인데, 연구팀은 이러한 물리적 원리를 콩나물 재배 시스템에 적용했습니다.

이는 사슬 끊기 방법의 강력함을 잘 보여 주는 사례입니다. 근본 원인(물 부족)을 직접 해결하지 않고도 인과관계 사슬의 중간에서 효과적인 개입점을 찾아 문제를 해결했지요.

해결안 도출 위한 AI 도구 활용하기

지금까지 살펴본 문제의 본질 파악과 해결 방향 도출 방법을 더욱 체계적으로 실천하기 위해 최신 AI 기술을 활용할 수 있습니다. Cause-Effect Chain 분석(Tech) GPTs는 기술 및 과학 분야에서 발생하는 복잡한 문제를 원인-결과 구조로 체계적으로 분석하여 근본 원인을 도출하고 다양한 해결 방향을 제시하는 데 특화된 도구입니다. 연구 개발(R&D), 제품 설계, 품질 분석, 고장 분석 등 다양한 기술적 업무에 있어 논리적 문제 해결 도우미로 활용할 수 있습니다.

이 도구는 단순히 "왜?"라는 질문을 반복하는 것을 넘어, 과학적 원리에 기반한 다단계 원인 분석을 통해 문제의 근본 원인을 시각적으로 도식화해 보여 줍니다. 특히 사슬 끊기 방법을 적용할 때 필요한 인과관계 체인의 세부화를 자동으로 지원하여, 더 다양한 개입 지점과 해결 방향을 발견할 수 있도록 도와주지요.

예를 들어, 앞서 살펴본 콩나물 재배 용수 문제와 같은 기술적 문제를 분석할 때, 이 도구는 '물 부족→냉각 부족→발아열 축적→미생물 번식→콩나물 부패'와 같은 원인-결과 사슬을 단계별로 시각화하고, 각 단계에서 가능한 해결 방향을 체계적으로 제시합니다.

무엇보다 중요한 것은, 이 도구가 단발성 질문-답변을 넘어 사용자와의 상호작용을 통해 문제 정의부터 해결 방안 도출까지 전체 과정을 단계적으로 안내한다는 점입니다. 이를 통해 우리는 보다 논리적이고 체계적인 문제 해결 과정을 경험할 수 있습니다.

문제의 본질을 정확히 파악하고 차별화된 해결 방향을 도출하는 것은 창의적 문제 해결의 핵심입니다. 본 장에서 소개한 방법론과 도구들을 활용하여 여러분도 다양한 문제 상황에서 보다 효과적이고 새로운 해결책을 찾아보시길 바랍니다.

활용 사례: 콩나물 재배 용수 문제

앞서 소개한 콩나물 재배 용수 문제를 해결하기 위해 Cause-Effect Chain분석(Tech) GPTs를 활용해 보았습니다.

프롬프트:
콩나물 대량 재배 공장에서 물 공급이 원활하지 않아 예상한 생산량의 30%밖에 생산하지 못하는 문제가 발생했다. 물의 기능은 크게 3가지인데, 콩나물이 흡수하는 수분은 전체 물량의 0.1% 정도며, 전체 물 공급량의 80%는 물을 뿌려서 콩나물을 냉각하는 기능으로 사용된다. 콩이 발아하면서 많은 미생물들이 발생하고 발아하면서 생긴 열, 즉 발아열에 의해서 그 미생물이 모인 곳에서부터 썩기 시작하기 때문이다. 물 공급이 원활하지 않아 생긴 문제이나 이는 공장 내에서 개선할 수 있는 문제가 아니기 때문에 물이 부족하더라도 콩나물이 썩지 않은 방법을 찾고자 한다.

GPTs의 주요 답변:

Step 1: 문제 정의

1. 시스템 개요

- 시스템 개요: 콩나물 대량 재배 공장, 물은 냉각, 수분 공급, 환경 조절에 사용됨
- 발생 문제: 물 부족 → 냉각 불가 → 온도 상승 → 미생물 증가 → 부패 → 생산량 저하
- 해결 목표: 물 부족 상황에서도 부패 없이 콩나물 재배 가능하게 하는 것
- 제약 조건: 물 공급 개선 불가, 비용 및 구조 변경 최소화

다음 단계로 넘어가기 전에 위 내용이 맞는지 확인해 주세요.

프롬프트:

맞습니다.

GPTs의 주요 답변:

Step 2: 관련 과학 원리 분석

- 발아열 발생: 콩이 발아할 때 생리 활동으로 열 발생
- 미생물 번식: 온도 상승 시 미생물 급증, 25~40도에서 성장 가속
- 냉각 원리: 물의 증발열 이용해 냉각, 물 부족 시 냉각 기능 상실
- 대체 냉각: 증발 냉각, 강제 공기 순환, PCM 활용 가능
- 미생물 억제: 항균 처리(은이온, 유기산), 자외선, 오존 등 물리/화학적 억제법 적용 가능

다음 단계로 넘어가기 전에 위 과학 원리 분석이 적절한지 확인해 주세요!

프롬프트:

맞습니다.

GPTs의 주요 답변:

Step 3: 잠재 원인 분석

- 물 공급 부족 → 냉각 불가
- 냉각 부족 → 온도 상승
- 온도 상승 → 미생물 증가
- 공기 순환 불량 → 열 배출 어려움
- 미생물 억제 부족 → 미생물 통제 불가 → 부패

다음 단계로 넘어가기 전에 위 내용이 맞는지 확인해 주세요.

프롬프트:

맞습니다.

GPTs의 주요 답변:

Step 4: 근본 원인 선정

"냉각 부족으로 인한 온도 상승"을 가장 핵심적인 근본 원인으로 선정하는 것이 적절합니다. 이 문제를 해결하면 미생물 번식 속도가 줄어들고, 부패를 억제할 수 있습니다.

💡 **근본 원인→"냉각 부족으로 인한 온도 상승"**

- 물 부족이 냉각 부족을 초래함
- 냉각이 부족하면 온도가 상승함
- 온도가 상승하면 미생물 번식이 가속화됨
- 미생물 번식이 증가하면 부패가 빠르게 진행됨

다음 단계로 넘어가기 전에 선정된 근본 원인이 적절한지 확인해 주세요.

프롬프트:

물 부족에 의한 냉각 부족으로 근본 원인을 선정하겠습니다.

GPTs의 주요 답변:

Step 5: Cause-Effect Chain 분석 및 도식화

"냉각 부족으로 인한 온도 상승"을 가장 핵심적인 근본 원인으로 선정하는 것이 적절합니다.

물 부족

→ 냉각 부족

→ 발아열 축적

→ 미생물 번식 증가

→ 콩나물 부패 가속화

→ 생산량 감소

아래는 Cause-Effect Chain 도식의 Mermaid 코드입니다.

```
graph TD;
    A [물 부족] --> B [냉각 부족]
```

    B --> C [발아열 축적]

    C --> D [미생물 번식 증가]

    D --> E [콩나물 부패 가속화]

    E --> F [생산량 감소(예상 대비 30%)]

GPTs 중 Mermaid Chart: diagrams and charts GPTs를 찾아 프롬프트에 위 코드를
입력합니다.

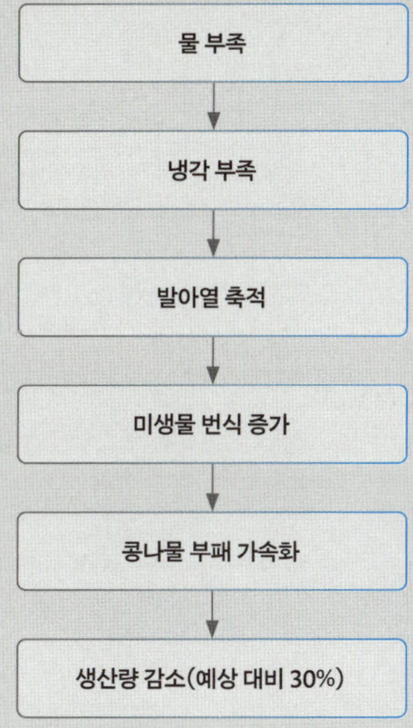

다음 단계로 넘어가기 전에 Cause-Effect Chain이 적절한지 확인해 주세요.

프롬프트:

계속해 주세요.

GPTs의 주요 답변:

Step 6: 문제 해결 방향 도출

[GPTs 응답 요약]

원인별 해결 방향

원인	문제 해결 방향
물 부족	적은 물로도 냉각 효과를 높이는 방법 적용
냉각 부족	물 없이 냉각하는 공기 순환, 냉각 패드, 증발냉각 시스템 적용
발아열 축적	효과적인 열 배출 구조로 변경(강제 환기, 공기 흐름 개선)
미생물 번식 증가	항균 기술 적용(자외선, 오존, 천연 항균 물질)
콩나물 부패 가속화	살균 또는 항균 처리 강화(환경 조절, 화학적/물리적 살균)

다음 단계로 넘어가기 전에 문제 해결 방향이 적절한지 확인해 주세요.

프롬프트:

적절합니다.

GPTs의 주요 답변:

Step 7: 해결안 도출

이제 각 해결 방향에 대한 구체적인 해결안을 3가지 이상씩 도출하여 실질적인 해결책을 제안합니다.

원인	해결 방향	해결안
물 부족	적은 물로 냉각 효과 유지	미세 분무기, 물 재활용 시스템, 흡습 보조제
냉각 부족	대체 냉각 기술 도입	공기 순환 팬, 증발 냉각 패드, 온도 모니터링 시스템
발아열 축적	구조적 열 배출 강화	바닥 환기구, 터널형 공기 배치, PCM 냉각제
미생물 번식	항균 기술 적용	자외선, 오존 발생기, 천연 항균제
부패 가속화	항균 처리 강화	CO_2 농도 조절, 저온 보관 구역, 식품안전 항균제 사용

최종 결론

• 물 부족 자체는 제어할 수 없지만, 그로 인한 냉각 부족과 온도 상승을 제어하는 기술

어떤 경우에 사용하면 좋은가?

• 기술 문제의 근본 원인을 찾고 싶을 때

  사례: 장비 오작동, 열 폭주, 출력 저하, 공정 오류 등

• 시스템 고장을 진단하고 구조적으로 이해하고 싶을 때

  사례: EV 배터리 과열, 센서 신호 왜곡, 통신 오류

• 다양한 원인을 구조적으로 비교·분석하고 싶을 때

  사례: "왜 이런 문제가 발생했는가?"에 대한 원인 트리 구성

• 보고서, 제안서, 기술검토서 등에 활용할 도식이 필요할 때

  사례: 문제 분석 도식, 원인 흐름도, 해결 방향 맵핑

• 기술 문제 해결 워크숍, 품질 개선 회의 등에서 구조화된 토의가 필요할 때

요약: 차별화된 해결책을 위한 해결 방향의 중요성

지금까지 우리는 문제의 본질을 파악한 뒤에 구체적인 해결책으로 가는 중요한 단계인 '해결 방향'을 도출하는 것의 중요성과 그 방법에 대해 살펴보았습니다.

1. 해결 방향의 중요성

• '해결 방향'은 문제의 본질과 구체적 해결책 사이의 중요한 다리

• 여러 해결책을 아우르는 개념적 프레임워크

- 창의적 해결책을 도출하는 기반이 됨

2. 해결 방향 도출 방법

- 근본 원인 제거: 기본적인 해결 방향으로, 근본 원인을 직접 해결함
- 다양한 관점에서 접근: 기능, 프로세스, 사용자, 시스템 등 다양한 관점에서 해결 방향을 탐색함

3. 사슬 끊기를 통한 해결 방향 확장

- 인과관계 사슬의 다양한 지점에서 개입 가능성 탐색
- "이 원인이 있어도 다음 결과가 발생하지 않게 하려면?" 질문
- 근본 원인 해결이 어려운 상황에서 효과적인 대안 제시
- 인과관계 체인의 세부화를 통한 더 많은 해결 기회 발견

4. Cause-Effect Chain 분석과 해결 방향 및 해결안 도출을 위해 AI 도구 활용하기

- 체계적 원인 분석: 문제의 잠재 원인을 다단계로 분해하여 근본 원인(Root Cause) 도출하고, 원인–결과 사슬을 시각적으로 도식화
- 단계별 해결 방향 도출: 인과관계 사슬의 각 단계에서 가능한 개입 지점 파악, 다양한 해결 방향과 실행 가능한 해결안 구체화
- 인터랙티브 분석 제공: 사용자와 상호작용 통해 문제 정의부터 해결안 도출까지 전 과정을 단계적으로 안내하는 맞춤형 분석 기능

이러한 접근법을 통해, 우리는 단순히 문제를 해결하는 것을 넘어, 차별화되고 새로운 해결책을 만들 수 있습니다. 해결 방향을 명확히 하

면 구체적인 해결책이 나아가야 할 길이 분명해지고, 이는 더 효과적이고 창의적인 문제 해결로 이어질 것입니다.

Cause-Effect Chain 분석(Tech) GPTs 소개

이름: GEN4 Creativity-Cause-Effect Chain분석(Tech)

🔗 접속 정보

(주)큐엠앤이노베이션 홈페이지의 'GPT 체험하기 페이지'에 접속하면 ChatGPT 사용자의 경우 무료로 체험이 가능합니다.
URL: https://qmeinno.com/gpt-experience

🎯 핵심 기능

- 기술 및 과학 분야 특화: 복잡한 기술 문제를 원인-결과 구조로 체계적 분석하여 근본 원인 도출
- 시각적 도식화: 문제의 근본 원인을 시각적으로 도식화
- 다양한 해결 방향 제시: 과학적 원리에 기반한 다단계 원인 분석을 통해 해결 방향 도출
- 해결 방향별 해결안 도출

📊 주요 특징

- 연구 개발(R&D), 제품 설계, 품질 분석, 고장 분석 등 기술적 업무에 특화된 논리적 문제 해결 도우미
- 사슬 끊기 방법을 적용할 때 필요한 인과관계 체인 세부화 자동 지원
- 단발성 질문-답변을 넘어 사용자와의 상호작용을 통한 전체 과정 단계적 안내

💼 활용 분야

- 기술 문제 분석, 제품 불량 원인 파악, 공정 문제 해결

📝 사용법

- 1단계: 기술적 문제 상황을 구체적으로 설명

- 2단계: AI의 과학적 관점에서의 원인 분석 결과 검토
- 3단계: 생성된 Cause-Effect Chain 다이어그램 확인
- 4단계: 각 연결 고리에서 가능한 해결 방향 탐색
- 5단계: 해결 방향별 해결안 도출

⚡ **활용 팁**
- 물리학적, 화학적, 기계적 원리가 복잡하게 얽힌 문제에 특히 유용
- 감에 의존한 추측보다는 과학적 근거 바탕의 체계적 분석

⚠ **주의 사항**
- 기술 문제 전문이므로 비즈니스 문제보다는 기술적 문제에 더 적합

2. 새로운 아이디어보다 기존의 솔루션을 활용하라

"상무님, 제가 정말 창의적인 아이디어를 하나 생각해 냈습니다!"

한 R&D 연구원이 열정에 찬 목소리로 연구소장을 찾아갔습니다. 업계에서 아직 시도되지 않은 참신한 아이디어였죠. 그의 설명을 주의 깊게 들은 연구소장은 예상치 못한 질문을 던졌습니다.

"아이디어는 참신해 보이는데…… 다른 회사에서 이미 적용해 본 사례는 없나?"

연구원의 얼굴에 당혹감이 스쳤습니다. '창의적 아이디어'라고 하면 누구도 시도하지 않은 독창적인 것이어야 하지 않을까요? 더구나 회사에서는 늘 '차별화된 아이디어'를 강조해 왔는데 말입니다.

이런 모순적인 상황이 발생하는 이유는 무엇일까요? 바로 '창의성'과 '검증'이라는 서로 다른 두 가지 요구가 공존하기 때문입니다. 기업

은 경쟁사와 차별화된 창의적인 제품과 서비스를 원하지만, 동시에 검증되지 않은 아이디어를 적용할 때의 리스크도 두려워합니다. 새로운 제품을 개발할 때 창의적인 아이디어는 중요하지만, 실제 제품으로 구현하기까지는 수많은 시행착오가 필요합니다. 설계, 시제품 제작, 검증, 수정…… 이 모든 과정에 막대한 시간과 비용이 소요됩니다. 더욱이 이 과정을 모두 거친 뒤에도 시장에서의 성공은 보장할 수 없습니다.

"아무도 가 보지 않은 길을 간다는 것은 매력적이지만, 그만큼 위험한 일입니다."

바로 이런 이유로 대부분의 기업들은 이미 검증된 기술을 선호합니다. 하지만 동시에 알려진 기술만으로는 경쟁사와 차별화된 제품을 만들 수 없다는 딜레마에 빠집니다.

다른 산업의 검증된 솔루션 활용하기

해결책은 의외로 명확합니다. 다른 산업에서 이미 검증된 솔루션을 우리 분야에 창의적으로 적용해 보는 것입니다. 이렇게 하면 우리 업계에서는 새로운 시도를 하면서도, 다른 분야에서 이미 성공이 검증된 해결책을 활용할 수 있습니다.

이와 관련된 재미있는 사례를 이야기해 드리겠습니다. 요즘은 모두 커터 칼을 사용하지만 과거에는 종이를 자를 때 검은색 커버가 있는 '도루코 칼'을 사용했습니다. 하지만 이 칼에는 심각한 불편함이 있었죠. 사용하다 보면 칼날 끝이 무뎌져 제대로 자르기 힘들어졌고, 사람들은 결국 칼을 버리거나 위험하게 부러뜨려서 사용했습니다.

일본의 한 인쇄소에서 근무하던 오카다 요시오도 이 문제로 고민하고 있었습니다. 그러던 어느 날, 판 초콜릿을 꺾어 먹던 기억이 떠올라, '칼날도 초콜릿처럼 꺾어 쓸 수 있지 않을까?'라는 아이디어가 떠올랐습니다. 즉 일부를 약하게 만들어 잘 부러지도록 한 원리를 적용해 칼날 몸체에 절단선을 넣어 쉽게 부러지는 커터 칼을 만든 것입니다.

쉽게 끊어지게 하기 위해 미리 일부분을 잘라 놓는 이 원리는 우리 주변에서 쉽게 찾아볼 수 있습니다. 절취선이 있는 두루마리 휴지, 손으로 쉽게 뜯을 수 있도록 만든 커피믹스의 '이지컷' 포장 등이 그것이죠.

이렇듯 동일한 기능을 수행하기 위해 유사한 방법을 적용한 사례들은 여러 산업과 제품에 존재합니다. 이는 첨단 산업에서도 마찬가지입니다.

세계 최고의 반도체 기업 인텔의 사례를 살펴볼까요? 반도체 제조 공정 중에는 웨이퍼 위에 포토레지스트라는 물질을 도포하는 과정이 있습니다. 그런데 이 과정에서 심각한 문제가 발생했습니다. 포토레지스트를 부을 때 미세한 기포가 생겨 불량이 발생하고, 이는 곧 제조 수

반도체 포토레지스트

샴페인 공장

율 저하로 이어진 것이죠.

인텔의 엔지니어들은 이 문제의 해결책을 전혀 뜻밖의 곳에서 찾았습니다. 바로 샴페인 공장이었죠. 샴페인을 병에 담을 때 기포가 생기면 품질에 치명적인 영향을 미치기 때문에, 샴페인 공장들은 오랫동안 이 문제를 연구해 왔고 이미 해결책을 가지고 있었습니다. 인텔은 이 기술을 자사의 반도체 공정에 적용하여 문제를 빠르고 효과적으로 해결할 수 있었습니다.

세계 최첨단 반도체 공장이 샴페인 공장의 기술을 배운다는 것이 이상하게 들릴 수도 있습니다. 전체적인 기술 수준으로 보면 반도체 공장이 훨씬 앞서 있기 때문이죠. 하지만 '액체를 부을 때 기포가 생기는 문제'만큼은 샴페인 공장이 더 오랫동안, 더 깊이 연구해 온 분야였던 것입니다.

이처럼 우리는 전혀 다른 분야의 해결책을 우리의 문제에 창의적으로 적용할 수 있습니다. 초콜릿을 보고 커터 칼의 원리를 생각해 낸 것처럼, 그리고 샴페인 공장의 기술을 반도체 공정에 적용한 것처럼 말이죠.

다른 산업 분야에서 솔루션을 찾는 방법

그렇다면 이런 해결책들을 어떻게 체계적으로 찾을 수 있을까요?

창의적 문제 해결 이론인 TRIZ 분야에서는 오래전부터 이런 방법을 연구해 왔습니다. 그들이 발견한 가장 중요한 열쇠는 바로 '기능'이라는 개념입니다. 각각의 산업은 그들만의 특별한 기술 용어들을 사용하기 때문에, 그런 해당 분야 전문 용어로는 다른 산업의 기술을 찾기가 어렵습니다. 하지만 '기능'이라는 관점으로 보면 이야기가 달라집니다.

예를 들어 '액체의 압력을 낮추는 방법'이라는 기능으로 검색하면, 기계공학, 전기공학, 재료공학, 화학공학, 환경공학, 항공우주공학, 생물학 등 실로 다양한 분야에서 관련 기술을 찾을 수 있습니다. 즉 기능은 산업계와 학문을 넘나들면서 사용할 수 있는 에스페란토어(만국공통어)와 같은 것입니다. 따라서 내게 필요한 기능을 정의하고 그것을 매체로 솔루션을 찾으면 다양한 산업 분야의 기술을 찾을 수 있습니다. 이러한 원리를 바탕으로 TRIZ에서는 FOS(Function Oriented Search, 기능 위주 검색)라는 이종 분야 검색 방법을 개발했습니다.

이 방법은 다음과 같은 단계로 진행됩니다.

① 문제 해결에 필요한 기능을 정의합니다.
② 필요 기능을 일반화하여 정의합니다.
③ 해당 기능을 가장 잘 수행하고 있는 다른 산업 분야와 기술을 찾습니다.
④ 그 기술을 우리 문제 해결에 이용합니다.

새로운 코 필터 개발 사례로 배우는 FOS

이러한 FOS 방법이 실제로 어떻게 적용되는지, 흥미로운 사례를 하나 살펴보겠습니다.

봄철만 되면 많은 사람들이 꽃가루 알레르기로 고생하는데, 이를 해결하기 위한 여러 방법들이 있습니다. 항히스타민제를 복용하거나, 콧속에 연고를 바르거나, 코 필터를 착용하거나, 마스크를 쓰는 것이죠. 하지만 각각의 방법들은 저마다 단점이 있었습니다. 항히스타민제는

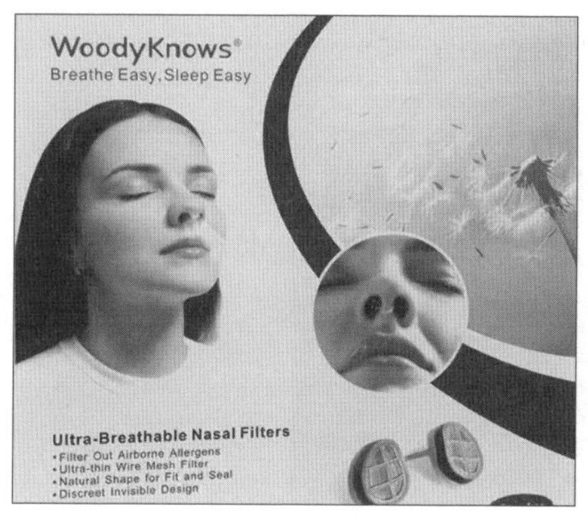

시중에서 판매하는 코 필터 제품

약값이 비싸고 부작용이 우려되었습니다. 콧속 연고는 꽃가루를 거르는 성능이 떨어지고, 코 필터는 숨쉬기가 불편하며, 마스크는 식사 등 일상생활이 어려웠죠.

이 중에서 코 필터의 문제를 FOS 방법으로 해결해 보기로 했습니다.

먼저 문제의 본질을 찾아보았습니다. 코 필터의 핵심 문제는 모순에 있었습니다. 알레르기 물질을 잘 거르려면 필터 구멍이 작아야 하는데, 숨을 쉬기 편하려면 구멍이 커야 했죠. 이 모순을 해결하는 것이 차별화된 해결책의 핵심이었습니다.

이를 FOS 단계에 따라 접근해 보았습니다.

① 필요한 기능을 정의했습니다.

　　→ '공기 중에서 미세한 꽃가루를 잘 거르는 방법'

② 이 기능을 일반화했습니다.

　　→ '기체로부터 미세한 입자를 분리하는 방법'

③ 이 기능을 가장 잘 수행하고 있는 산업을 찾았습니다.

시멘트 공정 사이클론 집진기

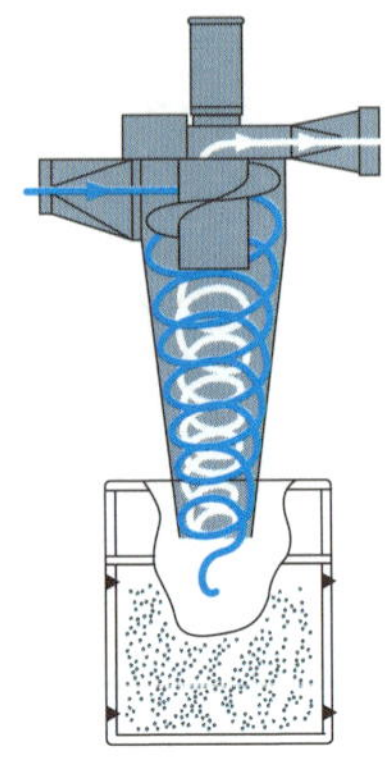

사이클론 집진기의 원리

→ 놀랍게도 그것은 시멘트 공장이었습니다. 시멘트 생산 공정에서는 산업용 집진기, 특히 '사이클론'이라는 원심분리기 기술을 사용해 미세 입자를 효과적으로 분리하고 있었죠.

④ **이 기술을 코 필터에 적용하기 위한 아이디어를 도출했습니다.**

→ 산업용 사이클론은 4~5미터나 되는 대형 장치로, 팬으로 회오리 바람을 일으켜 원심력으로 먼지를 분리합니다. 이 원리를 작은 코 필터에 어떻게 적용할 수 있을까요?

해결안은 다음과 같았습니다.

① 사람의 호흡으로 생기는 공기 흐름을 이용하면 별도의 팬이 필요 없다.

② 가운데 큰 구멍을 뚫어 숨을 쉬기 편하게 한다.

③ 공기 흡입구를 나선형으로 만들어 회오리 흐름을 만든다.

④ 회전하는 공기의 원심력으로 꽃가루를 바깥쪽으로 밀어낸다.

⑤ 원통 내부에 끈적한 물질을 발라 밀려난 꽃가루를 포집한다.

코 필터 시제품

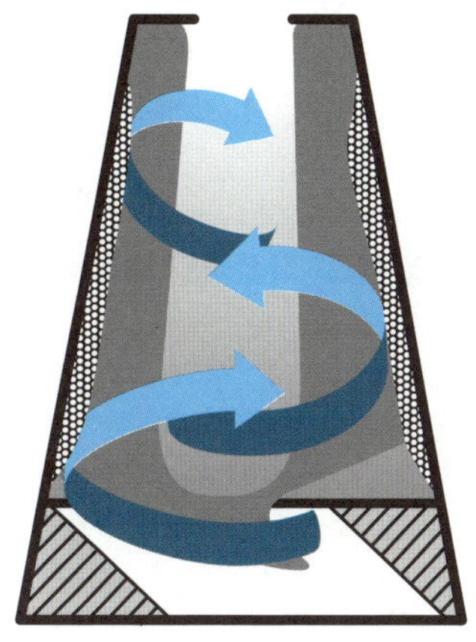

코 필터의 입자 포집 원리

시제품 테스트 결과는 놀라웠습니다. 호흡이 편한데도 5마이크로 이상의 입자를 95% 이상 걸러 내는 성능을 보였습니다. 이 혁신적인 제품은 미국, EU, 일본, 중국에서 특허를 받았습니다.

이처럼 FOS는 서로 전혀 관계없어 보이는 산업 분야의 기술을 서로 연결해 줍니다. 시멘트 공장의 집진 기술이 알레르기 환자들의 삶의 질을 개선하는 데 기여한 것처럼 말이죠.

사례에 적용해 보는 GPT 활용 방법

기능 위주 검색(Function Oriented Search)을 적용하기 위해 이 방법을 접목한 FOS(이종 분야 검색) GPTs를 개발했습니다. 이 AI는 FOS 프로세스를 접목한 특별한 GPTs입니다. 산업 분야의 경계를 넘어 차별화된 새로운 해결책을 찾을 수 있도록 도와주지요.

자, 이제 앞서 살펴본 코 필터 사례를 통해 챗GPT를 어떻게 활용하면 좋을지 실험해 보겠습니다. 같은 문제에 대해 두 가지 다른 방식으로 접근해 보고, 그 결과를 비교해 볼까요?

접근 방식 1: 직접적인 해결책 요청

프롬프트:
꽃가루 알레르기를 예방하기 위한 코 필터를 개발하려고 함. 현재 코 필터의 문제는 꽃가루를 잘 거르려면 필터의 구멍이 작아야 하나, 구멍을 작게 하면 숨쉬기가 힘들어지는 문제가 있음. 문제 해결안 도출을 도와주세요.

ChatGPT의 주요 답변:
- 다층 필터 구조 사용
- 정전기를 이용한 필터링
- 마이크로 채널 구조 적용
- 호흡을 보조하는 구조 설계
- 나노 섬유 소재 활용

이러한 답변들은 모두 기존 필터 기술의 틀 안에서 개선안을 제시한 것입니다. 물론 유용성 여부는 더 자세히 검토해 봐야겠지만, 새로운 돌파구를 제시하지는 못했습니다.

접근 방식 2: FOS(이종 분야 검색) GPTs 활용

프롬프트:
꽃가루 알레르기를 예방하기 위한 코 필터를 개발하려고 함. 현재 코 필터의 문제는 꽃가루를 잘 거르려면 필터의 구멍이 작아야 하나, 구멍을 작게 하면 숨쉬기가 힘들어지는 문제가 있음. 문제 해결안 도출을 도와주세요.

ChatGPT의 주요 답변:

문제 정의

- 정의된 문제: 꽃가루 알레르기를 예방하기 위한 코 필터는 꽃가루를 잘 거르기 위해 작은 구멍이 필요하지만, 작은 구멍은 숨쉬기 불편함을 초래하는 문제가 있다. 이 문제를 해결할 방안을 개발하고자 한다.

제가 정의한 문제가 맞는지 확인해 주세요. 필요하다면 수정하거나 추가해 주세요.

프롬프트:

맞습니다.

ChatGPT의 주요 답변:

필요한 기능

- 꽃가루를 효과적으로 필터링할 수 있는 능력
- 숨쉬기에 충분한 공기 흐름 유지
- 사용자에게 편안한 착용감을 제공

위의 기능이 맞는지 확인해 주세요. 수정이나 추가가 필요하다면 말씀해 주세요.

프롬프트:

가장 중요한 것은 꽃가루를 효과적으로 필터링할 수 있는 능력입니다.

ChatGPT의 주요 답변:

수정된 필요한 기능

- 꽃가루를 효과적으로 필터링할 수 있는 능력(최우선)
- 숨쉬기에 충분한 공기 흐름 유지
- 사용자에게 편안한 착용감을 제공

최우선 기능에 초점을 맞추어 수정하였습니다. 이렇게 진행해도 될까요?

프롬프트:

네 좋습니다.

ChatGPT의 주요 답변:

기능 일반화

- 공기 중의 미세 입자를 효과적으로 분리할 수 있는 능력
- 필터 성능을 유지하면서도 공기 흐름을 원활히 확보하는 기술
- 착용 장치의 사용자 편의성을 향상시키는 설계

위와 같이 필요한 기능을 일반화하였습니다. 확인 부탁드립니다. 추가 의견이 있으면 말씀해 주세요.

프롬프트:

공기 중 작은 입자를 효과적으로 분리하는 것으로 하겠습니다.

ChatGPT의 주요 답변:

수정된 기능 일반화

- 공기 중 작은 입자를 효과적으로 분리하는 능력

기능 일반화를 간소화하여 초점을 맞추었습니다. 이렇게 진행해도 될까요?

프롬프트:

네 좋습니다.

ChatGPT의 주요 답변:

관련 산업 분야

- 산업용 공기청정기 및 집진기 설계
- 병원용 고효율 공기 필터 시스템
- 마스크 및 호흡기 보호구 제작 산업
- 반도체 제조 환경에서의 초미세 먼지 제거 기술

위와 같이 관련 산업 분야를 도출하였습니다. 맞는지 확인 부탁드립니다. 수정이나 추가가 필요하면 알려 주세요!

프롬프트:

산업용 공기청정기 및 집진기 설계로 하겠습니다.

ChatGPT의 주요 답변:

수정된 관련 산업 분야

- 산업용 공기청정기 및 집진기 설계

이 방향으로 진행하겠습니다. 다음 단계로 넘어가도 될까요?

프롬프트:

네 좋습니다.

ChatGPT의 주요 답변:

선도 기술

- 원심분리 원리를 적용한 사이클론 기술: 공기 흐름의 회전 운동을 이용하여 작은 입자를 효과적으로 분리
- HEPA(고효율 미립자 공기) 필터 기술: 초미세 입자를 99.97% 이상 걸러 낼 수 있는 필터 기술
- 전기 집진 기술: 정전기를 사용하여 공기 중 입자를 포집하는 기술

위와 같은 선도 기술을 도출하였습니다. 관심 있는 기술이 있다면 알려 주시면 해당 기술에 대해 자세히 조사하겠습니다!

프롬프트:

3가지 기술 모두 관심이 있습니다.

ChatGPT의 주요 답변:

3가지 기술에 대한 자세한 정보를 제공해 드리겠습니다.

1. 시이클론 집진기 기술에 대한 소개와 관련 링크
2. HEPA필터 기술에 대한 소개와 관련 링크
3. 전기 집진기 기술에 대한 소개와 관련 링크

프롬프트:

사이클론 집진기 기술을 코 필터 개발에 적용하려면 어떻게 하는 게 좋을까요? 아이디어를 도출해 보세요.

ChatGPT의 주요 답변:

사이클론 집진기 기술을 코 필터에 적용

1. 나선형 공기 통로 설계
2. 소형화된 사이클론 챔버 개발
3. 필터와 결합한 이중 작용 구조 등

두 접근의 차이점과 교훈

일반 챗GPT와 FOS GPTs 차이점은 다음과 같습니다.

1. 문제 해결 프로세스의 차이

- 일반 챗GPT: 즉각적인 해결책 나열
- FOS GPTs: 체계적 단계를 거치며 문제 본질에 접근

2. 해결책의 수준 차이

- 일반 챗GPT: 기존 기술 개선에 초점
- FOS GPTs: 타 산업의 검증된 기술을 창의적으로 적용

3. 상호작용의 차이

- 일반 챗GPT: 일방향적 제안
- FOS GPTs: 각 단계마다 사용자의 확인과 의견을 반영

4. 창의성의 차이

- 일반 챗GPT: 익숙한 영역 내의 해결책 제시
- FOS GPTs: 산업 간 경계를 넘는 새로운 해결책 도출

이러한 비교를 통해 우리는 다음과 같은 교훈을 얻을 수 있습니다.

첫째, AI를 활용할 때 단순히 답을 구하는 것이 아니라, 체계적인 방법론을 통해 접근하는 것이 더 효과적입니다.

둘째, 문제 해결을 위한 전문화된 방법론(예: FOS)을 AI에 접목시키면, 더 창의적이고 차별화된 해결책을 얻을 수 있습니다.

셋째, AI와의 상호작용 과정에서 사용자의 적극적인 참여와 판단이 중요합니다. 각 단계마다 방향을 확인하고 조정하는 과정이 더 나은 결과를 만들어 냅니다.

넷째, 산업 간 경계를 넘어서는 창의적 사고를 위해서는, 문제를 더 근본적인 '기능' 관점에서 재정의하는 것이 필요합니다.

이처럼 AI는 단순한 답변 생성기가 아닌, 체계적인 문제 해결을 위한 협력 도구로 활용될 때 그 가치가 극대화될 수 있습니다.

FOS(이종 분야 검색) GPTs 소개

이름: GEN4 Creativity-FOS(이종분야검색)

🔗 접속 정보
(주)큐엠앤이노베이션 홈페이지의 'GPT 체험하기 페이지'에 접속하면 ChatGPT 사용자의 경우 무료로 체험이 가능합니다.
URL: https://qmeinno.com/gpt-experience

🎯 핵심 기능
- 이종 분야 솔루션 발굴: 다른 산업에서 이미 검증된 기술이나 서비스를 현재 문제 해결에 응용
- 3단계 체계적 접근: 문제 정의 → 이종 분야 솔루션 검색 → 아이디어 발전
- 광범위한 사례 데이터베이스: 자연, 공학, 서비스 등 다양한 분야 성공 사례 활용

📊 주요 특징
- 기존 사고의 틀을 벗어나 전혀 새로운 해결 방향 제시
- 입증된 솔루션들을 활용해 리스크를 최소화하며 문제 해결 추진
- 단순 모방이 아닌 핵심 원리 추출하여 창의적 재구성

💼 활용 분야
- 기술 개발, 서비스 혁신, 제품 개발, 공정 개선

📝 사용법
- 1단계: 해결하고자 하는 문제나 달성하고자 하는 목표 설명
- 2단계: 구현하고자 하는 기능을 찾아 일반화

- 3단계: 해당 기능을 수행하는 이종 분야 솔루션을 검토하고 흥미로운 사례 선택
- 4단계: 선택된 사례의 핵심 원리를 내 상황에 적용하는 아이디어로 발전

⚡ 활용 팁
- 이미 다른 분야에서 적용한 솔루션을 우리 문제에 적용함으로써 리드타임 단축
- 우리 문제나 제품에 적용하기 위해서는 적용을 위한 아이디어 도출 필요

⚠ 주의 사항
- 기술 문제에 더 적합하나, 비즈니스나 비기술 문제에서도 동일한 개념으로 솔루션을 찾아보는 것은 바람직한 방법임. 그럴 때는 기능 대신, 문제를 해결하려는 목적을 기술한 후 타 분야의 솔루션을 찾는 것이 바람직

9장

모순을 해결하는 혁신의 기술

1. 모순을 해결하면 혁신이 만들어진다

"이번 제품은 더 가혹한 환경에서 견뎌야 하기 때문에 강도를 높여야 하는데, 무게는 늘리면 안 됩니다."

"이번 프로젝트는 시장 상황이 급변하고 있어서 개발 기간을 30% 단축해야 하지만, 투입 인원은 더 늘릴 수 없습니다."

"경쟁 제품보다 성능은 30% 이상 향상시켜야 하는데, 원가는 현재 수준을 유지해야 합니다."

회의실에서 CEO나 사업부장이 이런 말을 던질 때, 현장의 엔지니어와 매니저들은 속으로 한숨을 쉽니다. '불가능한 요구 사항'이라고 생각하기 때문입니다. 그런데 왜 경영진은 이런 모순된 요구를 하는 걸까요?

그들도 이것이 모순임을 알고 있습니다. 하지만 시장의 현실은 냉혹합니다. 강도와 무게 사이에서 타협한 제품, 개발 기간과 품질 사이에서 타협한 제품, 성능과 원가 사이에서 타협한 제품은 시장에서 살아남지 못합니다. 경쟁사가 이미 그 수준의 제품을 출시했거나, 소비자들이 더 높은 기대치를 가지고 있기 때문입니다.

결국 모순을 해결하는 것은 선택이 아닌 생존의 문제입니다. 시장에서 경쟁력을 갖추고 지속적으로 성장하기 위해서는 '둘 중 하나'가 아닌 '둘 다 가능한' 해결책을 찾아야 합니다.

자연에서 배우는 모순 해결의 지혜: 북극곰 이야기

모순 해결을 통한 생존은 비즈니스 세계에만 국한된 것이 아닙니다. 자연계에서도 우리는 놀라운 모순 해결의 사례를 발견할 수 있습니다. 북극곰의 이야기는 그 완벽한 예시입니다.

북극곰이 직면한 생존의 모순은 분명했습니다. 한편으로는 사냥에 성공하기 위해 눈과 얼음으로 덮인 환경에서 보호색을 가져야 했습니다. 하얀색이 아니면 먹이를 사냥하기 어려워 굶어 죽을 위험이 컸습니다. 반면, 극도로 추운 환경에서 체온을 유지하기 위해서는 태양열을 효과적으로 흡수할 수 있어야 했는데, 이를 위해서는 검은색이 유리했습니다. 희어야 하면서도 검어야 하는 모순된 상황이었죠.

그렇다면 북극곰은 이 모순을 어떻게 해결했을까요? 놀랍게도 북극곰의 피부는 실제로 검은색입니다. 그러나 그 위를 덮고 있는 털은 색소가 없는 투명한 구조로 되어 있습니다. 이 투명한 털이 빛을 산란시키는 방식 때문에 우리 눈에는 하얗게 보이며, 동시에 태양 빛이 피부까지 도달해 열을 흡수할 수 있게 합니다. 또한 털의 구조는 단열 효과가 있어 흡수된 열이 외부로 빠져나가는 것도 방지합니다.

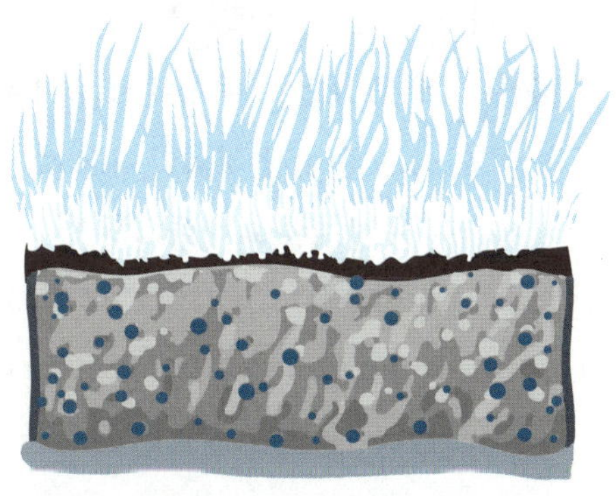

원래는 갈색이었던 곰들이 극지방으로 이동하면서, 수백만 년에 걸친 진화 과정을 통해 이러한 놀라운 해결책을 발전시켰습니다. '피부는 검고 털은 투명하게'라는 창의적인 방식으로 '하얗게 보이면서도 열을 흡수해야 한다.'는 모순을 해결한 것입니다.

자연은 이처럼 모순을 창의적으로 해결하며 생존과 적응의 경로를 찾아왔습니다. 우리 기업과 조직도 이러한 자연의 지혜를 배울 필요가 있습니다.

모순(矛盾)이란 정확히 무엇일까요? 이 단어는 '창(矛)'과 '방패(盾)'라는 글자의 조합에서 왔습니다. 중국 전국시대의 고사성어 '자상모순(自相矛盾)', 즉 한 상인이 "어떤 창으로도 뚫을 수 없는 방패"와 "어떤 방패도 뚫는 창"을 동시에 팔았던 이야기에서 유래됐습니다. 당연히 이 둘은 공존할 수 없죠. 즉 모순이란 하나가 존재하면 다른 하나는 존재할 수 없는, 양립 불가능한 상태를 의미합니다.

우리 삶과 비즈니스에서 마주하는 모순도 이와 유사합니다. '더 튼튼하게 만들고 싶은데 더 가볍게도 만들고 싶다.' '가격은 낮추면서 품질은 높이고 싶다.' '업무 시간은 줄이고 생산성은 높이고 싶다.' 등의 상황이 모순입니다.

전통적인 문제 해결 방식에서는 이런 모순에 직면하면 대개 '타협'을 선택합니다. 둘 다 완벽하게 얻을 수 없으니 적절한 지점에서 타협하자는 거죠. 중간 정도의 강도와 중간 정도의 무게, 적당한 가격과 적당한 품질 같은 식으로. 하지만 타협은 종종 혁신보다는 평범한 결과를 낳습니다.

진정한 혁신은 타협 대신 '둘 다 얻을 수 있는 방법'을 찾을 때 일어납니다. 가볍고 튼튼한 신소재를 개발하거나, 생산 방식을 근본적으로 바꿔 원가는 낮추면서 품질은 높이거나, 일하는 방식 자체를 재설계해 더 짧은 시간에 더 많은 성과를 내는 식으로 말이죠.

우리의 일상 속에서도 모순은 끊임없이 나타납니다.

"건강에 좋은 음식을 먹고 싶지만, 맛있는 음식도 즐기고 싶어."

"아이에게 자율성을 주고 싶지만, 동시에 안전하게 보호하고 싶어."

"경제적으로 절약하면서도 삶의 질은 높이고 싶어."

이런 상황들에서 우리는 종종 '이것이냐 저것이냐'의 선택을 강요받습니다. 하지만 꼭 둘 중 하나만 선택해야 할까요? '둘 다 가질 수는 없을까?'라는 질문에서 혁신이 시작됩니다.

모순을 해결하는 것은 단순히 문제 해결의 테크닉이 아닙니다. 그것은 현대 사회에서 개인과 조직이 성장하고 번영하기 위한 필수적인 생존 전략입니다. 그리고 모순을 해결하면 혁신이 만들어집니다. 이것이 바로 이번 장에서 다룰 핵심 주제이죠.

기술 발전의 역사 = 모순 극복의 역사

인류의 기술 발전 역사를 살펴보면, 사실상 모순을 극복해 온 역사라고 볼 수 있습니다. 우리가 지금 당연하게 사용하는 많은 기술과 제품들은 그 발전 과정에서 수많은 모순을 창의적으로 해결한 결과물입니다. 여기서는 대표적인 두 가지 사례를 통해 기술 발전과 모순 해결의 관계를 살펴보겠습니다.

자전거 발전의 역사: 모순 해결의 연속

자전거는 단순해 보이지만, 그 발전 과정에서 수많은 모순이 해결되었습니다. 최초의 자전거는 1817년 독일의 칼 드라이스(Karl Drais)가 개발한 '드라이지네(Draisine)'라는 모델로, 사람이 발로 바닥을 밀어 가며 움직이는 방식이었습니다. 이로써 그는 '자전거의 아버지'라는 영예로운 이름을 얻게 되었습니다. 그러나 드라이지네는 지속적으로 발로 움직여야 하는 피로감과 실용성의 한계로 대중적인 운송 수단으로 자리 잡지는 못했습니다.

발로 계속 움직여야 하는 피로감과 실용성의 한계로 대중적인 운송 수단으로 자리 잡지 못함

이 문제는 50년이 지난 후 페달의 발명으로 해결되었고, 이때부터 자전거는 중요한 운송 수단으로 자리 잡기 시작했습니다. 그러나 페달이 생기면서 사람들은 점점 더 빠른, 더 효율적인 이동에 대한 갈증을 느끼게 되었습니다. '좀 더 빨리, 좀 더 효율적으로 멀리 갈 수 있게' 하기 위해 바퀴를 키우는 해결책이 등장했습니다. 바퀴를 한 바퀴 돌릴 때마다 더 많은 거리를 이동할 수 있기 때문에 앞바퀴를 점점 더 크게 만들었고, 이렇게 탄생한 것이 하이휠(High-wheel) 자전거입니다.

그러나 하이휠 자전거에는 치명적인 결함이 있었습니다. 바로 안전 문제였지요. 앞바퀴가 커서 무게중심이 높기 때문에 중심을 잃고 넘어지기 일쑤였습니다. 이는 속도와 안전성 사이의 또 다른 모순을 드러냈습니다. 자전거의 속도를 빠르게 하기 위해서는 바퀴가 커야 하지만(자

속도를 위해서는 바퀴가 커야 하지만, 바퀴가 크면 안전성이 낮아진다는 모순이 발생

전거 속도), 바퀴가 크면 안전성이 낮아진다는(자전거 안전성) 모순이었습니다.

안전성과 속도 모순의 해결: 세이프티 자전거와 체인 구동 시스템

하이휠 자전거의 위험성은 새로운 형태의 자전거, 즉 '세이프티(Safety) 자전거' 탄생을 가져왔습니다. 이름 그대로 안전(Safety)을 강조한 이 자전거는 앞바퀴의 크기를 줄이고 앞뒤 바퀴의 크기를 동일하게 했습니다.

그러나 여전히 속도를 유지해야 하는 문제가 있었습니다. 이 모순을 해결하기 위해 체인이 발명되었습니다. 체인 구동 시스템은 페달에 연결된 앞 기어(크랭크)를 돌리면 체인을 통해 뒷바퀴를 회전시키는 방식으로, 이를 통해 자전거는 획기적인 발전을 이루게 되었습니다. 체인은 바퀴의 크기와 페달링의 용이성 사이에서 생기는 모순도 해결했습니다. 속도를 높이려면 자전거 바퀴가 커야 하는데, 그러면 안장에 앉은 사람의 발이 페달에 닿지 않는 문제가 발생합니다. 체인을 사용함으로써 바퀴가 작더라도 기어비를 조절해 빠른 속도를 낼 수 있게 되었고, 동시에 페달에 발이 쉽게 닿을 수 있게 되었습니다.

자전거가 더 빠르고 효율적으로 발전함에 따라, 무게와 강도 사이의 모순이 새로운 과제로 떠올랐습니다. 무게를 줄이면 성능이 향상되지만, 그에 따라 강도가 약해지는 문제가 발생했습니다. 오랫동안 자전거 프레임은 강철과 같은 전통적인 소재로 만들어졌는데, 이는 강도는 높지만 무게가 무거워 라이더의 페달링 효율을 떨어뜨렸죠.

세이프티 자전거(1885년)

체인으로 속도와 안전성 모두 확보

경량 소재와 복합재의 도입

이러한 모순을 해결하기 위해 철보다 가벼우나 강도는 높은 알루미늄, 마그네슘, 복합재와 같은 경량 소재가 도입되었습니다. 복합재는 두 가지 이상의 소재(주로 섬유와 수지)를 결합하여 단일 소재로는 얻기 어려운 특성을 구현하는 재료입니다. 특히 카본프레임이라고 불리는 카본섬유 복합재는 카본섬유와 에폭시수지를 적층한 복합재로서 강철보다 무게는 4분의 1, 강도는 3~10배이기 때문에 고가이나 전문 라이더와 고급 자전거 시장에서 압도적인 선택을 받고 있습니다.

이처럼 자전거의 역사는 모순을 발견하고 해결해 나가는 과정의 연속이었습니다. 초기 드라이지네의 추진력 문제는 '페달 발명'으로 해결되었고, 속도와 안전성 사이의 모순은 '체인 구동 시스템'과 '세이프티 자전거 개발'로 극복되었습니다. 무게와 강도 사이의 모순은 '경량 소재와 복합재 도입'으로 해결되었으며, 이 모든 발전은 모순을 창의적으로 극복한 결과입니다.

배터리 기술의 진화: 용량과 무게의 모순 해결

배터리 기술의 발전 역사도 모순 해결의 연속이었습니다. 배터리는 용량이 클수록 한 번 충전으로 오래 사용할 수 있어 편리하지만, 용량이 클수록 무게가 늘어나는 근본적인 모순을 가지고 있습니다. 배터리 기술의 발전은 이 모순을 극복하기 위한 끊임없는 노력의 역사라고 볼 수 있습니다.

1859년에 등장한 최초의 재충전 가능한 배터리인 납산 배터리(Lead-Acid Battery)는 신뢰할 수 있고 안정적이었지만, 매우 무거웠습니다. 이

후 1899년에 개발된 니켈-카드뮴(NiCd) 배터리는 납산 배터리보다 에
너지 밀도가 높았지만, 여전히 무게 대비 용량은 제한적이었습니다.

1980년대에 등장한 니켈-수소 배터리(NiMH)는 니켈-카드뮴 배터
리에 비해 더 높은 에너지 밀도와 환경 친화적인 특성을 가졌지만, 여
전히 용량과 무게 사이의 모순은 완전히 해결되지 않았습니다.

진정한 기술혁신은 1991년 상용화된 리튬이온 배터리(Lithium-Ion
Battery)에서 이루어졌습니다. 리튬이온 배터리는 이전 배터리 기술에
비해 무게당 충전 에너지(Wh/kg), 즉 에너지 밀도가 크게 증가했으며,
이로 인해 오늘날 스마트폰, 노트북, 전기차와 같은 현대 기술의 발전
이 가능해졌습니다.

그러나 기술 발전은 여기서 멈추지 않습니다. 현재 연구 중인 전고체
배터리, 리튬-황, 리튬-공기 배터리 기술은 현재의 리튬이온 배터리보
다 5~10배 높은 에너지 밀도를 목표로 하고 있습니다. 이러한 미래 배
터리 기술이 실현되면, 전기차의 주행거리가 크게 늘어나고, 모바일 기

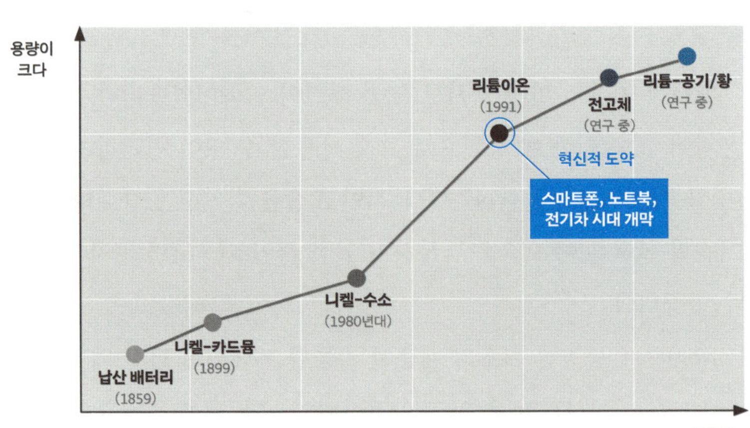

기의 배터리 수명이 획기적으로 연장될 것입니다.

이처럼 배터리 기술의 발전 역사는 에너지 저장 용량과 무게라는 모순을 지속적으로 해결해 온 과정입니다. 모순을 창의적으로 해결하려는 끊임없는 노력이 기술혁신을 이끌어 왔으며, 앞으로도 이러한 패턴은 계속될 것입니다.

모순을 해결하는 TRIZ

자전거와 배터리의 사례에서 볼 수 있듯이, 기술의 진보는 모순을 발견하고 이를 창의적으로 해결하는 과정의 연속입니다. 이러한 모순 해결 과정을 체계적으로 접근할 수 있도록 도와주는 것이 바로 알츠슐러의 TRIZ 방법론입니다.

1940년대 말, 구 소련에 한 젊은 해군 장교가 있었습니다. 겐리히 알츠슐러(Genrich Altshuller)라는 이름의 이 청년은 특허청에서 일하면서 흥미로운 점을 발견했습니다. 수많은 발명품을 검토하다 보니, 서로 다른 분야의 문제들이 놀랍게도 비슷한 방식으로 해결되고 있다는 사실이었습니다. 그래서 그는 이러한 발명의 패턴을 연구하기 시작했습니다.

그는 스탈린에게 소련의 발명 시스템을 개선하자는 편지를 보냈다가 체제 비판으로 오해받아 25년형을 선고받고 시베리아 강제 수용소로 보내졌습니다. 그러나 역설적이게도, 이 암울한 수감 생활이 오히려 그의 연구를 심화시켰습니다. 자유롭지 못한 몸이었지만, 그의 마음은 자유롭게 창의적 사고의 패턴을 탐구했습니다. 다른 이들이 서류 뭉치로만 보던 특허에서 그는 숨은 패턴을 발견했습니다. 문제 해결에는 공통적인 원리가 있다는 깨달음이었습니다.

알츠슐러는 수용소에서 동료 과학자들과 토론하며 발명의 원리들을 하나씩 정리해 나갔습니다. 무작위한 번뜩임이라고만 생각했던 천재들의 영감이 공통의 원리를 가지고 있으며, 그래서 그것은 가르칠 수 있는 것이라고 그는 확신했습니다. 8년간 복역을 마치고 석방된 후, 그는 이 연구를 더욱 발전시켜 '창의적 문제 해결 이론'을 완성했습니다. 러시아어로 'Teoriya Resheniya Izobretatelskikh Zadatch(Theory of Inventive Problem Solving)'의 앞글자를 따서 TRIZ(트리즈)라 불리게 된 이론입니다.

TRIZ의 가장 중요한 발견은 무엇이었을까요? 바로 '뛰어난 발명은 모순을 해결한다.'는 것입니다. 알츠슐러는 20만 건이 넘는 특허를 분석하며 혁신적인 발명들이 하나같이 어떤 모순을 창의적으로 해결했음을 발견했습니다.

예를 들어, 비행기의 착륙장치를 생각해 봅시다. 초기 비행기 설계자들은 '이륙과 착륙에는 바퀴가 필요하지만, 비행 중에는 바퀴가 공기저항을 일으켜 속도를 떨어뜨린다.'는 모순에 직면했습니다. 그들의 해결책은? 접이식 착륙장치를 만든 것입니다. 이륙 후에는 바퀴를 기체 내부로 접어 넣고, 착륙 전에 다시 내리는 방식으로 모순을 해결했죠.

알츠슐러는 이런 식으로 모순을 극복한 수많은 사례를 분석해 그 패턴을 찾아냈습니다. 그리고 마침내 '모순 해결의 40가지 원리'와 '분리의 원리' 같은 체계적인 도구들을 만들어 냈습니다. 그의 이론에 따르면, 창의적인 문제 해결은 더 이상 천재적 영감이나 우연에 의존할 필요가 없습니다. 누구나 배우고 적용할 수 있는 체계적인 방법론이 되는 것이죠.

삼성전자, 인텔, GE 같은 글로벌 기업들도 TRIZ를 적극 활용하고 있습니다. 애플의 스티브 잡스도 비슷한 사고방식을 가졌다고 알려져 있습니다. 그는 종종 '이것도 해야 하고 저것도 해야 한다.'가 아니라 '이것도 하면서 저것도 하는' 해결책을 요구했습니다.

알츠슐러의 이야기는 역경 속에서도 창의적 사고의 힘을 보여 주는 감동적인 예입니다. 그리고 그가 발견한 모순 해결의 원리들은 오늘날까지도 전 세계 혁신가들에게 영감을 주고 있습니다.

TRIZ를 활용한 한국 IT 산업의 모순 해결 사례

TRIZ의 모순 해결 방법론은 한국 IT 산업에서도 성공적으로 적용되었습니다. 그 중에서도 카카오(구 다음카카오)의 김범수 의장의 사례는 주목할 만합니다.

김범수 의장은 2014년 '스타트업 네이션스 서밋'에서 "알츠슐러의 '트리즈 법칙'이 스타트업의 문제 해결에 큰 도움을 준다."고 강조했습니다. 그가 말하는 TRIZ의 문제 해결 과정은 간단합니다. 우선 문제를 발견하고 모순을 정의한 후, 사고를 전환해 문제를 해결하는 방법론입니다. 이를 자신만의 언어로 3단계로 압축해 설명했습니다.

① 이상적인 목표를 정의한다.
② 이상적 상태와 현 상태 사이에 있는 모순을 찾아낸다.
③ 주어진 자원 안에서 해결법을 찾아낸다.

한게임의 모순 해결 사례

김 의장은 실제로 한게임 창업 당시 이 TRIZ 방법론을 적용했습니다. 한게임은 설립 후 '어떤 게임을 제공할 것인가?'와 '어떻게 수익화할 것인가?'라는 두 가지 핵심 과제에 직면했습니다.

첫 번째 모순: 게임 퀄리티와 접근성 사이의 모순

1998년 당시 미국 게임 업계는 크게 두 갈래로 나뉘어 있었습니다. 한편으로는 웹에서 쉽게 접근할 수 있지만 음향과 그래픽 퀄리티가 낮은 '자바 게임'이 있었고, 다른 한편으로는 웅장한 음향과 화려한 그래픽을 자랑하지만 설치가 복잡하고 무거운 '클라이언트&서버 게임'이 있었습니다. 통상은 '자바 게임'이나 '클라이언트&서버 게임' 중 한 가지 방식을 선택하고 선택하지 않은 기술이 가지는 장점은 포기할 수밖에 없다고 생각할 것입니다. 접근성이 좋은 '자바 게임'을 선택했다면 음향과 그래픽은 어느 정도 포기했을 것이며, '클라이언트&서버 게임'을 선택했다면 게임이 무거운 것은 어쩔 수 없는 일이라고 여겼겠죠.

하지만 한게임은 이 두 가지 방식 사이의 모순을 창의적으로 해결했습니다. 게임의 그래픽과 음향 처리는 클라이언트 서버 기반으로 하되, 전체 시스템은 웹에서 쉽게 구동되는 방식을 택했습니다.

두 번째 모순: 무료 서비스와 수익화 사이의 모순

또 다른 도전은 수익 모델에 관한 것이었습니다. 당시 게임 업계는 완전 무료거나 완전 유료거나 둘 중 하나였습니다. 무료 게임은 사용자를 많이 확보할 수 있지만 수익이 없고, 유료 게임은 수익은 있지만 사용자 확보가 어려웠습니다.

이 모순에 대한 영감은 뜻밖의 곳에서 찾아왔습니다. 김 의장이 일본 출장길에 비즈니스 좌석을 처음 타게 되면서, 이코노미석과 비즈니스

석의 차이점에서 아이디어를 얻었습니다. 같은 목적지로 가는 서비스지만, 더 나은 경험을 원하는 고객에게는 프리미엄 옵션을 제공하는 항공사의 비즈니스 모델에서 영감을 얻은 것입니다.

이를 게임에 적용해 '부분 유료화' 모델을 개발했습니다. 기본 게임은 무료로 제공하되, 추가적인 기능이나 아이템에 대해서만 비용을 부과하는 방식입니다. 당시로서 이는 획기적인 접근법이었으며, 후에 전세계 게임 산업의 주요 비즈니스 모델로 자리 잡게 되었습니다.

한게임의 모순 해결 과정

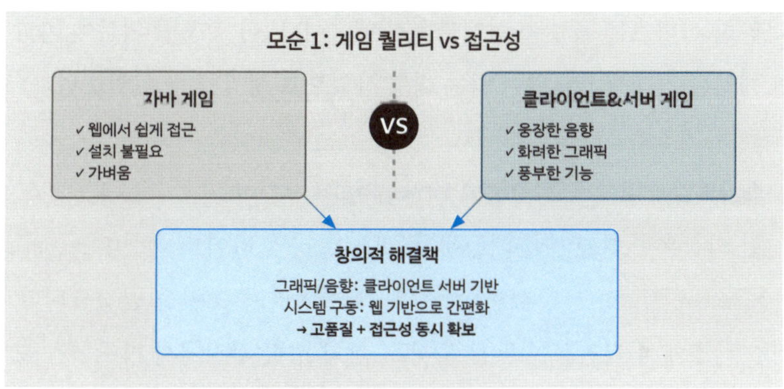

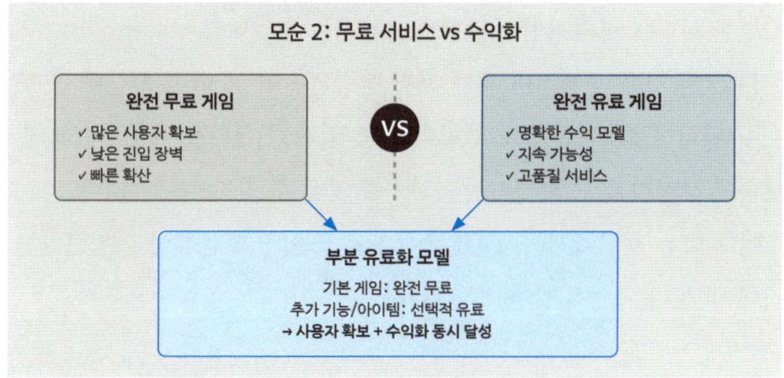

카카오의 모순 해결 사례

카카오톡을 개발할 때도 비슷한 모순에 직면했습니다. 독립적인 개별 앱으로 가야 할지, 아니면 다양한 서비스를 아우르는 플랫폼으로 가야 할지 고민이었습니다. 개별 앱은 사용이 간편하고 목적이 명확하다는 장점이 있지만, 다양한 서비스를 제공하기 어렵습니다. 반면 플랫폼은 다양한 서비스를 통합할 수 있지만, 사용자 경험이 복잡해질 수 있습니다.

카카오의 선택은 '앱 내에서 플랫폼을 만드는 방식'이었습니다. 메신저라는 단일 앱으로 시작했지만, 그 안에 게임, 선물하기, 상점, 페이 등 다양한 서비스를 플랫폼 형태로 통합했습니다. 이 접근법 덕분에 카카오게임은 거래액 1조 원이 넘는 대형 사업으로 성장할 수 있었습니다.

스타트업에 대한 조언: Right time, Right action

김 의장은 스타트업 후배들에게 "라이트 타임 라이트 액션(Right time, right action, 적절한 시점에 적절히 행동하라.)"이라는 조언을 남겼습니다. 비즈니스에서 직면하는 많은 문제들, 특히 성장 과정에서 마주치는 모순들은 정해진 답이 없습니다. 중요한 것은 모순을 명확히 인식하고, 적절한 시점에 창의적인 해결책을 모색하는 것입니다.

TRIZ와 같은 체계적인 문제 해결 방법론은 바로 이런 순간에 큰 도움이 됩니다. 다른 분야에서 이미 검증된 해결 패턴을 활용함으로써, 모순에 갇히지 않고 획기적인 돌파구를 찾을 수 있기 때문입니다.

이제 다음 섹션에서는, TRIZ에서 모순을 어떻게 분류하고 접근하는지에 대해 더 자세히 알아보겠습니다.

기술적 모순과 물리적 모순

모순에는 크게 두 가지 유형이 있습니다. 알츠슐러는 특허 분석을 통해 모순을 '기술적 모순'과 '물리적 모순'으로 구분했습니다.

기술적 모순(Technical Contradiction)은 한 시스템의 어떤 특성을 개선하려 할 때 다른 특성이 악화되는 상황입니다. 'A를 좋게 하면, B가 나빠진다.'는 형태로 표현됩니다. 예를 들면 다음과 같습니다.

- 자동차 엔진의 힘을 높이면, 연료 소비가 증가한다.
- 에어컨의 냉방 능력을 키우면, 소음이 증가한다.
- 고객 응대 서비스 품질을 위해 시간을 더 할애하면, 고객 대기 시간이 길어진다.

기술적 모순은 우리가 흔히 '트레이드오프(Trade-off)'라 부르는 것과 유사합니다. 무언가를 얻으면 다른 것을 잃게 된다는 것이죠. 전통적인

기술적 모순의 정의

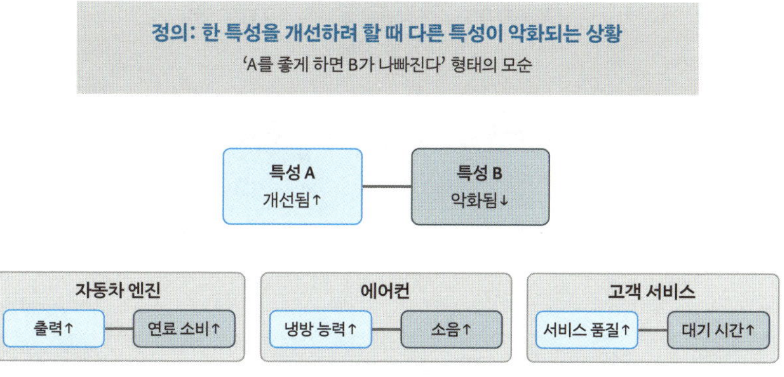

사고방식에서는 이런 모순에 직면하면 '적절한 타협점'을 찾으려 합니다. 그러나 TRIZ는 타협 대신 두 가지를 모두 달성할 방법을 찾으라고 안내합니다.

물리적 모순(Physical Contradiction)은 더욱 근본적인 모순으로, 동일한 요소에 상반된 요구가 동시에 적용되는 상황입니다. 'X는 A이면서 동시에 A가 아니어야 한다.'는 형태로 표현됩니다. 예를 들면 다음과 같습니다.

- 비행기가 잘 뜨기 위해서는 비행기 날개는 커야 하지만, 공중으로 올라가서는 날개가 크면 저항도 크기 때문에 연료 소모량이 증가합니다. 따라서 비행기 날개는 커야 하고 동시에 작아야 합니다.
- 핸드폰의 화면은 사용할 때는 클수록 편리하지만, 갖고 다닐 때는 작아야 편리합니다. 따라서 핸드폰은 화면이 커야 하고, 동시에 작아야 합니다.
- 여름에 바람이 잘 들어와 시원하게 하려면 창문은 열려 있어야 하지만, 벌레가 못 들어오게 하려면 창문은 닫혀 있어야 합니다.

물리적 모순의 정의

물리적 모순은 언뜻 해결 불가능해 보입니다. 어떻게 무언가가 동시에 A이면서 A가 아닐 수 있을까요? 그러나 TRIZ는 이런 모순도 특정한 '분리의 원리'를 통해 해결할 수 있다고 말합니다.

비즈니스 영역에서의 모순을 예로 들어 볼까요? 회사는 '제품을 표준화해 효율을 높이고 싶으면서도, 고객별로 맞춤화해 만족도를 높이고 싶다.'는 모순에 직면합니다. 이것은 기술적 모순입니다. 보다 깊이 들어가면 '제품은 표준화되어 있으면서 동시에 맞춤화되어 있어야 한다.'는 물리적 모순이 됩니다.

아마존은 이런 모순을 '매스 커스터마이제이션(Mass Customization)' 전략으로 해결했습니다. 기본 플랫폼은 표준화하되, 알고리즘을 통해 개인별 맞춤 추천을 제공하는 방식입니다. 표준화와 맞춤화라는 상반된 요구를 동시에 달성한 셈이죠.

기술 영역의 모순 해결 사례

기술 분야에서 모순 해결을 통한 기술혁신 사례는 무수히 많습니다. 여기서는 몇 가지 흥미로운 사례를 살펴보겠습니다.

사례 1: 자동차 에어백 시스템

운전자 안전을 위한 모순은 다음과 같았습니다.

- 기술적 모순: 충돌 시 운전자를 보호하려면 완충 장치가 필요하지만, 운전 중에는 시야와 조작성을 위해서 그런 장치가 없어야 한다.
- 물리적 모순: 충격 흡수 장치는 있어야 하면서 동시에 없어야 한다.

이 모순을 해결한 것이 바로 에어백입니다. 에어백은 평상시에는 존재감 없이 스티어링 휠 속에 접혀 있다가, 충돌 순간에만 순식간에 부풀어 올라 쿠션이 됩니다. 여기에 적용된 것은 '시간에 따른 분리' 원리입니다. 필요한 순간에만 존재하도록 설계함으로써, 평소 운전 편의와 사고 시 안전이라는 두 가지 상반된 요구를 모두 만족시켰습니다.

자동차 에어백 시스템

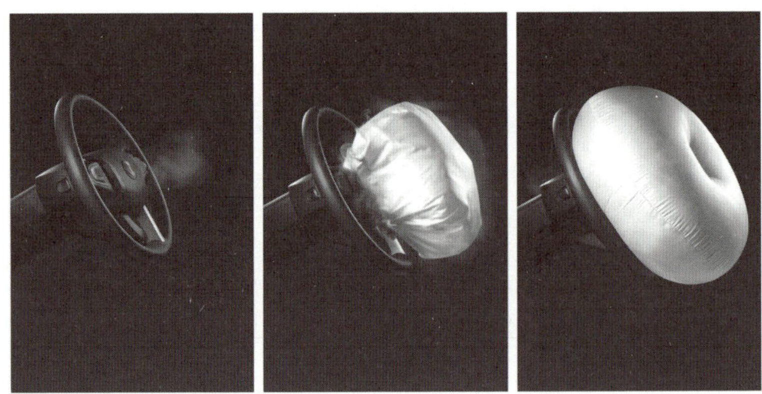

사례 2: 스마트폰의 듀얼 카메라 시스템

스마트폰 카메라 개발자들은 이런 모순에 직면했습니다.

- 기술적 모순: 광학 줌 기능을 넣으려면 카메라 렌즈가 튀어나와야 하지만, 그러면 스마트폰이 두꺼워진다.
- 물리적 모순: 렌즈는 길게(줌을 위해) 그리고 짧게(얇은 디자인을 위해) 동시에 존재해야 한다.

이를 해결하기 위해 개발된 것이 듀얼 카메라 시스템입니다. 서로 다른 초점 거리를 가진 두 개의 렌즈를 병렬로 배치하고, 소프트웨어가 두 이미지를 조합해 마치 광학 줌을 사용한 것 같은 효과를 내는 방식입니다. 이는 '공간에 따른 분리' 원리를 적용한 예로, 긴 렌즈가 필요한 줌 기능과 얇은 디자인이라는 상반된 요구를 모두 달성했습니다.

이런 기술적 모순 해결 사례들은 단순한 타협이 아닌, 창의적인 발상을 통해 두 가지 상반된 목표를 모두 달성하는 방법을 보여 줍니다.

이제 다음으로는 비즈니스와 조직에서의 모순 해결 사례를 살펴보겠습니다.

일반 카메라의 줌 렌즈와 스마트폰 듀얼 카메라

비즈니스와 조직에서의 모순 해결

비즈니스와 조직 관리에서도 모순 해결은 경쟁 우위를 창출하는 핵심 전략이 될 수 있습니다. 여기 몇 가지 흥미로운 사례가 있습니다.

사례 1: 도요타의 '저스트 인 타임' 시스템

도요타가 직면한 모순은 이것이었습니다.

- 기술적 모순: 재고를 많이 유지하면 생산 안정성은 높아지지만 비용이 증가하고, 재고를 줄이면 비용은 절감되지만 생산 중단 위험이 커진다.
- 물리적 모순: 재고는 많아야(생산 안정성) 하면서 동시에 적어야(비용 절감) 한다.

도요타는 이 모순을 '저스트 인 타임(Just-In-Time)' 생산 시스템으로 해결했습니다. 필요한 부품이 필요한 시점에 딱 맞춰 공급되도록 해서, 재고는 최소화하면서도 생산은 안정적으로 유지하는 방식입니다. 이는 '시간에 따른 분리'와 '조건에 따른 분리' 원리를 적용한 예입니다. 결과적으로 도요타는 재고 유지 비용을 크게 줄이면서도 생산 안정성 확보에 성공했고, 이 방식은 전 세계 제조업의 표준이 되었습니다.

사례 2: 자라(ZARA)의 패스트 패션 모델

의류 업계에서 자라가 직면한 모순은 다음과 같습니다.

- 기술적 모순: 대량 생산은 원가를 낮추지만 유행에 빠르게 대응하기 어렵고, 소량 생산은 유행에 대응하기 쉽지만 원가가 높아진다.
- 물리적 모순: 생산 시스템은 대량 생산(효율성)이면서 동시에 소량 생산(트렌드 대응력)이어야 한다.

자라의 해결책은 '수직 통합(Vertical Integration)' 모델이었습니다. 제품의 디자인, 생산, 유통을 모두 자체적으로 관리하면서, 유럽 지역에 자사 공장을 유지해 빠른 생산 대응이 가능하게 했습니다. 동시에 전 세계 매장에서 실시간으로 수집되는 판매 데이터를 바탕으로 어떤 상품을 얼마나 생산할지 정밀하게 예측했지요.

기본 상품은 저비용 국가에서 대량으로, 트렌드에 민감한 상품은 유럽 공장에서 소량으로 신속하게 생산하는 전략입니다. 이 모델 덕분에 자라는 제품 기획부터 매장 진열까지 전 과정을 10~15일 만에 완료하며, 납품 지연이나 품질 불량 등 외주 생산의 문제를 최소화했습니다. 그렇게 원가 경쟁력과 패션 트렌드 대응 능력을 동시에 확보할 수 있었지요.

이처럼 모순을 명확히 인식하는 것이 혁신의 첫걸음입니다. 기술적 모순과 물리적 모순을 구분하고, 그에 맞는 해결 방법을 찾는 것이 TRIZ의 핵심 전략이죠.

다음으로는 이러한 모순 상황에 직면했을 때 어떻게 생각해야 모순을 극복하는 해결안을 도출할 수 있는지 그 생각의 방법을 소개하겠습니다. 더불어 그 방법을 알고 있는 AI를 활용하여 흥미로운 해결안들을 도출하는 방법도 소개하겠습니다.

2. 모순 해결의 핵심 원리: 분리의 원리, X모델, 40가지 발명 원리

TRIZ는 모순을 해결하기 위한 3가지 핵심 프레임워크를 제공합니다. 분리의 원리, X모델, 그리고 40가지 발명 원리입니다. 각각은 특정 유형의 모순 해결에 최적화되어 있습니다.

모순 해결의 핵심 원리: 분리의 원리

먼저 물리적 모순 해결을 위한 '분리의 원리'를 살펴보겠습니다.

물리적 모순, 즉 한 대상에 서로 반대되는 두 요구가 겹치는 상황을 어떻게 해결할 수 있을까요? TRIZ는 여기에 대한 강력한 해결 전략으로 분리의 원리를 적용하라고 권합니다. 분리의 원리란 모순되는 요구 조건을 서로 다른 맥락으로 분리하여 각각 만족시키는 방법입니다. 알츠슐러는 모순 해결 사례를 분석하여 주로 4가지 분리 방식을 정리했습니다.

1. 시간의 분리: 시간이 다르면 요구 조건을 다르게 적용합니다

- 도로 횡단보도를 생각해 보면, 도로에는 차도 다녀야 하지만 사람도 그 도로를 건너가야 하는 모순이 있습니다. 이 모순을 시간으로 나누어 해결한 것이 신호등입니다.

- 넷플릭스의 콘텐츠 추천 시스템은 기본적으로 '사용자에게 맞춤형'을 하면서, 동시에 '모두에게 동일한 콘텐츠를 제공해야' 하는 요구를 받습니다. 그래서 평상시에는 콘텐츠 추천 알고리즘에 의존하다가, 특정 시간에만 모든 사용자에게 동일한 '새로운 인기 콘텐츠'를 푸시합니다.

- 집 안의 현관 등은 사람이 있을 때는 켜져야 하지만 계속 켜져 있으면 낭비가 발생합니다. 그래서 이런 문제를 센서를 통해, 사람이 있을 때 켜지도록 하여 해결하고 있습니다.

2. 공간의 분리: 장소나 공간을 나누어 각기 다른 요구를 충족합니다

- 도로 횡단보도를 생각해 보면, 도로에는 차도 다녀야 하지만 사람도 그 도로를 건너가야 하는 모순이 있습니다. 이 모순을 공간으로 나누어 해결한 것이 육교와 지하보도입니다.

- 스타벅스는 매장마다 공통 디자인 요소를 유지하면서도 지역 특색을 반영한 요소를 포함시킵니다.

- 다초점 렌즈는 렌즈의 공간을 분리하여 윗부분은 멀리 보기 좋게 오목렌즈로, 아랫부분은 책을 보기 좋게 볼록렌즈로 만든 것입니다.

3. 조건의 분리: 특정 조건이 충족될 때만 다른 상태가 되도록 합니다

- 포토크로믹 렌즈(변색 렌즈)는 자외선에 노출되면 어두워지고, 실내에서는 투명해집니다.

- 항공사의 다이나믹 가격 책정은 수요가 높을 때는 가격을 올리고, 낮을 때는 내립니다.

- 자동차의 4륜구동 시스템이 있습니다. 평상시에는 2륜구동으로 주행해 연비를 높이다가, 노면이 미끄럽거나 힘이 필요할 때 자동으로 4륜구동이 동작합니다. 조건(노면 상태)에 따라 구동 방식을 달리하여 연비와 구동력이라는 모순을 해결한 것이죠.

4. 전체와 부분의 분리: 시스템의 일부와 전체를 구분해 모순을 해결합니다

- 자동차 설계에서 자동차 차체 전체는 강성을 높여 안전하게 만들되, 일부 부품(크럼플 존)은 충돌 시 의도적으로 구겨지도록 설계합니다. 차 전체의 강도는 강하지만 일부 영역은 충격 흡수를 위해 유연하게 설계하여 안전성과 충격 완화라는 두 목표를 다 충족

하는 것이죠.

- 온라인 게임 중 '카트라이더'와 같은 게임은 전체적으로는 무료지만 일부분인 아이템은 유료로 판매하여 게임 사용자를 확보하면서도 수익을 창출하고 있습니다.
- 최근 출시되는 스마트 매트리스는 내부에 다수의 독립된 셀이 있어서 전체적으로는 탄탄한 지지력을 제공하면서도 어깨, 허리, 엉덩이 등 체압이 집중되는 부위는 자동으로 압력을 분산하고 더 부드러워집니다.

물리적 모순이 있을 때 해결 방법이 없어 보이는 것은 해결하려는 대상을 모두 한 덩어리로 보고 전체적으로 '이것' 아니면 '저것'으로 생각하기 때문입니다. 그래서 '분리의 원리'의 핵심은 '나누어서 생각하는 것'입니다. "필요한 시간에만, 필요한 부분만, 어떤 조건에 따라" 분리하여 적용할 수 있을지 떠올려 보는 것만으로도 기발한 아이디어의 실마리를 잡을 수 있습니다.

분리의 원리 적용 연습

온라인 게임 업체의 모순 상황을 사례로 4가지 분리의 원리를 적용해서 해결안을 도출하는 연습을 하겠습니다.

온라인 게임 업체의 고민

한 온라인 게임 회사의 전략회의실. 개발팀장과 마케팅팀장 간의 치열한 논쟁이 벌어지고 있었습니다.

개발팀장: "이제 정말 유료화를 해야 합니다. 서버 유지비만 월 5000만 원인데, 언제까지 공짜로 서비스할 수는 없어요."

마케팅팀장: "하지만 유료화하는 순간 사용자 이탈률이 70% 이상 될 것 같은데요. 우리 주 고객층이 용돈으로 게임하는 학생들이잖아요."

대표: "그럼 어떻게 하자는 거야? 계속 적자로 운영할 수도 없고, 고객을 다 잃을 수도 없고……."

이 상황이 바로 전형적인 **물리적 모순**입니다. 게임은 동시에 무료여야 하고 유료여야 하는 상황이죠.

모순의 구조를 살펴보면 다음과 같습니다.

- **A여야 한다**: 게임은 무료여야 한다.(고객 유지를 위해)
- **A가 아니어야 한다**: 게임은 유료여야 한다.(수익 창출을 위해)

이런 모순 상황에서는 기존의 타협적 사고로는 한계가 있습니다. "적당히 저렴하게 하자."는 식의 접근은 어느 쪽도 만족시키지 못하죠. 여기서 필요한 것이 바로 **분리의 원리**입니다. 여러분 각자가 이 모순 상황을 해결할 수 있는 해결안을 앞서 알려 드린 4가지 분리의 원리를 활용하여 도출해 보세요.

어때요? 좋은 해결안이 많이 도출되었나요? 해결안을 그냥 생각할 수도 있지만, 지금의 상황이 모순이라는 것을 인식하고 '분리의 원리'를 적용하니, 생각의 가이드가 생겨 어려운 상황을 해결할 아이디어를 도출할 수 있게 되지 않았나요? 해결안을 도출하다 보면 어떤 해결안은 시간의 분리인지, 조건의 분리인지 애매한 경우가 있지는 않았나요? 하지만 그것이 그렇게 중요한 것은 아닙니다. 지금은 수학 문제를

온라인 게임 업체의 모순 상황에 대한 해결안

분리의 원리	해결안
시간의 분리	
공간의 분리	
조건의 분리	
전체와 부분의 원리	

푸는 시간이 아니니까요. 분리의 원리들은 좋은 아이디어를 내기 위한 도구이기에 그 원리를 적용해서 좋은 해결안이 나왔으면 되는 것이죠. 하지만 분리의 원리 자체는 명확하게 이해해야 활용할 수 있으니, 혼돈이 되면 관련된 예시들을 보면서 그 의미를 정확하게 기억하는 것이 필요합니다.

그럼 이번에는 모순 해결 GPTs를 이용하여 해결안을 도출해 보겠습니다. 모순 해결 GPTs는 TRIZ의 모순 해결 원리를 잘 적용할 수 있도록 만들어진 GPTs입니다.

프롬프트:

게임을 하는 대상은 주로 학생들이다. 학생들은 주머니 사정이 여유롭지 않기 때문에 공짜로, 또는 값싸게 게임 하기를 원한다. 게임 출시 초기에는 게임을 무료로 제공할 수 있으나 게임 회사 입장에서는 계속 무료로 제공하기만 한다면 이익을 낼 수 없다. 어느 순간부터는 유료로 전환해야 하나 그 경우 기존 무료 서비스 고객이 게임 사이트를 떠날 것이 우려된다. 이 온라인 게임 업체의 상황에 대해 해결안 도출해 줘.

ChatGPT의 주요 답변:

문제 상황 분석

🎧 **물리적 모순**(Physical Contradiction)

게임은 동시에 무료이면서 유료여야 한다.

- 학생 입장에서는 무료여야 사용 지속 가능
- 회사 입장에서는 유료여야 수익 창출 가능

<u>프롬프트</u>:

분리의 원리를 적용해서 각 원리별로 5가지의 해결안을 도출해 줘.

ChatGPT의 주요 답변:

🧩 **분리의 원리에 따른 해결안**

1. ⏰ **시간의 분리 → 시간에 따라 무료/유료를 구분한다**

  1) 초기 무료 후, 일정 기간 지나면 유료 전환(체험판 모델)

  2) 하루 특정 시간대만 무료 플레이 가능(예: 오후 4~6시)

  3) 첫 일주일은 무료, 이후 사동 유료 선환

  4) 주말만 무료, 평일은 유료

  5) 레벨 10까지는 무료, 이후 유료

2. 📍 **공간의 분리 → 공간적으로 무료/유료 구역을 나눈다**

  1) 게임 내 일부 지역/스테이지만 무료로 개방

  2) PC방에서는 무료, 개인 디바이스에서는 유료

  3) 무료 계정은 특정 서버에서만 이용 가능, 유료는 전 서버 가능

  4) 무료 유저는 광고가 포함된 화면, 유료 유저는 광고 제거된 화면 사용

  5) 메인 콘텐츠는 무료, 확장팩은 유료

3. ⚙️ **조건의 분리 → 이용 조건에 따라 무료/유료를 다르게 적용한다**

  1) 학생 인증 시 무료, 일반은 유료

  2) 게임 플레이는 무료지만 PvP(Player vs Player)나 특별 이벤트는 유료

  3) 광고를 보면 무료, 광고 없이 하려면 유료

  4) 일정 시간 이상 플레이 시 유료로 전환

  5) 미션 수행 또는 퀘스트 달성 시 유료 콘텐츠 무료 개방

4. 🧩 **전체와 부분의 분리 → 게임의 전체와 부분을 구분하여 일부만 유료화**

  1) 기본 게임은 무료, 스킨이나 아이템은 유료(부분 유료화 모델)

  2) 싱글 플레이는 무료, 멀티 플레이는 유료

3) 스토리 모드는 무료, 시즌 콘텐츠는 유료

4) 기본 캐릭터는 무료, 추가 캐릭터는 유료

5) 게임 내 채팅, 커뮤니티 기능은 유료

프롬프트:

해결안이 너무 평이한데 좀 더 창의적인 아이디어로 5가지씩 더 도출해 줘.

ChatGPT의 주요 답변:

💡 **고급 창의 아이디어**(분리의 원리 기반, 각 원리당 추가 5가지)

1. ⏰ 시간의 분리 - 고급 아이디어

1) 플레이 시간 누적 보상 시스템

→ 일정 시간 이상 플레이하면 유료 아이템을 포인트로 교환 가능. "시간이 곧 화폐."

2) '타임뱅크' 시스템

→ 평일에 접속 안 한 시간을 모아 주말에 몰아서 유료 콘텐츠 이용 가능

3) 실시간 유저 수에 따른 무료화 정책

→ 접속자 수가 적은 새벽 시간에는 전면 무료 개방(서버 부하 완화 + 유입 효과)

4) 현실 이벤트와 연동되는 시간 한정 무료화

→ 예: 시험 기간 중에는 일부 콘텐츠 자동 무료 해제(공감 마케팅)

5) 리듬/타이밍 요소 연동 결제

→ 리듬 게임처럼 타이밍 정확도에 따라 결제 없이 사용 가능. 실력으로 유료 콘텐츠 뚫기

2. 📍 공간의 분리 - 고급 아이디어

1) 게임 속 '무료 구역'은 현실의 특정 장소와 연동

→ 예: 도서관 Wi-Fi에서 접속 시 유료 콘텐츠 개방(공공 인프라 활용)

2) 가상 세계에서 '장터 구역'만 유료 콘텐츠 활용 가능

→ 사용자는 필요한 때에만 유료 구역으로 이동해 결제 활동

3) 무료 구역은 몰입도 높은 미니 게임 중심

→ 유료 구역은 오히려 쉬어 가는 힐링 콘텐츠 제공(역발상으로 차별화)

4) 공간 연계 AR 보상 시스템

→ 실제 장소에 AR 콘텐츠 배치, 찾으면 유료 콘텐츠 해금.(포켓몬고+결제 유도)

5) '포탈 구역' 개념 도입

→ 특정 조건 충족 시 무료 구역에서 유료 콘텐츠 잠깐 체험 가능(미끼 경험 제공)

3. ⚙ 조건의 분리 - 고급 아이디어

1) AI 코칭 참여 시 유료 아이템 무료 지급

　　→ 게임 내 AI 훈련/교육 콘텐츠 학습 후 리워드 지급(학습+게임 융합)

2) 친구 초대/공유 시 자동 유료 콘텐츠 해금

　　→ 네트워크 확장을 수익원으로 연결(바이럴 마케팅 모델 내장)

3) 이용자가 만든 콘텐츠에 대한 평판에 따라 무료 범위 증가

　　→ 유저 생성 콘텐츠(UCC)와 평판 시스템 연동

4) 게임 내 커뮤니티 기여 점수에 따라 유료 혜택 제공

　　→ 공략법 작성, 질문 답변 등 커뮤니티 활성화가 보상 구조에 연결

5) 자신의 아바타가 광고 모델이 되면 유료 콘텐츠 무료 제공

　　→ 캐릭터 복장에 브랜드 노출 → 유료 콘텐츠 이용권 획득(광고와 몰입의 융합)

4. ⚙ 전체/부분의 분리 - 고급 아이디어

1) 감정 기반 유료화

　　→ 특정 감정 상태(예: 감정 센서 혹은 게임 내 선택)에 따라 무료/유료 콘텐츠 변화(스토리 몰입도 기반)

2) 캐릭터 성장률에 따라 유료 전환 여부 설정

　　→ 캐릭터가 일정 수준 도달 시부터만 유료로 전환(의미 기반 과금)

3) '결정권 판매' 시스템 도입

　　→ 메인 스토리는 무료지만, 중요한 결정 분기점은 유료 선택권으로 판매

4) 게임 내 현실 연동 통화/기부 시스템

　　→ 실제 기부/선행 활동 인증 시 유료 콘텐츠 무료 개방(ESG 연동 게이미피케이션)

5) 'AI 대리 캐릭터'는 유료, 직접 플레이는 무료

　　→ 사용자가 하지 않아도 되는 편의성만 유료화(시간이 부족한 유저 대상 전략)

이 아이디어들은 단순한 과금 구조를 넘어서, 사용자와 상호작용 하는 방식이나 몰입 구조 자체를 **수익성과 연결**하는 창의적 접근입니다.

　AI를 활용하여 분리의 원리를 적용해 본 결과가 어떤가요? 다양한 많은 아이디어를 빠르게 도출한 것을 확인할 수 있습니다. 물론 아이디어 중에는 현실적이지 않은 것들도 포함되어 있으며 아직 구체적이지 않은 것들도 있습니다. 하지만 우리는 AI가 제시해 준 아이디어를 재료

로 더 구체화시킨다거나, 여러 가지 아이디어를 조합한다거나 하여 더 훌륭한 요리를 만들 수 있습니다. 물론 그러한 일도 AI와 상의해 가면서 하면 더욱 수월하고 빠르게 할 수 있습니다.

모순 해결의 핵심 원리-X모델

다음으로, 물리적 모순을 더욱 체계적으로 해결하기 위한 X모델을 살펴보겠습니다.

P&G의 R&D 딜레마: 모순을 넘어 새로운 길을 찾다

성장 기업의 위기

1990년대 후반, 163년의 역사를 가진 소비재 기업 P&G에 위기가 찾아왔습니다. 예상 매출 성장률보다 적은 성장을 기록하고, R&D 생산성이 떨어져 R&D 성공률(재무 목표를 만족시키는 신제품의 비중)은 35% 수준으로 하락했습니다. 분기별 이익은 목표치에 미달했으며 신제품의 매출은 지지부진했습니다.

위기의 원인은 소비자들의 변화하는 니즈를 만족시킬 수 있는 신제품 개발 실패에 있었습니다. 20년 이상 타이드와 팸퍼스 같은 새로운 대형 제품을 개발하지 못했던 것입니다. 이 문제를 파악한 더크 야거 CEO는 R&D 투자는 늘리고 마케팅 비용을 감축하는 전략을 취했습니다. 재임 기간 중 R&D 투자를 세 배로 늘리는 초강수를 두었죠.

그러나 R&D 비용은 증가한 반면 신제품의 매출은 지지부진했고, 마케팅 비용 삭감이 시장 점유율 감소를 초래해 오히려 경쟁사에게 시장을 잠식당했습니다. 분기별 이익은 계속 감소했고, 2000년 P&G의 주가는 118달러에서 52달러로 하락했습니다. 결국 더크 야거 CEO는 해고되었습니다.

모순 상황

이러한 상황에서 앨런 래플리가 새로운 CEO로 부임했습니다. 래플리는 회사 안팎에서 두 가지 선택지 중 하나를 선택하라는 압력을 받았습니다.

"혁신적인 신상품 개발을 위해 R&D 투자를 유지할 것인가, 아니면 R&D를 줄이고 브랜드 경영과 마케팅에 초점을 맞출 것인가?"

이는 P&G가 직면한 전형적인 모순 상황이었습니다. 한쪽을 선택하면 다른 쪽을 포기해야 하는 상황 말입니다. 그러나 래플리는 이 질문 자체에 문제가 있다고 생각했습니다.

그는 'R&D에 투자한다고 혁신적 제품의 성공이 보장될까? 그렇다면 왜 지금까지 성과가 나오지 않았을까? 마케팅에만 집중한다면 고객들이 원하는 새로운 가치를 어떻게 제공할 수 있을까?' 같은 근본적인 질문을 검토했습니다.

X모델과 유사한 사고방식

래플리의 접근법은 TRIZ에서 사용하는 X모델의 원리와 유사했습니다. X모델이라는 이름은 두 개의 상충되는 방향(예: 'R&D 투자 유지→혁신적인 제품 개발'과 'R&D 투자 감소→마케팅 강화')이 알파벳 X처럼 교차하는 형태를 표현한 것입니다. 이 교차점에서 창의적 해결 방향을 찾는 것이 X모델의 핵심입니다.

X모델은 모순을 해결하기 위한 체계적인 방법으로, 네 단계로 구성

X모델 단계별 적용 방법

1단계
문제 정의
모순되는 요구 사항을 명확히 도식화
문제
( ) 해야 한다
물리적 모순
( ) 하지 말아야 한다

2단계
이유 분석
각 요구 사항이 필요한 이유를 찾아 도식화
문제
( ) 해야 한다
Why?
이유
( )을 위하여
물리적 모순
기술적 모순
( ) 하지 말아야 한다
Why?
( )을 위하여

3단계
해결 방향 도출
정의된 문제 중 하나와 상반된 문제의 이유를 연결하여 문제 해결 방향 도출
문제
( ) 해야 한다
물리적 모순
( ) 하지 말아야 한다
이유
( )을 위하여
기술적 모순
( )을 위하여
해결 방향
해결 방향 1
( )하지 않으면서도
( )하는 방법
해결 방향 2
( )하면서도
( )하는 방법

4단계
해결안 도출
각각의 해결 방향별로 생각하여 해결안을 도출
해결 방향
해결 방향 1
( )하지 않으면서도
( )하는 방법
해결안
1.
2.
3.
해결 방향 2
( )하면서도
( )하는 방법
1.
2.
3.

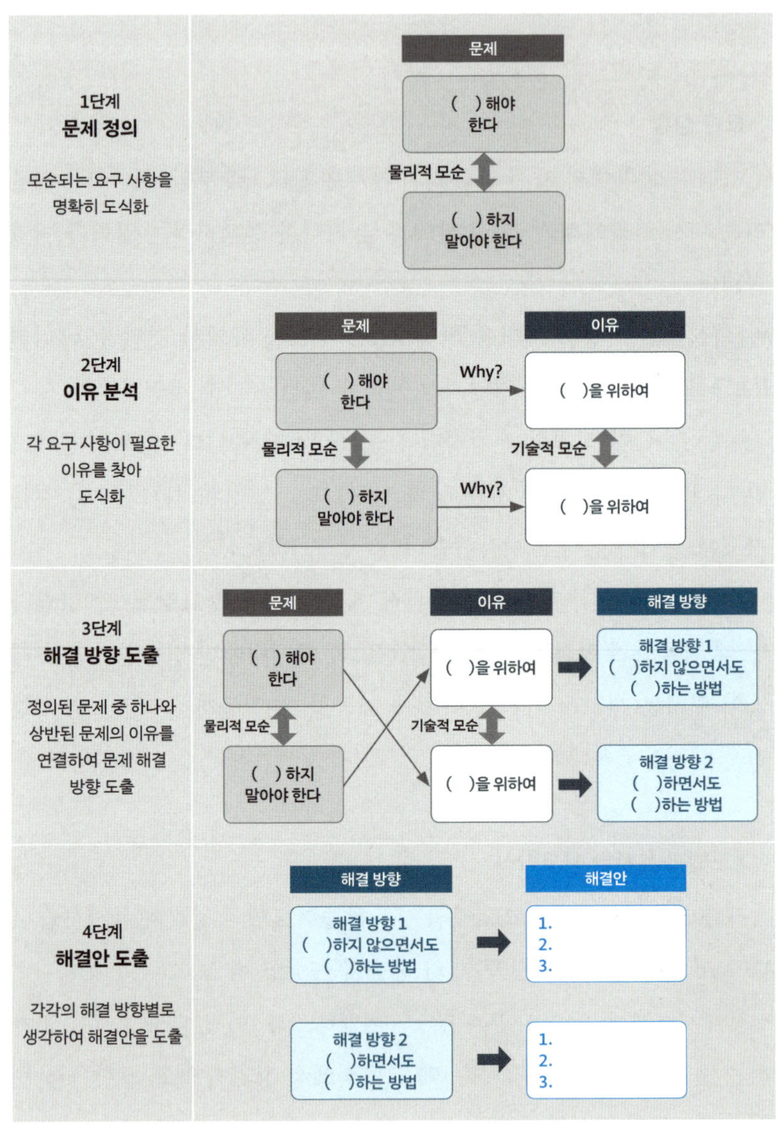

됩니다.

① **문제 정의**: 모순되는 요구 사항을 명확히 표현합니다.
② **이유 분석**: 각 요구 사항이 필요한 이유를 탐색합니다.
③ **해결 방향 도출**: 하나의 요구 사항과 상반된 요구 사항의 이유를 연결하여 해결 방향을 생성합니다.
④ **해결안 도출**: 해결 방향에 대한 구체적인 실행 방안을 개발합니다.

P&G의 새로운 접근법

래플리는 회사 밖의 상황을 분석했습니다. 개인 발명가와 소규모 기업들이 혁신에서 두드러진 성과를 보이는 반면, 대기업들은 보유한 자원에 비해 기대만큼의 성과를 내지 못한다는 사실을 발견했지요.

반면 P&G는 제조, 마케팅, 유통 능력에서 소규모 경쟁자들을 압도하는 강점이 있었습니다. 이러한 관찰을 통해 래플리는 새로운 가능성을 보았습니다.

"우리가 꼭 모든 신제품을 내부에서 만들어야 할까? 외부의 자원을 우리의 강점과 결합할 수는 없을까?"

이러한 생각의 과정을 X모델로 정리하면 아래와 같습니다.

① **문제 정의**: 'R&D 투자를 유지해야 한다.'와 'R&D 투자를 감소해야 한다.'라는 상반된 요구를 인식했습니다.
② **이유 분석**: R&D 투자를 유지해야 하는 이유는 '혁신적인 신제품을 개발하기 위하여' R&D 투자를 감소해야 하는 이유는 '마케팅을 강화하기 위하여'로 분석했습니다.
③ **해결 방향 도출**: 'R&D 투자를 감소하면서도 혁신적인 신제품을 개발할

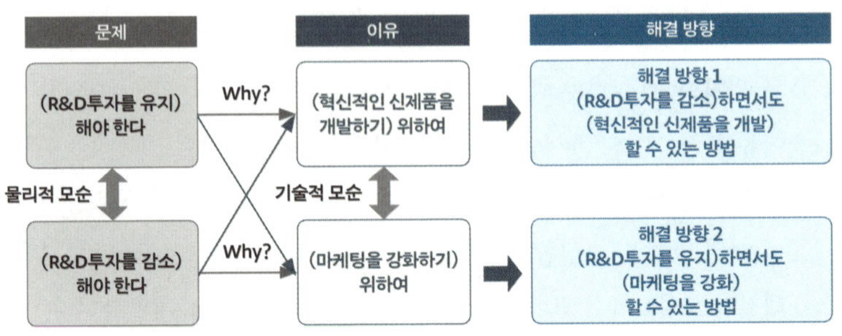

수 있는 방법'이라는 해결 방향을 도출했습니다.

④ **해결안 도출**: Connect & Develop(C&D) 모델이라는 새로운 접근법을 개발했습니다.

Connect & Develop: 모순의 창의적 해결

래플리가 제시한 C&D 모델은 '외부로부터 혁신의 50%를 획득하자.'는 비전을 담고 있었습니다. 이는 내부 R&D팀을 대체하는 것이 아니라 7,500명의 내부 연구원들을 외부 150만 명의 연구 인력과 연결해 시너지를 창출하는 방식이었습니다. 즉 혁신의 씨앗은 외부의 자원을 활용하고, 실제 제품화하고 사업으로 성공시키는 것은 내부에서 담당하는 방법이었습니다.

성공의 결과

이 전략의 첫 성공 사례는 '스핀브러시'였습니다. 중소기업으로로부터 기술을 도입하고 P&G의 크레스트 브랜드와 유통망을 활용해 출시한 이 저가 전동칫솔은 1억 6000만 달러 규모의 제품 라인으로 성장했습니다.

C&D 모델은 P&G의 R&D 방식을 근본적으로 변화시켰고, 회사는 위기에서 벗어나 다시 혁신의 선두주자로 자리매김할 수 있었습니다.

X모델의 실용적 적용

P&G의 사례는 모순 상황에서 양자택일보다 창의적 해결책을 찾는 것의 중요성을 보여 줍니다. X모델은 이런 창의적 해결책을 찾는 데 도움이 되는 체계적인 도구입니다.

여러분도 X모델을 자신의 문제에 적용해 볼 수 있습니다.

① **문제 정의**: 직면한 모순을 'A해야 한다' vs 'A하지 말아야 한다' 형태로 명확히 표현합니다.(예: 재료비를 절감해야 한다 vs 재료비를 절감하지 말아야 한다.)

② **이유 분석**: 각 요구 사항이 필요한 이유를 탐색합니다.(예: 재료비 절감이 필요한 이유는 '제품 판매 가격을 낮춰야 하기 때문'이고 재료비 절감을 하지 말아야 하는 이유는 '품질을 유지해야 하기 때문'입니다.)

③ **해결 방향 도출**: 두 가지 상반된 요구를 모두 충족할 방향을 찾습니다.(예: '재료비를 줄이면서도 품질을 유지할 수 있는 방법' 또는 '재료비

재료비 절감 예시의 X모델

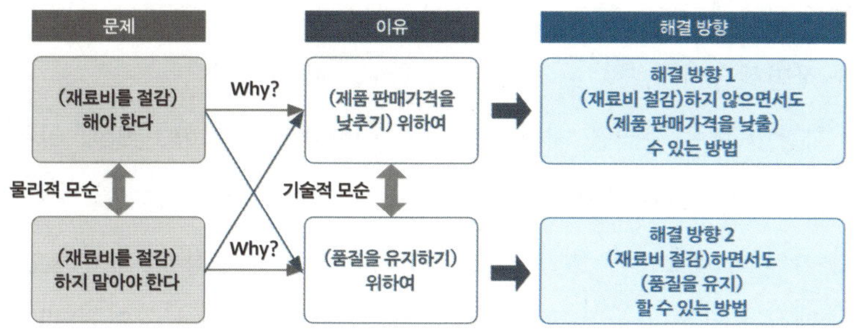

절감을 하지 않으면서도 판매 가격을 낮출 수 있는 방법')

④ **해결안 도출**: 구체적인 실행 방안을 개발합니다.(예: 중요한 부분에만 고급 소재를 사용하고, 다른 부분은 표준 소재로 대체하여 전체 재료비는 낮추면서도 품질은 향상, 재료비는 유지하고 유통망을 단순하게 하여 판매 가격을 낮춤)

모순은 혁신의 장애물이 아니라 촉매제가 될 수 있습니다. P&G가 '내부 R&D냐, 마케팅이냐.'라는 이분법을 넘어 '내부와 외부의 연결'이라는 제3의 길을 개척했듯이, 여러분도 X모델을 통해 창의적인 해결책을 찾아낼 수 있을 것입니다.

드라마 「협상의 기술」에서 발견한 X모델의 실전 적용

JTBC 드라마 「협상의 기술」 7~8회는 전형적인 모순 상황에서 창의적 해결책을 찾아가는 과정을 보여 줍니다.

위기의 시작: 산인 그룹의 재정난

산인 그룹 회장은 개인적으로 다도리조트를 500억 원에 구입하면서 주식을 담보로 대출을 받았습니다. 그런데 대출 만기가 한 달밖에 남지 않은 상황에서 550억 원(원금 500억 + 이자 50억)을 상환해야 하는 위기에 직면했습니다.

회장이 보유 주식을 매각하려 하자 내부에서 강력한 반발이 일어났습니다. 회사 오너가 주식을 파는 것은 시장에 부정적 신호를 보내 주가 폭락을 초래할 수 있기 때문이었죠. 게다가 내부자 거래 규정상 대량 매각은 사전 공시가 필요한데, 이미 시간이 부족한 상황이었습니다.

결국 다도리조트 매각이 유일한 해결책으로 떠올랐습니다. 하지만 여기서 예상치 못한 장애물이 나타났습니다.

예상치 못한 반대자: 권유리의 사연

다도리조트의 실제 운영자는 권유리(송지오 역)라는 여성이었습니다. 그녀는 어릴 때 어머니를 잃고 방황하다가 회장의 배려로 제주도 다도리조트에서 새로운 삶을 시작한 사람이었습니다. 그리고 그녀는 다도리조트의 123호에 살고 있었습니다.

더욱 충격적인 사실은 권유리가 암 투병 중이라는 것이었습니다. 수술을 해도 생존 확률이 50%에 불과하고, 살더라도 얼마나 더 살 수 있을지 불확실한 상황에서 그녀는 더 이상의 치료를 거부했습니다 "저 여기서 죽기로 결심했거든요. 이런 데서 행복하게 살다가 죽으면 잘 죽은 게 아닐까요?" 권유리에게 다도리조트는 단순한 사업장이 아니라 인생의 마지막 안식처였던 것입니다.

불가능해 보이는 모순 상황

이제 산인 그룹의 이제훈(윤주노 역) 팀장 앞에는 명확한 딜레마가 놓였습니다.

"다도리조트를 매각해야 한다."

vs

"다도리조트를 매각하지 말아야 한다."

매각해야 하는 이유는 '산인 그룹의 550억 원 재정 위기를 해결'하기 위해서였습니다. 반면 매각하지 말아야 하는 이유는 '권유리의 생명과 직결된 마지막 삶의 터전을 보호'하기 위해서였지요. 일반적인 사고방식이라면 둘 중 하나를 선택해야 하는 상황입니다. '회사를 살릴 것인가, 아니면 한 개인의 마지막 소원을 들어줄 것인가?' 하고 말이지요.

X모델을 통한 창의적 해결책 도출

이제훈은 이 모순을 X모델의 사고방식으로 접근했습니다.

1단계 문제 정의

- 문제 1: 다도리조트를 매각해야 한다.
- 문제 2: 다도리조트를 매각하지 말아야 한다.

2단계 이유 분석

- 매각 이유: 현금 확보를 위해
- 매각 반대 이유: 권유리가 인생의 마지막을 보낼 안식처를 지켜주기 위해

3단계 해결 방향 도출

- "리조트를 매각하면서도 권유리가 계속 거주할 방법은 없을까?"

4단계 해결안 도출

- 특약 조항이 포함된 매각 계약: 리조트는 매각하되, 123호는 권유리에게 무상 영구 임대. 단, 권유리 사망 시 이 조건은 무효화

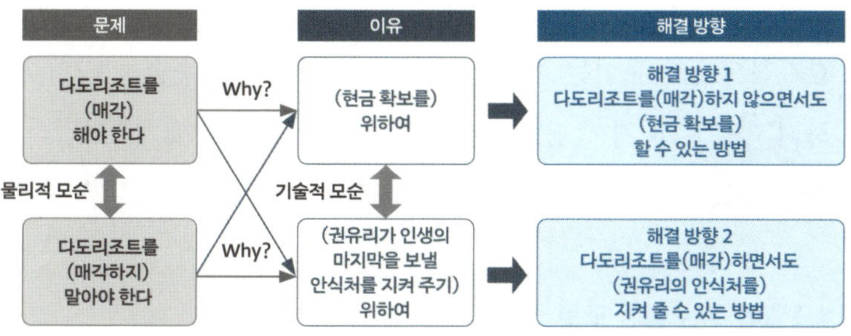

TRIZ 분리의 원리: 전체와 부분의 분리

이 해결책은 TRIZ(창의적 문제 해결 이론)의 분리의 원리 중 '전체와 부분의 분리'를 적용한 것으로 해석할 수 있습니다.

- 전체(다도리조트): 매각하여 재정 문제 해결
- 부분(123호): 분리하여 권유리에게 영구 보장

즉, 리조트 전체를 하나의 덩어리로 보지 않고, 필요한 부분(123호)만 따로 떼어 내어 다른 조건을 적용한 것입니다. 이는 '전부 아니면 전무(All or Nothing)'의 이분법적 사고에서 벗어나 선택적 분리를 통한 해결책을 제시한 사례입니다.

협상의 성공과 인간적 감동

이 특약 조항은 단순한 법적 조건을 넘어서는 의미를 가졌습니다.

- 권유리의 안정감: 리조트가 팔려도 거처는 보장받을 수 있다는 확신
- 산인 그룹의 이미지: 단순히 이익 추구만이 아닌 인간적 배려를 보여 줌

- 상호 신뢰: 진정성 있는 배려를 통한 장기적 관계 구축

결과적으로 권유리는 이제훈의 진심을 이해하고 수술을 받기로 결심하며 리조트 매각에 동의했습니다. 그녀는 이제훈에게 "고맙다."는 인사를 전했고, 산인 그룹의 재정 위기도 해결될 수 있었습니다.

X모델이 주는 실전 교훈

이 드라마 사례는 X모델의 실용적 가치를 명확히 보여 줍니다.

1. 모순 상황에서의 제3의 길 발견

- 양자택일의 함정에 빠지지 않고 창의적 대안 모색
- '둘 다 안 된다.'가 아닌 '둘 다 되는 방법' 찾기

2. 상대방 니즈의 본질적 이해

- 권유리가 원한 것은 '리조트 소유'가 아닌 '안정된 거주지'
- 문제의 본질을 파악했기에 부분적 해결책 도출 가능

3. 창의적 조건 설계의 힘

- 단순한 금전적 조건이 아닌 감정적 필요를 충족하는 조건
- 법적 안전장치와 인간적 배려의 조화

4. 분리의 원리 적용

- 전체를 부분으로 나누어 각각 다른 해결책 적용
- 복잡한 문제를 단순한 요소로 분해하여 해결

앞서 분리의 원리 적용 연습의 온라인 게임 업체의 모순 상황을 사례로 X모델을 적용해서 해결안을 도출하는 연습을 해 보겠습니다. 앞서 살펴본 온라인 게임 업체의 딜레마를 다시 떠올려 봅시다.

게임 출시 초기에는 게임을 무료로 제공할 수 있으나 이익을 내기 위해서는 어느 순간부터는 유료로 전환해야 합니다. 하지만 그 경우 기존 무료 서비스 고객이 게임 사이트를 떠날 것이 우려되는 상황입니다.

위의 상황에 맞게 아래 X모델 적용 템플릿을 채우고, 해결안을 도출해 보세요. 다음과 같은 해결 방향이 나온다는 것을 쉽게 알 수 있을 것입니다.

그럼 이번에는 더욱 구체적으로 모순 해결 GPTs의 X모델을 이용한 해결안까지 도출해 보겠습니다. 모순 해결 GPTs는 TRIZ의 모순 해결 원리를 잘 적용할 수 있도록 만들어진 GPT입니다.

온라인 게임 회사의 딜레마에 대한 X모델

게임을 하는 대상은 주로 학생들이다. 학생들은 주머니 사정이 여유롭지 않기 때문에 공짜로, 또는 값싸게 게임 하기를 원한다. 게임 출시 초기에는 게임을 무료로 제공할 수 있으나 게임 회사 입장에서는 계속 무료로 제공하기만 한다면 이익을 낼 수 없다. 어느 순간부터는 유료로 전환해야 하나 그 경우 기존 무료 서비스 고객이 게임 사이트를 떠날 것이 우려된다. 이 온라인 게임 업체의 상황에 대해 해결안 도출해 줘.

ChatGPT의 주요 답변:

문제 상황 분석

🧲 **물리적 모순(Physical Contradiction)**

게임은 동시에 무료이면서 유료여야 한다.

- 학생 입장에서는 무료여야 사용 지속 가능
- 회사 입장에서는 유료여야 수익 창출 가능

X모델을 적용해서 각 해결 방향별로 5가지의 해결안을 도출해 줘.

✖ **물리적 모순:**

게임은 무료여야 한다.

vs

게임은 유료여야 한다.

🌀 **X모델 적용**

Step 1: 물리적 모순 정의

게임은 무료여야 한다. ↔ 게임은 유료여야 한다.

Step 2: 이유 분석

- 무료여야 하는 이유:
  → 주 이용자인 학생들이 지속적으로 게임을 이용하게 하기 위하여
- 유료여야 하는 이유:
  → 게임사가 수익을 창출해서 서비스가 지속 가능하게 하기 위하여

Step 3: 해결 방향 도출

Ⓐ 해결 방향 1

'무료여야 한다.'는 조건을 만족하면서도,

'수익을 창출해야 한다.'는 이유를 해결하는 방법

B 해결 방향 2

'유료여야 한다.'는 조건을 만족하면서도,

'유저가 계속 게임을 하도록 유지해야 한다.'는 이유를 해결하는 방법

💡 해결안 제시

A 해결 방향 1

무료 제공을 유지하면서도 수익을 창출할 수 있는 방법

☑ **해결안 1. 보상형 광고 시스템**

- 유저가 광고를 시청할 때마다 아이템이나 코인을 지급

- 사용자는 '자발적 선택' 느낌, 기업은 광고 수익 확보

☑ **해결안 2. 플레이 시간 기반 마일리지 경제 시스템**

- 플레이 시간에 비례해 포인트 적립→유료 콘텐츠 구매 가능

- 포인트 충전 과정에서 광고 노출 및 제휴 상품 판매 가능

☑ **해결안 3. 브랜드/협찬형 게임 아이템 도입**

- 현실 브랜드가 게임 내 아이템 스폰서(예: 맥도날드 의상, 나이키 신발)

- 학생들은 재미, 기업은 브랜드 홍보, 운영사는 수익 확보

☑ **해결안 4. 학생 대상 '성적 인증 리워드 시스템'**

- 성적 향상 인증 시 유료 아이템 무료 지급

- 교육 플랫폼/기관과 제휴하여 지원→ESG + 사회적 가치 연계

☑ **해결안 5. 게임 내 창작자 경제 도입(UGC 보상형)**

- 유저가 만든 콘텐츠 판매 가능→판매 수익의 일부를 게임사가 가져감

- 크리에이터 활성화 + 사용자 참여 + 수익 창출 동시 달성

B 해결 방향 2

유료 모델을 유지하면서도 유저가 떠나지 않도록 만드는 방법

☑ **해결안 1. 부분 유료화 + 게임 속 노력으로 해금 가능**

- 유료 아이템도 퀘스트 클리어로 획득 가능

- 돈 대신 시간으로 얻을 수 있어 사용자 불만 최소화

☑ **해결안 2. 장기 혜택형 '투자형 과금' 시스템**

- 소액 결제 시 매일 로그인마다 보상 제공(ex. 한 달간 지속)

- 사용자에게 '내가 투자한 느낌'을 주어 이탈 방지

☑ **해결안 3. 학습/기여 기반 보상 시스템**
  - 게임 내 문제 풀이, 공략 공유, 신규 유저 도우미 활동 등을 통해 유료 아이템 획득
  - 기여와 과금 사이의 균형 유지

☑ **해결안 4. 구독 기반 '커뮤니티 멤버십' 모델**
  - 소액 구독 시 전용 포럼, 팬아트 공유, 개발자와 채팅 등
  - 유료화는 되지만 게임 외적 가치로 유저 만족도 확보

☑ **해결안 5. 정서적 후원 구조**(기부형 결제)
  - 특정 유료 콘텐츠는 '청소년 정신건강 기부 연계' 등 정서적 가치를 부여
  - 결제가 '좋은 일'처럼 느껴지게 설계→이탈 감소

동일한 물리적 모순 문제에 대해 우리는 '분리의 원리'와 'X모델'을 모두 적용해 봤습니다. 둘 다 모순 해결의 원리들인데, 도출되는 해결안들의 성향이 조금 차이가 나는 것을 느꼈을까요? 분리의 원리가 분리된 적용을 통해서 그 상황에 더 적절한 해결안을 도출했다면, X모델은 좀 더 목적 지향적인 해결안을 도출하는 방법이라고 할 수 있습니다. 두 가지 원리가 동일한 해결안을 도출하기도 하지만, 또 다른 측면의 해결안들도 도출하니, 딜레마 상황에서는 두 가지 방법 모두 적용해 보는 게 다양한 해결안 도출에 도움이 됩니다.

X모델의 핵심 통찰

양자택일의 함정에서 벗어나는 지혜

양자택일 상황에서 하나의 선택을 하게 되면, 필연적으로 다른 하나의 목적은 달성하지 못하게 됩니다. 이는 곧 불완전한 해결책을 의미합니다. 따라서 성급한 선택을 하기 전에, 먼저 '두 가지 목적을 모두 달성

할 수 있는 방법은 없을까?'라고 자문해 보는 것이 중요합니다.

X모델: 가장 간단하면서도 강력한 도구

이런 상황에서 X모델은 가장 간단하면서도 체계적인 해결책을 제공합니다. 복잡한 이론이나 도구 없이도 4단계의 명확한 프로세스를 통해 창의적 대안을 도출할 수 있습니다.

일상의 지혜, 생활의 도구

X모델은 P&G와 같은 거창한 기업 혁신에만 적용되는 것이 아닙니다. 우리가 일상생활에서 자주 마주치는 양자택일의 순간들에서도 놀라운 효과를 발휘합니다.

- 직장: 승진하려면 야근해야 한다. vs 가족과의 시간도 중요하다.
  → 효율성을 높여 정시 퇴근하면서도 성과를 내는 방법 모색
- 가정: 아이 교육비를 늘려야 한다. vs 가계 부담을 줄여야 한다.
  → 무료/저비용 고품질 교육 기회 발굴
- 인간관계: 솔직하게 말해야 한다. vs 상대방 기분을 상하게 하면 안 된다.
  → 진실을 전달하되 상대방이 받아들일 수 있는 방식과 타이밍 고려

X모델은 단순히 문제 해결 도구를 넘어서, 삶을 더 풍요롭게 만드는 사고방식의 전환을 가능하게 하는 지혜의 도구입니다.

모순 해결의 핵심 원리-40가지 발명 원리

다음으로 기술적 모순 해결을 위한 40가지 발명 원리에 대해 알아보

겠습니다. 알츠슐러가 특허 분석을 통해 발견한 이 원리들은 기술적 모순 해결에 특히 효과적입니다. 그중 일부를 소개합니다.

1. 분할(Segmentation)

물체를 독립적인 부분으로 나누거나 분해 가능하게 만듭니다.

- 제품: 레고 블록, 모듈식 가구, 분리되는 노트북 화면
- 비즈니스: 대규모 프로젝트를 작은 스프린트로 나누는 애자일(Agile) 방법론
- 일상: 여행용 옷을 압축 팩으로 분리해서 짐을 줄이는 방법

2. 추출(Extraction)

방해가 되는 부분을 제거하거나 필요한 부분만 분리합니다.

- 제품: 무선 이어폰, 손잡이가 분리되는 냄비
- 비즈니스: 핵심 서비스만 제공하는 저가 항공사 모델
- 일상: 필요한 앱만 홈 화면에 두고 나머지는 숨기는 방식

3. 역동성 증가(Dynamicity)

변화하는 조건에 맞게 물체나 시스템이 자동으로 조정되게 합니다.

- 제품: 자동초점 카메라, 스마트 온도조절기
- 비즈니스: 수요에 따라 자동으로 가격이 조정되는 우버의 서지 프라이싱(Surge Pricing) 증가
- 일상: 자동으로 밝기를 조절하는 스마트폰 화면

4. 반대로 하기(Do It Reverse)

기존 방식과 정반대로 문제에 접근합니다.

- 제품: 바닥에 뚜껑이 있는 케첩 병, 건조하기 위해 가열하는 것이 아니라, 얼렸다가 건조하여 식감과 향을 유지하는 급속 냉동 건조 제품
- 비즈니스: 손님이 레스토랑에 가는 대신 레스토랑 음식이 손님에게 가는 배달 서비스 모델
- 일상: 역경매(이사 비교 견적 앱은 소비자가 조건을 올리면 업체들이 더 낮은 가격으로 경쟁)

5. 중첩(Nesting)

하나의 물체를 다른 물체 안에 넣거나 여러 기능을 중첩시킵니다.

- 제품: 러시아 인형(마트료시카), 다용도 주방 기구
- 비즈니스: 아마존이 제공하는 원스톱 쇼핑+엔터테인먼트+클라우드 서비스
- 일상: 다기능 스마트워치(시계+건강 모니터+알림 기능)

40가지 발명 원리

번호	이름	원리	세부 원리	사례
1	분할 Segmentation	쪼갠다	쪼개어 본다 조립식으로 만든다	칼날을 쪼개서 사용할 수 있게 만든 커터 칼 장거리 미사일의 단 분리 로켓 구조 할부 판매 화폐 조립식 가구

2	추출 Extraction	뽑아낸다	문제를 발생시키는 것의 거리를 띄워라 필요한 부분이나 특성 만 뽑아낸다	에어컨 컴프레서를 실외로 보냄 광섬유는 광원과 빛을 분리함 추출 물질로 약 만들기 클라우드 시스템
3	국부적 품질 Local Quality	전체가 똑같을 필요 없다.	물체 또는 환경을 세부적으로 다양하게 바꾼다 여러 부분이 서로 다른 기능을 수행하게 한다	볼펜 손잡는 부분의 고무 페트병 모양 일부가 오목함 전기요금 심야 할인 문학구장 바비큐 존 마트의 소량 구매 전용 계산대
4	비대칭 Asymmetry	대칭이라면 비대칭으로 해 본다	대칭형을 다른 형태의 대칭형으로 바꾼다 대칭형을 비대칭형으 로 바꾼다 비대칭이라면 비대칭 의 정도를 더 높인다	편의점 음료 냉장고의 바닥은 기울어져 있음 기울어져서 기름이 빠지는 고기 불판 칫솔의 치모 사계절 타이어의 홈은 안쪽과 바깥쪽이 다르다
5	통합 Merging	동일 기능을 하는 물체를 통합한다	동일 기능을 수행하는 물체들을 결합한다 Mono-Bi-Poly(단일 기능 → 두 기능 → 다중 기능)	파채칼 다중날 면도기 과일 자르는 칼 여러 컬러가 혼합된 파운데이션 4색 볼펜
6	다기능/범용 Multifunction/ Universality	다른 기능을 하는 물체를 통합한다	여러 가지 기능을 수행하게 하라 Complex(복합기능 시스템) 사용 범위를 넓힌다	맥가이버 칼 프린터 복합기 스팀 청소기 장도리 지우개 달린 연필 신용카드는 대금 지급, 현금 인출, 교통카드, 대출 등 여러 기능을 수행
7	포개기 Nesting	안에 집어 넣기	하나의 객체를 다른 객체 속에 넣는다	마트료시카 줌 카메라

			하나의 객체가 다른 객체 속을 통과하게 한다	야외용 컵 쇼핑 카트 낚싯대
8	중력 이용/회피 Counterweight	중력을 이용하거나 회피한다	무게를 이용한다 물체를 들어 올리는 힘을 이용하여 무게를 상쇄한다(원심력, 무게중심, 에어제트 등)	솥뚜껑 불판 오뚝이 링거 무거운 물체 운반 집게 춤추는 인형 자이로스코프 점핑 슈즈
9	사전 반대 조치 Preliminary Counter Action	미리 반대 방향으로 조치를 취한다	요구되는 작용의 반대 작용을 미리 수행한다	태엽 장난감 반자동 나이프 찜질 팩 머리핀 스프링 철길 연결부
10	사전 조치 Preliminary Action	미리 조치한다	요구되는 작업을 미리 수행한다	티백 캡슐 커피 손질 포장된 고등어 스마트폰 예약 발권 음식점 테이블 셋팅
11	사전 예방 조치 Preliminary Compensation	예방 조치를 미리 취한다	안전 및 예방 조치를 미리 취한다	자동차 안전장치(에어백, 브레이크, 범퍼 등) 과전류 차단기 헬멧 도난방지 태그 소화기 화재 감지기
12	동일한 높이 Equipotential	이동거리를 줄인다	필요한 작업을 위한 이동거리를 최소화한다 일정한 거리를 유지한다	연필깎이 롤러형 물파스 페인트 롤러 채칼 치즈칼
13	역방향 Do It Reverse	반대로 해 본다	요구되는 작용을 거꾸로 한다 고정 부품은 움직이게 하고, 유동 부품은 고정시킨다	급속 냉동 건조 레이저 마킹 사파리(동물원) 역경매 연필 깎는 방식

			거꾸로 뒤집기, 안팎 뒤집기, 앞뒤 바꾸기 (Upside Down, Inside Outside, Front Back)	스프링 밖에 있는 볼펜 후륜/전륜 구동
14	곡선화 Curvature Increase	직선(운동) 을 곡선 (운동)으로 바꾸어 본다	물체의 형태를 직선에서 곡선으로 바꾼다 직선 운동을 회전 운동으로 바꾼다(롤러, 볼, 나선형 이용) 맥동, 전진, 마찰, 진자, 회전, 파동 (Pulse, Forward, Friction, Pendulum, Rotation, Wave)	비행기 격납고 지붕은 곡선 모양임 터널 모양 절구와 맷돌 회전하는 힘으로 체결하는 병마개 여러 가지 출입문의 동작 방식
15	역동성 증가 Dynamicity	자유롭게 움직이기	물체의 특성이나 외부 환경을 동작 단계마다 최상이 되도록 변화시킨다 자유롭게 움직일 수 있게 한다 단일체, 결합체, 다관절, 탄성체, 분말, 액체, 기체, 장(場)	비행기 가변 날개 접혔다가 펴지는 모자 접히는 안경 접히는 빨대 접히는 책상 접히는 침대 나왔다가 들어가는 콘센트
16	초과나 부족 Partial or Excessive	지나치게 해 버리거나 부족하게 한다	많거나 적게 하여 문제를 해결한다 초과나 부족, 극단적으로 생각하라	자동차 사이드미러는 젖혀져도 부러지지 않음 줄에 걸리면 기기부터 끌려가지 않고 케이블이 먼저 툭 빠지게 만든 안전 분리형 연결부 병마개 따는 부위 커피믹스 이지 컷 초대형 김밥 터치스크린 큰 버튼
17	차원 변화 Dimension Change	차원을 바꾼다	물체의 배치나 운동을 다른 차원으로 바꾼다	시스템 에어컨은 방 안에 있어야 할 제품을 집이라는 차원으로 바꾼 것임

			0(점)-1(선)-2(면)-3(입체/부피) X축과 Y축을 바꾼다	팝업북은 평면이던 책을 입체화함 적층 PCB 메모리칩을 쌓아 올려 만든 HBM 가로형 블라인드와 세로형 블라인드 가로형 드럼 세탁기와 세로형 통돌이 세탁기
18	진동 Vibration	진동을 이용한다	물체가 진동 운동을 하게 한다 물체의 고유진동수 및 공진을 이용한다 초음파 진동을 이용한다	초음파 세척기 가습기 스마트폰 진동 모드 초음파 검사 어군 탐지기
19	주기적 작용 Periodic Action	연속적으로 하지 않고 주기적으로 한다	연속적 작용은 주기적 작용으로 바꾼다 작용과 그다음 작용 사이의 시간 간격을 이용한다	비상등 전자 담배 냉장고 컴프레서 에스컬레이터 가변차선 안식년제
20	유용한 작용의 지속 Continuity of Useful Action	유용한 작용을 쉬지 않고 지속 한다	유용한 작용을 지속적으로 가능하게 한다 작용이 쉬지 않고 진행되도록 한다	레미콘은 이동 중에도 굳지 않도록 회전으로 혼합 지속 아궁이 불은 조리, 열은 난방(온돌)에 사용 골프장/스키장 겸용 ATM 기기 24시간 이용 가능
21	급히 통과 Rushing Through	빨리 진행해 버린다	필요한 작업을 빠르게 진행한다 유해한 작용을 줄이기 위해 빠르게 진행한다	파스 떼기 펀처로 구멍 뚫기 워터젯 커팅 급속 냉동 건조 하이패스
22	전화위복 Convert Harmful to Useful	유해한 것은 좋은 것으로 바꾼다	유해한 요소를 이용해서 유해함을 제거한다	잘 먹지 않던 도우 가장자리에 치즈를 넣어 히트 상품으로 만든 치즈 크러스트 피자

			유해한 정도를 증가시켜 더 이상 유해하지 않게 한다	공장 폐열로 전기, 난방 음식 폐기물을 퇴비화 소음으로 소음을 줄이는 노이즈 캔슬링
23	피드백 Feedback	피드백을 도입한다	센서를 사용한다 제어 시스템을 적용한다	사람이 있을 때만 움직이는 에스컬레이터 절전 모드 현관 조명등 냉장고는 온도 센서가 있어 컴프레서를 on/off 전동 드릴은 부하를 감지하여 토크를 조절
24	중간매개물 Intermediate	직접 하지 않고 중간 매개물을 이용한다	작용을 수행하거나 전달하기 위해 중간 매개물을 사용한다 쉽게 제거할 수 있는 객체에 원래 객체를 임시로 연결한다	팔레트 구둣주걱 절연 장갑 선크림 공인중개업소 결혼중개업소
25	셀프서비스 Self-service	저절로 기능 이 수행되게 한다	필요한 작용이 저절로 수행되게 한다 물체 스스로 보완 작용 을 하고 유지 보수할 수 있게 한다	저절로 약물이 주입되는 링거액 식물 영양제 현관 조명등 DIY 셀프 주유소
26	복사 Copy	복제품을 사용한다	사용 불편하거나 비싼 물체 대신에 복제품을 사용한다	음식 모형 공사장 안전마네킹 박물관 가짜 CCTV 비행 조정 연습용 시뮬레이터 자동차 충돌 테스트용 더미 인형
27	값싸고 짧은 수명 Cheap Short Life	한번 쓰고 버린다	비싸고 수명이 긴 물체를 값싸고 수명이 짧은 물체로 바꾼다	일회용 식기 도구 60분 사용 전화기(BIC Phone) 일회용 콘택트렌즈 일회용 카메라 일회용 기저귀

28	기계 시스템의 대체 Replacing Mechanical System	기계적 시스템은 다른 시스템 등으로 바꾼다	기계적 장치를 광학, 음향 등과 같은 시스템 으로 바꾼다 MATCEM(기계, 소리, 열, 화학, 전기, 자기)	옵티컬 키보드 전자책 전자시계 디지털 카메라 디지털 피아노
29	공기 및 유압 사용 Pneumatics and Hydraulics System	공기나 유압을 사용한다	물체의 고체 부분을 기체나 액체로 대체 한다 압력(기압, 수압, 유 압)을 이용한다	캠핑 에어매트 물침대/물베개 고무보트 에어슈즈 구명용 에어매트 빨대 스프레이 유압 브레이크
30	얇은 막 Flexible Membrane and Thin Film	얇은 막, 필름을 사용 한다	유연한 막이나 얇은 필름을 이용하여 격리시킨다 통상적인 구조물을 유연한 막이나 얇은 필름으로 대체한다	핸드폰 액정 보호 필름 휘는(Flexible) 디스플 레이 프라이팬 코팅 마스크 팩 자동차 코팅
31	다공성 물질 Porous Material	미세한 구멍을 가진 물질을 사용 한다	다공성 재료로 물체를 만든다	스펀지 쿠션 매트 담배 필터 마커 끝(Tip) 실리카겔은 다공성 물질로 미세한 구멍에 수분을 흡착해 제품을 건조하게 유지함
32	색깔 변화 Changing Color	색깔 변화 등 광학적 성질을 변화 시킨다	색 변화를 이용한다 색이나 투명도를 바꾼다	야광 배드민턴 공 열 감지 잉크 사용하여 인쇄한 컵 체결력이 변하면 색깔이 변하는 스마트 볼트 투명 디스플레이 투명 전화기

33	동질성 Homogeneity	같은 재료를 사용한다	접촉이 발생하는 곳에 같은 재료를 사용하여 동질감을 느끼게 한다	약국에서 가루약 제조 시 그릇과 막대를 같은 재질로 사용 가구 조립 시 금속못이 아니라 나무못 사용 먹을 수 있는 와플콘을 아이스크림 용기로 사용
34	폐기 및 재생 Rejection and Regeneration	다 쓴 것은 버리거나 복구한다	기능이 완료된 물체나 시스템의 일부를 없애 버린다(교체하는 구조) 물체나 시스템의 소모 또는 분해된 부분을 동작 중에 회복시킨다	볼펜심 교체 면도기날 교체 프린터의 토너 교체 구두 굽 교체
35	속성 변화 Parameter Change	물질의 속성을 변화시킨다	농도, 밀도, 온도를 바꾼다 유연성의 정도를 바꾼다	LNG를 액화하여 나르는 운반선 곶감, 건포도 마른오징어, 냉동 과일 전자책
36	상 전이 Phase Transformation	물체의 상태를 변화시킨다	상 전이를 이용한다 고체, 액체, 기체, 플라즈마 상태를 바꾼다	드라이아이스 빙축열 냉방 히트펌프식 가정용 빨래 건조기의 원리 전자담배 스팀 다리미
37	열팽창 Thermal Expansion	열을 가하여 팽창시킨다	열을 가하여 부피가 팽창하거나 길이가 늘어나게 한다	팝콘 커피포트 스위치(바이메탈) 철도 이음새 수은 온도계 찌그러진 탁구공을 펼 때 뜨거운 물에 넣음
38	산화제 Oxidant	산화제를 사용한다	산화제를 사용하여 산소와 결합을 촉진한다. 활성화시킨다	산소 절단기 휘발유(옥탄가) 헤어 염색제 불꽃놀이

| 39 | 불활성 환경
Inert
Environment | 불활성
환경을
만든다 | 불활성 환경으로
바꾼다
진공으로 만든다
안정화시킨다 | 불활성기체 사용(국보급
희귀 도서는 아르곤 가스
환경에서 보관)
소화기
산화 방지제
진공포장 |
| 40 | 복합 재료
Composite
Material | 복합 재료로
바꾼다 | 균일한 재료를
복합 재료로 바꾼다
퓨전으로 만든다
스마트 소재를
사용한다 | 3중 냄비
철근 콘크리트 기둥
A380 동체(GLARE: 유리
섬유 강화 알루미늄 사용)
FRP(Fiber Reinforced
Plastic): 유리섬유, 탄
소섬유 등을 넣어 강화한
플라스틱 복합 재료
퓨전 롤 |

40가지 발명 원리는 단순한 팁이 아니라 수십만 개의 발명에서 추출한 패턴이며, 고정관념을 벗어나게 인도해 줍니다. 따라서 여러분이 직면한 문제에도 적용할 수 있는 강력한 도구가 되지요. 저희가 TRIZ를 배울 때는 이 40가지 발명 원리와 적용 사례를 모두 암기했습니다. 그래야 빨리 적용할 수 있으니까요. 하지만 이제는 그럴 필요가 없습니다. 나보다 더 잘 기억하는 인공지능이 있으니, 40가지 발명 원리를 적용해 보라고 요청하기만 하면 됩니다.

그러면 앞서 물리적 모순 상황에 대한 실습으로, 온라인 게임 업체의 딜레마 상황에 40가지 발명 원리를 적용해서 해결안을 도출해 보겠습니다. 물론 '모순 해결 GPTs'를 활용하겠습니다.

프롬프트:

게임을 하는 대상은 주로 학생들이다. 학생들은 주머니 사정이 여유롭지 않기 때문에 공짜로, 또는 값싸게 게임하기를 원한다. 게임 출시 초기에는 게임을 무료로 제공할 수 있으나 게임 회사 입장에서는 계속 무료로 제공하기만 한다면 이익을 낼 수 없다. 어느 순간부터는 유료로 전환해야 하나 그 경우 기존 무료 서비스 고객이 게임 사이트를 떠날 것이 우려된다. 이 온라인 게임 업체의 상황에 대해 해결안 도출해 줘.

ChatGPT의 주요 답변:

문제 상황 분석

🧲 **물리적 모순**(Physical Contradiction)

게임은 동시에 무료이면서 유료여야 한다.

- 학생 입장에서는 무료여야 사용 지속 가능
- 회사 입장에서는 유료여야 수익 창출 가능

프롬프트:

40가지 발명 원리 모두를 하나씩 활용해서 해결안을 도출해서 표로 만들어 줘.

(※이렇게 요청하면, 발명 원리 40가지를 모두 적용하여 아이디어를 도출합니다. 물론 그중에 억지스러운 것들도 포함되니 내가 선택하여 아이디어를 채택하면 됩니다. 또한 어느 정도의 선정을 요청해도 됩니다. 여기에는 발명 원리 10번까지 적용된 것을 수록합니다.)

번호	발명 원리	적용 아이디어
1	분할	게임을 여러 챕터로 나눠 일부는 무료, 이후는 유료
2	추출	핵심 게임은 무료, 부가 기능(스킨, 장비 등)은 유료
3	국부적 품질	일부 기능/구간은 프리미엄화하여 유료화
4	비대칭	무료 이용자는 광고 시청 필수, 유료 이용자는 광고 제거
5	통합	무료 콘텐츠와 광고, 커뮤니티 기능을 결합
6	다기능성	게임 내 유틸(채팅, 도감 등) 추가하여 프리미엄 기능화
7	포개기	무료 게임 내에 상점 및 광고 영역을 삽입
8	중력 이용/ 회피	과금 유인을 점진적으로 높이며 자연스럽게 유도
9	사전 반대 조치	무료 기간 중 유료 아이템 쿠폰 제공(미리 유료화 경험)
10	사전 조치	초기 가입 시 유료 아이템 무료 제공(후속 구매 유도)

도출한 해결안 중 회사 입장에서 딜레마 상황을 해결하는 데 효과적이라고 판단되는 해결안 TOP 5를 선정하고 그 이유를 설명해 줘.

ChatGPT의 주요 답변:

온라인 게임 수익 딜레마 해결을 위한 TOP 5 발명 원리 및 이유

순위	발명 원리	해결안 요약	선택 이유
1	추출 (2)	핵심 콘텐츠는 무료, 부가 기능만 유료	기본 게임은 무료로 제공해 진입 장벽을 낮추고, 과금은 선택형으로 유도. 사용자 반감이 적고 유지율이 높음
2	분할 (1)	일부 챕터는 무료, 이후는 유료	무료 이용자를 유료 전환하는 자연스러운 흐름 제공. '맛보기 후 결제' 전략은 심리적 저항이 적음
3	비대칭 (4)	무료 유저는 광고 포함, 유료는 광고 제거	광고 수익과 과금 수익을 분리하여 동시 확보 가능. 유료 전환의 명확한 동기 부여 가능
4	국부적 품질 (3)	일부 프리미엄 기능만 유료화	전체를 유료화하지 않고 핵심 기능만 유료로 설정해 유연한 수익화 가능
5	사전 조치 (10)	초기 유료 아이템 무료 제공	사용자가 유료 아이템의 가치를 체험한 뒤 결제로 이어질 가능성 ↑. '체험 후 구매' 유도 전략

40가지 발명 원리를 적용해 보니 어떤가요? 40가지 발명 원리는 알 츠슐러가 기술적 모순을 해결한 특허들을 정리하면서 거기에 적용됐던 생각의 원리들을 모아 체계를 만든 것이지만, 기본적인 속성은 '사람들이 가지고 있는 고정관념을 타파하는 생각'에 대한 것입니다. 그래서 꼭 기술적 모순이 있을 때에 적용해야 하는 것도, 기술에 관련된 문제가 있을 때만 적용해야 하는 것도 아닙니다. AI에게 40가지 발명 원리를 적

용해 보라고 하니 어떤가요? 뭔가 그럴듯하게 연결시키기는 합니다.

물론 하나하나 살펴보면 억지스러운 것도 있죠. 우리도 모든 아이디어가 다 필요한 것은 아니니, 위에서처럼 GPT에게 우선순위를 평가하고 그 이유를 설명하라고 한 다음 그중에서 좋은 아이디어를 선택해서 더 구체화한다거나 다른 해결안과 연결하여 적용하면 됩니다.

AI가 선정한 TOP 5 해결안과 발명 원리를 한번 살펴보세요. 이 해결안들은 어디서 보던 것 같지 않나요? 40가지 발명 원리를 적용해서 도출한 해결안인데, 다들 '분리의 원리'를 적용하고 있죠? 사실 분리의 원리와 40가지 발명 원리는 모두 다 연결되어 있습니다. 우리가 X모델을 도식화에서 '물리적 모순'의 이유를 찾아 둘을 비교하면 그게 '기술적 모순'이 되는 것처럼 말입니다. 물론 물리적 모순의 해결 원리는 '분리의 원리', 기술적 모순의 해결 원리는 '40가지 발명 원리'라는 등식이 항상 성립하는 것이 아니기 때문에, 항상 유연하게 적용하길 권합니다.

다음에는 재미있는 실제 사례를 활용하여 AI로 모순 문제를 어떻게 해결하는지 살펴보겠습니다.

3. AI와 함께하는 모순 해결 실전 워크숍

모순 해결 실전 워크숍

모순 해결을 일상과 업무에 적용하기 위한 단계별 접근법을 알아보겠습니다. 다음의 5단계 과정을 통해 체계적으로 모순을 해결할 수 있습니다.

Step 1: 문제 정의하기

- 해결하고자 하는 문제를 명확히 정의합니다.
- 이때 중요한 것은 모순되는 두 가지 요구 사항을 "A해야 한다." vs "A하지 말아야 한다." 형태로 명확히 정의하는 것입니다.

  →"소셜 미디어에 접속해 있어야 한다." vs "소셜 미디어에 접속하지 말아야 한다."

Step 2: 이유 분석하기

- 각각의 요구 사항이 필요한 이유를 깊이 분석합니다.
- "왜 이것이 필요한가?" 질문을 통해 근본적인 목적을 찾습니다.

  →접속해야 하는 이유: 중요한 정보와 소통을 놓치지 않기 위해

  접속하지 말아야 하는 이유: 디지털 피로도를 줄이고 집중력을 높이기 위해

Step 3: 해결 방향 도출하기

- 두 가지 상반된 조건을 동시에 만족시킬 방향을 찾습니다.
- "조건 A를 유지하면서 조건 B도 충족하는 방법은?"이라는 질문을 던집니다.

  →"소셜 미디어에 접속하지 않으면서도 중요한 정보와 소통을 유지하는 방법?" "소셜 미디어에 접속하면서도 디지털 피로도를 줄이는 방법?"

Step 4: 분리의 원리 적용하기

- 앞서 배운 분리의 원리를 적용해 구체적인 아이디어를 생성합니다.

- 시간, 공간, 전체와 부분, 조건에 따른 분리를 시도합니다.

  →시간 분리: 하루 중 특정 시간에만 소셜 미디어 확인

  공간 분리: 특정 장소에서만 소셜 미디어 사용 허용

  전체/부분 분리: 모든 알림이 아닌 중요한 것만 선택적으로 받기

  조건 분리: 특정 키워드나 사람으로부터의 메시지만 알림 설정

Step 5: 해결책 구체화하기

- 가장 효과적인 아이디어를 선택하고 실제 적용 가능한 형태로 구체화합니다.

- 행동 계획을 세우고 필요한 도구나 방법을 결정합니다.

  →"소셜 미디어 앱의 알림 설정을 조정해 중요한 사람들과 특정 키워드 관련 알림만 받고, 하루 세 번(아침, 점심, 저녁) 각 15분씩만 확인하는 시간을 정한다. 주말에는 토요일 오전에 1시간 집중적으로 확인하고 나머지 시간은 디지털 디톡스를 한다."

이러한 단계별 워크숍을 통해 일상의 모순 문제도 체계적으로 접근하여 창의적인 해결책을 찾을 수 있습니다. 개인적인 고민뿐만 아니라 팀 프로젝트나 조직의 문제 해결에도 이 방법을 적용할 수 있습니다.

AI와 함께하는 모순 해결: 모순 해결 GPTs

우리는 종종 문제를 해결하려 할 때, 머릿속에서 "이걸 해결하려면 A를 강화해야 하지만, 그러면 B가 나빠진다."는 딜레마에 부딪힙니다. 바로 이것이 모순입니다. 이 모순을 해결하지 않고는 진정한 혁신이나

창의적 해결책에 도달할 수 없죠.

그런데 혼자서 모순을 분석하고 해결책을 찾는 것은 쉽지 않습니다. 특히 우리가 익숙한 사고의 틀에 갇혀 있을 때는 더욱 그렇습니다. 바로 이때 AI의 도움이 큰 힘이 됩니다.

모순 해결 GPTs는 기술적 모순과 물리적 모순을 분석하고, 체계적인 발명 원리를 바탕으로 창의적인 해결 방안을 제안하는 AI 조력자입니다. 마치 TRIZ 전문가와 브레인스토밍하는 것처럼, 여러분의 문제를 다각도로 분석하고 창의적인 아이디어를 제시해 줍니다.

사람의 직관 vs AI의 체계적 추론

사람은 문제를 직관과 경험으로 해결하려는 경향이 있습니다. 물론 이것도 중요하지만, 복잡한 모순을 마주했을 때는 객관적인 틀이나 외부의 시각이 필요할 때가 많습니다. 모순 해결 GPTs는 다음과 같은 방식으로 우리의 사고를 보완해 줍니다.

① **모순의 명확한 도출**: 우리가 놓칠 수 있는 기술적/물리적 모순을 정밀하게 분류해 줍니다. '아, 이 문제의 핵심이 바로 이 모순이었구나!' 하는 깨달음을 얻을 수 있습니다.

② **체계적인 사고 프레임 제공**: 분리의 원리, X모델, 40가지 발명 원리 등 TRIZ의 검증된 도구들을 체계적으로 적용해 문제를 분석합니다.

③ **창의적 해결안 생성**: 단순 정보 전달을 넘어, 실제 구현 가능한 아이디어를 제안합니다. '이런 방법도 있었네!'라는 새로운 관점을 제공합니다.

④ **맞춤형 적용**: 각 산업군, 상황, 조건에 맞는 맞춤형 해결책을 제공합니다.

실제로 AI와 함께 모순을 해결하는 과정을 살펴보면 다음과 같습니다.

1. 여러분이 직면한 문제를 자연스럽게 설명합니다.

   "우리 회사는 제품 품질을 높이고 싶지만, 검사 시간이 길어져 생산성이 떨어지는 문제가 있어요."

2. GPTs가 문제에서 모순을 찾아 명확히 정의합니다.

   "품질 향상과 생산성 저하라는 기술적 모순이 있고, 더 깊이 보면 '검사는 철저해야 하면서 동시에 빨라야 한다.'는 물리적 모순이 있네요."

3. TRIZ 원리를 바탕으로 다양한 해결 방향을 제시합니다.

   "시간의 분리 원리를 적용해 보면, 중요 부품은 실시간으로, 덜 중요한 특성은 샘플링으로 검사하는 방법이 있습니다."

4. 제안된 원리를 바탕으로 실행 가능한 아이디어를 구체화합니다.

한 단계 더 깊은 창의로

모순 해결 GPTs는 단순히 '이론만 알려 주는 AI'가 아닙니다. 여러분의 사고를 확장시키고, 숨겨진 해결 방향을 발굴해 주는 파트너지요. 혼자서는 떠올리기 어려운 관점을 제시하고, 체계적인 접근법으로 복잡한 문제를 차근차근 풀어 나가도록 도와줍니다.

이제 복잡한 모순 앞에서 혼자 끙끙대지 마세요. AI와 함께라면, 그 까다로운 모순도 혁신의 기회가 될 수 있습니다. 다음 섹션에서는 실제로 이 AI 도구를 활용해 모순을 해결하는 구체적인 사례를 살펴보겠습니다.

모순 해결 GPTs 활용 방법을 알아보기 위해 모순을 해결하여 제품 성능을 향상시켰던 재미있는 사례 하나를 소개해 드리겠습니다.

저희가 수행했던 프로젝트는 콤비스팀오븐과 훈연기의 기능을 결합한 복합 조리 기구 개발 프로젝트로, 하나의 기기에서 스팀 조리와 훈연 조리를 모두 수행할 수 있는 새로운 상업용 조리 기구를 목표로 했습니다. 그 조리 기구 개발 중 발견된 중요 문제 중 하나는 '훈연과 열기가 소실된다.'라는 문제였습니다. 훈연 발생 후 연기가 오븐 내에 존재해야 식재료에 훈연 효과가 나타나는데, 현재는 훈연 발생이 끝나면 20분 만에 거의 소실되어 버리는 것이었습니다. 따라서 연기가 소실되지 않도록 조치해야 했습니다.

결과적으로, 프로젝트 수행을 통해 훈연/열기 소실은 90% 이상 차단하였고, 이 제품을 출시하여 시장에서 큰 성공을 거두었습니다.

콤비스팀오븐과 훈연기 기능을 결합한
복합 조리 기구

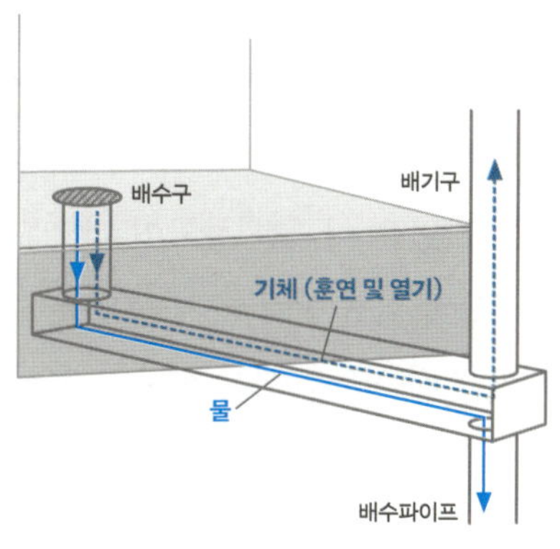

훈연과 열기 소실 문제에 대한 문제 도식화

　이 프로젝트 중에 '훈연과 열기가 소실되는 문제'를 해결한 과정을 한번 살펴보겠습니다.

　훈연이 소실되는 원인은 오븐의 챔버와 연결된 배수구를 통해 외부로 연기가 빠져나가기 때문이었습니다. 즉 배수구가 열려 있기 때문이었는데, 배수구가 열려 있어야 하는 이유는 조리 중 발생하는 물과 기름 등의 액체가 배수되어야 하기 때문이었습니다. 따라서 훈연과 열기가 소실되는 문제를 해결하기 위해서는 배수구를 닫아야 하지만, 배수구를 닫으면 물과 기름 등의 액체를 배수할 수 없는 문제가 발생하고 말았죠. 즉 배수구를 닫을 수도 없고, 열어 놓을 수도 없는 상황이 된 것입니다. 지금의 사례처럼 문제의 원인을 분석하다 보면 그 원인을 제거하기 위해 어떠한 행위를 할 때, 그 행위로 인해 또 다른 문제가 발생하여, 이럴 수도 저럴 수도 없는 상황이 만들어집니다. 우리는 이것을 '물리적 모순'이라고 정의합니다. 흔히 이러한 물리적 모순은 근본 원인을 분석하여 원인이 무엇인지 알게 되고, 그 원인을 제거하려고 시도할 때 발견됩니다.

　보통 이러한 물리적 모순 상황에 접하게 되면 두 가지 중에 하나를 선택한다거나(여기서는 배수구를 열거나 닫는 것), 중간의 상태를 선택하여(배수구를 반만 열어 놓는 것) 마무리하게 되는데, TRIZ와 모순을 이해하는 사람은 이러한 상황이 바로 '물리적 모순'임을 이해하고 모순을 해결하기 위한 여러 가지 시도를 하게 됩니다. 즉 '액체는 통과시키고, 기체만 차단할 수 있는 방법'을 찾는 것입니다.

　저희가 도출했던 해결안들은 다음과 같습니다.

**　첫째, 앞서 말씀드린 'FOS(이종 분야 검색)'를 통해 도출한 트랩(Trap) 방식입니다.**

세면대의 트랩 장치

건축의 드레인 수 배출 장치에서 영감을 얻어, 트랩에 일정량의 물이 있어서 기체를 차난하는 구소를 석용하는 것입니다. 즉 우리가 매일 사용하는 세면대에서 냄새가 역류하지 못하도록 중간에 물을 일정량 채워 놓는 트랩 구조를 활용하는 것이었죠.

둘째, '조건에 의한 분리'를 적용한 물의 무게를 이용하여 밸브가 열리게 하는 해결안입니다.

물의 무게가 일정량 이상일 경우 밸브를 여는 해결안

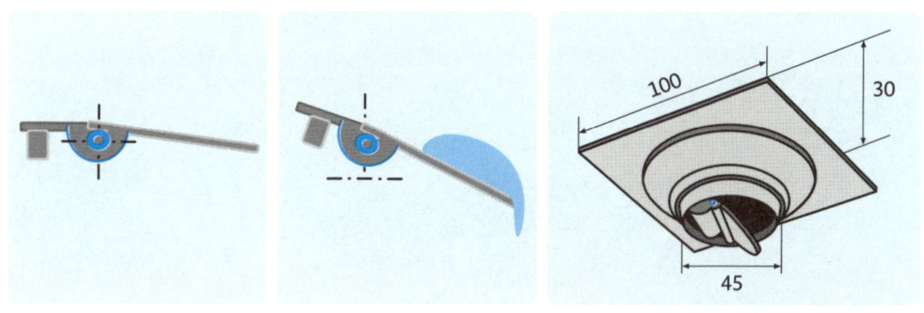

물이 없을 때는 밸브가 닫혀 있다가 물이 어느 정도 모여서 일정 무게 이상이 되면 밸브 한쪽이 열림

동일한 방식이 적용된 밸브 예시

물이 어느 정도 있어서 물의 무게가 일정량 이상이 될 경우 열리는 밸브 적용했지요.

셋째, 'FOS' 방법을 통해 도출한 배수구에 에어 커튼을 적용하여 기체는 차단하고 액체는 통과하는 방법 등이 있었습니다.

훈연 소실 문제에 적용해 보는 GPTs 활용법

다음은 앞서 소개한 훈연오븐에서 훈연 발생 후 너무 빨리 소실되는 문제에 모순 해결 GPTs를 어떻게 활용하여 해결안을 도출하는지 보여 드리겠습니다.

프롬프트:

콤비스팀오븐과 훈연기 기능을 결합한 복합 조리 기구를 만들고 있는데, 훈연이 발생한 후 조리기 내에서 20분 만에 연기가 소실되어 식재료에 훈연이 충분히 흡수되지 않고 있어. 훈연 상태가 더 지속되도록 개선해야 해. 훈연이 소실되는 문제의 원인을 확인해 보니, 조리 중 발생하는 물과 기름을 배출하는 배수구가 열려 있어서 그곳을 통해 훈연과 열기가 빠져나가는 것으로 확인되었어. 이 문제에 대한 해결안 도출을 도와줘.

GPTs의 주요 답변:

1. 문제 요약
   - 제품: 콤비스팀오븐 + 훈연기 복합 조리 기구
   - 문제: 훈연이 조리기 내에 오래 머물지 못하고, 20분 내에 연기가 소실되어 식재료에 훈연향이 충분히 스며들지 않음
   - 원인: 조리 중 발생하는 물과 기름 배출을 위한 배수구가 열려 있어서, 훈연 연기와 열이 함께 빠져나감
2. 기술적/물리적 모순 도출
   - 기술적 모순: 배수 기능과 훈연 유지 기능이 서로 충돌함
   - 물리적 모순: 배수구가 열려 있는 동시에 닫혀 있어야 함
3. 다음 단계
   다음 중 어떤 해결 프레임워크를 사용해서 접근해 볼까요?
   - 분리의 원리 - 시간, 공간, 조건 등에 따라 서로 다른 기능을 분리하는 원리

프롬프트:

우선 분리의 원리 적용해 줘.

GPTs의 주요 답변:

이 모순을 해결하기 위해 아래의 4가지 분리의 원리를 하나씩 적용해 보겠습니다.

① 시간의 분리

시간에 따라 상반된 기능을 분리

- 아이디어: 조리 초기에는 배수구를 닫아 훈연이 유지되도록 하고, 일정 시간이 지난 후 배수구를 열어 물/기름을 배출

- 구현 사례: 조리 시간 초반 20분은 자동으로 배수구를 닫아 훈연이 유지되게 하고, 이후 타이머에 의해 열림. 스마트 댐퍼(모터로 제어되는 밸브) 장착

② 공간의 분리

물리적으로 다른 공간을 활용

- 아이디어: 배수구에 연기 차단 장치를 따로 마련하거나, 훈연 공간과 배수 공간을 분리 설계

- 구현 사례: 훈연 연기는 상부 공간에서만 유지되게 하고, 배수는 하부의 독립 채널을 통해 배출. 연기 유입을 방지하는 이중 챔버형 배수 통로 설계

③ 조건의 분리

조건에 따라 다르게 작동하도록 설계

- 아이디어: 연기가 강하게 발생할 때는 배수구를 닫고, 연기가 약해지면 배수구를 열도록 조건을 설정

- 구현 사례: 훈연 센서 또는 연기 농도 센서 기반의 자동 제어. 온도/연기 농도가 일정 이상일 때만 배수구 잠금 작동

④ 전체와 부분의 분리

시스템 전체와 일부 기능을 나누기

- 아이디어: 전체 배수구가 열리는 대신 일부만 선택적으로 열리는 구조

- 구현 사례: 다공성(구멍) 구조의 배수구로 훈연은 막고 물/기름만 배출. 연기 필

터와 오일 트랩을 별도 분리 장착하여, 배수는 유지하되 훈연은 보존

> **▶ 다음 단계 제안**
> - 위 아이디어 중에서 가장 적합해 보이는 방향을 선택해 주세요.
> - 또는 원하면 다음 단계로 X모델이나 40가지 발명 원리도 함께 적용해서 더 발전된 아이디어를 도출해 드릴 수 있습니다.

<u>프롬프트:</u>

X모델 적용해 줘.

Step 1: 문제 정의

문제:

배수구는 열려 있어야 한다 → 물과 기름을 배출하기 위해

배수구는 닫혀 있어야 한다 → 훈연 연기와 열기를 유지하기 위해

Step 2: 이유 분석

조건	이유
배수구가 열려 있어야 하는 이유	조리 중 식재료에서 발생하는 물과 기름을 배출해야 하기 때문에
배수구가 닫혀 있어야 하는 이유	훈연 향이 식재료에 충분히 흡착되도록 연기와 열기를 내부에 유지해야 하기 때문에

Step 3: 해결 방향 도출

🎯 해결 방향 1

배수구가 닫혀 있는 조건을 유지하면서 → 물과 기름을 배출하는 방법은?

"배수구는 닫혀 있지만 배수는 가능한 상태"를 만든다.

🎯 해결 방향 2

배수구가 열려 있는 조건을 유지하면서 → 훈연과 열기 손실을 막는 방법은?

"배수구는 열려 있지만 연기와 열은 빠져나가지 않도록" 한다.

Step 4: 구체적인 해결안 제시

🛠 해결안 1: 닫힌 채로 배수가 가능한 구조
- 다공성 필터 또는 오일-연기 분리 트랩 장착

–연기보다 무거운 수분/기름만 통과 가능

- 중력차/캡슐형 배수 장치

–연기보다 아래 위치에 모여 응축된 수분만 배출

–배수구는 닫혀 있고, 일정량의 수분이 모이면 중력에 의해 자동 배출

🛠 해결안 2: 열려 있으면서도 연기가 빠지지 않도록 제어

- 연기 차단 역방향 밸브: 연기 압력이 낮을 때만 열리는 일방향 배수 시스템

- 연기 포집 및 환류 시스템: 빠지는 연기를 포집하여 조리기 내부로 재순환

- 배수구 위 연기 포집 캐노피: 연기보다 무거운 물/기름만 아래로 빠지고, 연기는
  위로 역류 방지

▶ 다음 제안

- 이 아이디어 중 시제품 적용 가능성 높은 것을 선택하거나,

- 원하신다면 40가지 발명 원리도 적용하여 아이디어를 더욱 확장할 수 있습니다.
  어떤 걸 선택하겠습니까?

- "40가지 발명 원리로 더 발전시키자."

- "해결안 2로 시제품 설계 도와줘."

- 기타 요청도 가능합니다.

프롬프트:

결국은 액체는 통과하고 기체는 차단하는 방법을 찾는 것이네. 그런 방향으로 아이디어를 5가지만 더 도출해 줘.

💡 기체 차단 + 액체 통과 구조를 위한 아이디어 5가지

1. 물봉형 배수 트랩(Water Seal Trap)

- 원리: 일반적인 배관의 'S자 형태 배수구'에서 사용되는 방식

- 작동 방식: 훈연 중 배수구에 일정량의 물을 고이게 하여, 연기는 물층으로 인해
  차단되지만 물/기름은 아래로 흐름

- 장점: 기계 없이 수동 구조 가능

- 주의: 물 증발 방지를 위한 수분 보충 또는 밀폐 필요

2. 유체 역학적 막힘 장치(Hydraulic Labyrinth)

- 원리: 복잡한 흐름 경로로 기체는 빠져나가기 어렵고, 액체만 통과할 수 있게 설계

- 구조: 좁고 구불구불한 통로를 만들고, 내부에 응축층 또는 유막을 유지

- 장점: 연기 저항 크고, 기체 이동 속도 감소
- 적용 예: 향수병 입구 막힘 구조, 증기 차단 휘발 방지 장치

3. 중력 필터 + 흡수재 결합형 배수구

- 원리: 훈연 중 발생한 수분/기름은 중력 방향으로 떨어지지만, 연기는 필터를 통과하지 못함
- 구조: 배수구 입구에 흡수 패드 또는 오일 필터 설치
  연기는 필터 저항으로 막히고, 액체는 스며들며 하단으로 배출
- 보완: 필터가 젖으면 자동으로 흘러내리도록 설계

4. 수분 감응 자동 개폐 밸브

- 원리: 습도 센서 또는 온도 센서를 활용한 스마트 제어
- 작동 방식: 훈연 중에는 밸브가 닫혀 있음
  내부에 수분/기름이 쌓이면 자동으로 밸브가 열려 짧게 배출 후 다시 닫힘
- 장점: 기체 차단을 유지하면서 액체 배출 가능
- 적용 사례: 자동 우산, 스마트 배기 시스템

5. 압력차 기반 배출 분리 시스템

- 원리: 훈연 시 내부 압력 > 외부. 이때 배수구에는 역압 판막 또는 에어록 설치
- 작동 방식: 내부 연기 압력이 높으면 기체는 빠져나가지 않도록 자동 봉쇄
  액체는 하단 중력 방향으로 저항 없이 배출 가능
- 기술적 응용: 압력 차단 밸브, 잠수함용 공기 차단 시스템의 원리 활용

필요하다면 위 아이디어 중 하나를 스케치 설계 / 개념 시제품화 / 원리 설명도 도와드릴 수 있습니다. 또는 40가지 발명 원리와 결합해 더 창의적인 형태로 확장할 수도 있어요.

프롬프트:

40가지 발명 원리도 적용해 줘.

아래는 이 문제에 직접 적용 가능한 주요 발명 원리 6가지와 그에 따른 아이디어입니다.

1. 분할(원리 1: Segmentation)

- 적용: 배수구를 하나로 쓰지 말고 기능적으로 분할

- 아이디어: 연기 차단용 구조와 액체 배출 구조를 이중층 또는 복수 구조로 분리
  - 상부: 연기 차단
  - 하부: 액체 배출(필터/밸브 포함)

2. 국부적 품질(원리 3: Local Quality)

- 적용: 배수구 전체를 똑같이 만들 필요 없음
- 아이디어: 배수구 내 표면의 일부에 연기 차단 성능 강화 소재(예: 미세망, 유막 등)를 적용
  - 특정 부분만 연기를 막고, 다른 부분은 액체 통과 가능

3. 역동성 증가(원리 15: Dynamicity)

- 적용: 상황에 따라 구조가 바뀌는 가변형 부품 활용
- 아이디어: 조리 중에는 수축된 연기 차단 밸브가 열리고, 조리 완료 후 팽창하여 밀봉
  - 온도나 습도에 따라 변화하는 스마트 소재 이용(예: 형상 기억 폴리머)

4. 다공성 물질(원리 31: Porous Material)

- 적용: 미세한 구멍이 있는 필터 부착
- 아이디어: 배수구에 다공성 물질을 부착해서 기체(연기)는 통과하지 못하게 하고 수분과 기름은 천천히 흘러 나가도록 만듦

5. 중간매개물(원리 24: Intermediary)

- 적용: 직접 배수하지 말고 중간 매개 구조 사용
- 아이디어:
  - 연기와 액체를 1차 챔버에 먼저 모으고
  - 이후 중간 필터를 통과해 액체만 배출
  - 내부에 부유하는 연기를 포집한 후 다시 내부로 순환시키는 구조 포함

6. 곡선화(원리 14: Curvature)

- 적용: 배수구 통로를 곡선으로 설계하여 연기 흐름을 방해
- 아이디어: S자 곡선 통로 + 저항성 유체층을 형성 → 연기는 부력 저하로 막히고, 액체는 중력 따라 배출

네가 제안한 아이디어 전체를 대상으로 적용하기 간단하며 비용이 적게 드는 아이디어 5가지만 선택해서 알려 줘.

💰 적용이 간단하고 비용이 적은 아이디어 Top 5

☑ 1. 물봉형 트랩(분리의 원리 - 공간/시간 분리)
- 설명: 배수구 안에 일정량의 물을 채워, 기체는 차단하고 액체는 자연스럽게 통과시키는 방식
- 적용 난이도: ★☆☆☆☆
- 비용: 거의 없음(플라스틱 파츠 또는 구조 설계만 필요)
- 추가 장점: 자가 유지 가능, 기계 제어 불필요
- 유사 구조: 화장실 S자 배관, 싱크대 트랩 등

☑ 2. 부분 배출 구조(전체-부분의 분리)
- 설명: 배수구 전체를 열지 않고, 극소 구멍만 내어 물/기름만 천천히 빠지게 함
- 적용 난이도: ★☆☆☆☆
- 비용: 단순 금형 또는 타공 가공만 필요
- 추가 장점: 기체 유출을 자연스럽게 억제 가능, 내구성 우수
- 유사 구조: 커피 드리퍼 필터, 미세 타공 통풍 구조

☑ 3. 이중관/공간 분리형 배수구(공간의 분리)
- 설명: 배수와 훈연이 다른 경로를 통해 이루어지게 설계(상하 분리)
- 적용 난이도: ★★☆☆☆
- 비용: 금형 분리 또는 이중 몰드 구조 추가
- 추가 장점: 구조 안정성 높고 설계 유연성 있음
- 적용 팁: 조리기 상단 - 훈연 유지 / 하단 - 배수

☑ 4. 모세관 흡수재 활용(기체 차단 방법)
- 설명: 흡수성 천이나 다공성 재료를 통해 액체만 스며들게 하고 연기는 차단
- 적용 난이도: ★★☆☆☆
- 비용: 저가 천, 천연섬유, 스펀지 등으로 가능

- 추가 장점: 교체 용이, 유지 관리 간단
- 유사 구조: 기름 흡수 패드, 산업용 흡수 매트

☑ 5. 수동 레버로 배수구 개폐 (시간의 분리)
- 설명: 사용자가 훈연/조리 시점을 기준으로 손으로 배수구를 닫고 열 수 있게 함
- 적용 난이도: ★☆☆☆☆
- 비용: 간단한 레버, 슬라이더 부품만 필요
- 추가 장점: 전기나 센서 불필요, 고장 위험 낮음
- 적용 팁: 기존 오븐에 부착 가능한 슬라이드형 커버 사용 가능

▶ 다음 제안
이제 다음과 같이 도와드릴 수 있습니다.
- 위 5가지 중에서 우선 시도할 항목 설계 도면 지원
- 또는 실험용 프로토타입 조립을 위한 BOM(부품 목록) 구성
- "비용은 조금 올라가도 자동화하고 싶다."는 경우 → 스마트 밸브나 센서 방식 제안 가능

어떤 방향으로 도와드릴까요?

프롬프트:

물봉형 트랩과 부분 배출, 흡수재 사용에 대한 설계 도면 그려 줘.

그럼 이제 훈연오븐의 연기 소실 문제에 모순 해결 GPTs를 적용한 결과에 대한 리뷰를 해 볼까요? 우선 적용 과정을 한번 정리해 보겠습니다.

1. 문제 재정의와 모순 도출

사용자가 문제를 AI에게 설명하자, GPT는 이렇게 분석했습니다.

- 기술적 모순: "배수구를 열어 두면 세척과 배수는 가능하지만 훈연이 빠져나가고, 배수구를 닫아 두면 훈연은 유지되지만 청소와 배수가 어려워진다."
- 물리적 모순: "배수구는 열려 있으면서 동시에 닫혀 있어야 한다."

2. 분리의 원리를 통한 체계적 아이디어 도출

4가지 분리의 원리를 체계적으로 적용해 총 20개 이상의 해결 아이디어를 제시했으며, 각 원리마다 현실 적용 가능성을 고려하여 사례와 함께 설명했습니다.

3. X모델 적용

모순의 양쪽 이유를 분석하고 각각의 이유를 동시에 만족시킬 수 있는 방향을 이끌어 냈습니다. 특히 "수분이 고이면 자동으로 배출되지만 연기는 차단하는 체크 밸브 기반 구조"라는 정교한 해결안을 도출했습니다.

4. 40가지 발명 원리 적용

기존 구조를 변형하거나 재료를 달리하는 다양한 방식을 제안했습니다.(예: 다공성 재질, 중간 매개물, 국부적 품질 등)

5. 적용성 중심 필터링 및 원리를 시각화

적용이 간단하고 비용이 낮은 아이디어 5가지를 추려 원리 요약 설명, 시각적 비교까지 제공함으로써 해결안에 대한 이해도를 높이며 실질적 구현 가능성도 높였습니다.

모순 해결 GPTs 활용 효과

실제 문제 해결에 적용한 결과 모순 해결 GPTs를 활용하여 다음과 같은 효과를 얻을 수 있음을 확인했습니다.

1. 문제를 구조적으로 재정의하고 명확히 파악

- 기술적/물리적 모순 개념을 적용해 문제를 단순한 기능 이상으로 해석합니다.
- 문제 핵심을 표면 현상에서 벗어나 원인-결과-제약으로 명확히 연결합니다.

2. 창의성과 실현 가능성의 균형

- 단순 아이디어 수준을 넘어서 실질적 설계로 발전 가능하게 도식화합니다.
- 고비용 솔루션이 아닌 적용 쉬운 저비용 구조 중심으로 솔루션을 압축합니다.

3. 다단계 프레임워크 기반 진행

- 분리의 원리→X모델→40가지 발명 원리로 이어지는 계층적 아이디어를 확장합니다.
- 사용자 피드백 반영한 인터랙티브 방식이 문제 해결의 깊이를 더합니다.

4. 시각 자료로 구체화

- 기술자가 실제로 바로 이해할 수 있도록 도식적 표현을 제공합니다.
- 추상적 아이디어를 구체적 장치 구조로 시각화하여 적용성을 향상합니다.

훈연 소실 문제 해결 사례는 모순 해결 GPTs가 기존의 범용 AI와 달리 창의성과 구조적 사고, 실용적 구현을 모두 통합한 문제 해결에 얼마나 효과적인지를 보여 주는 대표적 사례였습니다. 단순한 조언을 넘어, 실제로 구현 가능한 설계 아이디어까지 연결된다는 점에서 실무자 중심 문제 해결의 컨설턴트이면서 조력자로서의 가능성을 입증했다고 할 수 있습니다.

맺음말: 모순은 혁신의 씨앗이다

우리는 지금까지 TRIZ의 모순 해결 방법론을 통해 기술, 비즈니스, 일상생활의 다양한 문제들을 어떻게 새롭게 바라보고 해결할 수 있는지 살펴보았습니다. 이 여정을 통해 얻은 가장 중요한 통찰은 바로 '모순은 피해야 할 장애물이 아니라, 혁신의 씨앗'이라는 것입니다.

전통적인 사고방식에서는 모순에 직면하면 타협점을 찾으려 합니다. "A와 B 중 어느 쪽이 더 중요한가?" "어디서 적절한 균형점을 찾을 것인가?"라고 질문합니다. 이런 사고는 종종 평범하고 점진적인 개선에 그칩니다.

그러나 TRIZ가 가르쳐 주는 접근법은 다릅니다. "어떻게 하면 A와 B를 모두 얻을 수 있을까?"라고 질문합니다. 이런 도전적인 질문이 창의적 사고를 촉발하고, 궁극적으로 혁신적인 해결책으로 이어집니다.

모순을 해결할 때 우리는 기존의 사고 틀을 깨고, 새로운 관점으로 문제를 바라보게 됩니다. 바로 이 과정에서 혁신이 태어납니다. 알츠슐러가 감옥에서 발견한 진리처럼, 혁신의 본질은 '두 가지를 모두 얻는 방법을 찾는 것'입니다.

여러분의 삶과 일에서 모순을 만났을 때, 그것을 단순한 골칫거리로 치부하지 말고, 오히려 환영해야 할 기회로 바라보세요. 모순이란 혁신의 문이 열리고 있다는 신호입니다.

분리의 원리, 40가지 발명 원리, X모델과 같은 도구들을 활용하면, 가장 까다로운 모순도 체계적으로 접근할 수 있습니다. 물론 처음에는 어색하고 시간이 걸릴 수 있습니다. 그러나 연습할수록 모순을 발견하고 해결하는 능력은 자연스러운 사고방식으로 자리 잡을 것입니다. 그리고 또 한 가지, 이론이 어렵더라도 걱정할 필요는 없습니다. 이론과 방법을 배운 모순 해결 GPTs가 여러분이 좋은 해결안을 도출하도록 돕고 있으니, 여러분은 요청만 하면 됩니다.

마지막으로, 모순 해결은 단순한 문제 해결 기법을 넘어 삶의 철학이 될 수 있습니다. 세상에는 절대적인 이분법으로 나눌 수 없는 복잡한 문제들이 많습니다. "효율과 인간미", "전통과 개선", "자유와 책임", "개인과 공동체" 같은 가치들 사이에서 우리는 종종 갈등합니다. 모순 해결의 사고방식은 이런 가치들을 대립항으로 보는 대신, 창의적으로 통합할 수 있는 가능성을 보여 줍니다.

모순 해결 GPTs 소개

이름: GEN4 Creativity-모순해결

🔗 **접속 정보**

(주)큐엠앤이노베이션 홈페이지의 'GPT 체험하기 페이지'에 접속하면 ChatGPT 사용자의 경우 무료로 체험이 가능합니다.
URL: https://qmeinno.com/gpt-experience

🎯 핵심 기능

- 체계적 4단계 문제 해결: 문제 본질 정의 → 모순 정의 → TRIZ 원리를 적용한 다양한 해결 방향 도출 → 창의적 대안 제시
- 모순 분석: 기술적 모순과 물리적 모순을 구분하여 정리
- TRIZ 원리 적용: 분리의 원리, X모델, 40가지 발명 원리 활용

📊 주요 특징

- 대화형 문제 해결 방식
- 표면적인 증상보다는 내재된 구조적 모순을 발견합니다.
- 단순한 문제 해결을 넘어 시스템 개선으로 연결합니다.

💼 활용 분야

- 기술 문제 해결, 제품 개발, 공정 개선, 모순 상황 해결

📝 사용법

- 1단계: 문제 상황을 사연스럽게 설명
- 2단계: AI의 모순 분석 – 기술적/물리적 모순 명확히 정의
- 3단계: 해결 원리 제안 – TRIZ 원리 바탕으로 다양한 해결 방향
- 4단계: 구체적 아이디어 발전 – 실행 가능한 아이디어 구체화

⚡ 활용 팁

- 3가지 방법(분리의 원리, X모델, 40가지 발명 원리) 모두 적용해 보는 것이 더 바람직
- 전체 해결안을 모아서 평가, 선정하는 과정 중요

⚠️ 주의 사항

- TRIZ는 기술특허를 바탕으로 도출된 방법이나 비즈니스나 비기술 문제에도 적용할 경우 차별화된 해결안 도출할 수 있음. 특히 모순적 상황을 해결할 수 있는 아이디어 제공에 탁월함

10장

바로 사용해 보는 실전 예제

이론에서 실전으로, AI와 함께하는 완전한 문제 해결 여정

지금까지 7장부터 9장까지 문제의 본질을 찾는 방법부터 차별화된 해결책을 만드는 과정까지 살펴보았습니다. 엘리베이터 거울 이야기에서 문제의 본질 파악이 얼마나 중요한지 깨달았고, 정주영 회장의 보리싹 일화에서 창의적 사고의 힘을 확인했죠. 또한 TRIZ의 40가지 발명 원리와 모순 해결 방법, 그리고 다양한 GPTs 도구들의 활용법도 익혔습니다.

하지만 아마 많은 분들이 이런 생각을 했을 겁니다. "개별 도구들은 알겠는데, 실제 문제가 생겼을 때 이 모든 것을 어떻게 종합적으로 활용해야 할까?"

바로 그 답이 이번 10장에 있습니다.

AI 도구들의 오케스트라, 체계적 활용의 힘

지금까지 우리가 살펴본 것들을 다시 정리해 보면 다음과 같습니다.

- **문제 본질 찾기**: Why 질문을 통한 근본 원인 분석, 원인 분석 GPTs 활용
- **차별화된 해결책 만들기**: FOS GPTs를 통한 이종 산업 기술 활용
- **모순을 해결하는 혁신 기술**: 모순 해결 GPTs를 활용한 TRIZ 원리 적용

각각은 훌륭한 도구들이지만, 실제 문제 상황에서는 이 모든 것을 체계적으로 연결해서 사용해야 합니다. 마치 오케스트라의 각 악기가 개별적으로는 아름답지만, 지휘자의 조율 아래 하나로 어우러질 때 감동적인 하모니를 만들어 내는 것처럼 말이죠.

다행히 우리에게는 이미 검증된 각각의 전문 도구들이 있습니다. 이제 필요한 것은 이 도구들을 언제, 어떻게 사용할지 아는 것입니다.

실전 문제 해결의 4단계 여정

다시 앞서 배운 내용을 정리해 보자면 복잡한 문제를 마주했을 때, 우리는 다음과 같은 단계를 거치게 됩니다.

1단계: 문제 정의 및 현상 파악

- 문제를 구체적으로 정의하고 현상을 객관적으로 관찰
- 데이터와 사실을 바탕으로 한 정확한 상황 인식

2단계: 근본 원인 분석

- 원인 분석 GPTs를 활용한 체계적 원인 탐색

- Cause-Effect Chain을 통한 구조화된 분석
- 표면적 증상이 아닌 본질적 원인 도출

3단계: 해결 방향 설정 및 아이디어 도출

- 문제의 성격에 따른 적절한 도구 선택
  - 기술적 모순이 있는 경우: 모순 해결 GPTs
  - 기존 솔루션 탐색이 필요한 경우: FOS GPTs
  - 일반적인 창의적 발상이 필요한 경우: 각각의 전문 GPTs에서
    해결안 도출 요청

4단계: 해결안 구체화 및 실행 계획

- 도출된 아이디어를 현실적으로 적용 가능한 형태로 발전
- 실행 가능성과 효과성을 고려한 최종 해결안 선정

두 개의 실전 케이스 스터디

이번 장에서는 서로 다른 성격의 두 문제를 통해 이러한 체계적 접근법이 실제로 어떻게 작동하는지 보여 드리겠습니다.

1. 서비스와 비기술 분야 사례: 동네 카페 매출 하락 문제

- 홍대 근처 '소확행 카페'의 3개월 연속 매출 하락
- 복잡한 비즈니스 문제를 어떻게 체계적으로 분해하고 해결하는가?
- '단골 고객 감소'와 '신규 고객 유입 저하'라는 이중 문제 동시 해결

2. 제품과 기술 분야 사례: 스마트폰 충전선 단선 문제

- 누구나 겪어 본 충전선 커넥터 부근 끊어짐 현상
- 물리학, 재료공학적 관점에서의 과학적 원인 분석
- TRIZ + FOS를 활용한 이종 산업 기술 솔루션 활용

각 사례에서 우리는 앞서 배운 서로 다른 GPTs 도구들을 순차적으로, 그리고 때로는 병렬적으로 활용하면서 문제를 해결해 나가는 과정을 실시간으로 경험하게 될 것입니다.

실전 경험의 진짜 가치

각 사례를 통해 여러분은 다음을 경험하게 될 것입니다.

🎯 문제 해결 전체 프로세스의 이해

- 막연한 문제 상황에서 시작해 구체적이고 실행 가능한 해결안까지 이르는 완전한 여정 완수
- 각 단계가 어떻게 논리적으로 연결되는지, 왜 순서가 중요한지에 대한 체감
- 언제 어떤 도구를 사용해야 하는지에 대한 실전 감각 확보

🤝 AI 파트너십의 실제 모습 체험

- 일방적인 답변 제공이 아닌, 진정한 협업 파트너로서의 AI 활용법 정립
- 사용자의 판단과 AI의 분석 능력이 어떻게 시너지를 만들어 내는 지에 대한 접점 발견

- 각 GPTs의 고유한 강점을 살려 문제 해결 효과를 극대화하는 방법 체득

💡 창의적 사고의 체계화

- 번뜩이는 아이디어에 의존하지 않고도 일관되게 차별화된 해결책을 만들어 내는 역량 획득
- 기존 지식과 경험을 새로운 방식으로 조합하는 구조적 창의성 실행
- 서로 다른 방법론들이 어떻게 상호 보완하며 더 강력한 솔루션을 만들어 내는지에 대한 원리 이해

도구의 한계를 아는 지혜

이 과정에서 중요한 점은 각 AI 도구가 만능이 아니라는 점을 이해하는 것입니다. 원인 분석 GPTs는 체계적 분석에 뛰어나지만 창의적 발상에는 한계가 있고, FOS GPTs는 기술 솔루션 탐색에는 탁월하지만 비즈니스 전략 수립에는 적합하지 않습니다.

따라서 진정한 AI력은 이러한 도구들의 특성을 이해하고, 문제의 성격과 해결이 필요한 단계에 따라 적절한 도구를 선택하고 조합하는 능력에서 나옵니다.

주의 사항

이번 장의 사례들은 실전 예제의 교육적 목적을 위해 구성되었습니다. 실제 업체나 제품의 정확한 데이터보다는, 문제 해결 프로세스와 AI 도구 활용의 효과를 명확히 보여 드리는 데 중점을 두었습니다.

따라서 일부 세부 사항이나 기술적 내용에서 실제와 다른 부분이 있

을 수 있지만, 이는 문제 해결 방법론의 핵심과 AI 협업의 가치를 전달하기 위한 교육적 의도임을 양해해 주시기 바랍니다.

1. 서비스와 비기술 분야 사례

이론을 넘어 실전으로, 개별 도구를 넘어 통합 활용으로, 혼자 하는 고민을 넘어 AI와 함께하는 협업으로, 지금부터 여러분은 진짜 문제 해결의 현장으로 들어가게 됩니다. 첫 번째 여행지는 매출 하락으로 고민하는 홍대의 작은 카페입니다. 김민지 사장과 함께 위기를 기회로 바꾸는 놀라운 여정을 시작해 보겠습니다.

동네 카페가 위험하다! 매출 하락의 미스터리를 풀어라

"사장님, 이번 달도 매출이 또 떨어졌어요."

"지난달보다 20%나 줄었네요. 뭐가 문제일까요?"

"단골손님들도 예전만큼 자주 안 오시는 것 같고……."

서울 홍대 근처에서 3년째 '소확행 카페'를 운영하는 김민지 사장의 고민이 깊어지고 있었습니다. 코로나19가 어느 정도 진정되면서 매출이 회복될 줄 알았는데, 오히려 계속 하락세를 보이고 있었던 것입니다.

문제가 생겼을 때, 가장 먼저 해야 할 일

많은 사람이 문제가 생기면 성급하게 해결책부터 찾으려 합니다. "매출이 떨어졌으니 할인 이벤트를 하자.”“신메뉴를 개발하자.”“인테리어를 바꿔 보자.” 같은 식으로 말이죠. 하지만 이런 접근은 마치 병명도 모르면서 약부터 먹는 것과 같습니다.

진짜 문제 해결의 첫걸음은 문제를 정확히 정의하는 것입니다. 앞서 7장에서 살펴본 엘리베이터 사례를 기억하나요? 사람들이 “엘리베이터가 느리다.”고 불평했을 때, 진짜 문제는 속도가 아니라 ‘지루함’이었습니다. 마찬가지로 카페 매출 하락의 진짜 원인을 찾아야 합니다.

단계별 AI 도구 활용 전략

김민지 사장이 이 문제를 해결하기 위해 어떤 AI 도구를 순서대로 활용했는지 실제 과정을 따라가 보겠습니다. 서비스와 비기술 분야는 7장에서 배운 원인 분석 GPTs의 활용만으로도 문제 정의에서 해결안 도출까지의 과정을 훌륭히 수행할 수 있습니다.

1단계: 문제 정의 및 현상 파악 → 원인 분석 GPTs 활용

먼저 김민지 사장은 문제 상황을 정리하기 위해 일반 챗GPT에게 상황을 설명했습니다.

김민지 사장의 입력

“카페를 운영하고 있는데 3개월 연속 매출이 하락하고 있습니다. 어떻게 접근해야 할까요?”

챗GPT의 체계적 질문들

- 매출이 하락한 시점과 감소폭은 어떻게 되나요?
- 하락이 집중된 요일이나 시간대가 있나요?
- 단골 고객의 재방문율, 신규 고객 유입 등에 변화가 있었나요?
- 경쟁 업체 등장, 메뉴 변경 등의 외부/내부 변화가 있었나요?

문제 정의: 김민지 사장의 답변을 종합한 챗GPT의 정리

- 2025년 6월부터 3개월간 월평균 매출이 전년 동기 대비 25% 감소
- 특히 오후 2~5시, 주말 매출 감소가 두드러짐
- 단골 고객 방문 빈도 감소
- 신규 고객 유입 감소가 함께 발생 중

이제 문제가 훨씬 구체적이고 명확해졌죠?

수집된 구체적 데이터

일반 챗GPT로도 충분히 문제 정의와 현상 파악은 가능합니다.

- 2024년 월 매출: 1800만 원/월
- 2025년 월 매출: 1350만 원/월(25% 감소)
- 가장 큰 타격: 주말 매출 35% 감소, 평일 오후 시간대 40% 감소
- 일일 평균 고객 수: 69명→50명(영업 일수는 26일 적용)
- 객단가: 10,000원→10,500원(약간 상승)
- 단골 고객 재방문율: 주 2~3회→주 1회
- 신규 고객 비율: 30%→15%

2단계: 체계적 원인 분석 → 원인 분석 GPTs 활용

이제 원인을 체계적으로 분석할 때입니다. 여기서 김민지 사장은 전문화된 도구가 필요함을 느꼈습니다. 바로 원인 분석 GPTs를 활용할 차례입니다.

김민지 사장의 입력

"카페 매출이 3개월 연속 25% 감소하고 있습니다. 단골 고객 재방문 감소와 신규 고객 유입 감소가 동시에 발생하고 있어요."

원인 분석 GPTs의 전략적 접근

가장 인상적이었던 것은 이 GPTs가 복잡한 매출 감소 문제를 두 개의 핵심 축으로 나누어 분석한 접근법이었습니다.

"매출 감소는 일반적으로 단골 고객 감소와 신규 고객 유입 감소라는 두 축에서 접근하는 것이 효과적입니다. 따라서 문제를 두 갈래로 나누어 잠재 원인 리스트를 제시하겠습니다."

왜 이런 접근이 중요할까요?

① **명확한 문제 분해**: 막연한 '매출 감소'를 구체적인 두 가지 문제로 분리
② **타깃팅된 해결책**: 각각 다른 성격의 문제이므로 해결책도 달라져야 함
③ **효율적 원인 탐색**: MECE 원칙(상호 배타적, 전체 포괄적 원칙)에 따라 빠짐없이, 중복 없이 원인 분석 가능
④ **우선순위 설정**: 어느 쪽이 더 시급한지 판단 가능

문제 1 단골 고객 재방문 감소 원인

원인 분석 GPTs가 MECE 기준으로 제시한 잠재 원인들은 다음과 같

있습니다.

① **경험 만족도 저하**: 맛, 서비스, 분위기 등에서 만족도 하락

　(예: 바뀐 메뉴, 불친절한 직원)

② **경쟁 카페 등장**: 더 나은 위치나 매력적인 경쟁 업체 등장

　(예: 인근 유명 프랜차이즈 개점)

③ **가격 민감도 상승**: 물가 상승으로 외식 빈도 감소

　(예: 커피 가격 인상 부담)

④ **메뉴 다양성 부족**: 늘 비슷한 메뉴로 식상함 유발

　(예: 계절 한정 메뉴 없음)

⑤ **고객 소통 단절**: 소셜 미디어, 이벤트 등 교감 부족

　(예: SNS 미운영, 쿠폰 부재)

⑥ **접근성 악화**: 공사, 주차 불편, 교통 불편 등

　(예: 주변 도로 공사로 접근성 저하)

문제 2 신규 고객 유입 감소 원인

원인 분석 GPTs가 신규 고객 유입 감소의 원인으로 제시한 내용은 다음과 같았습니다.

① **마케팅 부족**: 온라인/오프라인 홍보 미비

　(예: SNS 활동 감소, 전단지 중단)

② **입지 노출 저하**: 유동 인구 감소, 간판/위치 경쟁력 저하

　(예: 공사로 가게 앞 유입 감소)

③ **리뷰/입소문 감소**: 온라인 리뷰나 지인 추천 감소

　(예: 블로그/인스타 리뷰 없음)

④ **가격 경쟁력 약화**: 주변 대비 높은 가격 이미지

(예: 주변 카페보다 비싼 느낌)

⑤ **첫인상/분위기 문제:** 외부 인테리어, 내부 분위기 문제

(예: 외관이 어두워 접근 꺼림)

⑥ **신규 타깃 불명확:** 대상 고객층에게 메시지 미흡

(예: 대학생, 직장인 타깃 캠페인 없음)

주요 원인 선택

김민지 사장이 각 카테고리에서 가장 해당성이 높은 원인들을 선택한 결과는 다음과 같았습니다.

- 문제 1에서 선택한 원인: 경쟁 카페 등장, 메뉴 다양성 부족, 고객 소통 단절, 접근성 악화
- 문제 2에서 선택한 원인: 마케팅 부족, 리뷰/입소문 감소

시각적 원인 분석: Mermaid 도식화

원인 분석 GPTs는 복잡한 원인들 간의 관계를 한눈에 볼 수 있는 도식으로 만들어 주었습니다. 마치 문제 해결의 지도를 그려 주는 것과 같죠.

Cause-Effect Chain에 대한 Mermaid 코드 일부

```
graph TD
매출 감소 ["매출 감소"] --> 단골 감소 ["단골 고객 재방문 감소"]
매출 감소 --> 신규 감소 ["신규 고객 유입 감소"]
단골 감소 --> 경쟁 카페 ["경쟁 카페 등장"]
단골 감소 --> 메뉴 부족 ["메뉴 다양성 부족"]
단골 감소 --> 소통 단절 ["고객 소통 단절"]
```

단골 감소 --> 접근성 ["접근성 악화"]
신규 감소 --> 마케팅 부족 ["마케팅 부족"]
신규 감소 --> 리뷰 감소 ["리뷰/입소문 감소"]

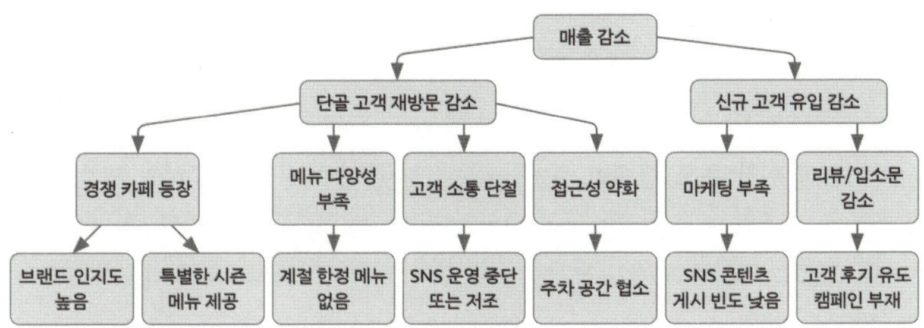

이런 체계적 분석의 효과는 놀라웠습니다. 단순히 "매출이 떨어졌다."는 막연한 문제가, 구체적이고 해결 가능한 여러 개의 세부 문제들로 분해된 것입니다.

3단계: 창의적 해결책 도출 → 원인 분석 GPTs 활용

이제 문제의 원인이 명확해졌으니, 해결책을 만들어 볼 차례입니다. 이 단계에서는 다시 원인 분석 챗GPT의 창의성을 활용하면서, 필요에 따라 일반 GPTs를 보조적으로 활용했습니다.

해결 방향 도출

먼저 각 원인에 대해 "~하는 방법" 형식으로 해결 방향을 설정합니다. 이는 구체적인 실행안을 도출하기 전, 올바른 방향성을 잡는 중요한 단계입니다.

① **브랜드 인지도 높은 경쟁 카페 등장**→브랜드 인지도보다 지역 내 팬층을 구축하는 방법→차별화된 고객 경험을 제공하는 방법

② **특별한 시즌 메뉴 제공**→자체 시즌 메뉴나 트렌드 메뉴를 기획하는 방법→지역 특산물이나 계절감 있는 재료를 활용하는 방법

③ **SNS 운영 중단 또는 저조**→SNS 운영을 정기 루틴화하는 방법→고객 참여형 콘텐츠를 활용하는 방법

④ **주차 공간 협소**→주차 편의 정보를 사전 제공하는 방법→대체 주차 공간 확보 또는 제휴하는 방법

⑤ **고객 후기 유도 캠페인 부재**→후기 작성 시 보상을 제공하는 방법→고객 피드백 게시판 또는 QR 설문을 도입하는 방법

이렇게 방향을 먼저 설정하면, 구체적인 해결안을 도출할 때 일관성 있고 효과적인 아이디어를 만들어 낼 수 있습니다.

해결안 도출

김민지 사장은 챗GPT에게 각 방향별로 구체적인 아이디어를 요청했습니다. 실행 가능한 해결안들은 다음과 같았습니다.

① **지역 내 팬층 구축**
- '단골 인증 프로그램' 운영: 브론즈-실버-골드 등급제로 월간 누적 방문 횟수에 따라 혜택 제공
- 테이블 맞춤형 서비스: 고객 기분에 따른 메뉴 추천으로 감성적 체험 제공

② **자체 시즌 메뉴 기획**
- '계절 맞춤 메뉴' 릴레이 출시: 월별이나 격월로 2~3가지 신메뉴 고정 출시
- 고객 참여형 메뉴 공모전: 고객 아이디어를 실제 메뉴로 개발

③ **SNS 운영 정기화**

- '7일 콘텐츠 캘린더' 운영: 요일별 콘텐츠 테마 설정으로 꾸준한 운영
- 고객 참여 콘텐츠 중심: 리그램, 해시태그 이벤트로 소통 증진

④ **주차 편의성 개선**

- 근처 상점/교회와 주차 공간 제휴: 피크 시간대 일부 공간 사용 계약
- 제휴 주차장 위치 안내: SNS 및 매장 내 위치 정보 제공

⑤ **고객 후기 유도**

- 후기 작성 즉시 보상: 네이버/구글 리뷰 작성 시 음료 할인 또는 스탬프 2배 적립
- QR 코드 테이블 설치: 리뷰 작성 링크 간편 제공

GPTs는 각 해결안을 실현 가능성, 효과성, 지속 가능성 기준으로 평가해 우선순위를 제시합니다.

① 계절/트렌드 기반 메뉴 출시
② SNS 콘텐츠 캘린더 정기 운영
③ 고객 참여형 콘텐츠 운영
④ 리뷰 작성 보상 캠페인

차별화의 비밀: 과정 자체가 콘텐츠다

여기서 김민지 사장이 정말 탁월한 아이디어를 냅니다.

"차별화된 서비스와 메뉴를 제공하는 것뿐 아니라, 그러한 서비스를 만들어 가는 과정을 SNS 홍보 콘텐츠로 만들어서 시너지를 내는 게 좋겠습니다."

이 한 마디에 GPTs는 완전히 새로운 차원의 해결책을 제시합니다.

"우리 가게가 진짜로 만든다." – 고객 참여형 개발 & 공유형 SNS 시리즈

스타벅스 같은 대형 프랜차이즈에서는 절대 할 수 없는 방식이었죠. 이를 도표로 정리하면 다음과 같았습니다.

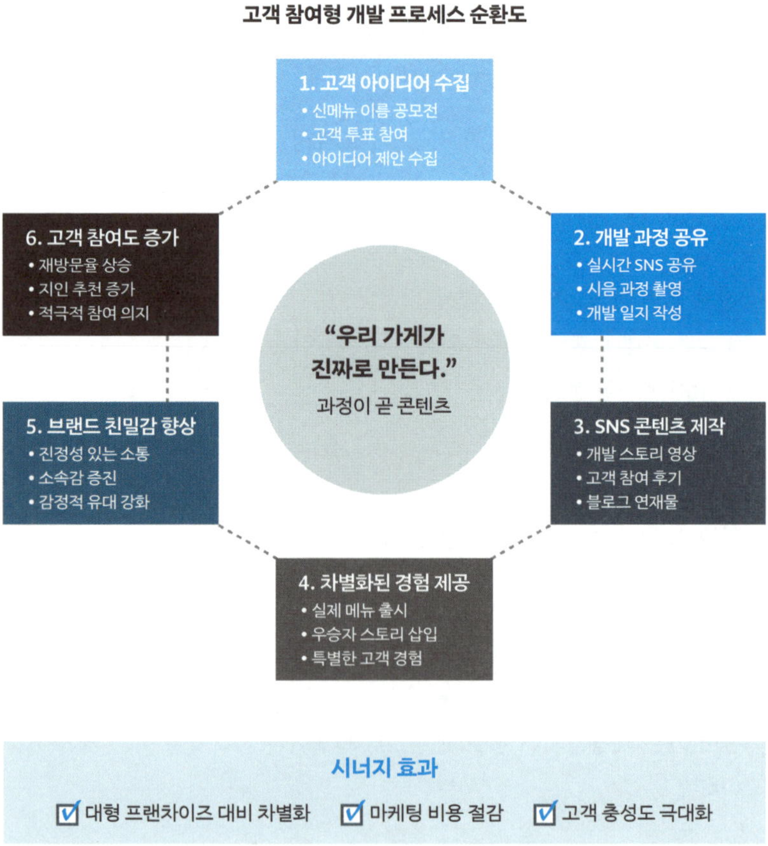

고객 참여형 개발 프로세스 순환도

챗GPT의 구체적인 제안

핵심 아이디어인 '메뉴 개발 과정을 SNS 콘텐츠로 만들기'에 대한 챗GPT의 구체적인 제안은 다음과 같았습니다.

① 매주 신메뉴 실험의 날 운영

- 매주 목요일을 '신메뉴 테스트 데이'로 지정
- 고객들과 함께 새로운 메뉴를 테스트하고 피드백 수집
- 과정을 인스타그램 스토리로 실시간 중계

② 고객 참여형 메뉴 개발

- 단골 고객들에게 '나만의 음료 만들기' 기회 제공
- 가장 인기 있는 메뉴는 해당 고객 이름으로 정식 메뉴 등록
- 개발 과정을 SNS에 스토리텔링으로 게시

③ 계절별 한정 메뉴 + 스토리

- 계절 재료를 활용한 한정 메뉴 개발
- 재료의 원산지, 선택 이유 등을 스토리로 만들어 SNS 게시
- 한정 수량으로 희소성 부여

이 방식은 고객 참여→차별화 메뉴→SNS 시너지의 완벽한 루프를 만들어, 작은 카페가 가질 수 있는 친밀감과 진정성을 최대한 살릴 수 있습니다.

이 아이디어의 놀라운 점은 하나의 활동으로 여러 문제를 동시에 해결한다는 것입니다.

✓ 메뉴 다양성 확보

✓ 고객 소통 강화

✓ SNS 마케팅 콘텐츠 생성

✓ 고객 참여도 증가

추가 해결안들

그 외에 제시한 추가 해결안들을 살펴보면 다음과 같습니다.

① 접근성 개선

- 배달/포장 주문 시스템 강화
- 근처 직장인 대상 '오피스 카페 정기 주문' 서비스
- 주차 불편 고객을 위한 '픽업 전용 시간대' 운영

② 리뷰/입소문 증가

- 메뉴 개발 과정 참여 고객들의 자연스러운 SNS 공유 유도
- '내가 만든 메뉴' 자랑하기 이벤트
- 지역 인플루언서와 협업한 메뉴 개발 프로젝트

4단계: 실행 계획 수립(일반 챗GPT)

마지막으로 구체적인 실행 계획을 세웠습니다. GPTs는 마지막으로 4주간의 구체적인 실행 계획까지 제시합니다.

- 1주 차: 고객 참여 가을 메뉴 투표
- 2주 차: 개발 메뉴 시음 이벤트 및 반응 영상 제작
- 3주 차: 최종 출시 메뉴 확정 및 스토리 콘텐츠 릴레이
- 4주 차: 후기 인증 이벤트 진행

이 계획이 잘 운영되고 있는지는 투표 참여자 수, SNS 도달률, 메뉴 판매율 같은 지표로 확인할 수 있습니다.

실전에서 배운 AI 도구 활용의 지혜

이 실전 사례에서는 원인 분석 GPTs를 문제 정의, 복잡한 문제의 체계적 분해 및 구조화, 해결 방향 도출 등 해결안 도출의 전 과정에서 활용했습니다. 그 성공 요인을 자세히 살펴보면 다음과 같았지요.

① 단계별 접근: 각 단계마다 사용자의 피드백을 통해 협업
② 사용자 판단: AI 제안을 맹신하지 않고 비즈니스 현실에 맞게 조정
③ 창의적 조합: AI의 여러 제안 재조합해 사용자가 더 나은 솔루션 창출

이 과정을 통해 김민지 사장은 단순한 매출 회복을 넘어서 아래와 같은 점들을 경험하고 이룰 수 있었습니다.

① 체계적 문제 해결 능력 습득
② 데이터 기반 의사 결정 습관 형성
③ 창의적 마케팅 아이디어 발굴
④ 고객과의 새로운 소통 방식 개발

무엇보다 중요한 것은, 이 모든 과정을 혼자가 아닌 AI와 함께 해냈다는 점입니다. 전문 컨설턴트를 고용할 예산이 없는 소상공인도, 체계적이고 전문적인 문제 해결 과정을 경험할 수 있게 된 것입니다.

당신의 문제도 해결할 수 있습니다

카페 매출 하락뿐만 아니라, 이런 접근법은 다양한 비즈니스 문제에 활용할 수 있습니다.

- 식당 손님 감소 문제
- 온라인 쇼핑몰 전환율 저하 문제
- 사무실 운영 비효율성 개선
- 고객 서비스 품질 개선
- 직원 이직률 증가 문제

어떤 문제든 적절한 AI 도구들을 단계별로 활용하면, 체계적이고 창의적인 해결책을 찾을 수 있습니다.

가치 창출 기회는 이제 모두의 것

과거에는 문제 해결을 위해 비싼 컨설팅 비용을 지불하거나, 오랜 경험과 전문성이 필요했습니다. 하지만 이제는 다릅니다. AI의 도움을 받아 누구나 전문가 수준의 문제 분석과 해결책을 만들어 낼 수 있는 시대가 왔습니다.

중요한 것은 도구가 아니라 어떻게 생각하고 질문하느냐입니다. 올바른 질문과 체계적인 접근, 그리고 적절한 AI 도구들의 조합이 만나면, 당신도 놀라운 해결책을 찾아낼 수 있습니다.

김민지 사장의 카페처럼, 위기를 기회로 바꾸는 것은 이제 먼 이야기가 아닙니다. AI와 함께라면, 당신의 비즈니스도 새로운 전환점을 만들어 낼 수 있을 것입니다.

또 충전선이 끊어졌다! 왜 항상 같은 자리에서?

"어? 충전이 안 되네……."

"아니 또? 이거 산 지 겨우 3개월 됐는데!"

"선 흔들어 봐, 각도 맞춰 봐…… 어, 잠깐 된다! 움직이지 마!"

직장인 박민호 씨의 하루는 또다시 충전선과의 싸움으로 시작되었습니다. 스마트폰 충전선이 커넥터 부근에서 또 끊어진 것이었죠. 지난 1년간 벌써 세 번째입니다. "왜 항상 같은 자리에서 끊어지는 걸까?" 하는 의문이 들었습니다.

문제 정의: 반복되는 짜증의 정체를 파악하라

민호 씨가 주변 사람들에게 물어보니 거의 모든 사람이 비슷한 경험을 하고 있었습니다. 공통 문제점들은 다음과 같았죠.

- 충전선 평균 6~8개월마다 교체
- 90% 이상이 커넥터 근처에서 끊어짐
- 간헐적 접촉 불량으로 시작해서 완전 단선으로 진행
- 새 충전선은 비싸서 자꾸 싸구려 제품으로 사게 됨

문제를 정의하고 나니 이제 과제 목표는 '내구성이 뛰어나면서도 경제적인 충전선 솔루션 찾기'가 되었습니다. 하지만 이 문제를 해결하려면 먼저 왜 충전선이 끊어지는지 정확히 알아야 했습니다.

기술 문제는 비즈니스 문제와 달리 물리적, 화학적, 기계적 원리가 복잡하게 얽혀 있습니다. 감에 의존한 추측보다는 과학적 근거를 바탕으로 한 체계적 분석이 필요하죠.

박민호 씨가 이 문제를 해결하기 위해 어떤 AI 도구들을 순서대로 활용했는지 실제 과정을 따라가 보겠습니다. 기술 분야에서는 8~9장에서 배운 Cause-Effect Chain 분석, FOS, 모순 해결 GPTs를 활용합니다.

1단계: 문제 정의 → Cause-Effect Chain 분석(Tech) GPTs 활용

박민호 씨의 입력

"스마트폰 충전선이 커넥터 부근에서 자주 끊어지는 문제를 해결하고 싶습니다. 보통 몇 개월 사용하면 접촉이 안 좋아지고, 결국 완전히 끊어져요."

챗GPT의 체계적 질문들

- 어떤 종류의 충전선에서 주로 발생하나요?(USB-C, Lightning, Micro-USB 등)
- 끊어지는 위치가 정확히 어디인가요?
- 사용 패턴은 어떻게 되나요?(책상에서만, 이동 중에도, 잠자리에서 등)
- 선을 구부리거나 비트는 습관이 있나요?
- 충전 중에 스마트폰을 사용하는 빈도는?

문제 정의: 박민호 씨의 답변을 종합한 챗GPT의 정리

- 시스템 개요: 스마트폰 충전선 전반(종류 불문)
- 발생 문제: 몇 개월 사용 후 충전선이 끊어지거나 접촉 불량 발생, 주로 스마트폰과 연결되는 커넥터 부근에서 문제가 집중됨
- 해결 목표: 내구성이 높으면서도 경제적인 충전선 솔루션 필요

이처럼 일반 챗GPT를 통해 문제 상황을 체계적으로 정리하고 확인을 거쳐 다음 단계로 진행합니다.

2단계: 잠재적 원인 분석부터 문제 해결 방향 도출까지
→ Cause-Effect Chain 분석(Tech) GPTs 활용

이제 더욱 깊이 있는 원인 분석이 필요한 시점입니다. 여기서 Cause-Effect Chain 분석(Tech) GPTs의 전문성이 빛을 발했습니다.

박민호 씨의 입력

"앞서 정의한 충전선 커넥터 부근 단선 문제에 대해 체계적인 원인 분석을 해 주세요."

Cause-Effect Chain 분석 GPTs의 과학적 접근

Cause-Effect Chain 분석 GPTs가 물리학적 관점에서 도출한 5가지 핵심 원인은 다음과 같았습니다.

① **물리적 반복 스트레스**: 사용 중 충전선이 반복적으로 구부러지고 비틀어짐→피복과 내부 도선에 균열 발생

② **곡률 집중 구간 형성**: 커넥터 부근은 케이블이 꺾이는 가장 빈번한 지

점→스트레스 집중으로 단선 발생

③ **내부 도선 재질의 내피로성 부족**: 구리선이 반복적으로 휘어질 때 피로 누적으로 쉽게 끊어짐

④ **피복 재질의 유연성 및 보호 능력 부족**: 외부 실리콘/TPU 피복이 마모되며 내부 도선을 보호하지 못함

⑤ **응력 완화 설계 부족**: 커넥터와 케이블 연결부의 보강 구조 또는 스트레인 릴리프가 부족함

여기서 놀라운 것은 Cause-Effect Chain 분석(Tech) GPTs가 단순히 '선이 끊어진다.'는 현상이 아니라, 물리학적, 재료공학적 관점에서 왜 끊어지는지를 체계적으로 분석한다는 점입니다.

Cause-Effect Chain 분석의 시각화 작업

진짜 강점은 여기서 나타납니다. 복잡한 원인들을 인과관계 구조로 시각화해 주는 것이죠.

Cause-Effect Chain 분석 결과에 대한 mermaid 코드

```
graph TD
    A [물리적 반복 스트레스] --> B [커넥터 부근 반복 꺾임]
    B --> C [곡률 집중 구간 형성]
    C --> D [응력 집중 및 피로 누적]
    D --> E [내부 도선 피로 파괴]
    E --> F [도선 끊어짐 발생]
    F --> G [충전선 접촉 불량 및 단선]


    B --> H [피복 재질 마모]
    H --> I [도선 보호 기능 저하]
```

```
I --> F

C --> J[응력 완화 설계 미흡]
J --> D
```

Cause-Effect Chain 분석 결과

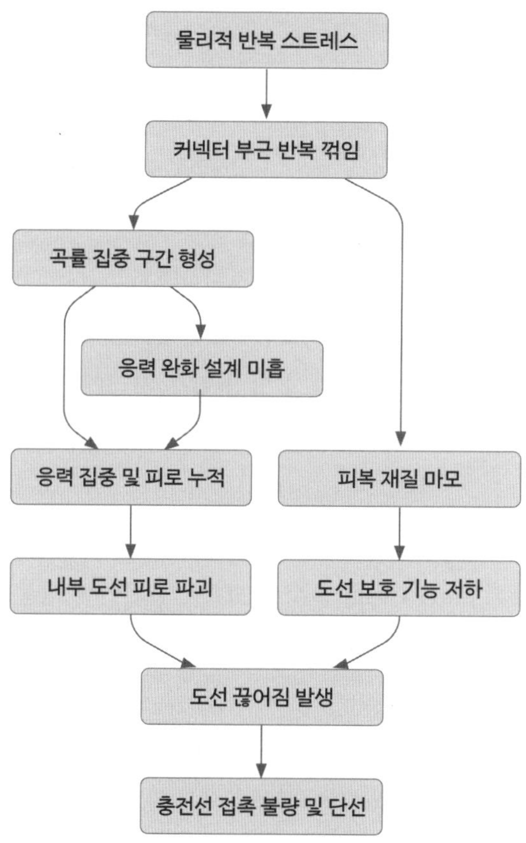

분석 결과 요약 테이블

원인 요소	메커니즘	결과적 현상
물리적 반복 스트레스	사용 중 구부림·당김 반복	커넥터 부근 응력 집중
곡률 집중 구간 형성	꺾임이 반복적으로 동일 지점에 발생	단자 부근 국부적 피로 누적
내부 도선 내피로성 부족	구리선이 반복 구부림에 약함	도선의 미세 균열 → 단선
피복 재질 보호 능력 부족	마찰과 꺾임에 대한 저항성 약함	도선 외부 손상, 내부 노출 가속화
응력 완화 설계 부족	스트레인 릴리프 부재로 하중 집중	연결 부위에서 단선 발생

이런 분석을 보면 "아, 그래서 항상 같은 자리에서 끊어지는구나!" 하며 무릎을 치게 됩니다.

문제 해결 방향 도출

이제 Cause-Effect Chain 분석 GPTs는 각 원인에 대응하는 해결 방향을 제시합니다.

① **물리적 반복 스트레스가 있어도, 커넥터 부근 반복 꺾임이 발생되지 않도록 하는 방법** → 충전선이 사용 중에도 자동 정렬되거나, 스트레스를 주변으로 분산시켜 꺾임이 국소적으로 일어나지 않도록 설계

② **커넥터 부근에 반복 꺾임이 있어도, 곡률 집중이 되지 않도록 하는 방법** → 곡률이 특정 지점에 집중되지 않도록 분산되거나 움직이는 구조

를 채택

③ **곡률 집중 구간이 형성되어도, 응력이 분산되도록 하는 방법**→응력 완화 구조를 삽입하거나 재질을 유연한 재질로 조합

④ **내부 도선이 피로 파괴에 강하도록 하는 방법**→도선 재질이나 구조를 변경하여 반복적인 휨에도 파괴되지 않도록 함

⑤ **피복 재질이 꺾임에 강하도록 하는 방법**→외피 재질이 반복 구부러짐에 마모되지 않도록 하며, 동시에 유연성도 유지하는 복합 재질 적용

이런 체계적 분석의 효과는 놀라웠습니다. 단순히 '선이 끊어졌다.'는 현상이, 구체적인 물리학적 원인들로 분해되어 각각을 해결할 수 있는 방향이 명확해진 것입니다.

3단계: 해결 방향별 해결안 도출 → 모순 해결 GPTs + FOS GPTs 활용

이제 각 해결 방향에 대해 구체적인 해결안을 도출할 차례입니다. 여기서 모순 해결 GPTs와 FOS GPTs를 활용하여 실제 산업에서 검증된 기술들을 찾아보겠습니다.

분석한 5가지 해결 방향별로 제시된 모든 해결안과 실제 산업 사례를 정리하면 다음과 같습니다.

1. 물리적 반복 스트레스가 있어도, 커넥터 부근 반복 꺾임이 발생되지 않도록 하는 방법

해결안

- 자기정렬 자석형 커넥터 채택→케이블이 자유롭게 움직여도 커넥터에 무리 없이 착탈 가능
- 360도 회전 커넥터 구조→케이블이 꺾이지 않고 자연스럽게 회

전하여 응력 전달을 차단

- L자형 커넥터 → 물리적 당김이 직각으로 분산되어 꺾임 발생을 최소화

- TRIZ 발명 원리 15(역동성 증가), 13(역방향) 원리를 기반
- FOS 적용: '자유로운 회전 + 위치 정렬 기능을 갖는 인터페이스'라는 기능을 일반화하여 → 가전제품 분야의 회전형 조인트, 의료기기(링거 회전 조인트), 충전 드릴 커넥터에서 유사 기능 차용

- 베이스어스(Baseus) 마그네틱 케이블: 자석으로 스마트폰과 연결되며, 연결 중에도 회전 가능
- 신지모루 L자형 고속충전 C타입 핸드폰 케이블: L형 구조로 당김 방향을 수직으로 분산

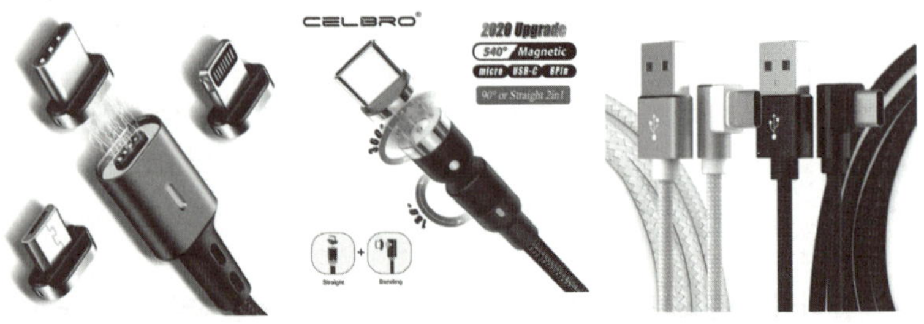

탈부착식/회전형 마그네틱 케이블　　　　　신지모루 L자형 케이블

2. 커넥터 부근 반복 꺾임이 있어도, 곡률 집중이 되지 않도록 하는 방법

- 리플 플렉스(Ripple Flex) 구조: 커넥터에서 멀어질수록 점진적으로

부드러워지는 다단 곡률 설계

- 다층 피복 구조 적용: 단자 부근 피복이 단단하고, 점점 유연한 재
질로 바뀌는 구조

- TRIZ 원리 3(국부적 품질), 17(차원 변화) 활용
- FOS 적용: '응력 분산을 위한 유연한 인터페이스' 기능→산업 로
봇 케이블, 전동 공구용 파워 코드, 자동차 와이어 하니스에서 사
용되는 유연 구조를 참조

- 벨킨 부스트업 차지 플렉스(Belkin BOOST↑CHARGE Flex): 단자 근
처는 두꺼운 몰딩으로, 이후 실리콘 유연층으로 연결
- 애플 라이트닝(Apple Lightning) 케이블 2세대: 커넥터 몰딩부에 곡
률 분산 구조 적용

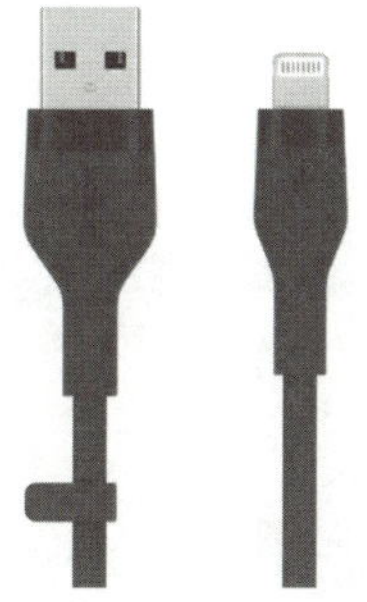

단자(커넥터) 근처를 두껍고 튼튼한 몰딩
(연장형 스트레인 릴리프)으로 감싸고, 이
후에는 초유연 실리콘 재질로 케이블이 이
어지는 구조

단자와 케이블이 만나는 부위에 '더 두껍고
단단한' 몰딩/슬리브가 적용되어, 반복되는
꺾임·굴곡의 힘이 한 지점에 집중되지 않고
넓은 곡선으로 분산되도록 설계

3. 곡률 집중 구간이 형성되어도, 응력이 분산되도록 하는 방법

- 스트레인 릴리프(응력 완화 구조) 적용: 고무 몰딩 또는 유연한 폴리우레탄 삽입
- 커넥터-케이블 전환부를 스프링 구조로 감쌈→응력 완충 역할

- TRIZ 원리 24(중간 매개물), 30(얇은 막) 활용
- FOS 적용: '응력을 중간 구조물로 완충시키는 방법'→건축 구조물의 댐퍼, 기계기구의 쇼크 마운트, 공업용 고무 커플링의 구조 원리 차용

- 유그린(UGREEN) USB-C 케이블: 3단계 응력 완화 몰딩 적용
- 소니 웨나 리스트(Sony Wena Wrist Cable): 연결부에 회전형 응력 완화 구조 포함

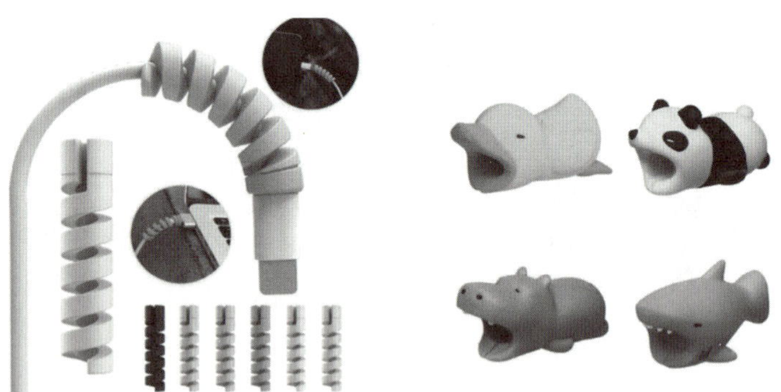

케이블 단선 방지 악세서리도 곡률이 집중되지 않도록 도와주는 역할 수행한다.

4. 내부 도선이 피로 파괴에 강하도록 하는 방법

- 다(多)가닥 고강도 연선 도체 사용→단선 저항력 향상
- FFC(Flat Flexible Cable) 도입→반복 구부림에도 도선층 손상 적음
- 케블러(Kevlar) 섬유심 내장→도선 자체의 인장 및 피로 강도 상승

- TRIZ 원리 1(분할), 40(복합 재료), 35(속성 변화)
- FOS 적용: '반복 피로에 강한 전도 구조 설계'→항공기 내부 배선 (FFC), 군용 유연 통신케이블, 고속 엘리베이터 제어선 등에서 활용되는 내피로 재료 및 구조 적용

- 노마드 케블러 케이블: 내부에 케블러 섬유 보강재 적용
- 애플 M1/M2 맥북 내부 플랫 케이블: 얇고 유연하지만 고내구성 구조

5. 피복 재질이 꺾임에 강하도록 하는 방법

- 2중 피복 구조: 내층은 TPE/실리콘, 외층은 나일론 브레이드 적용
- 젤 삽입형 피복: 내부에 충격흡수 젤을 주입하여 꺾임 방지와 보호력 강화

- TRIZ 원리 6(다기능화), 40(복합 재료) 활용
- FOS 적용: '내마모성, 복원력, 유연성'을 동시에 만족시키는 외피 기술→산업용 유압 호스, 광케이블 보호재, 의료용 튜브(내시경

관)에서 적용된 복합 외피 구조 차용

- 앤커 파워라인 플러스 II(Anker PowerLine+ II): 내마모성 나일론 외피+고탄성 내부 피복
- 네이티브 유니온 벨트 케이블 XL(Native Union Belt Cable XL): 패브릭 케이블로 내구성과 꼬임 방지 제공

이렇게 모순 해결 GPTs와 FOS GPTs를 활용하여 하나의 문제에 대해 총 11가지의 구체적인 해결안과 10개의 실제 산업 적용 사례를 제시했습니다. 각 해결안은 과학적 원리에 기반하여 도출되었고, 실제 시

충전선 문제 해결을 위한 연계 도식

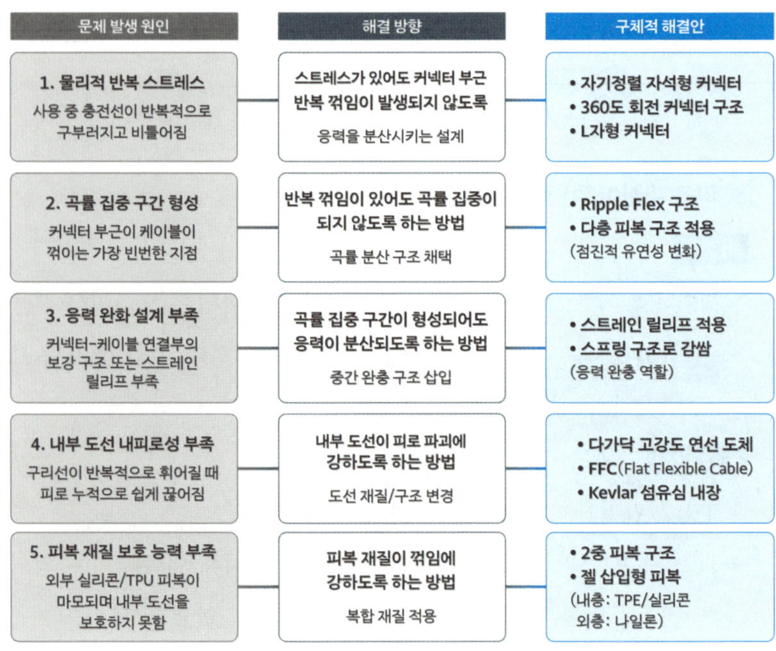

장에서 검증된 기술들로 구성되어 있어 즉시 적용 가능한 실용적인 솔
루션들입니다.

체계적 AI 도구 활용의 성과

이 과정을 통해 박민호 씨가 얻은 놀라운 성과들을 살펴보겠습니다.

1. 체계적 원인 분석의 힘

일반적으로 우리는 '충전선이 끊어진다.'고 하면 '더 튼튼한 선을
사야지.'라고 막연하게 생각합니다. 하지만 Cause-Effect Chain 분석
GPTs는 물리적 반복 스트레스, 곡률 집중, 재료 피로도 등 과학적 근거
를 바탕으로 원인을 분석해 줍니다.

2. 실현 가능한 해결안 도출

더욱 놀라운 것은 각 해결안이 이미 실제 제품에서 사용되고 있는 검
증된 기술이라는 점입니다. FOS(이종 분야 검색)로 찾은 해결안은 이미
다른 산업 분야에서 검증된 기술이기 때문에 적용에 대한 리스크가 작
습니다.

3. 단계별 선택지 제공

AI는 비싼 솔루션부터 저렴한 솔루션까지 다양한 선택지를 제공합
니다. 예산에 따라 자석형 커넥터를 선택할 수도 있고, 단순히 L자형 커
넥터를 선택할 수도 있죠.

이 사례를 통해 우리는 중요한 교훈을 얻을 수 있습니다.

첫째, 문제의 본질 파악이 핵심

"충전선이 자주 끊어진다."는 현상 뒤에는 물리학, 재료공학의 복합적 원인이 숨어 있었습니다. Cause-Effect Chain 분석 GPTs는 이런 복잡한 기술 문제를 구조적으로 분해하여 각각의 원인을 명확히 보여 줍니다.

둘째, 과학 원리 기반 접근의 중요성

감에 의존한 문제 해결이 아니라 과학적 근거를 바탕으로 접근하니 훨씬 확실한 해결책을 얻을 수 있었습니다.

셋째, 이종 산업 기술 활용의 가능성

해결안 도출을 위한 GPTs가 제시한 해결안들을 보면, 자동차 산업의 스트레인 릴리프 기술, 항공우주 산업의 복합 재료 기술 등이 충전선 문제 해결에 응용될 수 있음을 알 수 있습니다.

당신도 AI와 함께 기술 문제를 해결해 보세요

이 방법은 다음과 같은 기술 문제들에 특히 효과적입니다.

- **제품 개발**: 구조적 원인 분석 및 TRIZ 기반 창의적 아이디어 도출
- **공정 개선**: 공정 단계별 병목 원인 규명 및 개선 솔루션 설계
- **시스템 성능 저하 분석**: 복합 요인 분해 및 세분화된 해결 전략 수립
- **연구 개발 전략**: 기술 실패 사례 분석 및 재설계 방향 제안
- **창의 발명 및 특허 전략**: 이종 기술 융합 및 특허 포지셔닝 가능성 확대

그리고 실제로 AI를 통해 문제를 해결할 때 다음과 같은 팁들을 사용하면 훨씬 수월합니다.

1. 구체적인 문제 정의가 핵심

- "제품이 잘 안 된다."가 아니라 "어떤 조건에서, 어떤 현상이, 얼마나 자주 발생하는지" 구체적으로 설명하세요.

2. 제약 조건을 명확히 하세요

- 예산, 시간, 기술적 한계 등을 미리 알려 주면 더 현실적인 해결안을 얻을 수 있습니다.

3. 단계별로 진행하세요

- 분석 과정을 따라가며 각 단계에서 확인하고 수정하세요.

이제 여러분도 복잡한 기술 문제 앞에서 막막해하지 마세요. Cause-Effect Chain 분석(Tech)과 모순 해결, FOS GPTs 등 든든한 파트너와 함께라면 어떤 기술 문제든 체계적으로 분석하고 창의적인 해결책을 찾을 수 있습니다.

마무리: 실전에서 얻은 창의적 문제 해결의 인사이트

두 개의 서로 다른 분야, 두 개의 완전히 다른 문제. 하지만 우리가 발견한 것은 놀랍도록 일관된 패턴이었습니다.

첫째, 문제의 표면과 본질은 다르다.

김민지 사장의 카페도, 박민호 씨의 충전선도 처음에는 단순해 보였습니다. "매출이 떨어졌다." "선이 끊어졌다." 하지만 AI와 함께 체계적으로 파고들어 보니 전혀 다른 그림이 그려졌죠.

카페 매출 하락의 진짜 원인은 '단골 고객 재방문 감소'와 '신규 고객 유입 저하'라는 이중 구조였고, 충전선 문제는 '물리적 반복 스트레스', '곡률 집중', '재료 피로' 등 5가지 복합적 원인이 얽혀 있었습니다.

만약 표면적 증상만 보고 '할인 이벤트'나 '더 튼튼한 충전선 구매'라는 즉흥적 해결책을 택했다면 어떻게 되었을까요? 문제는 여전히 남아 있었을 것입니다.

둘째, 체계적 접근이 창의성을 만든다.

가장 놀라운 발견은 창의적인 해결책이 번뜩이는 영감이 아니라 체계적인 분석 과정에서 나온다는 점이었습니다.

카페 사례에서 '메뉴 개발 과정을 SNS 콘텐츠로 만드는' 창의적 아이디어는 우연히 떠오른 것이 아니었습니다. 문제를 '단골 감소'와 '신규 유입 감소'로 분해하고, 각각의 해결 방향을 설정한 후, 두 해결책이 시너지를 낼 수 있는 지점을 찾은 논리적 사고의 결과였죠.

충전선 사례에서도 마찬가지입니다. 자석형 커넥터, L자형 구조, 스트레인 릴리프 같은 해결안들은 TRIZ 원리와 FOS를 통해 구조적으로 도출된 것들이었습니다.

셋째, AI는 사고의 확장판이다.

두 사례 모두에서 AI는 단순한 정보 제공자가 아니었습니다. 생각의 파트너, 아이디어의 촉매, 관점의 확장자 역할을 했죠.

AI 없이도 우리는 문제를 분석할 수 있습니다. 하지만 AI와 함께할 때 우리는,

더 체계적으로 생각하게 됩니다.

더 많은 관점에서 바라보게 됩니다.

더 깊이 파고들 수 있게 됩니다.

더 다양한 해결책을 탐색할 수 있게 됩니다.

당신의 문제 해결 레벨업을 위한 실전 가이드

이제 여러분도 같은 방법으로 자신의 문제를 해결할 수 있습니다. 다음 체크리스트를 참고해 보세요.

🎯 문제 정의 및 현상 분석 단계

- 문제를 구체적인 수치와 데이터로 표현했는가?
- 문제를 여러 개의 세부 문제로 분해해 봤는가?
- 문제 현상을 파악해 봤는가?

🔍 원인 분석 단계

- "왜?"라는 질문을 최소 3번 이상 던져 봤는가?
- 추측이 아닌 근거를 바탕으로 원인을 도출했는가?
- 여러 원인들 간의 인과관계를 시각화해 봤는가?
- MECE 원칙에 따라 빠짐없이, 중복 없이 분석했는가?

💡 해결책 도출 단계

- 해결안 도출 전에 먼저 해결 방향을 설정했는가?

- 다른 분야의 유사한 해결책을 찾아봤는가?
- 여러 해결책이 시너지를 낼 수 있는 방법을 고민했는가?

🚀 실행 계획 단계

- 바로 실행할 수 있는 구체적인 행동 계획을 세웠는가?
- 효과를 측정할 수 있는 지표를 정했는가?
- 파일럿 테스트 계획을 수립했는가?

새로운 가치를 만든 일, 그 시작점에서

과거에는 창의적 문제 해결이 소수의 전문가나 천재들만의 영역이 었습니다. 비싼 컨설팅을 받거나, 오랜 경험을 쌓거나, 특별한 재능을 타고나야 가능한 일이었죠.

하지만 이제는 다릅니다. AI라는 강력한 파트너와 검증된 방법론이 결합되면서, 누구나 전문가 수준의 문제 분석과 창의적 해결책 도출이 가능해졌습니다.

김민지 사장은 마케팅 전문가가 아니었지만 새로운 고객 참여형 마 케팅을 만들어 냈고, 박민호 씨는 공학자가 아니었지만 충전선 문제의 과학적 원인과 해결책을 이해할 수 있었습니다.

다음 단계로 나아가기

10장의 여정을 마치며, 여러분에게는 이제 두 가지 선택이 있습니다.

하나는 관찰자로 머무르는 것입니다. "아, 이런 방법이 있구나." 하고 감탄하며 책을 덮는 것이죠. 물론 그것만으로도 의미가 있습니다.

다른 하나는 실천자가 되는 것입니다. 지금 당장 여러분이 고민하고 있는 문제 하나를 골라서, 이 책에서 배운 방법과 도구들을 직접 적용해 보는 것입니다.

작은 문제부터 시작해도 좋습니다. 사무실의 비효율적인 회의 문화, 매번 반복되는 업무상의 문제점, 개인적으로 해결하고 싶었던 불편함…… 무엇이든 상관없습니다.

중요한 것은 시작하는 것입니다.

AI력 개발의 여정은 계속됩니다

문제 해결의 기본기를 익혔다면, 이제 더 본질적인 질문을 던져 볼 때입니다.

"나는 앞으로 어떤 사람이 되어야 할까?"

AI가 급속도로 발전하는 시대, 단순한 업무 처리자(Doer)로는 더 이상 충분하지 않습니다. 루틴한 작업들은 AI가 대신해 주는 세상에서, 우리에게 진정 필요한 것은 새로운 가치를 창조하는 이노베이터(Innovator)로서의 역량입니다.

하지만 이노베이터가 된다는 것은 무엇을 의미할까요? AI력의 5가지 원천을 어떻게 지속적으로 발전시켜 나가야 할까요?

AI력의 마지막 원천을 향해

지금까지 우리는 파트 4 창의력까지 4가지 핵심 역량을 살펴보았습니다.

파트 1. 회복탄력성 → 변화를 기회로 바꾸는 마음가짐

파트 2. AI 문해력 → AI와 효과적으로 소통하는 기술

파트 3. 분석력 → 문제의 본질을 꿰뚫는 눈

파트 4. 창의력 → AI와 함께 만드는 차별화된 해결책

이제 마지막 퍼즐 조각인 파트 5 '끊임없는 학습력'이 남았습니다.

10장에서 여러분은 김민지 사장과 박민호 씨의 사례를 통해 완전한 문제 해결 과정을 경험했습니다. 하지만 이런 역량이 일회성 경험으로 끝나서는 안 됩니다.

진정한 AI력은 이런 문제 해결 능력을 지속 가능한 성장의 엔진으로 만드는 데서 나옵니다.

개인의 변화만으로는 충분하지 않습니다. AI 시대의 진정한 경쟁력은 개인을 넘어 조직 전체가 함께 성장할 때 나타납니다.

앞으로 남은 여정에서는 이런 근본적 질문들을 다루게 됩니다.

- 어떻게 일회성 성과를 지속 가능한 성장으로 만들 것인가?
- 개인의 변화를 조직의 변화로 확산시키는 방법은?
- AI 시대의 진정한 리더십은 무엇인가?

여러분만의 AI력 성장 스토리를 만들어 가세요

변화의 물결 앞에서 휩쓸리지 않고 오히려 그 변화를 주도하는 사람이 되기 위한 실질적 가이드가 여러분을 기다리고 있습니다. 김태현 대리가 7일 만에 프로젝트를 성사시킨 것처럼, 김민지 사장이 위기를 기회로 바꾼 것처럼, 박민호 씨가 일상의 기술 문제를 해결한 것처럼 여러분도 AI력의 5가지 원천을 바탕으로 자신만의 성장 스토리를 만들어

갈 수 있습니다.

　지금까지 파트 1부터 파트 4까지, 그리고 10장을 통해 여러분과 함께한 이 시간이, 진정한 밸류 크리에이터로 거듭나는 여정의 튼튼한 기반이 되기를 진심으로 바랍니다.

이제 여러분의 차례입니다. 어떤 문제부터 해결해 보시겠습니까?

　다음 장에서는 이런 개별적 성공을 지속 가능한 성장의 습관으로 만드는 방법을 배워 보겠습니다.

전문 GPTs 통합 활용 가이드

이름: 통합 활용 가이드

🔗 접속 정보

(주)큐엠앤이노베이션 홈페이지의 'GPT 체험하기 페이지'에 접속하면 ChatGPT 사용자의 경우 모든 전문GPTs를 무료로 체험이 가능합니다.
URL: https://qmeinno.com/gpt-experience

🎯 문제 유형별 GPTs 선택 가이드

📊 비즈니스 문제
- 매출 하락, 고객 이탈 등 → **문제 본질과 대안 생성 + 원인 분석**
- 신사업 기회 탐색 → **기회 발굴 + JTBD 분석**
- 고객 니즈 파악 → **JTBD 분석**

🔧 기술 문제
- 제품 불량, 공정 문제 → **Cause-Effect Chain 분석(Tech)**

- 기술적 모순 상황 → **모순 해결**
- 다른 분야 기술 활용을 통해 한계 돌파 → **FOS**(이종 분야 검색)

🚀 문제 해결 프로젝트
- 1단계: 문제 정의
- 2단계: 현상 파악
- 3단계: 원인 분석
- 4단계: 해결안 도출

💡 GPTs 조합 활용법
- 순차적 활용: **원인 분석 → 모순 해결 → FOS → 최종 솔루션**
- 병렬적 활용: 여러 GPT를 동시에 사용해 다각도 분석 후 결과 통합

⚡ 통합 활용 팁
- 문제의 성격을 먼저 파악한 후 적절한 GPT 선택
- 단일 GPT보다는 2~3개 조합 활용이 더 효과적
- 각 단계별 결과를 다음 GPT의 입력으로 연계 활용
- AI 결과를 맹신하지 말고 인간의 판단과 결합

PART 5

끊임없는 학습력

Active Learning:

호기심으로 시도하며 계속 배우는 힘

AI 시대, 학습에 일어난 두 가지 혁명

챗GPT 출시 이후 단 3년 사이에 우리가 목격한 학습의 변화는 그야 말로 혁명적입니다. AI가 가져온 이 변화는 크게 두 가지 차원에서 일어나고 있습니다.

첫 번째는 'AI로 배우기'입니다. AI를 학습 도구로 활용함으로써 기존 지식을 습득하는 방식이 완전히 바뀌었습니다. 두 번째는 'AI를 배우기'입니다. AI 활용 능력을 기르는 학습 방법 자체는 기존과 완전히 달라졌습니다.

첫 번째 혁명: AI로 배우기, 전문성의 경계가 무너지다

제가 직접 경험한 사례를 들려드리겠습니다.

저희 회사 QM&E 이노베이션은 기업들의 제품과 기술 문제를 해결하는 기술 컨설팅을 16년간 수행해 왔습니다. 2024년까지는 주로 기계, 전기, 전자, 의료기기 분야의 과제만 다뤘는데요. 동일 사업 분야라고 해도 거의 매번 새로운 제품이나 기술을 이해해야 하기 때문에 새 지식이 필요하면 검색하고, 전문가를 찾아서 질문하고, 논문을 읽으며 학습해야 했죠. 한 가지 과제를 분석해서 해결안을 도출하고 보고서를 작성하는 데 통상 3주가 걸렸습니다.

그런데 2025년에는 놀라운 일이 일어났습니다. 화학, 바이오, 해양 산업까지 전혀 다뤄 보지 않던 분야까지 영역을 확장할 수 있게 된 것입니다. 그뿐만 아니라 두 달 동안 10개 과제의 해결안 도출 보고서를 작성할 수 있게 되었습니다. 평균적으로 1개 과제당 1주 정도로 시간이 단축된 것입니다. 생산성이 3배 향상되었을 뿐만 아니라 보고서의 품질도 더욱 향상되었습니다.

무엇이 이런 변화를 가능하게 했을까요? 바로 AI와 함께하는 학습이 었습니다.

이제는 분야를 막론하고 필요한 지식을 즉시 공급받을 수 있게 되었습니다. "바이오 분야에서 유글레나는 어떻게 광합성으로 지질을 만들어 내지?" "먹는 배의 껍질이나 과심에서 석세포를 어떻게 추출할 수 있을까?" 이런 질문들에 대해 AI가 전문가 수준의 답변을 실시간으로 제공해 줍니다.

이것이 AI로 배우는 학습의 힘입니다. 학습이 가속화되었고, 각자의 필요에 맞춰 개인화되었으며, 24시간 언제든 접근할 수 있게 되었습니다.

두 번째 혁명: AI를 배우기, 시도가 곧 학습이다

하지만 여기서 더 중요한 질문이 생깁니다. "AI는 어떻게 배워야 할까요?"라는 질문이지요.

여러분 중에 자동차 내비게이션을 공부해서 사용하신 분이 있나요?

아무도 없지만 모두 운전할 때 잘 사용하셔서 목적지까지 가장 빠른 길로 가시고 계시죠?

AI도 마찬가지입니다. 그냥 대화창에 뭔가 입력해 보니 답이 나왔습니다. 신기했습니다. 그래서 다른 것도 물어봤습니다. 또 답이 나왔습니다. 이렇게 시도하는 과정 자체가 학습이었던 겁니다.

이것이 두 번째 혁명입니다. AI를 배우는 방법이 기존 학습법과 완전히 다르다는 것입니다.

우리가 해 왔던 기존의 학습법은 다음과 같았습니다.

기존 학습법: 이론 공부→이해→적용→숙련

그러나 우리가 맞이할 AI 시대의 학습법은 다음과 같지요.

AI 학습법: 시도→경험→호기심→다시 시도

이처럼 AI는 실패해도 판단하지 않습니다. 같은 질문을 백 번 해도 친절하게 답해 줍니다. 이상한 요청을 해도 비웃지 않습니다. 이런 '안전한 실험 환경' 덕분에 우리는 부담 없이 시도하면서 배울 수 있게 되었습니다.

더 나아가, 단순히 AI 도구를 취미로 잘 쓰는 것을 넘어서 AI를 활용해 새로운 가치를 창출하는 이노베이터로 성장해야 합니다. 그리고 이런 변화는 조직 전체가 함께 학습할 때 더욱 강력해집니다. 그리고 세상과 AI 기술의 빠른 변화에 맞춰 지속적인 학습을 할 때 우리의 능력은 더욱 증폭될 것입니다.

이 파트에서 다룰 내용들

11장 'AI와 함께 성장하는 사람들'에서는 학습의 패러다임이 어떻게 바뀌었는지 살펴보고, 작은 루틴이 만드는 큰 변화의 힘을 체험해 봅니다. 매일의 작은 접촉과 주간 실험의 힘, 그리고 올바른 마인드셋을 기르는 방법을 배우겠습니다.

12장 '미래를 선도하는 밸류 크리에이터 되기'에서는 두어(Doer)에서 이노베이터(Innovator)로의 대전환을 이루는 방법을 다룹니다. 협업적 지능의 개념과 5가지 AI력이 하나로 모이는 과정, 그리고 조직 혁신의 실제 사례를 통해 진정한 혁신가로 성장하는 길을 제시합니다.

학습력을 기르는 4가지 핵심 원칙

AI 시대에 필요한 학습력을 기르는 원칙을 살펴보면 다음과 같습니다.

1. **호기심을 되찾아라**: "이건 어떻게 할까?" 질문을 매일 하나씩 만들어 보세요.
2. **시도를 두려워하지 마라**: 틀려도 괜찮습니다. AI는 판단하지 않습니다.
3. **작은 성공을 쌓아 가라**: 매일의 작은 접촉이 큰 변화를 만듭니다.
4. **실패를 학습으로 전환하라**: "왜 안 됐지?"보다 "어떻게 하면 될까?"를 생각하세요.

호기심으로 시작하는 무한 성장의 여정

이 파트를 마치면 여러분은 빠르게 변화하는 AI 시대에 맞춰 지속적으로 학습하고 성장할 수 있는 체계를 갖추게 될 것입니다.

학습은 더 이상 부담스러운 의무가 아닙니다. AI와 함께라면 호기심 가는 대로 탐험하며 즐겁게 성장할 수 있습니다.

11장

AI와 함께 성장하는 사람들

"AI 공부는 어떻게 하셨어요?"

"공부요? 저는 그냥 써 봤습니다."

2024년 가을, AI를 업무에 잘 활용하고 있다는 한 기업의 과장님과 나눈 대화입니다. 그는 AI를 '공부'하지 않았습니다. 그냥 업무 중에 궁금한 것이 생기면 물어보고, 막히면 다시 물어보고, 재미있으면 더 써 보는 식이었습니다.

"특별한 건 없어요. 그냥 호기심 가는 대로 해 봤을 뿐이에요. 틀려도 AI는 절 판단하지 않잖아요."

바로 이것입니다. AI 시대의 학습력이란 두꺼운 교재를 읽고, 온라인 강의를 수강하고, 자격증을 따는 것이 아닙니다. AI 시대의 학습력은 호기심을 갖고 시도하고, 실패를 두려워하지 않으며, 작은 성공을 쌓아 가는 것입니다.

1. 학습의 패러다임이 바뀌었다

공부가 아닌 시도로 배운다

AI 시대 이전의 학습을 떠올려 보세요. 새로운 소프트웨어를 배운다면 어떻게 했나요? 두꺼운 매뉴얼을 읽거나 온라인 강의를 찾아보거나 학원에 등록하거나 책을 사서 공부했습니다. 이런 방식으로 '준비' 철저히 한 후에야 실제로 써 보기 시작했지요.

하지만 AI 시대의 학습은 완전히 다릅니다.

챗GPT를 처음 쓰려고 할 때 매뉴얼을 읽은 사람이 얼마나 될까요? 시간을 내어 강의를 들은 사람은? 아마 대부분 그냥 대화창에 뭔가를 입력해 봤을 겁니다. "안녕?" 같은 간단한 인사부터 시작해서요.

그리고 답이 나왔습니다. 다시 물어봤습니다. 또 답이 나왔습니다. 궁금한 게 생겼습니다. 다시 물어봤습니다. 이렇게 대화를 나누다 보니 어느새 AI를 '학습'하고 있었던 겁니다.

이것이 바로 AI 시대 학습의 핵심입니다. '공부'가 아니라 '시도'입니다.

실제로 얼마나 효과적일까요? MIT의 연구 결과가 이를 명확히 보여 줍니다. 챗GPT를 활용한 직장인들은 문서 작성 시간이 평균 40% 단축되었고, 결과물의 품질은 18% 향상되었다고 합니다.

주목할 점은 이들이 특별한 교육을 받지 않았다는 겁니다. 그냥 써 보면서 배웠습니다. 필요할 때 물어보고, 결과를 보고, 다시 물어보고. 이 과정의 반복만으로 생산성이 40% 올랐습니다.

어린이집을 운영하는 한 원장님의 이야기가 이를 잘 보여 줍니다.

"저는 일단 이번 주 입학설명회 환영 인사 멘트를 만들어 달라고 했습니다. '어린이집 원장이 처음으로 어린이집을 방문한 학부모들에게 전달할 환영 인사를 500자 이내로 만들어 줘.'라고 물어봤죠. 그러니 간결하게 할 말만 딱 만들어 줬어요. 어린이집 운영하면서 이런 게 제일 어려웠거든요."

원장님은 특별한 AI 교육을 따로 받지 않았습니다. 그냥 필요한 게 있어서 물어봤을 뿐이죠. 그런데 됐습니다. 신기했습니다. 그래서 또 물어봤습니다.

"다음으로는 '보육교사론 강의에서 학생들이 6명 정도씩 팀을 이뤄 토론을 진행하고 발표를 시키려는데, 최근 교사와 관련된 이슈가 들어가는 토론 주제를 3가지 알려 줘.'라고 물어봤어요. 답을 보고 더 많은 주제를 요구하기도 하고, 단순히 찬반으로 나뉘는 것이 아니라 다양한 관점에서 토론할 수 있는 주제로 바꿔 달라고 했죠. 요즘 이슈가 되는 주제로 잘 뽑아 주더라고요."

이렇게 하나씩 시도하다 보니, 어느새 제미나이로 동화책까지 만들게 됐다고 합니다.

"만 2세반 교실에서 남자아이가 친구 옆에 와서 방해했다고 친구 얼굴을 긁은 일이 있었어요. 그래서 이럴 때 친구를 때리지 말고 어떻게 해결할 수 있는지를 동화로 만들어 달라고 했죠. 교실에서 실제로 생기는 사례를 넣으면 바로 그림책이 되더라고요."

이것이 AI 시대의 학습입니다. **공부가 아니라 시도, 교육이 아니라 경험이지요.**

전통적 학습에서 가장 큰 장벽은 무엇이었을까요? 바로 '틀리는 것에 대한 두려움'이었습니다.

회의에서 아이디어를 내다가 "그건 안 될 것 같은데요."라는 말을 들으면 움츠러듭니다. 상사에게 질문했다가 "그것도 모르세요?"라는 눈빛을 받으면 다시는 묻고 싶지 않습니다.

하지만 AI는 절대 판단하지 않습니다.

같은 질문을 백 번 해도 같은 친절함으로 답합니다. 이상한 질문을 해도 비웃지 않습니다. 틀린 전제로 물어봐도 정정해 주면서 설명해 줍니다.

한 대학교수의 경험담이 이를 잘 보여 줍니다.

"60세를 맞아 새로운 인생의 전환기를 맞는 나 자신에게 격려와 희망, 인생에 대한 관조의 메시지를 담은 따뜻하고 아름다운 시 한 편을 만들어 달라고 했어요. 4~5차례 수정을 요구했는데, AI는 짜증 한 번 내지 않고 계속 수정해 줬습니다. 만약 사람이었다면 '아까도 말씀드렸는데…….'라는 말이 나왔을 거예요."

4~5차례나 수정을 요구했다는 점에 주목하세요. AI는 짜증 한 번 내지 않고 계속 수정해 줬습니다.

같은 교수는 또 이렇게 말합니다.

"어젯밤 홀로 남은 어머니의 임종을 기다리는 친구가 힘들어해서, 친구의 마음을 위로해 줄 시 한 편을 챗GPT에게 부탁했습니다. 문구 등 최소한의 수정만 했는데 친구가 너무 마음에 와닿는다고 고마워했어요. 내 마음을 담아 시를 직접 쓰려 했으면 이미 너무 늦어 버렸을 텐데 말이죠."

실패해도 괜찮고, 서툴러도 괜찮고, 몇 번을 다시 해도 괜찮습니다.
이것이 AI와 함께하는 학습이 가진 가장 큰 장점입니다.

호기심이 전부다

그렇다면 AI 시대에 학습력의 원천은 무엇일까요? IQ? 아닙니다. 학
벌? 아닙니다. 기존 지식? 아닙니다.

바로 호기심입니다.

필리핀에 공장을 운영하는 한 사장님의 이야기입니다.

"필리핀에 투자한 한국인 사장이 크리스마스를 맞이하여 축하 메시
지를 보내면서, 트럼프 시대를 맞이한 세계 경제의 어려움을 모두가 합
심해서 헤쳐 나가자는 메시지를 3분 정도 연설 길이로 작성해 달라고
했어요. 그리고 영어, 타갈로그어로 번역까지 요청했죠."

그는 계속 말합니다.

"아름답게 나오더라고요. 내가 예전에 이런 일을 한다고 며칠씩 영
작하고, 열심히 해서 만들어도, 통역하는 직원이 대충 다 잘라먹고, 전
달하려는 메시지는 다 없어지고, '좋은 계절이니 잘 먹고 놀자.' 뭐 그런
식의 메시지만 전달됐었는데……."

예전에는 며칠 걸렸던 일이 이제는 몇 분 만에 해결됩니다. 그도 처
음엔 영어 연설문만 만들었습니다. 그런데 "이게 되네? 그럼 타갈로그
어로도 되나?" 하는 호기심에 시도했고, 됐습니다.

호기심이 다음 시도를 낳고, 그 시도가 새로운 가능성을 열었습니다.

50대 자매의 유럽 여행 이야기도 비슷합니다.

"저희 자매는 여행 중인데 AI를 자유자재로 쓰니 너무 좋네요! 심지어 어제는 2시간 떨어진 미술관까지 다녀왔어요. 스터디 중에 알려 준 '현지인이 가는 가성비 맛집'은 수시로 활용하고 있고요. 스스로한테 감동하면서 다녀요."

"AI 스터디를 하고 바뀐 건 뭐든 두려움이 사라졌다는 거예요."

'두려움이 사라졌다.' 이것이 핵심입니다. 호기심을 막는 가장 큰 장벽이 두려움인데, AI는 그 두려움을 없애 줍니다.

이들은 암스테르담부터 브뤼셀까지 여행 일정을 딥 리서치로 조사하고, 조사 내용을 바탕으로 바이브코딩을 이용해 앱을 만들어서 자유 여행에 활용했습니다. 심지어 미술 전문가도 추천에서 빠뜨렸던 좋은 장소를 AI가 발견해 줘서 방문했다고 합니다.

이들의 공통점은 무엇일까요? "한번 해 볼까?" 하고 시작했다는 것.

2. 작은 루틴이 만드는 큰 변화

매일 15분의 마법

성공적으로 AI를 활용하는 사람들을 보면, 특별히 많은 시간을 투자하지 않습니다. 오히려 매일매일의 작은 접촉이 핵심입니다.

앞서 본 MIT 연구를 다시 떠올려 보세요. 문서 작성 시간 40% 단축, 품질 18% 향상. 이 결과를 얻기 위해 며칠씩 교육을 받았을까요? 아닙니다. 그냥 업무 중에 필요할 때마다 챗GPT를 사용했을 뿐입니다.

한 주부의 경험이 이를 잘 보여 줍니다.

"오늘은 치매에 걸린 엄마를 뵈러 가는 날이에요. 엄마랑 대화를 하고 싶어도 엄마가 기억하는 게 별로 없어서 대화 주제를 3개 물어봤어요. 그중 하나는 엄마한테는 불가능할 것 같아서 나머지 주제에 대해 좀 더 긴 대화를 요구했더니 계속 친절하게 답변해 주더라고요. 덕분에 오늘은 엄마랑 따뜻한 대화를 시도해 볼 수 있을 것 같아요!"

특별한 루틴이 아닙니다. 그냥 필요한 순간에 챗GPT를 켰을 뿐입니다. 하지만 이런 작은 접촉이 쌓이면서, AI와 대화하는 것이 자연스러워졌습니다.

중요한 건 시간의 양이 아니라 꾸준함입니다.

매일 아침 출근길에, 점심시간에, 잠들기 전에. 5분이든 10분이든 내가 궁금해하던 내용이나 다른 사람과 의논하고 싶었던 내용, 아이디어가 필요한 내용들을 AI와 대화해 보세요. "오늘 회의 준비 어떻게 하면 좋을까?" "엄마한테 뭐라고 말하면 좋을까?" "이 문제 어떻게 풀면 될까?" 하고 말이지요.

이런 작은 질문들이 쌓이면, 어느새 AI가 일상의 파트너가 되어 있을 겁니다.

주간 실험 - 작은 도전의 힘

매일 15분이 '감각 유지'라면, 주간 실험은 '역량 확장'입니다.

한 주부의 이야기를 볼까요?

"우리 아파트 헬스장 PT 선생님을 그대로 계속 두면 좋겠다는 글을 아파트 커뮤니티에 올리려고 했는데, 제가 쓴 글이 너무 투박해서 챗GPT에게 세련되게 바꿔 달라고 했어요."

결과는? '피트니스 운영 방향 제안'이라는 제목의 전문적인 문서가 나왔습니다. 문제 상황, 운영 방안 제안, 결론까지 깔끔하게 정리된 문서였죠.

이전 같았으면 '그냥 대충 올리자.'고 생각했을 겁니다. 하지만 이번엔 'AI한테 한번 물어볼까?' 하고 시도했고, 결과가 좋았습니다.

이것이 주간 실험입니다. 일주일에 한 번, 새로운 용도로 AI를 써 보는 겁니다.

1주차 회의록 정리해 달라고 해 보기
2주차 제안서 초안 만들어 달라고 해 보기
3주차 이미지 만들어 달라고 해 보기
4주차 여행 계획 짜 달라고 해 보기

기술혁신 프로젝트 컨설팅을 하는 제 경험을 공유하겠습니다.

지난주 고객사 미팅에서 7명이나 되는 사람들 앞에서 발표하면서 동시에 메모까지 해야 했습니다. 26년 컨설팅을 해도 이런 미팅은 여전히 스트레스였죠. 그런데 이번엔 다르게 접근해 봤습니다.

클로바노트 앱으로 전체 녹음→음성을 텍스트로 자동 변환→노트북LM에 올려서 분석

결과는 대박이었습니다. 옛날 같으면 몇 시간 소요되었던 회의록 작성이 진짜 쉬워졌고, 내용도 훨씬 자세하게 기술할 수 있었죠. 회의록을 작성하는 것보다 더 도움이 되었던 것은 대화 중 메모하지 못하고

지나쳤던 중요한 기술 얘기들을 다시 찾을 수 있었다는 점이었습니다. 또한 헷갈렸던 부분들을 AI한테 물어서 분명히 할 수 있었지요.

특히 노트북LM의 공유 기능은 협업의 판도를 바꿨습니다.

러시아 박사님과 프로젝트를 진행하면서 정말 신세계를 경험했습니다. 전에는 한글 문서를 영어로 번역해서 러시아 박사님에게 전달하면, 그것을 다시 러시아어로 번역해서 살펴보는 식으로 일이 진행이 됐었는데, 이번에는 제가 노트북LM에 한글 문서를 업로드했더라도 그 노트북 링크를 전달하면 박사님이 러시아어로 직접 질문하고 러시아어로 답변을 받았습니다! 번역할 필요도 없고, 본인이 궁금해하는 사항을 직접 물어보고 확인할 수 있어서, 별도로 미팅을 할 필요도 없이 일이 훨씬 정확하고 빨라졌지요!

월간 리뷰 - 성장을 확인하는 시간

매일의 접촉, 매주의 실험, 그리고 매달의 리뷰.

매달 마지막 주에 30분만 투자해서 스스로에게 물어보세요. "이번 달 AI로 뭘 해 봤지?" "그중 뭐가 제일 유용했지?" "실패한 건 뭐였고, 왜 안 됐지?" "다음 달엔 뭘 시도해 볼까?"

미술 작품 딜러 회사를 운영하는 후배의 이야기입니다.

"우리 회사 설명서랑 11월 전시 의도를 챗GPT와 클로드를 이용해서 멋지게 만들었어요. 거의 1년 동안 머리를 쥐어뜯으며 어떻게 시작해야 하나 고민 고민했는데, 그동안 챗GPT에 이것저것 질문해 놓은 게 있어서 그런지, 우리 마음을 쏙 표현한 좋은 글을 만들어 줬어요."

여기서 주목할 점은 "그동안 챗GPT에 이것저것 질문해 놓은 게 있어서"라는 부분입니다. 작은 질문들이 쌓였고, 그것이 데이터가 되어 더 나은 결과를 만들어 낸 것이죠.

"문맥이 뭔가 아쉬워서 클로드를 사용해서 손보니 완전 멋지더라고요! 글을 보고 '우리가 이런 회사였어?' 하고 감탄했어요."

이것이 월간 리뷰의 힘입니다. 한 달 동안의 경험이 쌓이고, 그것을 돌아보면서 더 나은 방법을 찾게 됩니다.

루틴이 쌓이면 기적이 된다

매일 15분 + 매주 실험 + 매달 리뷰.

이게 전부입니다. 특별한 비법도, 천재적 재능도 필요 없습니다. 꾸준히 반복하는 것만으로 충분합니다.

실제 변화 사례들을 보겠습니다.

어린이집 원장님의 3개월 여정

- 초기: 환영사 하나를 만드는 것부터 시작
- 1개월: 토론 주제, 동화책까지 제작
- 3개월: 젠스파크로 PPT 교육 자료까지 5분 만에 완성

50대 자매의 AI 여행

- 초기: 유럽 여행이 막막해서 AI에게 도움 요청
- 진행: 딥 리서치로 미술 전문가도 잘 모르는 명소 발견
- 완성: 바이브코딩으로 맞춤형 여행 앱까지 제작

대학 교수님의 변화

- 초기: 일상생활에서 궁금하는 것을 묻는 것으로 시작
- 발전: 시 한 편을 쓸 때 4~5차례 수정을 통해 완벽한 작품 완성
- 확장: 강의 내용과 강의용 슬라이드 작성 시 AI와 협업

이것이 바로 루틴이 만드는 기적입니다.

- 매일 15분 = 연 91시간의 학습
- 매주 실험 = 연 52가지 새로운 활용법 습득
- 매달 리뷰 = 12번의 명확한 성장 확인

1년 후, 당신은 AI를 '공부'한 게 아니라 '체화'한 사람이 되어 있을 겁니다.

3. 마인드셋이 전부다

어린아이를 보세요. 처음 보는 장난감이 있으면 어떻게 하나요?

"이건 뭐지?" "이렇게 하면 어떻게 될까?" "저기 버튼을 누르면?"

시키지 않아도 직접 만지고, 누르고, 돌리고, 흔들어 봅니다. 호기심이 이끄는 대로 탐험하죠.

그런데 어른이 되면 이 호기심이 사라집니다. 왜일까요?

"실수하면 안 돼." "이건 내 일이 아닌데." "이미 아는 방법대로 하면 되는데 왜 새로운 걸 배워?"

AI 시대에 가장 필요한 마인드셋은 바로 이 잃어버린 호기심을 되찾는 것입니다.

호기심을 유지하는 법

앞서 본 어린이집 원장의 경험을 다시 봅시다. 그는 환영사를 만들고 나서 멈추지 않았습니다.

"토론 주제도 물어보고…… 동화책도 만들고…… 드림캐처 교육 자료도 만들고……."

"이게 되네? 그럼 저것도 될까?"

이 질문이 다음 호기심으로 이어졌습니다. 결국 젠스파크를 활용하여 5분 만에 PPT 자료까지 만들게 됐습니다.

"오늘도 한 건 했어요. 만 5세반 담임이 연구수업으로 드림캐처를 소개하고 만들기 활동을 했는데…… 결국 드림캐처 이미지와 설명이 있는 PPT 자료를 젠스파크를 활용하여 5분 만에 만들었어요."

"요즘 선생님들 좋겠어요. 우리가 배울 땐 완전 아날로그라 다 그리고 만들고…… 그러느라 밤을 새웠는데."

이것이 AI 시대의 학습입니다. 계획된 커리큘럼이 아니라, 호기심이 이끄는 탐험입니다.

호기심을 유지하는 실천법

1. 매일 하나씩 '이건 어떻게 할까?' 질문하기

- 출근길에 든 생각, 업무 중 불편함, 뭐든 좋습니다.

'이걸 AI한테 물어보면 뭐라고 할까?'라고 생각해 보세요.

2. '왜 안 돼?'보다 '어떻게 하면 될까?' 생각하기

• AI가 이상한 답을 주면 짜증 내지 말고
'어떻게 질문해야 원하는 답을 얻을까?' 하고 고민해 보세요.

3. 다른 사람의 사례를 보면 '나도 해 볼까?' 생각하기

• 누군가 AI로 신기한 걸 했다는 얘기를 들으면
'나는 이걸 어디에 써 볼까?' 하고 상상해 보세요.

실패를 학습으로 전환하는 태도

AI와 일하다 보면 실패는 필연입니다.

챗GPT가 엉뚱한 답을 줄 때가 있습니다. 원하는 결과가 안 나올 때가 있습니다. 몇 번을 시도해도 잘 안 될 때가 있습니다.

문제는 실패 자체가 아니라, 실패를 대하는 태도입니다.

앞서 본 대학교수의 시 창작 경험을 기억하나요? 그는 "4~5차례 수정 요구"를 했습니다. 처음부터 완벽하지 않았다는 의미입니다. 하지만 포기하지 않고 계속 수정을 요청했고, 결국 만족스러운 결과를 얻었습니다.

"참…… 시 한 편을 이리 뚝딱 만들어 주다니."

실패는 '안 된다.'는 신호가 아니라 '이 방법은 아니다.'라는 안내판입니다.

기업 강사로 일하는 한 분의 경험도 비슷합니다.

"강의 주제 선정, 강의안 작성, 강의 계획 수립, 강의 자료 수집과 강의용 슬라이드 작성 등 전 과정에 AI를 활용했어요. 이전에는 각각의 단계에서 며칠씩 걸리던 일을 하루 만에 할 수 있게 되었습니다."

처음부터 하루 만에 된 건 아니었을 겁니다. 여러 번 시도하고, 실패하고, 다시 시도하면서 자신만의 방법을 찾아낸 것이죠.

제 경험도 마찬가지입니다.

정부 R&D 사업에 도전하기 위해 연구 개발 계획서를 작성하려면 막막했습니다. 어떤 내용으로 채워야 하나 고민을 많이 했는데, 이제는 AI의 도움을 받아 관련 정보를 조사하고 해당 사업 제안서 목차에 맞도록 초안을 AI가 작성해 주니, 일이 훨씬 빨라지고 수월해졌지요.

처음 시도에서는 제대로 된 제안서가 나오지 않았습니다. 하지만 포기하지 않고 계속 질문하고, 수정하고, 개선하면서 점점 나아졌습니다.

이전에는 기술 난제 해결을 위한 제안서를 3주에 1건 정도 작성이 가능했는데, 문제에 대한 명확한 정의, 정보 수집, 문제 원인 분석, 해결안 도출, 기술적인 내용에 대한 시각화 및 제안서 작성까지 AI의 도움을 받으니 1주에 1.5건 작성이 가능해졌습니다. 물론 제안서의 품질도 월등히 향상되었지요.

실패를 학습으로 전환하는 실천법

1. "왜 안 됐지?"라고 물어보기

- 실패하면 짜증 내기 전에 원인을 분석하세요.
  질문이 애매했나? 데이터가 부족했나? 맥락이 빠졌나?

변화를 기회로 보는 시각

마지막으로, 가장 중요한 마인드셋이 있습니다. 바로 변화를 보는 시각입니다.

'AI가 내 일자리를 빼앗을까 봐 무서워요.' 이렇게 생각하는 사람이 있는 반면, 'AI로 할 수 있는 일이 얼마나 많을까? 설렌다!' 이렇게 생각하는 사람도 있습니다.

앞서 본 50대 자매의 여행 경험을 다시 봅시다.

"AI 스터디를 하고 바뀐 건 뭐든 두려움이 사라졌다는 거예요."

두려움이 사라졌다. 이것이 핵심입니다.

같은 변화를 보면서도, 어떤 사람은 위협으로 보고, 어떤 사람은 기회로 봅니다. 그리고 이 차이가 1년 후, 3년 후의 모습을 완전히 다르게 만듭니다.

어린이집 원장을 보세요. AI를 '내 일자리를 빼앗는 도구'로 봤을까요? 아닙니다. '일을 더 쉽게 만들어 주는 파트너'로 봤습니다.

50대 자매도 마찬가지입니다. AI를 '복잡하고 어려운 기술'로 봤을까요? 아닙니다. '여행을 더 재미있게 만들어 주는 가이드'로 봤습니다.

제 경우도 비슷합니다.

지피터스(GPTers)라는 AI 스터디에서 사례를 접하고 직접 따라 하다 보니 할 수 있게 됐습니다. 두려움 없이 여러 가지 AI를 활용하여 도전한 결과입니다.

두려움 없이 도전. 이것이 바로 변화를 기회로 바꾸는 비결입니다.

변화를 기회로 보는 실천법

1. '안 돼'보다 '어떻게 하면 될까?'

- 변화를 거부하지 말고 활용할 방법을 찾으세요.
  'AI가 내 일을 대신하네.'가 아니라 'AI가 내 일을 도와주네.'

2. 작은 성공을 축하하기

- 어제 못했던 걸 오늘 했다면 그것으로 충분합니다.
  '이제 이것도 할 수 있구나!' 하고 스스로를 인정하세요.

3. 다른 사람과 공유하기

- 당신의 작은 성공을 주변에 나누세요.
  "이렇게 해 봤더니 되더라." 하는 이야기는 다른 사람에게 용기가 됩니다.

결국 AI 시대에 필요한 마인드셋은 3가지로 정리됩니다.

① **호기심**: "이건 어떻게 될까?" 하고 시도해 보기
② **회복탄력성**: 실패해도 "다시 해보면 되지." 하고 일어서기
③ **긍정적 시각**: 변화를 '위협'이 아닌 '기회'로 바라보기

이 3가지 마인드셋이 있다면, 당신은 이미 AI 시대의 학습자입니다. 당신의 여정이 시작됩니다.

지금까지 우리는 함께 AI와 함께 성장하는 사람들의 이야기를 봤습니다. 어린이집 원장은 환영사부터 시작해 동화책, 교육자료까지 만들게 됐습니다. 대학 교수는 강의 자료부터 시를 통한 위로까지 AI와 함께했습니다. 주부는 치매 걸린 엄마와의 대화 주제를 AI에게서 얻었습니다. 50대 자매는 유럽 여행을 AI와 함께 완전히 새로운 방식으로 즐겼습니다. 또 다른 주부는 아파트 커뮤니티 글을 전문 문서로 바꿨습니다. 혁신 컨설턴트는 코딩을 1도 모르면서 회사 홈페이지를 만들었습니다.

이들의 공통점은 무엇일까요?

특별한 재능이 있어서가 아닙니다.컴퓨터를 잘 다뤄서도 아닙니다. 젊어서도 아닙니다.

이들의 공통점은 단 하나입니다.

'한번 해 볼까?'라는 호기심과

'안 되면 다시 해 보지 뭐.'라는 태도를 가졌다는 것.

이것이 전부입니다.

AI 시대의 학습은 어렵지 않습니다. 복잡한 이론을 알 필요도 없고, 코딩을 할 줄 알 필요도 없습니다. 특별한 자격증이 필요한 것도 아닙니다.

필요한 건 단 하나. **시작하는 용기**입니다.

오늘 저녁, 집에 가서 챗GPT를 켜 보세요. 그리고 물어보세요. 함께 하는 동료로서 의논해 보세요. 뭐든 좋습니다.

가령 다음과 같은 질문입니다.

"안녕, 오늘 저녁 뭐 먹을까?"
"내일 회의 준비 어떻게 하면 좋을까?"
"이 문제를 어떻게 해결하면 좋을까?"

너무 단순한가요? 아닙니다. 모든 위대한 여정은 작은 첫걸음에서 시작된다는 것을 잊지 마세요. 그렇게 첫 대화를 나누고, 답을 받고, 다시 물어보세요.

"그럼 그 요리 레시피 알려 줘."
"집에 양파가 없는데 다른 걸로 대체할 수 있어?"
"이 레시피를 2인분으로 줄이려면?"

이렇게 대화를 이어 가다 보면, 어느새 당신은 AI와 함께 배우는 사람이 되어 있을 겁니다. 그리고 그다음 날, 조금 더 어려운 걸 시도하게 됩니다. 그다음 주, 업무에 적용해 보게 됩니다. 그다음 달, 작은 프로젝트를 완수하게 됩니다.

1년 후, 당신은 자신도 놀랄 만큼 성장해 있을 겁니다.
당신도 할 수 있습니다.

12장

미래를 선도하는 밸류 크리에이터 되기

"미래는 이미 와 있다. 단지 고르게 분배되지 않았을 뿐이다."

SF 소설가 윌리엄 깁슨의 이 말처럼, AI 시대의 혁신 능력도 마찬가지입니다. 누구나 접근할 수 있는 도구가 되었지만, 그것을 제대로 활용하여 가치를 창출하는 사람은 아직 많지 않습니다.

1. 변화하는 일의 본질: 두어에서 이노베이터로

지금 우리가 밸류 크리에이터가 되어야 하는 이유는 무엇일까요? 그것은 두 가지 이유에서입니다. 그리고 이 두 가지 이유는 모두 AI의 등장이라는 변화 때문입니다. 변화는 우리 모두에게 위험과 기회를 제공합니다.

첫 번째 이유는 '생존'입니다. 일의 본질이 근본적으로 바뀌고 있기 때문입니다.

단순히 지시를 받아서 실행하는 역할은 빠르게 AI로 대체되고 있습니다. 정보 검색, 엑셀 작업, 보고서 작성, 데이터 분석, 심지어 이미지, 동영상 생성까지, 얼마 전까지만 해도 사람이 해야 했던 일들을 이제는 AI가 더 빠르고 정확하게 처리하죠.

AI와 경쟁하는 위치에서 일을 해서는 승산이 없습니다. 따라서 우리는 AI를 활용하여 가치를 만들어 내는 일을 해야 하는 것입니다.

두 번째 이유는 '기회'입니다. 이제는 AI가 우리가 가치를 창출하는 일을 도와주기 때문에, 예전에는 할 수 없던 일도 할 수 있게 되었습니다.

과거에는 혁신적 문제 해결이 소수의 전문가나 천재들만의 영역이었습니다. 비싼 컨설팅을 받거나, 오랜 경험을 쌓거나, 특별한 재능을 타고나야 가능한 일이었죠.

하지만 이제는 다릅니다. AI라는 강력한 파트너와 검증된 방법론이 결합되면서, 누구나 전문가 수준의 문제 분석과 창의적 해결책 도출이 가능해졌습니다.

이제는 AI가 가치 창출의 전 과정을 도와줍니다

우리는 5장에서 이미 가치 창출 방법을 배웠습니다. 문제를 발견하고 그것을 기회로 인식하여, 그 문제에 대한 솔루션을 만들어 실행하는 것. 그것이 이노베이터가 하는 일입니다.

모든 혁신적인 제품과 서비스는 어떤 문제를 해결하면서 시작됩니다.

문제 발견 → 해결 → 가치(Value)

이것이 바로 가치 창출의 프로세스입니다. 그리고 이 프로세스를 수행하는 사람이 바로 이노베이터입니다.

과거에는 이 과정이 어려웠습니다. 문제를 분석하려면 전문 지식이 필요했고, 해결책을 찾으려면 오랜 경험이 필요했습니다. 또 이를 실행하려면 많은 자원이 필요했지요.

하지만 이제는 AI가 이 전 과정을 도와줍니다. AI가 정보를 분석하여 숨겨진 문제를 찾아내고(문제 발견) 시장 분석과 트렌드 예측을 도와줍니다.(기회 인식) AI가 문제를 분석하고 다양한 해결책을 도출해 주며(솔루션 개발) 구체적인 실행까지 도와줍니다.(실행)

경제학자 슘페터는 이노베이터를 "새로운 조합의 수행을 통해 시장 내에서 변화를 실행하는 사람"으로 정의했고, 아이디오(IDEO)의 파트너 톰 켈리는 "새로운 아이디어를 실현 가능한 가치를 지닌 것으로 만들어 내는 사람"이라고 정의합니다.

핵심은 새로운 관점으로 도출된 생각을 실행하여 지속적인 가치를 만들어 내는 것입니다. 그리고 이제 AI와 함께라면, 누구나 이런 가치 창출자가 될 수 있게 되었습니다.

AI 시대 이노베이터의 핵심: 협업적 지능(Collaborative Intelligence)

AI 시대에 가장 중요한 능력은 바로 '협업적 지능(Collaborative Intelligence)'입니다. 이는 인간과 AI의 고유한 강점을 활용하여 시너지를 창출하는 능력을 말합니다.

각각의 강점을 살펴보면 다음과 같습니다.

인간이 잘하는 것	AI가 잘하는 것
• 상황 판단과 맥락 이해	• 대용량 데이터 처리
• 창의적 아이디어와 직관	• 패턴 인식과 분석
• 감정과 공감	• 반복 작업의 자동화
• 가치 판단과 윤리적 결정	• 다양한 옵션의 빠른 생성
• 설득과 협상	• 24시간 지속적인 작업

협업적 지능의 실제 모습

예를 들어, 마케팅 캠페인을 기획한다고 해 봅시다. 기존의 방식, 즉 인간만 혼자서 작업하는 방식은 다음과 같았습니다.

시장조사→트렌드 분석→아이디어 회의→콘셉트 개발→실행 계획
(소요 기간: 2~3주)

그러나 AI와 협업하는 방식은 다음과 같습니다.

① 인간: 캠페인 목표와 제약 사항 정의
② **AI: 시장 데이터 수집 및 트렌드 분석**
③ 인간: 분석 결과 해석 및 전략 방향 설정
④ **AI: 다양한 콘셉트 아이디어 생성**
⑤ 인간: 아이디어 평가 및 최적안 선택
⑥ **AI: 실행 계획 상세화 및 시뮬레이션**
⑦ 인간: 최종 검토 및 승인

(소요 기간: 3~5일)

보이나요? 인간과 AI가 각자 잘하는 일을 분담하여 함께 작업하면, 더 빠르고 더 나은 결과를 낼 수 있습니다. 하지만 여기서 중요한 것은 AI는 도구이고, 최종 책임과 판단은 항상 인간의 몫이라는 것입니다.

이는 결국 우리가 'AI 에이전트들의 리더'가 되어야 한다는 의미입니다. 여러 AI 도구들을 효과적으로 활용하고, 그 결과물들을 하나의 일관된 가치로 통합해 내는 역할을 해내야 합니다.

AI력의 5가지 원천이 하나로 모이다

이 책에서 우리는 AI 시대에 필요한 5가지 역량을 배웠습니다. 이제 그것들이 어떻게 하나로 연결되어 AI력을 만들어 내는지 살펴보겠습니다.

5가지 역량의 연결 고리

1. 회복탄력성(Resilience & Flexibility) → 변화를 기회로 바꾸는 힘

AI가 가져오는 변화를 두려워하지 않고 적극적으로 활용하는 마인드셋. 'AI가 내 일을 뺏는다.'가 아니라 'AI로 내 일을 더 잘할 수 있다.'고 생각하는 것

2. AI 문해력(AI Literacy) → AI와 대화하는 기술

챗GPT, 제미나이, 클로드, 퍼플렉시티, 노트북LM, 젠스파크 등 상황에 맞는 AI 도구를 선택하고 효과적으로 활용하는 능력. AI와의 대화를 통해 원하는 결과를 얻어 내는 기술

3. 분석력(Analytical Thinking) → 문제의 본질을 꿰뚫는 눈

복잡한 문제 상황에서 진짜 문제가 무엇인지 파악하는 능력. AI가 제공하는 정보를 올바르게 해석하고, 숨겨진 패턴을 발견하는 능력

4. 창의력(Creative Thinking) → AI와 함께 만드는 차별화된 해결책

AI가 제시하는 다양한 옵션들을 창의적으로 조합하여 새로운 해결책을 만들어 내는 능력. 기존에 없던 아이디어를 AI와의 협업을 통해 구현하는 능력

5. 끊임없는 학습력(Active Learning) → 호기심으로 시도하며 계속 배우는 힘

빠르게 변하는 AI 기술을 지속적으로 학습하고 적응하는 능력. 실패를 두려워하지 않고 계속 시도하며 성장하는 태도

실전 사례: 5가지 원천의 시너지

4장 'AI 파트너 선택과 활용'에서 사례로 보여 드린 김태현 대리의 7일간 업사이클링 가구 프로젝트를 다시 보겠습니다. 그가 어떻게 5가지 역량을 활용했는지 분석해 보겠습니다.

Day 1 **회복탄력성 + 학습력**

- 막막한 과제를 받았지만 포기하지 않고 AI를 활용해 보기로 결심
- 챗GPT에 처음 질문해 보는 용기

Day 2~3 **AI 문해력 + 분석력**

- 퍼플렉시티로 시장 정보 수집

- 딥 리서치 기능으로 전문적인 조사 실시
- 수집된 정보를 체계적으로 분석

AI 문해력 + 분석력 + 창의력

- 노트북LM으로 방대한 자료 정리 및 분석
- 기술적 문제에 대한 해결안 도출
- 오디오 브리핑으로 복잡한 기술을 쉽게 이해

창의력 + AI 문해력

- 클로드로 전문적인 보고서 작성
- 시각화를 통한 설득력 있는 프레젠테이션 제작

창의력 + AI 문해력 + 회복탄력성

- 젠스파크로 종합적인 비즈니스 모델 완성
- 마지막 순간 추가 요구 사항도 유연하게 대응

→CEO로부터 프로젝트 승인 및 예산 배정

이것이 바로 AI력의 힘입니다. 5가지 역량이 AI와 만나면서 개인의 능력이 몇 배로 증폭된 것입니다. 공식으로 표현하면 이렇습니다.

AI력 = (회복탄력성＋AI 문해력＋분석력＋창의력＋학습력) × AI의 확장력
→폭발적 성과 창출

당신도 이 5가지 역량을 키워 나간다면, AI 시대의 밸류 크리에이터가 될 수 있습니다.

2. 함께 배우는 조직 변화의 힘

지피터스에서 배우는 조직 변화의 힘

개인의 변화도 중요하지만, 조직 전체가 변화 체질로 바뀌면 그 힘은 거대해집니다. 그런데 어떻게 하면 될까요?

저는 제가 직접 참여하여 경험한 국내 최대 AI 커뮤니티 지피터스(GPTers)의 사례에서 그 답을 찾을 수 있었습니다.(https://www.gpters.org/home) 이곳에서는 기존 교육과는 완전히 다른 획기적인 학습이 일어나고 있거든요.

‘작은 실천이 만드는 큰 변화’의 실제 모습

일반적인 교육 방식은 이론 중심의 일방향적 지식 전달에 의존합니다. 강의실에서 강사가 지식을 전달하고, 학습자는 이를 수동적으로 받아들이는 구조지요. 하지만 지피터스는 전혀 다른 철학을 가지고 있습니다.

지피터스의 핵심 운영 방식은 ‘스터디장이 진행하고, 멤버들이 돌아가면서 사례를 발표하고 실습하는 형식’으로 이루어집니다. 여기서 주목할 점은 ‘사례 발표’라는 표현입니다. 이론이 아닌 실제 경험과 활용 사례를 중심으로 학습이 진행된다는 의미입니다.

GPTers 커뮤니티 홈페이지

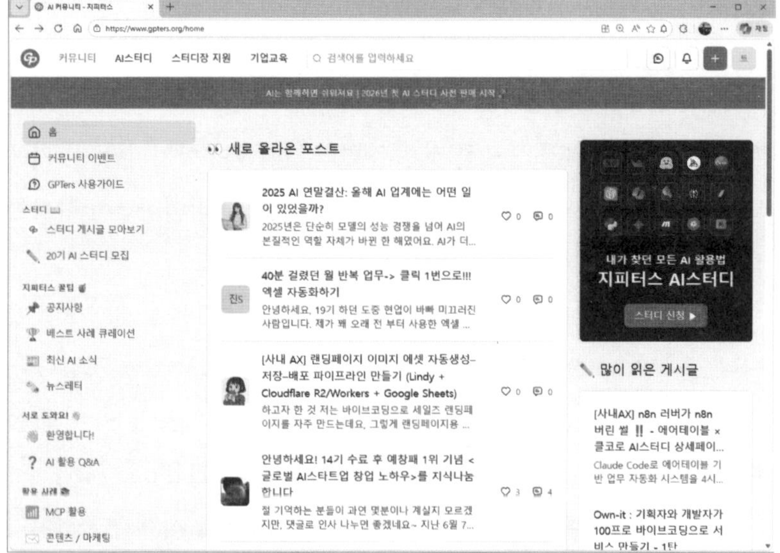

작은 실천의 힘

지피터스 커뮤니티에서는 멤버들이 각자의 일상과 업무에서 AI를 활용한 작은 경험들을 공유합니다. 예를 들어, 한 멤버는 "정말 암것도 모르는 초짜"라고 자신을 소개하면서도, 음악 작곡에 챗GPT를 활용해 화음 구성 제안을 받는 작은 시도를 공유했습니다.

이러한 작은 실천들은 여러 형태로 나타납니다.

- 부동산 투자를 위한 전세가율 분석 도구 만들기: 후배를 위해 AI 활용해 부동산 데이터 분석하고 투자 조언을 제공하는 시스템 구축
- 교생실습 소감문 작성: 챗GPT 활용해 교육 현장 경험 체계적으로 정리
- 영어 학습 GPTs 제작: 개인의 학습 니즈에 맞춰 단계별 학습 시스템 구축

이들 사례의 공통점은 거창한 프로젝트가 아닌, 개인의 실제 필요에서 출발한 작은 시도들이라는 것입니다.

나눔과 공유가 만든 선순환

지피터스에서 가장 중요한 것은 완벽한 결과물이 아닙니다. 한 커뮤니티 매니저는 이렇게 표현했습니다. "커뮤니티에 참여하면서 사람들을 돕는 것이 오히려 기회가 된다는 걸 많이 배웠다."

이는 지피터스의 핵심 철학을 보여 줍니다. 정보를 독점하는 것이 아니라 공유함으로써 커뮤니티가 성장할 수 있는 구조를 만든 것입니다. 멤버들은 자신의 작은 경험과 시행착오조차도 기꺼이 나누며, 이를 통해 다른 사람들이 같은 실수를 반복하지 않도록 돕습니다.

실제로 현재 지피터스에는 7,000개 이상의 AI 활용 사례가 축적되어 있습니다. 초기 100명에서 시작해 수천 명이 참여하는 커뮤니티로 성장한 비결은 바로 이타적 학습 문화였습니다. 저는 지피터스 스터디에 참여하여 저희 회사 홈페이지(www.qmeinno.com)를 직접 만들고 지금도 사용 중입니다. 그리고 그 사례를 지피터스 커뮤니티 홈페이지에 게시했었습니다.

이들의 학습 방법은 기존 교육과 근본적으로 달랐습니다. '교사 중심'이 아니라 '학습자 중심'이었으며, '이론 중심'이 아니라 '실천 중심', '개별 학습'이 아니라 '협력 학습', '결과 중심'이 아니라 '과정 중심'이었습니다.

지피터스의 성공에서 배울 수 있는 AI 시대 리더의 역할은 3가지입니다.

1. 방향 설정자(Direction Setter)

리더의 첫 번째 역할은 '우리 팀은 AI를 어떻게 활용할 것인가?'에 대한 명확한 비전과 가이드라인을 제시하는 것입니다.

하지만 여기서 중요한 것은 세세한 사용법을 정하는 게 아니라 원칙과 방향을 제시하는 것입니다. "우리는 AI를 업무 효율성 향상의 도구로 활용한다." "AI가 하는 일이라도 최종 책임은 항상 사람이 진다." "AI 활용 경험은 팀원 모두와 공유한다." 등등. 이런 명확한 원칙이 있으면, 팀원들이 안전하게 실험할 수 있는 틀이 만들어집니다.

2. 실험 장려자(Experiment Enabler)

두 번째 역할은 시행착오를 격려하는 것입니다.

AI는 아직 새로운 기술입니다. 모든 시도가 성공할 수는 없습니다. 하지만 그 실패들이 쌓여야 팀 전체의 역량이 늘어납니다. "이번 주 AI로 뭔가 새로운 걸 시도해 본 사람?" "실패한 것도 좋으니까 경험을 공유해 봐." "다음 달까지 각자 AI 활용 사례 하나씩 만들어 보자." 이런 분위기를 만드는 것이 리더의 역할입니다.

3. 협력 조율자(Collaboration Facilitator)

세 번째 역할은 팀원들의 경험을 연결하는 것입니다.

A 팀원이 챗GPT로 보고서를 잘 쓰고, B 팀원이 클로드로 번역을 잘하고, C 팀원이 퍼플렉시티로 시장조사를 잘한다면? 이 지식들을 서로 나누게 하는 것이 리더의 역할입니다. "매주 금요일 30분씩 AI 활용 경험 공유 시간을 갖자." "각자의 노하우를 간단한 가이드로 만들어서 공유하자." "실패 사례도 중요하니까 함께 나누자." 이렇게 지피터스가 보여 준 것처럼, 개인의 작은 경험들이 모이면 조직 전체의 혁신 역량이 됩니다.

안전하게 AI를 활용하는 스마트한 방법

"AI를 쓰고 싶지만 보안이 걱정됩니다."

많은 분들이 가진 고민입니다. 하지만 보안과 혁신은 대립하는 개념이 아닙니다. 올바른 원칙만 알면 안전하면서도 창의적인 AI 활용이 가능합니다.

절대 하지 말아야 할 것들

- **고객 기밀정보 입력**: "삼성전자와의 200억 원 프로젝트에서⋯⋯" 같이 구체적인 고객사명, 계약 금액을 AI에 입력하면 안 됩니다.
- **사내 기밀문서 업로드**: 재무제표, 인사 평가서, 영업 기밀 등을 AI에 올리는 것은 회사 핵심 자산을 외부에 노출시키는 행위입니다.
- **개인정보 포함 내용 입력**: "김철수 부장(010-1234-5678)에게⋯⋯" 처럼 실명과 연락처가 포함된 내용을 입력하면 개인정보보호법 위반 소지가 있습니다.
- **AI 결과물 무검증 사용**: AI는 때때로 잘못된 정보를 사실처럼 제

공하는 '할루시네이션' 현상을 보입니다.

- **저작권 침해 콘텐츠 생성**: 타인의 저작물(문서, 이미지, 음원, 영상 등)을 무단으로 복제·변형·전재하거나, 표절성 콘텐츠를 생성하여 사용하는 행위는 법적 책임을 초래할 수 있습니다.
- **회사 계정 정보 공유**: 업무용 계정(ID, 비밀번호 등)을 외부에서 입력하거나 제3자와 공유하는 행위는 정보 유출 및 보안 사고로 이어질 수 있습니다.

똑똑하게 활용하는 방법

- **일반화해서 질문하기**: "삼성전자의 반도체 전략" 대신 "국내 반도체 기업의 글로벌 경쟁 전략"이라고 질문하면, 보안을 지키면서도 유용한 인사이트를 얻을 수 있습니다.
- **공개 정보만 활용하기**: 회사 홈페이지의 제품 카탈로그, 공개된 기술 자료, 언론 보도 내용 등은 안전하게 활용할 수 있습니다.
- **단계별 검증 거치기**: AI 생성→사실 확인→내용 검토→최종 승인→활용 순서로 진행하면 됩니다.
- **투명하게 표시하기**: AI를 활용해서 만든 자료라면 "AI 활용 생성"이라고 명확히 표기해야 합니다.
- **지속적인 학습과 공유**: AI 활용 성공 사례와 실패 사례를 정기적으로 공유하고, 구성원들이 함께 학습함으로써 활용 수준을 점진적으로 높입니다.
- **정기적인 보안 점검**: 월 1회 이상 AI 사용 현황을 점검하고, 최신 보안 이슈와 법·규제 변화에 맞춰 내부 가이드라인을 주기적으로 업데이트해야 합니다.

이런 원칙들을 지키면서도 얼마든지 창의적인 AI 활용이 가능합니다. 마케팅팀은 "의류 브랜드의 MZ세대 타깃 전략"으로, 영업팀은 "제조 업체 대상 B2B 영업 전략"으로, 개발팀은 "웹 애플리케이션 성능 최적화 방법"으로 질문하면 됩니다.

3. AI와 함께하는 당신의 성장 여정이 시작됩니다

실천을 위한 구체적 방법

작은 문제부터 시작하라

"저도 해 보고 싶은데, 어디서부터 시작해야 할지 모르겠어요."

이건 제가 강연에서 가장 많이 받는 질문인데, 그 답은 간단합니다. 지금 당신을 불편하게 하는 것, 아주 작은 것부터 시작하세요.

거창한 프로젝트가 아니어도 됩니다. 세상을 바꾸는 혁신이 아니어도 됩니다. 5분 걸리는 작은 불편함 하나를 해결하는 것. 그것으로 충분합니다. 예를 들어 볼까요?

- **매주 반복되는 보고서 작성이 귀찮나요?** →제미나이에게 "주간 업무 보고서 템플릿 만들어 줘. 항목은 이번 주 주요 성과, 다음 주 계획, 이슈 사항으로 구성해 줘."라고 물어보세요.
- **회의록 정리가 번거롭나요?** →회의를 녹음하고, 그 파일을 노트북 LM에 넣어 보세요. "이 회의의 핵심 결정사항과 액션 아이템을 정리해 줘."라고 요청하면 됩니다.

- **경쟁사 동향 파악이 어렵나요?** → 퍼플렉시티를 열고 "최근 3개월 간 (경쟁사 이름) 관련 주요 뉴스와 동향을 정리해 줘."라고 검색하세요.
- **아이디어 회의가 막막하나요?** → 챗GPT를 열고 "우리는 (상황 설명)이야. (문제)를 해결하기 위한 아이디어를 브레인스토밍해 줘."라고 시작하세요.

보이나요? 이 모든 것이 5분에서 30분이면 할 수 있는 일들입니다. 그 작은 성공이 다음 도전의 용기가 됩니다.

5분짜리가 성공하면 30분짜리를 시도하게 됩니다. 30분짜리가 성공하면 2시간짜리를 시도하게 됩니다. 2시간짜리가 성공하면 하루짜리를 시도하게 됩니다.

이렇게 작은 성공을 쌓다 보면, 어느새 당신은 큰 프로젝트를 완수하고 있을 겁니다.

이노베이터로 성장하는 3가지 습관

이노베이터로 성장하는 것은 일회성 이벤트가 아닌 지속적인 여정입니다. 성공하는 이노베이터들의 습관을 소개해 드릴게요.

1. 일상의 작은 루틴

- **매일 15분:** 새로운 AI 트렌드나 기능 체크
- **주간 실험:** 새로운 AI 도구나 활용법 시도
- **월간 리뷰:** 성과와 실패를 돌아보고 다음 달 계획 수립

2. 마인드셋 관리

- **호기심 유지**: "이건 어떻게 활용할 수 있을까?" 질문 습관
- **실패 환영**: 실패를 학습의 기회로 받아들이기
- **변화 포용**: 변화를 위협이 아닌 기회로 바라보기

3. 네트워크 확장

- **다양한 분야 연결**: AI 관련 커뮤니티, 스터디 그룹 참여
- **경험 공유**: 성공과 실패 사례를 적극적으로 공유
- **협력 파트너십**: 상호 학습할 수 있는 관계 구축

지피터스에서 봤듯이, 혼자서는 한계가 있지만 함께하면 상상 이상의 성과를 만들어 낼 수 있습니다.

변화의 주인공은 바로 당신

지금까지 우리는 함께 긴 여정을 해 왔습니다. AI와 함께 문제를 발견하고, 본질을 파악하며, 창의적 해결책을 만드는 방법을 배웠죠. 이제 이 모든 것을 바탕으로 진정한 이노베이터로 거듭날 차례입니다. 이노베이터의 여정에는 끝이 없습니다. 하지만 그것이 바로 이 여정을 가치 있고 흥미진진하게 만드는 이유이기도 하지요. AI와 함께하는 새로운 시대, 우리 모두가 이노베이터가 될 수 있습니다.

당신도 이제 AI와 함께 문제의 본질을 찾고, 창의적인 해결책을 만들어 내는 방법을 알게 되었습니다. 이제 남은 것은 실천뿐이죠. 작은 문제부터 시작해 보세요. 지피터스의 구성원들이 그랬듯이, 작은 실천과

경험을 나누는 마음가짐으로 시작하면 됩니다. 혼자서는 불가능해 보이는 일도, 함께하면 충분히 가능하거든요.

변화는 이미 시작되었습니다. 이제 그 변화의 주인공이 될 차례입니다. AI 시대의 이노베이터로서 당신만의 특별한 여정을 시작해 보세요.

당신이 만들어 낼 혁신이 정말 기대됩니다.

감사의 말

　26년의 세월 동안 혁신 컨설팅이라는 길을 걸어오며, 수많은 분들의 가르침과 격려 속에서 성장할 수 있었습니다. 이 책은 그분들이 제게 나눠 주신 지식과 통찰의 결실입니다.

　2000년, 모토로라를 떠나 컨설턴트로 첫발을 내디뎠을 때, 운명처럼 만난 회사가 메디슨이었습니다. 벤처 특유의 역동적 에너지가 살아 숨 쉬던 그곳에서, 창업자 이민화 회장님과 경영 철학을 담은 만화『국부론』을 접했습니다. 회장님과 그 책은 제게 기업가 정신이 무엇인지 일깨워 주었습니다. 17년 후인 2017년, 한국창조경제연구회 강사 교육에서 다시 뵌 이민화 이사장님의 4차 산업혁명과 AI에 대한 통찰은 이 책의 씨앗이 되었습니다. 지금은 곁에 안 계시지만, 깊은 감사를 올립니다.

　성균관대학교 박영택 교수님께서는 6시그마 혁신 활동의 본질을 명쾌하게 풀어 주셨습니다. 교수님의 강의를 보며 '혁신 활동을 어떻게 이해하고 어떻게 전달할 것인가.'를 배웠고, 그 가르침은 제 컨설팅의 중심을 잡아 주는 나침반이 되었습니다.

지금은 서로 다른 회사를 운영하고 있지만, 저를 컨설팅의 세계로 이끌어 주시고 회사를 함께 일궈 오신 큐엠앤이경영컨설팅의 김의식 대표님, TRIZ 방법론을 더 깊이 이해하고 제품 개발 혁신의 실전 적용법을 배울 수 있게 해 주신 GEN TRIZ의 사이먼 리트빈 박사님, 그리고 2009년 TRIZ로 인연을 맺어 먼 러시아에서 한국으로 와 지금까지 동고동락해 온 형제 같은 동료 유리 다닐로브스키 박사님께도 깊은 감사를 전합니다.

이 책에 흔쾌히 추천사를 써 주신 손재권 대표님과 한재권 교수님께도 특별한 감사를 드립니다. 실리콘밸리의 최전선에서 테크 트렌드를 전하는 손재권 대표님과, 휴머노이드 로봇으로 한국 로봇 산업의 미래를 열어 가고 있는 한재권 교수님의 응원은 이 책이 세상에 나오는 데 큰 힘이 되었습니다.

누구보다도 따뜻한 마음을 지니셨던 아버지께서 지금 병상에 누워 계십니다. 이 책을 보여 드릴 수 있을지 알 수 없지만, 아버지의 아들로 살아온 시간이 이 책 곳곳에 스며 있습니다.

이 책이 나오기까지 도움을 주신 모든 분들께, 그리고 무엇보다 묵묵히 지켜보며 응원해 준 가족과 친구들에게 사랑과 감사를 전합니다.

본문에서는 챗GPT, 노트북LM, 젠스파크 등 주요 AI 도구에 실제 프롬프트를 입력하는 실행 화면과 그에 따른 생성 결과(텍스트, 도표, 이미지)를 수록하여 독자가 작업 과정을 생생하게 체감할 수 있도록 했습니다.

ChatGPT: https://www.openai.com/chatgpt
Gemini: https://gemini.google.com
Claude: https://claude.ai
Perplexity: https://www.perplexity.ai
NotebookLM: https://notebooklm.google/
Genspark: https://genspark.ai

머리말

5쪽: IMF 2024년 AI일자리영향보고서
IMF 공식 블로그. https://www.imf.org/en/Blogs/Articles/2024/01/14/ai-will-transform-the-global-economy-lets-make-sure-it-benefits-humanity
5쪽: WEF 2025년 미래일자리보고서(Future of Jobs Report 2025)
WEF 공식 PDF 원문. https://reports.weforum.org/docs/WEF_Future_of_Jobs_Report_2025.pdf
5쪽: 러다이트 운동
위키백과 러다이트 운동. https://ko.wikipedia.org/wiki/%EB%9F%AC%EB%8B%A4%EC%9D%B4%ED%8A%B8_%EC%9A%B4%EB%8F%99
7쪽: 산업혁명 이후 인구, 수명, 소득 통계
'英 산업혁명 바탕이 된 포용적 정치제도…정치의 힘'(《이코노미조선》 2023.10.16.). https://economychosun.com/site/data/html_dir/2023/10/16/2023101600036.html

1장

31쪽: 2025년 전 세계 AI 도입률, 활성 사용자, 시장규모 등 AI 산업 최신 동향 종합 통계

20 Mind-blowing AI Statistics 2025(《Forbes》 2025.06.03.), "2025년 AI 시장은 2440억 달러 규모에 도달했으며, 전 세계 조직의 78%가 AI를 도입하고 있다." https://www.forbes.com/sites/bernardmarr/2025/06/03/mind-blowing-ai-statistics-everyone-must-know-about-now-in-2025/

31쪽: 챗GPT 활성 사용자 증감, 주간 및 일간 사용자 수, 미국 시장 점유율 등 상세 데이터

Exploding Topics: ChatGPT Users(웹 통계), "2025년 10월 기준, 챗GPT의 주간 활성 사용자는 7~8억 명, 월간 방문 46억 회, 미국 사용자가 약 19%다." https://explodingtopics.com/blog/chatgpt-users

31쪽: 챗GPT의 성장 속도, 수익 추이, 글로벌 트래픽 통계

NerdyNav: Latest ChatGPT Statistics(웹 통계), "2025년 10월, 챗GPT는 전 세계적으로 약 8억 명의 사용자와 매월 46억 건의 사이트 방문을 기록." https://nerdynav.com/chatgpt-statistics/

31쪽: 생성형 AI 도입 시 업무별 시간 절감률 및 생산성 증가 효과

Visual Capitalist: Productivity Gains from AI(차트/기사), "AI 활용 시 평균적으로 모든 직무의 작업 시간은 60% 이상 단축됐고, 분석 업무는 76% 절감 효과가 있었다." https://www.visualcapitalist.com/charted-productivity-gains-from-using-ai/

33쪽: DJI 연도별 드론 출하량, 시장 점유율, 국가별 현황 등

ElectroIQ: DJI Sales & Statistics(시장 통계), "2025년 기준 DJI는 세계 민간 드론 시장에서 약 70% 점유율을 차지하고 있으며, 연간 드론 출하량 240만 대에 달한다." https://electroiq.com/stats/dji-statistics/

33쪽: 2025년 아태지역 드론 도입 현황 및 DJI의 시장 독점 자료

Globenewswire: Commercial Drones Report(시장조사), "DJI는 2025년 전 세계 상업용 드론 시장의 70%를 차지하며, 아시아 태평양이 선도적 역할을 한다." https://www.globenewswire.com/news-release/2025/04/08/3057358/0/en/Connected-Commercial-Drones-Report-2025-Asia-Pacific-Leads-in-Drone-Adoption-with-DJI-Holding-a-Dominant-70-Global-Market-Share.html

33쪽: DJI 기업 개요, 출하량, 글로벌 시장 설명

Wikipedia: DJI, "DJI는 2024~2025년 기준 세계 드론 시장의 70% 이상 점유, 세계 최대 민간 드론 제조 기업." https://en.wikipedia.org/wiki/DJI

34쪽: 샤오미 전기차 SU7 [도판]

Wikimedia. Commons https://commons.wikimedia.org/wiki/
File:Xiaomi_SU7_Max_001.jpg

34~35쪽: BYD 연도별 승용차, EV 판매량, 주요 시장별 점유율 표
Tridens: BYD Sales Statistics(통계 리포트), "2023년 BYD 판매량 3,024,417대로
전년 대비 61.9% 성장, 2024년에는 글로벌 427만 대 기록." https://
tridenstechnology.com/byd-sales-statistics/

34~35쪽: BYD의 2024년 전기차 판매 실적 및 글로벌 시장 성장
RoadGenius: BYD EV Sales 2024(통계 리포트), "2024년 중국 BYD 승용 전기차
판매는 270만 대, 글로벌 시장 지속 확대 중." https://roadgenius.com/cars/ev/
statistics/sales-by-automaker/byd/

34~35쪽: BYD의 2023년 연간 실적·매출·시장점유율 공식 발표
BYD Newsroom: 2023 Sales Record(기업 공식 보도), "BYD는 2023년 302만
대(3,024,417대)의 차량을 판매하며 사상 최대 기록을 경신했다." https://
en.byd.com/news/byd-concludes-2023-with-record-3-million-annual-sales-
leading-global-nev-market/

2장

2장 전반: 창의성 지능(Creative Intelligence) [Robert Sternberg, 심리학]
"창의적 지능은 새로운 문제를 독창적으로 해결하는 능력." https://
www.indeed.com/career-advice/career-development/creative-intelligence-example
https://helpfulprofessor.com/creative-intelligence-examples/

45쪽: 6가지 사고모자(Six Thinking Hats) [Edward de Bono, 1986, 책/이론]
위키피디아. https://en.wikipedia.org/wiki/Six_Thinking_Hats
The de Bono Group https://www.debonogroup.com/services/core-programs/six-
thinking-hats/

45쪽: TRIZ 창의적 문제 해결 이론 [Genrich Altshuller, 이론]
"TRIZ는 40가지 발명 원리와 모순 해결 도구를 활용해 기술혁신을 체계적으로
이끄는 문제 해결 프레임워크다. 1946년 소련에서 시작됐으며 모든 발명의
공통적 패턴을 분석했다."
https://www.qualitymag.com/articles/98566-triz-the-backbone-of-innovation-and-
problem-solving

https://www.6sigma.us/six-sigma-in-focus/triz-inventive-problem-solving-
methodology/

3장

3장 전반: OpenAI 공식 블로그 [사용 사례·가이드]
"2025년 기준 챗GPT 활용은 연구, 글쓰기, 프로그래밍, 이메일, 마케팅, 교육,
실전 업무 등 30여 가지 이상." https://openai.com/index/how-people-are-using-
chatgpt/

4장

4장 전반: Perplexity 공식 리포트/사이트 [플랫폼 비교 차트]
"2024~2025년 퍼플렉시티 성장 곡선 및 챗GPT·클로드·젠스파크와의 기능·요금
비교 테이블, 시장 점유율 그래프." https://www.perplexity.ai/
4장 전반: 공식 서비스 화면/차트/사진(저작권 공정 이용 범위)
"챗GPT, 퍼플렉시티, 클로드 서비스별 UI, 기능 비교 그래프, 대표 샘플 문서,
사용성 스크린샷 등(원문 보고서/서비스 화면 인용)" 각 공식 홈페이지/블로그
활용
126쪽~127쪽: Springer/BioResources [기술 논문, 표/응용]
"AI, 케나프섬유, 산업 재활용, 환경 신기술 등 구체적 표/사진 및 수치"(본
논문 내부 표/그림) https://bioresources.cnr.ncsu.edu/resources/application-of-
electrostatic-powder-coating-on-wood-composite-panels-using-a-cooling-method-
part-1-investigation-of-water-intake-abrasion-scratch-resistance-and-adhesion-
strength

5장

151쪽: 와이 콤비네이터, 스타트업 혁신 사례 [웹사이트]
"와이 콤비네이터는 에어비앤비, 드롭박스, 코인베이스 등 세계적으로 성공한
스타트업의 초기 액셀러레이터이자 창업 생태계 혁신의 산실로 평가받는다."
https://www.ycombinator.com/
153쪽: 도스 입력 화면 [도판]
Gvtyhbiju. Wikimedia Commons. https://commons.wikimedia.org/w/

index.php?curid=145998751

153쪽: 매킨토시 GUI [도판]

Blake Patterson. flickr. https://www.flickr.com/photos/blakespot/3141208999

158~159쪽: 애플, MP3·iPod/혁신경영 [기사·보고서]

"애플은 iTunes, iPod를 통해 MP3 시장 혁신과 디지털 음악산업 생태계를 완전히 바꾼 주역으로 기록된다." https://www.apple.com/ipod-touch/ https://en.wikipedia.org/wiki/IPod

159쪽: IDEO의 디자인씽킹 [이론/사례]

"IDEO는 디자인씽킹 프로세스·프레임워크로 상품 및 서비스 혁신을 주도, 세계 150개국 이상서 창의적 솔루션을 실전 적용." https://www.ideou.com/pages/design-thinking

6장

174쪽: 헬스클럽 자전거 [도판]

Shutterstock

174쪽: 가상 라이딩 앱(즈위프트) [도판]

Marco Verch, ccnull.de. https://www.ccnull.de/foto/rollentraining-mit-zwift-auf-canyon-bike/1046462

184~191쪽: Jobs To Be Done JTBD 공식 가이드 [웹사이트]

"JTBD는 고객의 필요를 기능적, 감정적, 사회적 Job 관점에서 세분화하며, 미충족 니즈와 잠재 성장 기회를 체계적으로 분석하는 데 활용된다." https://jobs-to-be-done.com/

184~191쪽: *Competing Against Luck*(Clayton M. Christensen) [도서]

"JTBD 이론에 따르면 고객은 제품이나 서비스를 '하나의 일을 해결하는 도구'로 고용한다. 진정한 혁신은 해당 일이 실제로 요구하는 목표와 성과(Desired Outcomes)에 집중할 때 발생한다." https://hbr.org/2016/10/competing-against-luck-the-story-of-innovation-and-customer-choice

195쪽: 도로교통공단 보도자료(2023.4.20.) [도판]

알리오플러스. https://www.alioplus.go.kr/news/newsDetail.do;jsessionid=ygYpXR-CuTA54CJuJyiQ9pp5.node11?brdSeq=21862

200쪽: 쇼트트랙 코너링 [도판]

Korea.net/Korean Culture and Information Service. Wikimedia Commons https://commons.wikimedia.org/w/index.php?curid=144457607

7장

7장 전반: TRIZ: 창의적 문제 해결 이론 [이론/웹]
"TRIZ는 체계적인 모순 해결 접근법과 40가지 발명 원리, Cause-Effect Chain 등 창의적 문제 분석 프레임을 제공한다." https://www.6sigma.us/six-sigma-in-focus/triz-inventive-problem-solving-methodology/

209~213쪽: 홈바 지지막대 [사례 및 도판]
『생각의 창의성 TRIZ』, 김효준 지음, 지혜, 2004.

234쪽: Why? For What? 5 Whys [문제 진단 프레임/이론]
"문제를 깊이 탐색하려면 5 Whys 기법으로 원인, 목적, Why/What 질문을 거듭해서 본질을 드러내야 한다." https://kanbanize.com/lean-management/5-whys-analysis

237~240쪽: Mermaid Live Editor [웹 도구/개발자 공식 사이트]
"복잡한 원인-결과 구조(문제의 본질)를 시각화할 땐 Mermaid 그래프 에디터를 활용하면 논리적으로 구조화할 수 있다." https://mermaid-js.github.io/mermaid-live-editor/

8장

250~251쪽: 리처드 파인만 교수 노벨상 수상 일화
Surely You're Joking, Mr. Feynman!(Richard P. Feynman), 한국어판 『파인만 씨, 농담도 잘하시네! 1, 2』

255~256쪽: 이케아 HEMNES Day-bed frame with 3 drawers 조립설명서 [도판]
이케아 홈페이지. https://www.ikea.com/us/en/assembly_instructions/hemnes-daybed-frame-with-3-drawers-white__AA-1917803-6-2.pdf

259~260쪽: 넷플릭스 DVD 반납 사례
That Will Never Work: The Birth of Netflix and the Amazing Life of an Idea(Marc Randolph)

264~269쪽: 콩나물 재배 용수 문제 사례
IP제품혁신매뉴얼, 한국발명진흥회

280~281쪽: 인텔 반도체 사례

GEN3 Partners 교육자료

281쪽: 반도체 포토레지스트 [도판]

Sei, Wikimedia Commons. https://commons.wikimedia.org/w/
index.php?curid=36995455

281쪽: 샴페인 공장 [도판]

Shutterstock

283쪽: 코 필터 [도판]

amazon.de. https://www.amazon.de/-/en/WoodyKnows-Ultra-Breathable-Filter-
Round/dp/B008I2PBF6?th=1

282~285쪽: 코 필터 사례

GEN3 Partners 교육 자료

9장

9장 전반: TRIZ: 창의적 문제 해결 이론 [이론/도서/도표]

TRIZ Journal, 공식 사이트 등 "TRIZ란 1946년 겐리히 알츠슐러가 제안한 40가지
발명 원리와 모순 해결 프레임이다. 물리적 모순과 기술적 모순의 구조화를 통해
혁신 문제에 적용한다." https://triz-journal.com/triz-what-is-triz

https://www.6sigma.us/six-sigma-in-focus/triz-inventive-problem-solving-
methodology/

297~298쪽: 드라이지네(Draisine) 역사적 사실 [기술사/백과]

위키피디아. "1817년 칼 드라이스가 개발한 드라이지네가 근대 자전거의
시초이며, 이후 30년간 기술 진화가 이루어졌다. 원고 내 사진과 연대기는 백과의
이미지를 참조했다." https://en.wikipedia.org/wiki/Draisine

298쪽: 드라이지네 [도판]

Lokilech, Wikimedia. Commons https://commons.wikimedia.org/w/
index.php?curid=2943932

299쪽: 하이휠 자전거 [도판]

Wikipedia. https://commons.wikimedia.org/w/index.php?curid=7035522

301~303쪽: Lead-Acid/NiCd/NiMH/Li-Ion 배터리 [기술사/사진]

위키피디아. "1859년 최초의 납산 배터리(Lead-Acid), 1980년 니켈수소(NiMH),
1991년 리튬이온(Li-Ion)은 에너지 밀도와 산업 변혁을 주도했다." https://

en.wikipedia.org/wiki/Battery_(electricity)

305~308쪽: 김범수 의장 사례
'카카오 김범수 의장의 스타트업 문제 해결 3법칙'(《머니투데이》2014.11.26.).
https://www.mt.co.kr/tech/2014/11/26/2014112415534527433
313쪽: 일반 카메라의 줌 렌즈 [도판]
Shutterstock
313쪽: 스마트폰 듀얼 카메라 [도판]
Shutterstock
314~315쪽: 자라의 패스트 패션 모델 [경영 사례/비교 도표]
"자라의 수직 통합(vertical integration) 전략은 하이 휠(High-wheel),
세이프티(Safety) 등 유통·공장 혁신을 이끌었으며 이를 도표로 비교했다."
https://www.inditex.com/en/our-group/brands/zara
324~330쪽: P&G의 Connect&Develop [혁신 전략/도표, P&G 공식]
"P&G의 'Connect&Develop' 오픈이노베이션 전략은 내부 R&D와 외부 자원을
접목하여 RD 효율을 3배, 혁신 성공률을 35% 높였음이 다수의 보고서에서 반복
인용된다." https://www.pg.com/brands/connectdevelop/
339~349쪽: TRIZ 40가지 발명 원리 [도표·원칙 공식]
"TRIZ에서 정리한 '40가지 발명 원리'는 대표적으로 물리적 분리, 복합 소재,
피드백, 연속/불연속, 색상 변화, 산화 환경, 다공성, 열팽창 등 산업 문제 해법에
적용된다." https://triz-journal.com/40-inventive-principles-triz/
359쪽: 세면대 트랩 장치 [도판]
Frank C. Müller, Wikimedia Commons. https://commons.wikimedia.org/w/
index.php?curid=375738

10장

400쪽: 마그네틱 케이블 [도판]
아이엠듀 공식 홈페이지. https://m.iamdue.kr/product/%EB%A7%88%EA%B7%
B8%EB%84%A4%ED%8B%B1-%EC%9E%90%EC%84%9D-%EA%B3%A0%E
C%86%8D%EC%B6%A9%EC%A0%84-%EC%BC%80%EC%9D%B4%EB%B8-
%94-c%ED%83%80%EC%9E%85-m3-50cm/348
400쪽: 신지모루 L자형 고속충전 C타입 핸드폰 케이블 [도판]

신지모루 공식 홈페이지. https://sinjimall.com/product/%EC%8B%A0%
EC%A7%80%EB%AA%A8%EB%A3%A8-%EC%95%EA%B8%80-
%EA%B2%8C%EC%9D%B4%EB%B0%8D-l%EC%9E%90%ED%98%95-
%EA%B3%A0%EC%86%8D%EC%B6%A9%EC%A0%84-
c%ED%83%80%EC%9E%85-%ED%95%B8%EB%93%9C%ED%8F%B0-
%EC%BC%80%EC%9D%B4%EB%B8%94/179/category/137/display/1/

<11장>

423쪽: MIT 챗GPT 생산성 연구 [논문/보고서]
"MIT 연구에 따르면 챗GPT 도입 기업에서 40~45%의 업무 효율과 18~30%
품질 향상을 기록했다. 반복적/고도의 사고 공정 모두 효과가 컸다." https://
joshbersin.com/2023/03/new-mit-research-shows-spectacular-increase-in-white-
collar-productivity-from-chatgpt/

<12장>

443쪽: 슘페터의 말
The Theory of Economic Development(Joseph A Schumpeter)
443쪽: IDEO 파트너 톰 켈리의 말
The Art of Innovation(Tom Kelley·Jonathan Littman)
The Ten Faces of Innovation(Tom Kelley·Jonathan Littman)
448~450쪽: 지피터스 AI 인재 커뮤니티/실전 혁신 사례 [플랫폼·웹]
https://www.gpters.org/home

변화를 기회로 만드는 AI력

1판 1쇄 찍음 2026년 2월 23일
1판 1쇄 펴냄 2026년 3월 4일

지은이 | 정규진
발행인 | 박근섭
책임편집 | 강성봉
펴낸곳 | ㈜민음인

출판등록 | 2009. 10. 8 (제2009-000273호)
주소 | 06027 서울 강남구 도산대로 1길 62 강남출판문화센터 5층
전화 | **영업부** 515-2000 **편집부** 3446-8774 **팩시밀리** 515-2007
홈페이지 | minumin.minumsa.com

도서 파본 등의 이유로 반송이 필요할 경우에는 구매처에서 교환하시고
출판사 교환이 필요할 경우에는 아래 주소로 반송 사유를 적어 도서와 함께 보내주세요.
06027 서울 강남구 도산대로 1길 62 강남출판문화센터 6층 민음인 마케팅부

© 정규진, 2026. Printed in Seoul, Korea
ISBN 979-11-7052-711-4 13000

㈜민음인은 민음사 출판 그룹의 자회사입니다.